Armin Krenz

Der „Situationsorientierte Ansatz" in der Kita

Grundlagen und Praxishilfen zur kindorientierten Arbeit

1. Auflage

Bestellnummer 40100

Bildungsverlag EINS

Haben Sie Anregungen oder Kritikpunkte zu diesem Buch?
Dann senden Sie eine E-Mail an 40100@bv-1.de
Autoren und Verlag freuen sich auf Ihre Rückmeldung.

Dr. Armin Krenz arbeitet als Wissenschaftsdozent am außeruniversitären *Institut für angewandte Psychologie und Pädagogik* in Kiel (mit vielen Lehraufträgen im In- und Ausland), bietet europaweit Seminare für Einrichtungen und Verbände an und forscht seit 30 Jahren zu besonderen Fragestellungen der Elementarpädagogik (Zusammenhänge zwischen entwicklungspsychologischen Gesetzmäßigkeiten, Qualitätsmanagement und Personalqualität elementarpädagogischer Fachkräfte). Das *Institut für angewandte Psychologie und Pädagogik*, IFAP, ist Mitglied der „Deutschen Gesellschaft für Qualität, DGQ".

Institut für angewandte Psychologie und Pädagogik (IFAP)
Legienstraße 16, D-24103 Kiel. info@ifap-kiel.de/www.ifap-kiel.de

Dieses Buch basiert auf den bisher im Verlag Herder, Freiburg, erschienenen Veröffentlichungen: „Der ‚Situationsorientierte Ansatz' im Kindergarten – Grundlagen und Praxis", „Bewegung im Situationsorientierten Ansatz" und „Der Situationsorientierte Ansatz auf einen Blick".

Sie finden uns im Internet unter:
www.bildungsverlag1.de
www.bildung-von-anfang-an.de

Bildungsverlag EINS GmbH
Sieglarer Straße 2, 53842 Troisdorf
ISBN 978-3-427-**40100**-1

Umschlagfoto: Bildungsverlag EINS, Troisdorf

Inhaltsverzeichnis

Vorwort

Die Kindertagesstätte ist ein Ort für Kinder – ausgestattet mit einem eigenständigen Erziehungs-, Bildungs- und Betreuungsauftrag. So hat es schon erstmalig 1970 und ergänzend 1973 der Deutsche Bildungsrat deutlich formuliert. Schaut man in die Ausführungen der Bildungskommission, fallen folgende Merkmale einer Aufgabenstellung für Kindertageseinrichtungen auf: Kindergärten (und damit sind selbstverständlich auch alle Kindertagesstätten gemeint)

- berücksichtigen die besonderen soziokulturellen Hintergründe der Kinder und ihrer Eltern und haben die Aufgabe, diese bei der gesamten Arbeit zu beachten;
- ermöglichen den Kindern eine „ganzheitliche Entwicklung" und verzichten somit auf teilisolierte Förderungen einzelner Teilleistungsbereiche von Kindern;
- ermöglichen den Kindern einen Einsatz ihrer ganzen geistigen, seelischen und körperlichen Fähigkeiten und gewähren ihnen gleichzeitig ausreichende Ruhepausen;
- schenken den Kindern genügend Zeit, um sich frei und durch vielerlei Möglichkeiten ausdrücken zu können;
- berücksichtigen die individuellen Unterschiede der Kinder in einer Kindergruppe und beachten in der pädagogischen Arbeit die besonderen (Entwicklungs-)Bedürfnisse der Kinder;
- bieten den Kindern vielfältigste Möglichkeiten für individuelles und soziales Lernen;
- achten auf besondere Krisenpunkte in der Entwicklung von Kindern;
- legen die Grundlagen für ein späteres Lernen in nachfolgenden Bildungseinrichtungen.

Damit wird deutlich: Die Kindertagesstätte hat sich schon seit über 30 Jahren als ein Ort für Kinder zu verstehen, in dem tagtäglich Bildungsprozesse initiiert, auf- und ausgebaut werden. Insoweit überrascht die neue Schwerpunktsetzung „Bildung" und ein damit zu beobachtender Aktionismus, der in vielen Kindertageseinrichtungen zu beobachten ist, ausgelöst durch die Studie PISA 2000 und weitere Nachfolgeuntersuchungen.

Aus den o. g. Merkmalen wird deutlich, dass es in den vielen Kindertageseinrichtungen – unabhängig von der besonderen Trägerschaft – primär darum geht, dafür Sorge zu tragen, dass elementarpädagogische Fachkräfte

- den Kindern vielfältigste Formen von Lernerfahrungen ermöglichen müssen;
- die Kindertagesstätte als ein lebendiges, herausforderndes Forschungsfeld – auch mit Kindern – gestalten;
- gemeinsam mit Kindern tagtäglich auf eine „Entdeckungsreise" gehen;
- Kindern helfen, Lernmotivation, -freude, -interesse, -neugierde zu entdecken;
- bei Kindern für eine emotionale Sicherheit sorgen müssen;
- Kinder darin zu unterstützen haben, ein stabiles Selbstwertgefühl zu entwickeln;
- alltägliche Lernangebote aus dem mittelbaren und unmittelbaren Umfeld zum sinnverbundenen Lernen entdecken und mit Kindern als solche erleben.

Alle diese Merkmale deuten auf eine Abgrenzung von einem schulischen Lernen hin. Insofern überrascht es immer wieder und umso mehr, wenn in vielen Kindertageseinrichtungen wieder „klassische Vorschularbeitsmappen" aus vergangenen Zeiten hervorgeholt und genutzt werden. Wichtig ist, dass nur dann die Kindertagesstätte als ein Bildungsort seine Aufgabe erfüllen wird, wenn neben einer professionell gestalteten Arbeit gerade die gesamten „inneren Struktur- und Person(al)bedingungen in einer Einrichtung" dazu geeignet sind, die Kindertageseinrichtungen zu solch einem Bildungsort werden zu lassen. Dazu müssen vor allem folgende Grundsätze Beachtung gefunden haben bzw. finden:

1. Kindertageseinrichtungen müssen sich als wirklicher Lebensraum für Kinder verstehen: Grundsatzfragen müssen immer wieder von den elementarpädagogischen Fachkräften aufgeworfen, diskutiert und fachkompetent beantwortet werden.

2. Elementarpädagogische Fachkräfte müssen sich selbst als bedeutsamste Bildungsträger verstehen und in ihrer Person Bildungsmerkmale tragen, die sich entwicklungsförderlich für Kinder erweisen.

3. Eine entwicklungsfördernde Bildungsatmosphäre für Kinder kann sich nur dort entwickeln, wo eine möglichst spannungsfreie, kollegiale Zusammenarbeit der elementarpädagogischen Fachkräfte besteht, sodass sich die Mitarbeiter/-innen in vollem Umfang auf die Alltagsherausforderungen einer spannenden Pädagogik einlassen können.

4. Leitungskräfte müssen eine Bildungsoffensive in „ihren" Einrichtungen installieren und dafür Sorge tragen, dass eine ständige Verbesserung der „Bildungsqualität von Anfang an" erreicht werden kann.

5. Elementarpädagogische Fachkräfte müssen sich der Tatsache bewusst sein, dass sie für Kinder als Resilienten wirksam werden können. Das heißt, dass sie seelische Widerstandskräfte in Kindern wecken, auf- und ausbauen können, wenn es den Fachkräften gelingt, sowohl durch eigene Persönlichkeitsmerkmale als auch durch

ihre Umgangs- und Arbeitskultur in der Einrichtung für ein entsprechendes Bindungsklima zu sorgen.

6. Dreh- und Angelpunkt für eine personorientierte Bildungsarbeit ist die personale Kompetenz der Fachkräfte. Sie bewirkt eine Innenqualität, die letztlich immer eine Person braucht, um in Entwicklungsprozesse zu kommen. Ohne diese innenqualitätsgeprägte Ausgangslage wird es nicht möglich sein, für wirkliche Lernmotivation in der Kindertagesstätte zu sorgen.

7. Bildungsvermittlung in der Kindertagesstätte – als Ziel und Aufgabe der Elementarpädagogik – lebt vor allem von dem Bildungsengagement der Fachkräfte. So heißt die Bildungsdevise unter anderem, dass die Fachkräfte neugierig, wahrnehmungsoffen, lernfreudig, lernmotiviert und innovativ die Tage mit Kindern erleben und gestalten. Immer wieder gilt es, neue Perspektiven für sich und die Arbeit zu entdecken, aufzunehmen und weiterzuentwickeln, damit auch die Kindertagesstätte selbst eine Bildungseinrichtung mit Perspektiven sein wird.

Mithilfe eines Akrostichons soll der Versuch unternommen werden, Wesentliches aus dem „Situationsorientierten Ansatz" auf den Punkt zu bringen:

S wie selbsterfahrungsorientiert für Kinder und Erzieher/-innen
i wie identitätsfördernd für Kinder und Erzieher/-innen
t wie teamrelevant (ohne stimmige Innenqualität kann keine wirkliche Umsetzung des Ansatzes geschehen)
u wie unabhängig von den Erwartungen der Eltern
a wie aktuell ausgerichtet auf die Entwicklungsbedürfnisse der Kinder
t wie transparent für Eltern und eine interessierte Öffentlichkeit
i wie intensives Leben und Lernen mit Kindern
o wie optimaler Einsatz für die Verbesserung der Lebenswelten von Kindern
n wie nichts für alldiejenigen, die einen ruhigen Arbeitsplatz wollen
s wie selbstwertfördernd für Kinder und Erzieher/-innen
o wie offen für eine ständige Weiterentwicklung
r wie radikal und klar in der Umsetzung von berechtigten Zielen
i wie interessiert am seelischen Wohlergehen von Kindern
e wie engagiert für eine stetige Qualitätsverbesserung
n wie niemals aufgeben, auch wenn gesetzte Ziele schwer zu erreichen sind
t wie temperamentvoll und motiviert in die Hände spucken, um Unmögliches möglich zu machen
i wie initiativ werden, um aus eigener Verantwortung heraus die Weiterentwicklung des Ansatzes zu unterstützen
e wie einmal mehr die Entwicklungsbedürfnisse von Kindern vor Augen haben
r wie ruhig einmal mehr als üblich den Tag reflektieren, um aus gewonnenen Erfahrungen neue Impulse zu finden
t wie tastend, suchend, fragend in die Erzählwerte kindeigener Ausdrucksformen einzutauchen
e wie eifrig lesen und Weiterbildungsseminare besuchen
r wie rastlos auf der Suche danach sein, ob mit den gegenwärtigen Projekten tatsächlich die Lebenspläne der Kinder aufgegriffen wurden
A wie arbeitsintensiv
n wie neugierig sein, um Unbekanntes zu entdecken
s wie sachorientierte Fachdiskussionen suchen und führen
a wie aktiv das Unbekannte in Bekanntes verwandeln
t wie tief in sich selbst den eigenen Lebensplan suchen
z wie zäh am Ball bleiben, ohne bei Misserfolgen aufzugeben

Viel Freude beim Lesen des Buches wünscht Ihnen
Dr. Armin Krenz

Teil I

Die Praxis der Elementarpädagogik

1. Besuche und Beobachtungen in unterschiedlich arbeitenden Kindertagesstätten

Aufgrund der vielfältigen Zusammenarbeit mit Erzieherinnen und Erziehern, die in Kindertagesstätten tätig sind, kann zunächst einmal festgestellt werden, dass die Gestaltung der Arbeit in elementarpädagogischen Einrichtungen so überaus unterschiedlich ist wie die Breite persönlicher Arbeitsstile, Auffassungen von Arbeit und Einstellungen zu Kindern. Von daher ist es sicher nicht einfach, „typische" Tagesabläufe aus Kindertagesstätten wiederzugeben, zu beschreiben und zu kommentieren. Dennoch soll und muss an dieser Stelle der Versuch unternommen werden, eigene Erfahrungen zu rekapitulieren und in Form einer realen Darstellung tatsächlich erlebter Ereignisse auf den Punkt zu bringen.

Kindertagesstätte A: *Im Rahmen eines geplanten Elternabends zum Thema „Spielen und Lernen" wurde die angebotene Möglichkeit gerne genutzt, vor dem Termin ein persönliches Gespräch in der Kindertagesstätte zu führen, um einerseits offene Fragen abzuklären und den Ablauf des geplanten Abends abzustimmen, andererseits einen Eindruck von der Kindertagesstätte zu bekommen, die Atmosphäre zu spüren sowie die Lebendigkeit der Mitarbeiter/-innen und der Kinder kennenzulernen. Schon vor dem Eintreten in die Kindertagesstätte fiel so manches ins Auge: Da gab es ausgeschnittene Vögel, die an der Eingangstüre hingen und den Besucher begrüßen sollten. Allerdings wurde gleich beim Betrachten der Vögel deutlich, dass diese mit Sicherheit nicht von den Kindern ausgeschnitten und bemalt worden waren, zumal sie nur einen sichtbaren Flügel ganz im Sinne eines „perspektivisch richtigen" Werkergebnisses besaßen, ein Auge „völlig richtig im Sinne einer einseitigen Perspektive" und einen Möwenschnabel, wie es in Form und Größenverhältnis völlig stimmig mit der Realität ist. Dazu kam, dass alle Möwen völlig gleich aussahen – fast bis auf den letzten Pinselstrich beim Anmalen. Nach dem Eintreten fiel als Nächstes die leere Eingangshalle auf, die trotz der Anwesenheit von fünf Kindergruppen offensichtlich nicht genutzt wurde. Ihre saubere – oder besser geradezu sterile – Atmosphäre wirkte wenig lebendig, sodass die Erinnerung nicht überflüssig erscheint, dass es hier um eine Kindertagesstätte mit 113 Kindern geht. Nachdem nun die Leiterin ihren Besucher begrüßte und erste Worte ausgetauscht wur-*

den, ergab sich die Möglichkeit, einmal einen Blick in eine Kindergruppe zu werfen. Dort bot sich dann folgendes Bild: 22 Kinder saßen zu dritt bzw. viert an ihren Tischen und hatten Legeaufgaben vor sich, bei denen es darum ging, bestimmte Muster nach vorgezeichneten Bildern nachzulegen. Die Erzieherin ging von Gruppe zu Gruppe, gab Hinweise, beantwortete Fragen und setzte sich danach wieder an ihren Schreibtisch, der in einer Ecke des Raumes stand. Wie sich später herausstellte, war es eine Kindergruppe, in der 5- bis 6-jährige Kinder zusammengefasst waren, die im Sinne schulvorbereitender Aufgaben damit befasst waren, Konzentrationsfestigkeit und logisches Denken auf-/auszubauen. (Die „Lernzielformulierung" nannte die Erzieherin.)

Was zusätzlich auffiel, war die relativ große Ruhe in dieser und in den anderen Gruppen. An den Eingangstüren der jeweiligen Gruppenräume hingen die Wochen-/Zweimonatspläne, in denen genau und differenziert aufgeschrieben war, wann und wie lange welches Lied, welche „Bastelaktivität", welches Förderziel und welche Werkmaterialien zu welcher Zeit vorgesehen waren.

Grundsätzlicher Eindruck von Kindertagesstätte A

Offensichtlich – und das bestätigten auch die Mitarbeiter/-innen – stand hier die „Förderung von Kindern" im Vordergrund, wobei Förderung als ein „gezieltes Arbeitsvorgehen mit allen Kindern" verstanden wurde. Teilleistungsziele waren auf die Zukunft (Schule) ausgerichtet, und der gesamte Bereich der Planung gründete sich auf Überlegungen der Mitarbeiter/-innen, was für Kinder, für ihre Entwicklung gut sei. Genauso wie der Tagesablauf war auch die Zeit mit Kindern verplant: 7.30–8.45 Uhr war „Freispiel" angesetzt, von 8.45–9.30 Uhr wurde eine angeleitete Beschäftigung vom Vortag weitergeführt, von 9.30–10.15 Uhr Frühstück mit Toilettengang, Händewaschen und Zähneputzen, von 10.30–11.30 Uhr angeleitete Beschäftigung, danach Aufräumen und um 12.00 Uhr wurde ein Abschlusskreis von den Kindern gebildet, um den Vormittag noch einmal gemeinsam zu besprechen. Schon vom Tagesablauf ist daher zu verstehen, dass Schablonenarbeit eine große Rolle spielte (siehe „Möwen an der Eingangstüre"), der Kindertagesstättenflur wie ausgestorben wirkte, der Gruppenraum mit Tischen und Stühlen vollgestopft war und die Wochen-/Zweimonatspläne die Arbeitsschwerpunkte vorgaben und nicht die Kinder selbst mit ihren Bedürfnissen und Interessen. Was hier zählte, waren überprüfbare Ergebnisse, die sich „sehen lassen konnten".

***Kindertagesstätte B:** In einer anderen Kindertageseinrichtung kam ein Besuch im Rahmen einer Supervisionsvorbesprechung zustande, weil die Mitarbeiter/-innen den Wunsch hatten, regelmäßig ihre Arbeit zu reflektieren sowie Spannungen im Team aufzudecken und zu bearbeiten. In dieser Kindertagesstätte ging es nun ganz anders als in der eben vorgestellten Einrichtung zu. Die Kinder liefen in der ganzen Einrichtung herum, die Gruppentüren standen für alle offen, die Räume selbst waren gefüllt mit alten Sofas, Matratzenlagern und Decken zum Zurückziehen und Kuscheln, die Wände waren voll mit Tierpostern behängt, Spielzeugmaterialien waren überall bunt in den Räumen verteilt, und die Mitarbeiter/-innen saßen alle in einem Gruppenraum und sprachen miteinander. Abgesehen von diesem ersten Eindruck hatte der Besucher das Gefühl, dass bei den Kindern Hektik statt Lebendigkeit, Unstetigkeit statt eines neugierigen Interesses und Lärm statt freudiger Lautstärke vorherrschte.*

Grundsätzlicher Eindruck von der Kindertagesstätte B

Nach bewusster Absicht der Erzieher/-innen sollte in dieser Einrichtung den Kindern die Möglichkeit gegeben werden, „sich mit allen ihren Bedürfnissen und Interessen einzugeben, den gesamten Raum zu nutzen und so viel Platz für sich in Anspruch zu nehmen, wie sie glauben, ihn zu brauchen" (Zitat einer Mitarbeiterin). Was hier aber offensichtlich von den Mitarbeiterinnen und Mitarbeitern verwechselt wurde, waren die Ziele „Unterstützung der Entwicklung von Kindern unter Nutzung aller Möglichkeiten" und „Gewährenlassen aller Wünsche der Kinder in einem Raum unbegrenzter Möglichkeiten". Darauf angesprochen, meinten die Erzieher/-innen, sie nähmen es mit dem „Situativen Ansatz" sehr ernst. Ihnen gehe es darum, die Kindertagesstätte als einen Platz anzusehen, in dem die Kinder sich ausleben und Selbstständigkeit in dem Maße entwickeln könnten, wie sie es eben in ihrer kindlichen Neugierde und nach ihrem Bewegungsdrang auch bräuchten.

Um es hier auf den Punkt zu bringen, kann gesagt werden: Wie der Begriff „Situativer Ansatz" eine Verkürzung eines sehr differenzierten Arbeitsansatzes wie des „Situationsorientierten Ansatzes in der sozialpädagogischen Praxis" darstellt, so verkürzt und abgewandelt musste sich den Kindern auch die Situation ihres alltäglichen Tuns zeigen. Die Räume boten den Kindern aufgrund ihrer Möbelfülle, ihrer Reizüberhäufung in optischer (ein Tierposter neben dem anderen) und akustischer Sicht (Lärm statt freudiger Lautstärke) und aufgrund einer fehlenden Struktur kaum Sicherheit. Vor allem fehlten Orientierungshilfen, eigene Aktivitäten zu spüren, ihnen in Ruhe nachzugehen und sie weiterzuentwickeln im Hinblick auf mögliche Tätigkeitsvorhaben, diese mit anderen Kindern abzustimmen und in Erzieherinnen und Erziehern Erwachsene zu finden, die sie begleiten und mit ihnen (nicht für die Kinder wie im Beispiel der Kindertagesstätte A) das Vorhaben realisieren helfen.

Kindertagesstätte C: *Während einer Fortbildungswoche für Mitarbeiter/-innen zum Thema „Planung von Märchenprojekten und ihre Berücksichtigung in situationsorientiert arbeitenden Kindergärten" bot sich die Möglichkeit an, Kindertagesstätten der Teilnehmer/-innen zu besuchen. So führte der Weg u. a. in eine Einrichtung, die wie folgt beschrieben werden kann: Die Kindertagesstätte bestand aus vier Kindergruppen, die alle in ihren Räumen den Vormittag miteinander verbrachten. Die Ausstattung sah dabei wie folgt aus: Jeder Raum war aufgeteilt in unterschiedliche Bereiche, wie z. B. mit einer Bau-, Puppen-, Ruhe- und Freispielecke, wobei der gesamte Platz außerhalb dieser „Funktionsbereiche" recht vollgestellt mit Tischen und Stühlen war. Die Kinder hatten die Möglichkeit, in der Zeit des Freispiels am Vormittag (7.30–9.30 Uhr und 11.30–12.30 Uhr) selbst gewählte Tätigkeiten alleine oder mit anderen Kindern zu realisieren. Das Frühstück war von der Zeit her von den Kindern selbst zu nutzen und in der Zeitspanne von 9.30–11.30 Uhr fanden Gemeinschaftsaktivitäten für alle Kinder statt („im Rahmen der Sozialerziehung", wie eine Erzieherin diese Zielsetzung nannte). Grundlage dieser gemeinsamen Aktivitäten waren die Beobachtungen der Gruppenerzieherin aus dem Freispiel. Von ihr selbst als bedeutsam eingeschätzte Ereignisse aus der Zeit zuvor griff sie noch einmal auf und regte Werkaktivitäten an, um „jeden Tag zumindest auf ein Kind situativ einzugehen". Zwar bestand nicht der „Zwang" für alle Kinder, sich mit allen anderen gemeinsam damit zu beschäftigen, doch übertrug sich die Erwartung der Erzieherin sehr stark auf die Kinder, doch „mitzumachen", sodass fast alle Kinder auch tatsächlich an der Gemeinschaftsaktivität teilnahmen. Es kam auch vor, dass begonnene und nicht fertiggestellte Werkaktivitäten am nächsten Tag von den Kindern in den Freispielzeiten fortgesetzt wurden oder begonnene Werkarbeiten nach Hause mitgenommen oder am nächsten Tag in der „Zeit der Gemeinschaftsaktivitäten" noch einmal aufgegriffen und dort fertiggestellt wurden.*

Grundsätzlicher Eindruck von Kindertagesstätte C

Ähnlich wie in der oben beschriebenen vorigen Einrichtung wurde von der Erzieherin versucht, den „Situationsorientierten Ansatz in der sozialpädagogischen Praxis" zu einem Teil in die tägliche Arbeit zu integrieren, indem Einzelbeobachtungen registriert und in der „Zeit der Gemeinschaftsaktivitäten" vertieft bearbeitet werden sollten. Heute war es „Aggressivität bei der Auseinandersetzung um ein bestimmtes Spielzeug", gestern war es „die Traurigkeit von Laura wegen der Krankheit ihrer besten Freundin", morgen könnte es „die Wut über den Vater sein, der sein Versprechen nicht eingehalten hat", und übermorgen könnte es vielleicht eine „nicht bewältigte, im Kindergarten nachgespielte Szene aus einem bestimmten Fernsehstück" sein. Grundsätzlich ist die Bereitschaft und die Zielsetzung der Erzieherin in dieser Kindertagesstätte hoch einzuschätzen, dass sie nämlich bewusst und gezielt die Spielzeit der Kinder dazu nutzt, selber Beobachtungen zu machen, diesen eine Bedeutung beizumessen und einzelne, ausgewählte, bedeutsame Beobachtungen für weitere Planungsaktivitäten zu berücksichtigen. Sie versucht dabei, allen Kindern gerecht zu werden, indem möglichst jeden Tag ein Kind in besonderem Maße Aufmerksamkeit erhält. Unberücksichtigt bleibt dabei jedoch, dass es keine kontinuierliche Arbeit in einem mit Kindern geplanten Projekt ist, sondern ein eher isoliertes, subjektiv gewähltes Beobachtungsergebnis darstellt, das in großer Kürze – und einer damit automatisch verbundenen Verkürzung – „abgehandelt wird". Das „Situationsorientierte Arbeiten in der sozialpädagogischen Praxis" wird verändert zu einer „Anlasspädagogik", indem isolierte Situationen mehr oder weniger willkürlich aus einem Zusammenhang herausgenommen und ebenso isoliert aufgegriffen und individualistisch bearbeitet werden sollen. Und genau das meint der „Situationsorientierte Ansatz in der sozialpädagogischen Praxis" gerade nicht. Aneinandergereihte Anlässe ergeben in ihrer Menge nicht automatisch „ein Ganzes". Zudem besteht die Gefahr, dass Kinder ähnlich wie durch vielfältigen Fernsehkonsum sehr viele angerissene Situationen in ihren Köpfen bewegen, ohne die Möglichkeit zu finden, diese wirklich mit Zeit ausgiebig zu verarbeiten. Aufgegriffene, angebotene und isolierte Anlassarbeit erreicht damit das Gegenteil ihrer Absicht.

Gedanken zu den Beispielen und Anregungen zum Überdenken der eigenen Arbeit

Wie in der Vorbemerkung zu den drei Situationsbeschreibungen schon kurz erwähnt, sollen die Beispiele weder dazu dienen, die Arbeit der Erzieher/-innen zu disqualifizieren, noch ging es darum, alltagstypisch hundertprozentig stimmige und für einen Großteil der Kindertagesstätten zutreffende Aussagen zu treffen. Dennoch ist es möglich, grundsätzliche Erfahrungen anhand der Beispiele aufzuschlüsseln und Konsequenzen zu ziehen, die in dieser oder ähnlicher Form sicher zutreffen. Gleichzeitig bietet sich – wie alles in dem Buch – an, die eigene Praxis anhand der nun aufgestellten Gedanken alleine und gemeinsam im Team auf die eigene Gestaltung der Arbeit in der Kindertagesstätte zu beziehen.

Es fällt auf, dass

- das gemeinsame Leben und Lernen mit Kindern immer noch hauptsächlich in den Räumen der Kindertagesstätte stattfindet;
- ein erkenntnisgeleitetes Arbeiten in der Kindertagesstätte vor allem von den Erzieherinnen und Erziehern ausgeht;
- in hohem Maße für Kinder gedacht wird statt mit ihnen;
- von Erzieherinnen und Erzieher aufgestellte Lernziele – natürlich in einem angenommenen Interesse der Kinder – ausschlaggebend für die Gestaltung der Arbeit sind;
- der „Situationsorientierte Ansatz in der sozialpädagogischen Praxis" nur in Teilbereichen übernommen, aber als „Situationsansatz" bezeichnet wird;
- der „Situationsorientierte Ansatz in der sozialpädagogischen Praxis" häufig zur Anlasspädagogik reduziert wird, indem Mitarbeiter/-innen spontane Ereignisse

oder Erlebnisse von Kindern aufgreifen und sehr kurzfristige Arbeitsvorhaben dazu entwickeln;

- der „Situationsorientierte Ansatz in der sozialpädagogischen Praxis" auch damit verwechselt wird, Kinder einfach sich selbst zu überlassen und abzuwarten, welche Situationen sich daraus ergeben werden;
- die Zeitzerrissenheit von Tagesabläufen auch heute noch in Kindertagesstätten häufig anzutreffen ist;
- es offensichtlich auch Fortbildungsträger, Lehrkräfte an Fachschulen und Referent/-innen nur bedingt erreicht haben, dass Teilnehmer/-innen ihrer Seminare und Ausbildungen den „Situationsorientierten Ansatz in der sozialpädagogischen Praxis" verstehen und in die Praxis übertragen konnten;
- Modellprojekte und Vorhaben in ihrer eigenen Erprobung weitgehend stecken geblieben sind, weil entweder die Theorie zu praxisfern oder die Praxis durch ungünstige Rahmenbedingungen ungeeignet war/ist für die erarbeitete und vorgestellte Theorie;
- die Resignation vieler Erzieher/-innen, „ja doch nicht nach dem ‚Situationsorientierten Ansatz' arbeiten zu können", sehr verbreitet ist und bei vielen Mitarbeiter/-innen die Neugierde darauf eher sinkt;
- das Thema „Situationsorientierter Ansatz in der sozialpädagogischen Praxis" trotz allem immer noch aktuell ist und interessierte Erzieher/-innen unter großem Arbeitseinsatz versuchen, Teilaspekte zu verstehen und zu übertragen;
- Erzieher/-innen sich aufgrund der o. g. Punkte bezüglich der Umsetzung des „Situationsorientierten Ansatzes in der sozialpädagogischen Praxis" häufig alleingelassen fühlen;
- die Merkmale der Lebensbiografien von Kindern mehr denn je Hinweise darauf geben, wie wichtig und angebracht der „Situationsorientierte Ansatz in der sozialpädagogischen Praxis" auch heute noch ist;
- das Vorurteil, der „Situationsorientierte Ansatz in der sozialpädagogischen Praxis" sei blanke Theorie und könne sich daher sowieso nicht durchsetzen, ebenso falsch ist wie das Vorurteil, dieser Arbeitsansatz sei mit geplanter Arbeit nicht zu verbinden;
- die alleinige Absicht, nach dem „Situationsorientierten Ansatz in der sozialpädagogischen Praxis" unter Ausblendung von notwendigen und anstehenden Veränderungen der Praxis zu arbeiten, nicht ausreicht;
- Ausbildungsstätten (Fachschulen, Fachakademien, Fachhochschulen und Universitäten) offensichtlich noch mehr Anstrengungen unternehmen müssen, diesen kindorientierten Ansatz zu verdeutlichen, damit er in der Praxis häufiger seinen Einzug findet.

2. Unterschiedliche Arbeitsansätze in Kindertagesstätten

In Kindertagesstätten wird ebenso vielschichtig wie unterschiedlich gearbeitet, sodass es schwer ist, in einem Kapitel eines Buches alle Arbeitsansätze ausreichend zu berücksichtigen. Dennoch soll hier der Versuch gemacht werden, wesentliche „Schulen der Elementarpädagogik" kurz aufzuführen und im Ansatz zu beschreiben.

Beispiel A: *Katja ist Erzieherin, 24 Jahre alt. Sie ist seit einem knappen Jahr als Gruppenleiterin einer Kindergruppe mit 22 Kindern tätig. In ihrer Gruppe hat sie schon seit Längerem beobachtet, dass vor allem acht Kinder recht große Schwierigkeiten im feinmotorischen Bereich haben: Nicole, Jessica, Sandra, Björn, Martin, Mario, Marc und Corinna. Katja macht sich um die Kinder und ihre Entwicklung viele Gedanken. Sie weiß, dass bei allen nur noch ca. sechs Monate Zeit bis zur bevorstehenden Einschulung zur Verfügung stehen, zudem erinnert sie sich, dass die Eltern von Jessica, Sandra, Mario und Corinna bei einem Elternabend nachgefragt haben, wie sie denn gedenke, diese Störungen mit den Kindern zu bearbeiten. Gleichzeitig hat sie noch die Worte der Grundschullehrer/-innen im Ohr, die ihr beim letzten Treffen deutlich zu verstehen gaben, dass sie erwarten würden, gut „schulvorbereitete Kinder" zu übernehmen. So macht Katja sich auf die Suche nach Arbeitsmitteln und Stützhilfen, das „Problem der feinmotorischen Störungen" in den Griff zu bekommen. Schließlich wird sie fündig. Bei der Durchsicht einiger Arbeitsblätter, die etwas verstaubt im Materialschrank liegen, findet sie „Blätter zum Nachzeichnen von Schwunglinien" und so nimmt sie diese Arbeitshilfen an sich und teilt sie nach dem Grad der Schwierigkeit, nach möglichen Zeitverläufen und nach möglichen Interessengebieten der Kinder auf. (Anmerkung: Diese Blätter haben dargestellte Szenen und einzelne Gegenstände als Motive zur Grundlage.) Zusätzlich leitet sie – als Rechtfertigung für sich selber, als Erklärung für ihre Kolleginnen und Kollegen und zur Vorstellung für die Eltern – einzelne Lernziele für ihre Übung an: Erweiterung der Aufmerksamkeit, Erhöhung der Konzentrationsfähigkeit, Förderung der Wahrnehmungsfähigkeit und Ausbau der Belastungsgrenze der Kinder. Katja ist stolz auf ihre Vorbereitung, hat sie doch Lernziele formuliert, wie sie es auch in der Schule gelernt hat. Der nächste Tag ist da und so bittet sie die acht Kinder nach dem abgeschlossenen Frühstück zu sich. Die vier Jungen und vier Mädchen kommen bereitwillig zu ihr und so setzen sie sich alle an einen Tisch. Die Erzieherin Katja gibt die Blätter und Stifte aus, erklärt den Kindern die Aufgabe und malt zunächst einmal auf einem „Modellblatt" eine Aufgabenerfüllung vor. Alle Kinder schauen gespannt auf ihre vorgezeichnete Lösung. Die Anmerkung von Björn, er habe ja ein ganz anderes Blatt, greift Katja auf und erklärt noch einmal, dass alle Kinder unterschiedliche Blätter hätten und sie nur vormalen wollte, dass es darum geht, möglichst genau auf der Linie die Figur nachzumalen. Björn lässt nicht locker und auch Jessica versteht das nicht: Beide Kinder wollen lieber das Arbeitsblatt mit dem Pferd haben und nicht das Blatt mit dem „komischen Haus". Katja lässt sich nun nicht groß auf eine Diskussion ein, sondern fordert die Kinder auf zu beginnen.*

Alle schauen ganz angestrengt auf ihre Blätter, greifen nach ihren Stiften und beginnen mit der Arbeit. Die kurze, aber laute Frage von Nicole an Martin, ob er ihr „mal kurz da vorne helfen" könne, greift Katja auf mit der Bitte, jedes Kind möge doch bitte seine Aufgabe alleine zu lösen versuchen. Anfänglich scheint alles gut zu gehen, doch dann presst Mario so fest mit seinem Stift auf das Papier, dass es reißt. Traurig schaut er auf „sein Ergebnis". Marc ruft: „Guck mal, Katja, der Mario hat sein Blatt ganz kaputt gemacht!" Alle Kinder schauen auf Mario. Der ist ganz unglücklich und sagt schließlich: „Ich finde das Bild sowieso doof!" Bei einem Rundblick fällt auf, dass alle Kinder insgesamt nicht so recht bei der Arbeit sind, und als noch Malte an den Tisch kommt und fragt, ob das denn noch lange dauere, schließlich wolle er mit Martin spielen, unterstreicht Katja mit ernstem Gesicht die Notwendigkeit der Situation: „Also, ihr kommt bald in die Schule, und da müsst ihr auch malen. Ich hole jetzt für Mario ein neues Blatt und dann werden wir mal schauen, wer am besten auf der Linie gemalt hat und nicht davon abgekommen ist." Und während sie aufsteht, um ein neues Blatt zu holen, lässt Marc sein Blatt vom Tisch fallen und tritt darauf. Katja kommt zurück, hebt das Blatt von Marc auf, legt ihm das Blatt wieder vor und setzt sich zu Mario: „Ich helfe dir jetzt. Nimm mal den Stift in die rechte Hand und jetzt führe ich deinen Stift mal mit." Nach ein paar Minuten ist es geschafft. Katja bittet alle Kinder, ihre Blätter nebeneinanderzulegen, und die Kinder vergleichen nun die Ergebnisse. Björn war diesmal der „Beste". Ganz stolz fragt er dann, ob er das Blatt mit nach Hause nehmen darf, um es seiner Mutter zu zeigen. Gerne willigt Katja bei der Frage ein. Die anderen Blätter werden in die entsprechenden Mappen der Kinder eingelegt, vorher werden noch Name und Datum vermerkt und dann „dürfen" die Kinder zu ihren Kameraden spielen gehen.

So weit das Beispiel A. Es zeigt deutlich – als ein ganz kleiner Ausschnitt einer bildungsorientierten Beschäftigung in der Gruppe – ein Arbeitsverständnis der Erzieherin Katja, das durch folgende Merkmale charakterisiert werden kann:

a) Die Erzieherin hat ein Verständnis von Elementarpädagogik als einem Übungsfeld von trainierbaren Verhaltensweisen. Das bedeutet, dass es für sie primär um die

Aufgabe geht, nicht gut entwickelte oder durch Defizite charakterisierte Fähigkeiten, Funktionen oder Fertigkeiten zu fördern. Hat sich Katja bei unserem Beispiel auf den „feinmotorischen Bereich" festgelegt, so kann es bei anderen Beispielen der „sprachliche, kognitive, grobmotorische oder soziale Bereich" sein. Bei allem steht eine „isolierte Funktionsförderung" im Vordergrund, bei der die Verbindung der einzelnen Entwicklungsbereiche unbeachtet und daher unberücksichtigt bleibt. Das entspricht der verbreiteten Überzeugung, dass die Kindertagesstätte sich zunächst einmal ganz auf die Vermittlung basaler Kulturtechniken konzentrieren solle, und hier hat eben die Förderung der Feinmotorik ihren besonderen Stellenwert, ist sie es doch, die in ihrer Entwicklung die beste Voraussetzung für das Schreiben und Sprechen ist.

b) Die Entscheidung von Katja, sich der Förderung der Feinmotorik bei den acht Kindern in besonderem Maß zu widmen, macht die vorschulische Förderung und Ausrichtung besonders deutlich, ganz im Sinne der in den Siebzigerjahren viel beachteten Lerntheoretiker bzw. Entwicklungspsychologen *Corell* und *Lückert*. So schreiben beide in ihren Empfehlungen zur Gestaltung der Arbeit in Kindertagesstätten, dass sie sich auf die „Vermittlung der basalen Kulturtechniken wie Lesen, Schreiben und Rechnen konzentrieren soll" und den Kindern helfen muss, auch die Voraussetzungen dafür – gerade im feinmotorischen Bereich – zu erlangen. Natürlich wird dabei der „eigenständige Erziehungs- und Bildungsauftrag der Kindertagesstätte" negiert und dahingehend verändert, dass sie eine (indirekt) beauftragte Einrichtung mit einer direkt orientierten Zuarbeitungsfunktion für die Schule wird.

c) Ganz im Sinne der genannten damals aktuellen Lerntheoretiker und Entwicklungspsychologen übernimmt Katja die Meinung, dass gerade die Kinder im Alter von drei bis fünf Jahren eine erhöhte und zu nutzende „Aufnahme- und Speicherkapazität" besitzen. Heute spricht man von „Lern- und Entwicklungsfenstern". Dadurch ist es möglich, Kinder in diesem Alter viel gezielter „zu unterrichten", als es in der herkömmlichen Kindergartenpädagogik, die sich einer abwartenden, Zeit lassenden, gewährenden, schützenden und pflegenden Aufgabe verpflichtet fühlt, der Fall ist. *Lückert* bringt es für sich und alle anderen leistungswilligen Erwachsenen auf den Punkt, indem er schreibt, dass dadurch „die gezielte Förderung der Kinder versäumt wird".

d) Katja hat, nachdem sie sich für die Arbeitsblätter entschieden hat, diese nach dem „Grad der Schwierigkeit", „möglichen Zeitverläufen" und nach „möglichen Interessensgebieten" geordnet. D. h., die Person der Erzieherin ist die handelnde, überblickende, das Arbeitsvorhaben strukturierende Person und die Kinder sind die ausführenden und reagierenden Menschen, die sich nach der Anweisung in bestimmter Weise zu verhalten haben. Ob dadurch das Ziel der Kindertagesstätte erreicht werden kann, dass Kinder in ihrer Selbstständigkeit durch aktive Partizipation zu unterstützen sind, ist mehr als fraglich.

e) Bei dem Beispiel fällt auf, dass die „Motivierung der Kinder für das Arbeitsvorhaben" durch die Erzieherin geschieht und nicht durch die Kinder selbst, die Atmosphäre und andere motivationsstützende Auslöser. Katja zeichnet den Kindern ihr Blatt vor und erreicht es durch ihre offensichtlich gute Beziehung zu den Kindern, dass sie es ihr mehr oder weniger gerne nachmachen. Allerdings bleibt auch hier grundsätzlich die Frage offen, inwieweit es für die Entwicklung der Kinder hilfreich ist, wenn Arbeitsvorhaben durch die bewusste Nutzung von Beziehungsqualitäten realisiert werden. Um gleich einem Vorurteil zu begegnen: Es geht dabei nicht um die Frage, ob es problematisch ist, wenn aufgrund positiver Beziehungen Kinder für ihre Erzieherin etwas freiwillig machen möchten! Bei unserem Beispiel geht es um die Nutzung von Beziehungen für Leistungsansprüche und Leistungserwartungen Erwachsener in der Kindertagesstätte – Beziehungen werden hierbei „funktionalisiert".

f) Durch die Formulierung von einzelnen Lernzielen (hier in dem Beispiel sind die Lernziele „Erweiterung der Aufmerksamkeit", „Erhöhung der Konzentrationsfertigkeit", „Förderung der Wahrnehmungsfähigkeiten" und „Ausbau der Belastungsgrenze") fügt sie ihre Arbeit in eine Didaktik der Förderung ein, die in hohem Maße dazu verleitet, Maßnahmen zur Förderung von Funktionen zu gestalten, die zusätzlich auf bestimmte Einzeldefizite der Kinder ausgerichtet sind. Damit steht das Menschenbild von Kindern fest: Kinder sind in ihrer Persönlichkeit „defizitäre, unfertige, und unreife" Wesen, die schon möglichst früh dem Ideal eines „fertigen, erwachsenen Menschen" entsprechen sollen. Und damit dies gelingt, wird an ihren Defiziten gearbeitet.

g) Katja fasst bei unserem Beispiel die acht Kinder zu einer Gruppe zusammen, die ein „gemeinsames Defizit" hat. Da es sich um Kinder des ungefähr gleichen Alters handelt, kann aus der altershomogenen Zusammenfassung geschlossen werden, dass das gleichsam ein bewusst hergestelltes Lernmilieu zur Kompensation von Schwierigkeiten von Kindern ist, die eben in ihrer Entwicklung im Vergleich zu einer bestehenden oder hier formulierten Norm abweichen. Dabei wird gänzlich außer acht gelassen, dass die Behebung von Teilleistungsschwierigkeiten gerade in Spielsituationen geschieht, die nicht auf eine bewusste Förderung bestimmter Teilleistungsschwächen ausgerichtet sind (concomitant learning).

h) So, wie Katja sich bei der Anmerkung von Björn und Jessica verhält, als beide Kinder gerne ein „Pferdebild" und nicht das Arbeitsblatt „mit dem komischen Haus" haben wollten, zeigt sich, dass sie die Rolle einer Erzieherin innehat und diese den Kindern auch zeigt. (In dem Beispiel: Katja lässt sich nun nicht groß auf eine Diskussion ein, sondern fordert die Kinder auf, jetzt zu beginnen.) Kinder haben demgegenüber aber das Bedürfnis, ihre Kommunikationspartner/-innen als Menschen zu erleben, die ihre Bedürfnisse erspüren und ihre Wünsche mit Achtung aufgreifen. Aus kommunikationstheoretischer Sicht gesehen, kommt der Betrachter zum Schluss, dass die geschilderte Kommunikation auf zwei verschiedenen Ebenen stattfindet: Die Ebene des Menschseins trifft auf die Ebene einer Rolleninhaberin. Dadurch sind Missverständnisse und Probleme schon im Voraus vorprogrammiert.

i) In unserem Beispiel zeigen die Kinder, die den anderen bei ihrer Aufgabenerfüllung helfen möchten, ein durchaus solidarisches Verhalten. Doch Katja bittet die Kinder darum, dass jedes Kind seine Aufgabe alleine zu lösen versucht. Natürlich ist es aus ihrer Sicht völlig folgerichtig, weil sie sich ja vorgenommen hat, dass jedes Kind seine Schwierigkeiten individuell – ausgerichtet auf ein festgelegtes Ziel – kompensiert. Damit ist die Gefahr verbunden, dass Ziele, die genau beschrieben und vom Erwachsenen erreicht werden wollen, die Wahrnehmung für andere Ereignisse nicht zulassen.

j) Angebote in der Kindertagesstätte, die mit mehreren Kindern gleichzeitig durchgeführt werden und bei denen ein bestimmtes Endergebnis erreicht werden soll, tragen mit großer Wahrscheinlichkeit dazu bei, dass Kinder sich in ihrer Leistung und ihrem Können vergleichen und weniger gute Leistungen oder Missgeschicke anderer abwerten. So wie es in unserem Beispiel Marc tut. Seine Äußerung, dass die Erzieherin mal zu Mario gucken solle, beinhaltet ja zumindest die zwei Botschaften: 1. Ich, Marc, habe mein Blatt nicht zerrissen und das ist wohl gut; 2. der Mario hat sein Blatt zerrissen und das ist wohl schlecht.

k) Produktorientierte (also auf ein bestimmtes Ergebnis ausgerichtete) Angebote sind jederzeit überall überprüfbar und machen auch für Kinder Qualitätsunterschiede deutlich, die aber weniger dazu motivieren, individuelle Unterschiede zu akzeptieren, sondern individuelle Unterschiede zu bewerten. Dass Mario die Situation offensichtlich peinlich ist, bleibt unberücksichtigt, und dass seine Anspannung in seiner Motorik – durch seine individuell erlebte Stresssituation – dadurch eher zunimmt, ist mehr als wahrscheinlich.

l) „Alle Kinder sind nicht so recht bei der Arbeit" heißt doch nichts anderes, als dass die Atmosphäre wenig fröhlich und motivierend ist. Genau dies ist oft der Preis solcher isolierender Übungen, und wenn Katja in einem Gespräch mit ihren Kolleginnen und Kollegen im Nachhinein berichtet, dass die Kinder nur ungerne ihre

Aufgaben erfüllt haben und die Kinder schlecht zu motivieren waren, dann ist es falsch, dies den Kindern anzuhängen, sondern dies ist eher der künstlich hergestellten Übungssituation geschuldet.

m) Als Katja merkt, dass Mario immer weniger Freude verspürt, sein Arbeitsblatt zu bemalen, greift sie erneut in die Situation ein, um das gesetzte Ziel zu erreichen. Sie holt ein neues Blatt, sie hebt für Marc das Arbeitsblatt auf, sie setzt sich zu Mario und sie gibt nun explizite Anweisungen, was er genau zu machen hat. Katja ist offensichtlich (immer noch) nicht bereit, das Desinteresse und die fehlende Motivation der Kinder zum neuen Ausgangspunkt ihrer Betrachtung zu machen, um z. B. die ganze Situation aufzulockern, zu verlegen oder ganz aufzuheben. Sie möchte ihr für die Kinder gesetztes Lernziel so weit erreichen, dass auch „kurzfristige Lernerfolge" sichtbar sind. So ist sie auch selber froh, als das Ganze mit ihrer Hilfe abgeschlossen werden kann und Björn „als Bester" fragt, ob er denn das Blatt mit nach Hause nehmen und seiner Mutter zeigen kann. Katja kann sich auch in der Gewissheit sicher sein, dass Björns Mutter – und vielleicht auch die Eltern der anderen sieben Kinder, mit denen sie gearbeitet hat – diese Arbeitsaktivität mit Zustimmung und Freude anerkennen wird. (Bei dem Beispiel war es tatsächlich so, dass Björns Mutter in einem Gespräch der Erzieherin und der Leiterin gegenüber äußerte, dass sie froh sei, dass Björn gerade diese Kindertagesstätte besuche, weil hier auch gelernt werde und nicht wie in der benachbarten Kindertagesstätte „nur das Spiel" im Vordergrund steht.)

So weit ein Versuch einer Analyse des vorgestellten Beispiels. Insgesamt muss aber, um die Wiedergabe der Arbeitssituation der acht Kinder und der Erzieherin Katja nicht isoliert und aus Sinnzusammenhängen herausgerissen betrachten zu können, das Beispiel vollständigkeitshalber in einen Gesamtzusammenhang gebracht werden. Daher ist Folgendes zu ergänzen:

Bei einem Gespräch mit Katja wurde deutlich, dass das Jahr in der Kindertagesstätte nach dem Jahresrhythmus gestaltet wird. D. h., dass einerseits die Jahreszeiten (Frühling, Sommer, Herbst und Winter) den grundsätzlichen Ablauf bestimmen, andererseits die Festtage immer beachtet und diese mit den Kindern vorbereitet und erlebt werden. Dazu wird ein „Programm" erstellt, in dem „Lieder, Bastelaktivitäten, Kreisspiele, Theaterstücke als Aufführungen und Werktechniken" genau auf die Jahreszeit ausgerichtet und auf die Feste abgestimmt sind.

Weiterhin berichtet Katja, dass es für jede Gruppenerzieherin verpflichtend sei, einen Monatsplan im Voraus zu erstellen und diesen auch öffentlich zu machen, was in der Regel dadurch geschieht, dass die Monatspläne an den Türen der Gruppenräume hängen.

Ihnen ist dann genau zu entnehmen,
- welche Lieder,
- welche Bastelaktivitäten,
- welche Arbeitsschwerpunkte,
- welche besondere Spielform,
- welche Arbeitstechniken und
- welche Verse/Reime

ihre Anwendung finden. Dazu kommt, dass auf einem extra Blatt die langfristigen, mittelfristigen und kurzfristigen Lernziele, die erreicht werden sollen, angegeben sind, sodass gerade die Eltern immer einen Überblick haben, was ihre Kinder in den Gruppen lernen. (Anmerkung: Es war schon eigenartig, auf den ausgehängten Monatsplänen immer den Satzanfang aller Aktivitäten zu lesen, der mit den Worten begann: Wir wollen ... Ob die Kinder das „wir" mitbestimmt haben, ist die Frage ...)

Vieles, was in der Gruppe gemacht wurde, war entweder für die ganze Gruppe bestimmt oder es wurden Teilgruppen nach Alter gebildet. Die eher grundsätzliche Arbeit in der Gesamtkindergruppe wurde damit begründet, dass durch gemeinsame Gruppenaktivitäten der „soziale Umgang" gefördert werde, und die Begründung der Bildung von Teilgruppen lag darin, dass „Kinder mit gleichen oder ähnlichen Schwierigkeiten und Defiziten" zusammengefasst besser gefördert werden könnten.
Dass in dieser Kindertagesstätte eine gemeinsame Frühstückszeit angesetzt war (also kein freies Frühstück) und bei den kleineren Kindern noch ein gemeinsamer Gang zur Toilette als obligatorisch angesehen wurde, sei am Rande bemerkt.

Mit welchem Recht fordern wir vom Kind, so zu sein oder zu werden, wie wir sind?

Als ob wir Erwachsenen besser oder liebenswerter wären?

(Friedhelm Beiner)

Dieses Beispiel von Katja und ihrer Arbeit mit einer Teilgruppe der Kinder, die in ihrer Gruppe sind, stellt unter der Beachtung von Gesamtzusammenhängen ihres Arbeitsverständnisses, ihrer Arbeitsgestaltung und der realen Arbeitsabläufe den sogenannten „funktionsorientierten Ansatz" dar.

Zusammenfassend und im Überblick noch einmal in Stichworten erfasst, lässt er sich also durch folgende Merkmale kennzeichnen:

Erzieher/-in (Person/Rolle)

- gibt Situationen und Arbeitsvorhaben vor;
- ist die agierende Person;
- entscheidet für Kinder;
- lässt sinnverbindende und soziale Zusammenhänge und Erfahrungen von Situationen außer acht;
- versteht sich als Lernmotor für Kinder;
- begegnet Kindern in ihrer Rollenfunktion;
- gibt kurzfristigen Lernerfolgen den Vorrang vor sich entwickelnden Prozessen;
- versteht sich eher als Anwältin/Anwalt der Eltern, ihrer Anforderungen und Erwartungen;
- richtet Angebote als eine Orientierung auf Produkte aus;
- lässt notgedrungen bei der Verfolgung von spezifischen Lernzielen andere bedeutsame Beobachtungen im Hinblick auf spontane Änderungen kaum/gar nicht zu;
- will „Einzeldefizite" der Kinder in der Zusammenfassung altershomogener (Teil-)Gruppen aufarbeiten.

Arbeitsweise und Arbeitsverständnis der Erzieherin/des Erziehers

- entscheidet über die Nutzung der Arbeitsmaterialien, die Nutzung von Zeit und Raum;
- ist produktorientiert;
- sieht die Kindertagesstätte als ein Übungs- und Förderfeld von trainierbaren Verhaltensweisen bei Kindern an;
- gibt der Arbeit mit der Gesamtgruppe und Teilgruppen den Vorzug;
- lässt sich durch den Jahresrhythmus entscheidend leiten;
- möchte bei Kindern vor allem den motorischen, sprachlichen und kognitiven sowie gesamtsozialen Bereich fördern;
- bietet ein eher fremdbestimmtes Lernen an;
- gibt eher ein Überangebot von Materialien und Inhalten;
- sucht die Anerkennung von Eltern und z. B. der Institution Schule;
- trägt zu einer „verschulten", wenig lebendigen Atmosphäre bei;
- gibt dem Tagesablauf den Charakter einer in Teile zerteilten Zeitstruktur;
- gestaltet Situationen im Sinne isolierter Funktionsförderung;
- nutzt Beziehungsqualitäten zur Unterstützung von leistungsorientierten Vorhaben;
- lässt Kindern kaum bis gar keinen Platz für eigene, langfristige Individualvorhaben;

- blendet Alltagswirklichkeiten weitestgehend aus (vom Besuch der Feuerwehr oder der Marktstände und einiger anderer Gewerbe einmal abgesehen);
- vernachlässigt real-emotionale Aspekte zugunsten rationalistisch-technokratischer Vorhaben.

Persönlichkeitsmodell von Kindern

- versteht Kinder als Menschen, die nur zu reagieren haben;
- traut Kindern wenig Selbstaktivitäten und eigene Ideen zu;
- sieht Kinder als „Menschen mit noch nicht fertigen Entwicklungsbereichen" an;
- bewertet häufig „ungewöhnliche" Verhaltensweisen von Kindern;
- denkt für Kinder anstatt mit ihnen;
- drückt ihre „Defizit-Theorie der Persönlichkeit" auch in Elterngesprächen aus;
- gibt eigenen Normvorstellungen eine große Bedeutung im Hinblick auf die Gestaltung der Gesamtarbeit aus dem Verständnis heraus, die Persönlichkeit der Kinder in ihrem Sinn entscheidend mitzuprägen;
- hat wenig Vertrauen in die Selbstheilungskräfte Einzelner und der Gruppe;
- will immer und zu jeder Zeit den Überblick haben.

Der „funktionsorientierte Ansatz" kann daher grundsätzlich als eine Angebotspädagogik für eine von Erwachsenen geleitete und geführte Kindergruppe bezeichnet werden mit fehlenden Partizipationsmöglichkeiten der Kinder. Wenn in diesem Zusammenhang (unter Beachtung des Tagesablaufs) ein Vergleich zu einer „Kleinkinder-Bewahrstube", wie es sie um die Jahrhundertwende gab, hergestellt werden darf, so ergeben sich natürlich gewisse Unterschiede, Grundsätzlichkeiten weisen aber Ähnlichkeiten und Deckungsgleichheiten auf.

A) Stundenplan der Kleinkinder-Bewahrstube (1891)

Stunden	Ablauf
8–8 1/2	Annahme der Kinder
8 1/2–8 3/4	Lied, Revision, Gebet
8 3/4–9	Religiöse Unterhaltung
9–9 1/2	Stumme Körperbewegung, Bildchen
9 1/2–9 1/2	Gebete oder Verschen lernen
9 1/2–10 1/4	Essen und Spielzeit im Freien
10 1/4–10 1/2	Erzählen aus der biblischen Geschichte
10 1/2–10 3/4	Gesang mit Körperbewegung
10 3/4–11	Schlussgebet, Ankleiden, Revision
11	Hinausführen
1–1 1/4	Annahme der Kinder
1 1/4–1 1/2	Lied, Revision, Gebet
1 1/2–2 1/4	Malen oder Flechten, Flechten oder Stricken, Stricken oder Malen. Die Kleinen schlafen
2 1/4–2 1/2	Gesang mit Körperbewegung bzw. Zählen und Benennen der Dinge
2 1/2–2 3/4	Anleitung zur Höflichkeit oder Verschen lernen
2 3/4–3 1/2	Essen und Spielzeit im Freien
3 1/2–3 3/4	Bildertafel, Sprechübung/Kreisspiele im Freien
3 3/4–4	Lied, Schlussgebet, Ankleiden, Revision
4	Hinausführen

B) fester Tagesablauf in einer funktionsorientierten Kindertagesstätte (2007)

Zeiten	Schwerpunkt
7.30 Uhr	Bringen der Kinder
7.30–8.30 Uhr	Möglichkeiten des freien Spiels
8.30–9.30 Uhr	Angeleitete Tätigkeit/Gruppenangebotsaktivität
9.30–10.15 Uhr	Gemeinsames Frühstück
10.15–10.30 Uhr	Toilettengang und Zähneputzen
10.30–11.30 Uhr	Angeleitete Tätigkeit/Gruppenangebotsaktivität
11.30–12.15 Uhr	Möglichkeit des freien Spiels
12.15–12.30 Uhr	Aufräumen des Gruppenraumes
12.30 Uhr	Abholen der Kinder von den Eltern („Halbtagskinder")
12.45 Uhr	Mittagessen der „Ganztagskinder"
13.15–14.30 Uhr	a) Die Kleinen: Mittagsruhe b) Die Großen: freie Gestaltungsmöglichkeiten
14.30–15.30 Uhr	Angeleitete Tätigkeit
15.30–16.00 Uhr	Gemeinsames Aufräumen des Gruppenraumes
16.00–16.30 Uhr	Abholen der Kinder von den Eltern

Es wäre nicht angebracht, sich einerseits über den „Stundenplan der Kleinkinder-Bewahrstube" lustig zu machen oder diesen gar – sicherlich in Berechtigung zu seiner Zeit unter Beachtung gesellschaftlicher und ökonomischer Bedingungen – bewertend zu disqualifizieren, andererseits sein eigenes Arbeitsverständnis und die eigene Arbeitsgestaltung außer acht zu lassen.

Untersuchungen und Beobachtungen in deutschen Kindertagesstätten (vgl. Krenz, Tagesablaufstrukturen in Kindertagesstätten, 2006) haben deutlich zum Vorschein gebracht, dass viele Kindertagesstätten ihren eigenen, häufig nicht bewusst gestalteten „Tagesablauf" haben und sich mit der Zeit Strukturen herausbildeten, die bei/in der Planung zum Tragen kommen.

Es wäre einmal interessant, den eigenen Tagesablauf in der Kindertagesstätte zu überprüfen und gemeinsam mit allen Mitarbeiterinnen und Mitarbeitern zu analysieren, inwieweit festgelegte Zeitstrukturen Bestand haben und bei den Planungen grundsätzlich wirksam sind, sodass Zeiten von Kindern zerrissen werden – sicherlich ungewollt und ohne bewusste Absicht.

> *Da ist noch etwas, vielleicht das Wichtigste und Schmerzlichste, was gesagt werden muss: Der unüberwindbare Unterschied zwischen uns Erwachsenen und unseren Kindern ist der: Kinder haben mehr Zeit.*
>
> (Michael Hilgers)

Beispiel B: *Monika, eine 34-jährige Erzieherin, arbeitet seit acht Jahren in einer Kindertagesstätte in der Kleinstadt B. Sie ist als Gruppenleiterin tätig in einer altersgemischten Gruppe mit 14 Mädchen und sieben Jungen. Obgleich die Gruppe als altersgemischt gilt, fällt auf, dass 16 der 21 Kinder fünf bis sechs Jahre alt sind.*

Ein Besuch in der Einrichtung ergab sich aufgrund der Einladung für einen Elternabend, auf dem das Thema „Technik, Umwelt und Elternverhalten als Einflussgrößen der Intelligenzerweiterung von frühbegabten Kindern" erörtert werden sollte. In Anbetracht des für den Referenten eher ungewöhnlichen Themas wurde eine Vorbesprechung mit der Möglichkeit eines Gruppenbesuches verabredet. Folgende Situation konnte dann im Laufe der Anwesenheit in der Gruppe beobachtet werden: Die Kinder saßen alle im Halbkreis um die Erzieherin herum, die vor sich ein größeres Mikroskop hatte. Zunächst erklärte sie den Begriff „Mikroskop", erzählte von dem Erfinder dieses „Sichtvergrößerungsgerätes", zeigte sowohl Aufnahmen von älteren Mikroskopen und legte von einigen Beispielen kopierte Folien auf einen bereitgestellten Overheadprojektor, um Einzelheiten zu verdeutlichen. Die anwesenden Kinder waren recht gespannt, aufmerksam und neugierig, zumal sie alle den ausführlichen Beschreibungen der Erzieherin lauschten. Nach einiger Zeit – die Vorerklärungen dauerten fast 30 Minuten – bat die Erzieherin dann die Kinder, der Reihe nach zu ihr zu kommen und einen Blick ins Mikroskop zu werfen. Sie sollten raten, was sie dort sehen konnten. Wie sich herausstellte, war ein „Haar" zwischen die Glasplättchen gelegt, und immer, wenn die Kinder „falsche Antworten" (wie z. B. „ein Stück eines Astes" oder „ein Stück Schnürsenkel" usw.) gaben, erklärte sie, warum es gerade das nicht sein konnte. Als alle Kinder dem Geheimnis nicht auf die Spur kamen, gab sie die „richtige Antwort" und malte anschließend ein „Haar" in vielfacher Vergrößerung an die Tafel. Sie erläuterte danach, wie viele Haare Menschen im Durchschnitt auf dem Kopf tragen, wie viel sie am Tag wachsen würden – eine entsprechend lange Schnur wurde nun ausgelegt und vermessen, wie viele Haare der Mensch pro Tag verlieren würde und was Haare bei Temperaturveränderungen alles auszuhalten hätten. Schließlich bat sie ein Kind, an die heute mitgebrachte Kiste zu gehen und einmal nachzuschauen, was sie enthalte. Es stellte sich heraus, dass sie von einer Schule eine Reihe weiterer Mikroskope mitgebracht hatte, und so bat sie die Kinder, sich jeweils zu zweit eines zu holen und verschiedene Dinge, die sie gemeinsam festlegten, unter dem Mikroskop zu betrachten und genau zu beschreiben. Auch die Kinder begaben sich dann daran, das Gesehene zu zeichnen.

So weit das Beispiel selbst. Wie sich in einem Gespräch im Nachhinein ergab, wurde deutlich, dass dabei jeder Tag einen ganz bestimmten, durchgängigen Themenbereich zum Gegenstand hatte. In dieser Woche stand der Oberbegriff „Das Mikroskop – kleine Dinge werden groß" auf dem Plan.

Dieser kleine Ausschnitt aus dem Vormittag und die gesammelten Erfahrungen aus dem Gespräch mit der Erzieherin Monika legten ein Arbeitsverständnis offen, das zwar anders als der funktionsorientierte Ansatz war, aber auch durch bestimmte Merkmale charakterisiert werden kann:

a) Schon das Thema des gewünschten Elternabends, seine Formulierung und der Wunsch der Erzieherin zum Ablauf des Elternabends – Einstieg durch ein längeres Referat, danach Fragemöglichkeit der interessierten Eltern und Antworten durch den Fachreferenten – verdeutlichten den Vorzug der Gesprächsform. Diese kann am besten durch den Begriff „Einwegkommunikation" beschrieben werden. Zur Verdeutlichung der Ausführungen wurde der Referent auch gebeten, ein knappes, aber aussagentreffsicheres „Thesenpapier" zu erstellen und zur Weitergabe an die Eltern mitzubringen.

b) Die in der Gruppe vorgefundene Sitzsituation, die im Übrigen jeden Vormittag so gestaltet war, erinnerte eher an eine Vorlesung an der Universität als an eine Kindertagesstätte. Die oben beschriebene Einwegkommunikation wurde also auch in der Gruppe praktiziert, sodass es einem Dozieren der Erzieherin gleichkam. Es ging der Erzieherin dabei um die Vermittlung kognitiven Wissens – der Sachlichkeit des Themas und seiner Bearbeitung wurde absolute Priorität gewährt.

c) Da demnach die sachliche Auseinandersetzung und Informationsvermittlung an erster Stelle stand, wurde der Emotionalität – also der Welt der Gefühle – eine völlig untergeordnete Rolle zugedacht. Darauf angesprochen erklärte die Erzieherin auch, dass der Mensch sich eben durch sein Denken auszeichne und damit „der Anthropologie auch im Elementarbereich die Beachtung zukommt, die ihr zusteht. Schließlich malen Kinder im Entwicklungsstadium zu Anfang auch für lange Zeit den Kopffüßler, was darauf hindeutet, dass dem Denken die meiste Beachtung geschenkt werden müsse".

d) Die im Anschluss an die Gesamtgruppenarbeit folgende Aufgabenstellung war so gestaltet, dass die Kinder in Einzelarbeit das Erfahrene vertiefen sollten, um neue Eindrücke zu gewinnen und zu verstehen. Dass damit einer Vereinzelung der Kinder grundsätzlich Vorschub geleistet werden kann, will ich in diesem Zusammenhang erwähnen.

e) Ähnlich wie beim „funktionsorientierten Ansatz" sind Aufgabenstellung, Arbeitshinweise und Arbeitshilfen ganz auf die Erstellung eines Produktes ausgerichtet nach den Verlaufs- und Bewertungskriterien:
   - richtig bzw. falsch,
   - angebracht bzw. unangebracht,
   - gut bzw. schlecht.

f) Bei der Kommunikationsform des Informierens und Fragestellens fällt ein großer Unterschied zwischen der „wissenden Person und den nichtwissenden Kindern" auf, der gerade durch die Kommunikationsform zu einer festen Kommunikationsstruktur wird. Es war auch so, dass die Kinder immer wieder mit Fragen zu der Erzieherin kamen, die bereitwillig Antworten gab. Eine „richtige Unterhaltung unter Forschern" konnte dagegen nicht beobachtet werden.

g) Die Gestaltung des Vormittags und die Einzelabläufe der Arbeitseinheiten können durchaus auf Kinder die Wirkung im Sinne eines Leistungsdrucks haben, nämlich möglichst schnell der Lösung am nächsten zu kommen und das Ergebnis, das es zu finden gilt, zu benennen.

h) In weiterer Ableitung der Aussage von Monika, dass das Denken den Menschen ausmache, kann darauf geschlossen werden, dass die Erzieherin ein Menschenbild vertritt, dass vor allem bzw. einzig und alleine die Wissensanreicherung zur reifen Personwerdung verhilft. Wissen steht damit über allem und es gilt, in genutzter Zeit möglichst viel davon aufzunehmen.

i) Monika baute ihre Arbeitsvorhaben so auf, dass sie 1. das zu vermittelnde Wissen systematisch geordnet hat als Modell für die Kinder, 2. dass es grundsätzlich hilfreich ist, Vorhaben exakt zu planen und damit die gesamte gegenständliche Welt zu erschließen.

j) Die Gespräche der Kinder und ihre Fragen an die Erzieherin waren – wie schon erwähnt – durch Sachlichkeit geprägt. Was aber darüber hinaus auffiel, war der Punkt, dass die Kinder selbst untereinander rational-logische Argumentierer waren und wenig Freude, Lebendigkeit, Interesse oder auch kindliche Ausgelassenheit zum Vorschein kam.

k) Der Vormittagsaufenthalt der Kinder war dadurch gekennzeichnet, dass sie entweder in der Kindertagesstätte ein Experiment oder thematisch eng eingegrenzte Vorhaben realisierten oder draußen in der Natur ihre Kurzprojekte durchführten. Was fehlte, war der ständige Bezug zu Lebenszusammenhängen, zu Situationen, die aus Kindersicht für Kinder, ihr Leben, ihre aktuelle Lebensrealität und ihre Alltagsgestaltung bedeutsam waren.

Alles, was mit Kindern gemeinsam erarbeitet wurde, entsprach der Aussage von *Flitner*, dass nämlich Wissenschaft erst dort produktiv werden kann, wo das Bedürfnis nach wissenschaftlichen Verfahren hinreichend stark ist, d. h., wo das Kind mit Beobachten, Fragen, Deuten bis zu dem Punkt gekommen ist, wo nur die wissenschaftliche Behandlung weiterführt.

Dieses Beispiel von Monika, ihrer Arbeit, ihrem Arbeitsverständnis und ihrer Vormittagsgestaltung weist deutlich auf den sogenannten „wissenschaftstheoretischen Ansatz" hin, der gerade heute durch die vielfältigsten „Bildungsprogramme" Hochkonjunktur hat.

Zusammenfassend und im Überblick sollen noch einmal die wichtigsten Merkmale wiedergegeben werden:

Erzieher/-in (Person/Rolle)

- informiert die Kinder und stellt Wissensfragen;
- provoziert und verfestigt eine auf beiden Seiten stabile Einwegkommunikation;
- zeigt sich ausnahmslos den Kindern in ihrer Rolle;
- verhält sich wie eine allwissende Person, die nicht mit den Kindern auf die Suche nach Antworten geht;
- erzeugt durch ihre Einwegkommunikation ein relativ hohes Maß an Leistungsdruck;
- überträgt Erwartungen und Anforderungen im sprachlichen und nichtsprachlichen Verhalten;
- bewertet „Rationalität" in höchstem Maße.

Arbeitsweise und Arbeitsverständnis der Erzieherin/des Erziehers

- strukturiert die Situation in der Gruppe und das Verhalten der Kinder sehr stark vor;
- lässt emotionale Äußerungen der Kinder so gut wie immer außer acht;
- gibt der Einzel- bzw. Kleinstgruppenarbeit der Kinder eine hohe Bedeutung;
- gestaltet die Arbeit mit Kindern stets produktorientiert;
- dem Freiraum von Kindern und ihren Wünschen nach Eigengestaltung von Situationen werden keine Zeit und kein Raum gegeben;
- alle Arbeitsabläufe und der Arbeitsaufbau sind geordnet, systematisiert, organisiert und strukturiert;
- das Vorgehen erlaubt ein Arbeiten mit Kindern auch in großen Gruppen;
- Aufgabenauswahl und -verteilung richten sich nach den entsprechenden Wissenschaftsdisziplinen;
- die Lebensbiografien der Kinder werden wenig/gar nicht berücksichtigt.

Persönlichkeitsmodell von Kindern

- das grundsätzliche Nichtwissen der Kinder über Hintergründe von Gegebenheiten ist durch Wissen und Denken zu ersetzen;
- Gefühle sind hinderlich im Reifungsprozess der Menschwerdung;
- Kinder können aus dem Reagieren ihren Erfahrungsschatz erweitern;
- Kinder sind dazu angehalten, die Rolle von Schülerinnen und Schülern anzunehmen.

Beispiel C: *In einer Kindertagesstätte in B. S. arbeiten Michael und Gundula nun schon seit elf Jahren. Beide sind in einer Gruppe zusammen, wobei es den Unterschied zwischen „Gruppenleitung" und „Zweitkraft" nicht gibt. Aufgrund von gemeinsam besuchten Fortbildungsveranstaltungen entstand bei den Mitarbeiterinnen und Mitarbeitern der Einrichtung der Wunsch, die eigene, schon vor Jahren geschriebene Konzeption zu überarbeiten und mithilfe eines Referenten neu zu gestalten. Da es gerade bei der Konzeptionserstellung bzw. Konzeptionsüberarbeitung unumgänglich ist, dass der Referent die Situation der realen Arbeit zumindest in Ansätzen erkennt, wurden Gruppenbesuche verabredet und diese Termine gemeinsam mit den Kindern festgelegt. Zur abgesprochenen telefonischen Terminbestätigung wunderte es daher den Referenten auch nicht, dass eine Kinderstimme am Telefon war und den Termin durchgab. Wie sich später herausstellte, wählte Michael die Nummer und gab dann Johannes den Hörer in die Hand, der den Rest souverän meisterte.*

Schon beim Eintritt in die Eingangshalle fiel die Freundlichkeit, Lebendigkeit und Ungezwungenheit der Einrichtung auf. Da waren keine „Katalogmöbel fein säuberlich" auf-

gestellt, sondern zwei Sitzgruppen, auf denen einige Eltern saßen, Kaffee miteinander tranken und sich unterhielten. An der dem Eingang gegenüberliegenden Seite war in der Nähe der Wand ein großer Walfisch (aus feinem Maschendraht, überklebt mit Zeitungspapier und tiefblau angemalt), in dem vier Kinder auf einer Decke lagen und gemeinsam ein Bilderbuch betrachteten. Damit sie in dem Walfisch sehen konnten, war eine kleine Lichtquelle dorthin verlegt (mit Klingeldraht und einer 6-Volt-Birne). Andere Kinder wiederum spielten in einer Ecke mit Duplosteinen und hatten sich offensichtlich vorgenommen, einen sehr, sehr hohen Turm zu bauen. Neben dem „großen, maulgeöffneten Walfisch" war eine Wand ganz mit unterschiedlichen Materialien versehen, vom selbst gewebten Wollteppich über zusammengebundene Reisighölzer, von kleinen Fellstückchen bis über senkrecht untereinander gespannte Gitarrensaiten, von selbst gebrannten Tonstäben bis zu Glaskugeln, Stoffgirlanden, Seilen, Schaumstofffiguren, Schaumgummiblöcken in unterschiedlichen Größen und weiteren gegenständlichen Materialien. Das konnte nur der Ausschnitt eines Teils einer Unterwasserwelt sein.

Die Gruppentüren standen teilweise auf, teils waren sie geschlossen und teilweise waren sie angelehnt. Während des faszinierten Betrachtens und dem spontanen Wunsch des Besuchers, mal selber in dem Walfisch zu verschwinden oder die Unterwasserwelt zu „be-fühlen", kam schon ein ca. 4-jähriges Mädchen auf den Besucher zu und fragte ihn, was er denn möchte. Nach einer kurzen Erklärung meinte sie, sie wisse jetzt schon, wer der Besucher sei, nahm ihn bei der Hand, führte ihn in einen Gruppenraum und rief laut in die Gruppe: „Hier ist unser Besuch, der mal gucken wollte, was wir spielen." Einige Kinder schauten auf, andere schienen es nicht gehört zu haben oder hören zu wollen und einige Kinder und Michael begrüßten den Besucher.

Tasche und Mantel wurden abgelegt, ein Kind bot sofort seine Hilfe an, den Mantel zur Garderobe zu bringen, und tat es dann auch gerne. Zum ersten Blickwerfen in die Runde bestand kaum Zeit, denn schon fragten einige der hinzugekommenen Kinder, woher der Besucher denn käme, ob er ein Auto oder den Bus benutzt hätte („ein Bus ist nämlich umweltfreundlicher, musst du wissen"), ob er Lust habe, in der Tobeecke mitzumachen („da kannst du richtig ins Schwitzen kommen"), oder ob er im Garten helfen könne, Bretter zu einer Leiter „zusammenzukloppen", damit „man besser auf den Kirschbaum raufkäme". Und dennoch blieb ein wenig Zeit zum Rundblick: Der Raum war groß und freundlich und in viele Ecken unterteilt. Was dabei am meisten auffiel, war eine zweite Ebene in Form eines Hauses. Auf ihr befanden sich kleine Zimmer mit kleinen Fenstern und, nach der Lebendigkeit zu urteilen, hätten eine ganze Reihe von Kindern dort drin sein müssen. Der Raum war also nicht in „offene Funktionsecken" unterteilt, sondern war durch Regale, Decken und eine Kartonwand tatsächlich so abgeteilt, dass von einer „wirklichen Raumteilung" gesprochen werden konnte. Alle Kinder – so weit das bei einem ersten Überblick gesagt werden konnte – waren vor allem in kleineren Gruppen (zu zweit und dritt) damit beschäftigt, einer Aktivität nachzugehen. Hier malten zwei

Kinder auf einem Plakat verschiedene Obstsorten, dort wurden mithilfe von Gundula einfache Holzstiegen zusammengezimmert. Woanders wiederum bemalten Kinder eine Papierbahn mit bunten Schlangenlinien und ihnen gegenüber saßen Kinder, die mit ihren Puppen Kunststücke vornahmen. Michael lächelte dem Beobachter freundlich zu und fragte ihn, ob er eine Idee habe, was die Kinder denn wohl vorhatten. Und Marie, eine 4-Jährige, sprang dabei ganz aufgeregt auf und ab und rief: „Ja, rate mal, ja, rate mal, was wir hier Tolles machen!" Und während sie dazu ein wenig tanzte, kamen andere Kinder hinzu, fassten sich bei den Händen und bewegten sich im Rhythmus ihrer gesungenen Frage. Sie öffneten ihren Kreis, baten Michael zu sich, der dann dazukam, den Kreis betrat und lustige Tanzbewegungen ausführte. Die Kinder begannen noch lauter zu lachen, und der Beobachter überlegte, was es denn sein könnte. In der Zwischenzeit kamen immer mehr Kinder dazu, auch aus dem Flur, und schließlich wurde das Ganze zu einer großen tanzenden Schlange, die in den Garten hopste, tanzte, hüpfte und vorwärtssprang. Auch der Beobachter ging mit nach draußen und wurde dann von den Kindern umringt. Nun begannen die Kinder, Hinweise zu geben: „Es ist schön."/„Es ist bald."/„Es wird bestimmt lustig."/ „Und ganz viele Menschen kommen."/„Und Obstkuchen gibt es auch."/„Und die Tische werden ganz schön mit Tischdecken bedeckt." Die Antwort, dass es eine Zirkusvorstellung wird, wurde mit lautem Lachen und einem vielstimmigen „Nein!" quittiert. Tja, schließlich gab der Beobachter und Gast zu verstehen, dass es eigentlich nur ein „Fest" sein könne, und die Kinder applaudierten nun mit vollen Kräften. Es stellte sich heraus, dass in den letzten Wochen die Nachbarn, die in unmittelbarer Nähe der Kindertagesstätte wohnten, ein paar Mal über die Lautstärke der Kinder klagten, worauf sich diese entschlossen, ein Nachbarschaftsfest zu veranstalten. Vorbereitend wurden einige Nachbarn besucht und es wurde ihnen erklärt, dass Kinder gerne laut sind und sich bewegen. Mit Hilfe und Unterstützung von Michael und Gundula malten sie Plakate, hängten diese in der Umgebung auf und verteilten sie in den Geschäften; auch Handzettel zum Verteilen wurden hergestellt (mit selbst geschöpftem Papier) und das Ganze unter das Thema „Mit Nachbarn essen und spielen" gestellt. Und weil gerade Obsternte war und die Kinder in der Kindertagesstätte allerhand Speisen herstellten, sollte das Ganze eine riesige Obstfete werden. Die Vorbereitung lief auf vollen Touren und einige

Kinder hatten besonders viel Freude daran, mit der Erzieherin aus einer anderen Gruppe Verkleidungen aus Stoffresten und Pappmaschee zu werken. Verkleidungen, die riesige Obstsorten darstellten, in die dann einige der Kinder hineinkriechen konnten und alles zu einem Spiel verwenden wollten. Jetzt wurde dem Besucher auch die Vielzahl der unterschiedlichen Aktivitäten der Kinder klar, genauso wie die zu Anfang gestellte Frage, ob er nicht bei dem „Zusammenkloppen" einer Leiter behilflich sein könnte.

So weit der Ausschnitt eines Besuches in der Kindertagesstätte. Vieles gäbe es noch zu berichten, auf Einzelheiten aufmerksam zu machen oder die Aktivitäten der vergangenen Tage wiederzugeben, um die „Lernzusammenhänge" deutlich aufzuzeigen. Dennoch scheint der Ausschnitt zunächst einmal auszureichen, um charakteristische Merkmale zu verdeutlichen:

a) Michael und Gundula legten in ihrer Vorstellung Wert darauf, dass es in ihrer Gruppe – ebenso wie in der gesamten Kindertagesstätte – nicht die Unterscheidung zwischen „Gruppenleitung" und „Zweitkraft" gibt, sondern dass alle Mitarbeiter/-innen versuchen würden, Statusunterschiede in einer möglichen Rollenzuweisung zu vermeiden. Zwar sei es so, dass es noch Mitarbeiter/-innen gäbe, die „informelle Gruppenverhaltensweisen" ab und zu zeigen würden, doch würde das auch Gegenstand von Teambesprechungen sein.

b) Die Offenheit der Mitarbeiter/-innen, Ungereimtheiten beim Namen zu nennen (siehe formelle und informelle Gruppenleitung) machte schon gleich zu Anfang deutlich, dass sich die Erwachsenen grundsätzlich auch als Lernende verstehen und nicht aufgrund ihres Status versuchen, die Rolle der Veränderung „nur" an die Kinder weiterzudelegieren.

c) Der Wunsch der Mitarbeiter/-innen, ihre Konzeption, die im Übrigen auch schriftlich vorlag, zu überarbeiten, legte den Umstand offen, dass sie auch die Grundlagen und Eckwerte ihrer Arbeit als einen Prozess verstanden. Sie erhofften, durch eine vorzunehmende Bestandsaufnahme der Arbeit und durch einen Vergleich mit den Daten der Kinder, die die Kindertagesstätte besuchten, herauszufinden, inwieweit sie ihrem Arbeitsauftrag real gerecht wurden bzw. werden konnten.

d) Schon der Anruf zur Terminabsprache, bei dem ein Kind der Gesprächspartner des Besuchers war, machte deutlich, dass tatsächlich nicht für Kinder gedacht und gearbeitet wird, sondern alle Aktivitäten – so weit möglich – mit Kindern unternommen und gestaltet wurden.

e) Freundlichkeit, Lebendigkeit und Ungezwungenheit als vorhandene Grundelemente in der Kindertagesstätte zeugen von einer Atmosphäre, die kindorientiert und grundsätzlich angenehm zu erleben war. Erstaunlich war der Eindruck von Freiheit. Das vielleicht zu erwartende Chaos blieb aus.

f) Die im Flur sitzenden und in Gespräche vertieften Eltern sahen die Kindertagesstätte offenbar als einen Begegnungsraum an, der nicht nur für Kinder, sondern auch für sie gedacht ist. Die Kindertagesstätte schottet sich damit nicht gegen Eltern ab – wie es z. B. im Extremfall in einer Kindertagesstätte war, wo während des Vormittags die Haustüre grundsätzlich abgeschlossen wurde –, sondern öffnet sich bewusst für Eltern, Freunde und Nachbarn.

g) Ja, es ging bei diesem Beispiel sogar noch etwas weiter. So hatte die offizielle Leiterin der Kindertagesstätte einen sehr großen „Leiter(innen)raum" und nachdem sie bemerkte, dass Eltern gerne mal auf einen „Klönschnack" für eine mehr oder weniger kurze Zeit bleiben wollten, entschloss sie sich, ihren Raum mit einer anderen Arbeitsmöglichkeit zu tauschen. Gemeinsam mit Eltern und Kindern räumten sie den „Leiter(innen)raum" aus und richteten dort einen „Treffpunkt" ein – mit gut erhaltenen, gebrauchten Sitzmöbeln, einer Kaffeemaschine und einem Regal, auf dem Elternliteratur zur Kenntnisnahme und zum Ausleihen ausgelegt war.

h) Der „große Walfisch" (Länge: 3,50 m, Höhe: ca. 1 m, Breite: ca. 1,20 m) war ein Ergebnis aus einem Projekt zum Thema „Menschen und Tiere in Not: Wir helfen uns und anderen".

i) Bei allen Aktivitäten fallen die Kinder durch ihre Springlebendigkeit und Aktivität auf. Sie sind es, die agieren und eine Fülle an Projektthemen anbieten. Ja, die Rollen scheinen im Verhältnis zu vielen anderen Kindertageseinrichtungen umgekehrt zu sein: Hier ist das Kind der aktive Teil, und die Erwachsenen begleiten Kinder in/bei ihren Vorhaben, Planungen und Wünschen.

j) Sowohl im Flur als auch in dem Gruppenraum ergab sich für die Kinder die Möglichkeit, unterschiedliche Aktivitäten zu wählen und je nach Interessen und/oder

Absprachen auch den unterschiedlichen Aktivitäten innerhalb des Projekts nachzugehen.

k) Die an einer Wand der Eingangshalle befindliche große „Unterwasserwand" war – wie sich im anschließenden Gespräch mit den Mitarbeiterinnen und Mitarbeitern ergab – das Ergebnis eines halbjährigen Projekts zum o. g. Thema, wobei sie Wert darauf legten, dass auch heute noch und an jedem anderen Tag die Unterwasserwand ergänzt und verändert werden kann; dies allerdings in Absprache mit der Gruppe (und eben nicht allein durch die Erzieher/-innen!).

l) Die offen stehenden bzw. angelehnten Gruppentüren zeugten von der Arbeitsgrundlage, dass nicht jede Gruppe für sich isoliert ihren eigenen Schwerpunkten nachging, sondern dass sich das Prinzip Offenheit auch für Kinder in der Möglichkeit widerspiegelte, am Vormittag/Nachmittag Freund oder Freundin in der anderen Gruppe zu besuchen. Gruppenübergreifende Aktivitäten kamen dadurch zustande, dass sich die Mitarbeiter/-innen regelmäßig in den Teamsitzungen über ihre Projekte informierten und sich gegenseitig zu unterstützen versuchten.

m) Die Gruppe der Kinder, die im Garten damit beschäftigt war, eine Leiter „zusammenzukloppen", hantierte mit richtigem Werkzeug und nicht mit „Pseudowerkzeug aus Plastik". Natürlich waren es keine großen Vorschlaghämmer oder Stahlnägel in Riesengröße –, es waren Nägel, zwei Hämmer und zwei Fuchsschwanzsägen, wie sie im normalen Hausgebrauch üblich sind. Dabei stand den Kindern eine Praktikantin zur Seite, die sich bemühte, die Kinder in ihrem Vorhaben zu unterstützen und Hilfestellung dahingehend zu geben, wie es besonders hilfreich ist, das Werkzeug zu handhaben, die Nägel zu halten, Abstände der Stufen zu finden und festzuhalten usf.

n) Der Gruppenraum selbst war dadurch besonders kinderfreundlich, dass er hell, freiflächig, mit abgetrennten Ecken und insbesondere mit einer zweiten Ebene versehen war. Er besaß also keine „typischen Funktionsecken", sondern „Rückzugsräume", in denen Kinder ihren Schwerpunkttätigkeiten nachgehen konnten. Die zweite Ebene (also: das Haus im Raum) war im Übrigen von Eltern erstellt worden und belastete damit nicht das Haushaltskonto der Kindertagesstätte in dem Maße, wie es nötig gewesen wäre, wenn man bezahlte Handwerker bestellt hätte oder das Ganze über eine Spielmittel-/Einrichtungsfirma bezogen worden wäre.

o) Michael und Gundula verstehen sich in ihrer Rolle weder als Animateure noch als Macher, Anbieter oder Interessenformer. Vielmehr ist ihre Rolle dort zu suchen, wo sie aus gezielten Beobachtungen Ideen in Zusammenhängen entwickeln und gemeinsam mit Kindern in wirklicher Offenheit überlegen, was von besonderem Bedeutungsinteresse für möglichst viele Kinder sein könnte.

p) Dadurch, dass Michael mit eigenem Interesse und in Beachtung der Wünsche der Kinder mit in den Tanzkreis hineinkam und dort „verrückte Sachen" machte, erleben die Kinder ihren Erzieher als Person und nicht als einen Rollenträger, der Erwartungen und Absichten auf die Kinder überträgt.

q) Eine genauere Analyse der Tätigkeiten der Kinder würde ergeben, dass sowohl instrumentelle, emotionale, kognitive und funktionelle Tätigkeiten „gefördert" werden, allerdings nicht durch angebotene Trainings, sondern durch sinnverbundene ganzheitliche Tätigkeiten.

r) Die Priorität des „selbstständigen, selbstbestimmten Lernens" geschieht offensichtlich dadurch, dass Kinder und ihre Aktivitäten nicht an dem gemessen werden, was sie nicht können, sondern an dem, was Kinder ständig durch Neugierde und Motivation selber entwickeln. Sie haben ein Interesse daran, bedeutsame und selbst genannte Vorhaben in ihrem Sinne zu beginnen und zu Ende zu führen.

s) Völlig neu und anders als beim „funktionsorientierten Ansatz" bzw. beim „wissenschaftstheoretischen Ansatz" ist die permanente Einbindung und Einflechtung der (un)mittelbaren Umwelt von besonderer Bedeutung (Beispiel: Nachbarschafts-

fest). Da wird nicht über Nachbarn geschimpft, sondern mit ihnen geredet und gefeiert. Da wird nicht Trübsal geblasen, weil Beschwerden eingegangen sind; nein, da werden reale Situationen aufgegriffen und zu ändern versucht. Möglichkeiten des Erlebens von Veränderungen bestimmter Situationen innerhalb und außerhalb der Kindertagesstätte ergeben sich überall dort, wo Kinder auf Grenzen stoßen und gemeinsam mit ihren Bündnispartnerinnen und -partnern (Erzieherin, Erzieher) Pläne entwerfen, belastende oder störende Erfahrungen zu verändern. Gerade dadurch entwickelt sich Selbstständigkeit, und dies nicht nur dadurch, anderen Kindern beim Schuhezubinden oder beim Jackenanziehen zu helfen.

t) Sowohl bei den Einzelaktivitäten als auch bei der Erörterung veränderbarer Situationen innerhalb und außerhalb der Kindertagesstätte stehen Kinder mit ihrer Individualität im Vordergrund. So können Kinder differenzierte, alternative Erfahrungen machen, ohne in der Menge der Gruppe unterzugehen.

u) Michael und Gundula schenken den Äußerungen der Kinder an jedem Tag – im Rahmen ihrer Möglichkeiten und sicherlich auch ihrer aktuellen Konstitution – die aktuelle Aufmerksamkeit, ganz im Sinne des großen polnischen Arztes und Pädagogen *Januscz Korczak*, dass es ein „Recht des Kindes auf den heutigen Tag" gibt. Dabei wird der Entwicklung der Kinder im Hinblick auf die Gegenwart eine besondere Beachtung geschenkt und die Gegenwart wird somit nicht einer entfernten Zukunft geopfert.

v) Ausgehend von dem Bau der im Gruppenraum vorhandenen „zweiten Ebene" darf nicht unerwähnt bleiben, dass die Zusammenarbeit mit allen an der Kindertagesstätte beteiligten Personen in Form einer wirklichen Kooperation geschieht. Auch hier sind Erzieher/-innen nicht die „Besserwisser/-innen", sondern Partner/-innen der Kinder, Mittler/-innen für die Eltern sowie Mittler/-innen und Ansprechpartner/-innen für die Öffentlichkeit.

w) Jedes Projekt ist in sich offen, neue Ideen und Impulse der Kinder aufzugreifen bzw. „zu verkraften", sodass häufig ein Baustein den nächsten Baustein hervorruft und bedingt, so wie es das Beispiel gezeigt hat, als die Kinder in ihrer frei gewählten Solidargemeinschaft singend und tanzend nach draußen in den Garten gingen. Offene Planung heißt daher nichts andres, als dass (zwar) ein fester roter Faden das gemeinsam geplante Projekt begleitet, dieses aber in sich so offen gehalten ist, dass jederzeit Platz für neu entstehende Ideen ist.

x) Wie in dem Beispiel gezeigt, gibt es keine Zerteilung des Tages in sinnunverbundene Stücke. Kinder haben dadurch die Möglichkeit, Zeit als etwas sehr Kostbares zu erleben, in der sie begonnene Aktivitäten zu Ende führen, erweitern, freiwillig unterbrechen und selbstständig wieder aufnehmen können.

Ganz im Sinne von *Hemmer* und *Obereisenbuchner* bezieht sich dieser Ansatz stärker auf die aktuelle Lebenssituation von Kindern und nimmt die darin enthaltenen Fragen, Probleme und Anknüpfungspunkte auf, im Gegensatz zu Konzepten, die ihre Inhalte und Verfahren stärker am Vorgehen und der Begrifflichkeit wissenschaftlicher Disziplinen orientieren oder Lernen mehr als propädeutisches Funktionstraining verstehen für Anforderungen, die Kindern gar nicht gegenwärtig oder einsichtig sind. Dieses Beispiel von Michael und Gundula und ihrer Arbeit, ihrem Arbeitsverständnis und ihrer Tätigkeitsgestaltung mit Kindern weist deutlich auf einen Arbeitsabschnitt aus dem „Situationsorientierten Ansatz in der sozialpädagogischen Praxis" hin.

Zusammenfassend und im Überblick werden noch einmal die wichtigsten Merkmale wiedergegeben:

Erzieher/-in (Person/Rolle)

- versteht sich als eine mitlernende Person;
- lehnt eine „aufgesetzte Professionalität" im Umgang mit Kindern, mit sich, den Eltern, den Mitarbeiterinnen und Mitarbeiter und anderen bewusst ab;
- lebt und spricht mit allen statt „für" oder „über" andere;
- zeichnet sich selber durch Neugierde, Motivation und Risikofreudigkeit aus;
- öffnet sich jeden Tag dem Neuen und Unbekannten;
- hat ein „gemeinwesenorientiertes Verständnis" von Situationen und Problemen;
- versteht sich als Begleiter/-in der Entwicklung von Eltern und Kindern;
- entwickelt mit anderen Ideen;
- gibt sich als „Person" in die Arbeit ein;
- versucht, auch das eigene Leben „ganzheitlich" zu führen;
- klärt eigene Kompetenzen und Inkompetenzen mit sich und Mitarbeiterinnen und Mitarbeiter ab, um situationsorientierte Lösungen zu suchen und zu finden.

Persönlichkeitsmodell von Kindern

- stellt sich auf bei Kindern vorhandene Fähigkeiten, ihren Entwicklungsstand und ihre individuelle Situation – so weit wie möglich – ein;
- gibt der grundsätzlichen Fähigkeit der Kinder zum selbst-/mitbestimmenden Handeln einen hohen Stellenwert;
- versteht Persönlichkeitsentwicklung als einen alltäglichen Vorgang im Leben der Kinder;
- weiß, dass jeder Mensch vor allem durch seine besonderen Lebenssituationen geprägt wird, und bewertet daher weniger das Verhalten – versucht vielmehr zu deuten und zu verstehen;
- ist durch einen „pädagogischen Optimismus" geprägt.

Arbeitsweise und Arbeitsverständnis der Erzieherin/des Erziehers

- wendet sich den gegenwärtigen Lebenssituationen und Erlebnissen der Kinder – wenn möglich auch der Eltern – zu;
- möchte zu allen Möglichkeiten die Selbstständigkeit der Kinder unterstützen und ihr Selbstwertgefühl durch Selbstaktivitäten fördern;
- lehnt künstliche, idealtypisch hergestellte Arbeitssituationen für die Kinder konsequent ab;
- sucht mit Kindern idealtypische Situationen, die innerhalb des Projektschwerpunkts aufgegriffen werden (können);
- funktionsorientierten Teilleistungs„trainings" wird keine Bedeutung zugemessen, weil aus der Verbindung von sozialem und individuellem Lernen Funktionen der Entwicklung mitberücksichtigt und einbezogen werden;
- richtet sich nicht nach „Erwachsenenwünschen" und „Erwachsenenproblemen", sondern nach den Entwicklungsbedürfnissen und -notwendigkeiten von Kindern;
- knüpft Beziehungen bewusst aneinander und berücksichtigt reale Sinnzusammenhänge bei der Gestaltung und Umsetzung von Projekten;
- gibt kurzfristigen, aufgesetzten Lernzielen und -erfolgen keine Chance;
- weist kulturellen, gemeinwesenorientierten und handwerklichen Werten eine große Bedeutung zu (Werken: ja, Basteln: nein);
- ermöglicht den Kindern viele neue Erfahrungen;
- sucht für sich und mit Kindern neue Handlungsfreiräume, um sie zu nutzen;
- erarbeitet mit Kindern auf individueller Ebene Handlungsalternativen für anstehende Problemlösungsmöglichkeiten und gibt damit keine Handlungsanweisungen vor;
- versucht, Kinder mit besonderen Problemen oder ungewöhnlichen Verhaltensweisen zu integrieren und nicht auszusondern;
- gibt nötigenfalls Impulse für die Gestaltungsmöglichkeit der anstehenden Situation;
- lässt Pluralität (Vielfalt) und Parität (Unterschiedlichkeit) zur Realität werden im Rahmen vorhandener oder neu zu gestaltender Situationen.

Der „Situationsorientierte Ansatz in der sozialpädagogischen Praxis" ist zwar in vielerlei Munde, doch zeigt sich in der Praxis, dass oftmals nur einzelne Teilaspekte übernommen werden. Einzelne Merkmale zu übernehmen ist sicherlich ein guter Anfang, bedeutet aber noch nicht, dass nach diesem Ansatz gearbeitet wird.

Es gibt ein altes russisches Sprichwort:

Nicht der hat gehandelt,
der begonnen hat,
sondern jener,
der die Sache zu Ende gebracht hat.

Beispiel D: *In einer anderen Kindertagesstätte arbeitet Sylvia, Erzieherin in der Einrichtung seit einigen Jahren. Sie ist Gruppenleiterin in einer Kindergruppe von 23 Jungen und Mädchen. In der Kindertagesstätte befindet sich ein Kind mit besonders großen Problemen. Marian, so heißt der 4-jährige Junge, schlägt und boxt andere Kinder, zerstört ihre „Bauwerke", gebraucht Schimpfwörter am laufenden Band und schreit häufig immer dann, wenn er nicht seinen Willen bekommt. Da die Mitarbeiter/-innen des zuständigen Weiterbildungsinstituts in Zusammenarbeit mit den Mitarbeiter/-innen und den Eltern auch psychotherapeutische Hilfsangebote für und in Kindertagesstätten planen und durchführen, kam es zu einem Besuchstermin.*

Dabei bot sich dem Besucher folgendes Bild: Kaum, dass er in die Eingangshalle der Kindertagesstätte eingetreten war, schlug ihm ein unbändiger Lärm entgegen, der durch alle Räume zu dringen schien. Die Türen der einzelnen Gruppenräume standen weit offen, die Kinder flitzten durch alle Zimmer und spielten „Fangen". Dabei entstand eine Menge an Ärger bei den unbeteiligten Kindern.

Der Besucher entschied sich, in eine der Gruppen hineinzugehen, um eine Ansprechpartnerin zu finden. Im Gruppenraum selbst herrschte Aufregung: Florian und Anna hatten offensichtlich mächtig Streit miteinander. Sie lagen auf dem Boden, zerrten sich an den Haaren und schrien sich an: „Das ist mein Spielzeug. Gib es mir zurück!" In einer anderen Ecke des Raumes saßen Katrin und Tim, schauten sich ruhig an und hielten sich die Ohren zu. Erst jetzt bemerkte der Beobachter, dass auch eine Erzieherin im Raum anwesend war. Sie saß auf einer Matratze – zusammen mit drei Kindern – und las ihnen aus einem Märchenbuch vor, wobei sie immer wieder auf die beiden streitenden Kinder achtete. Nach kurzer Zeit stand sie dann auf, bat die drei Kinder kurz, auf sie zu warten, ging zu Florian und Anna und trennte die beiden Kinder. Sie bat Florian, sich in den großen Garten zu begeben und sich „mal so richtig auszutoben". Anna machte sie das Angebot, doch mit ihr in die Kuschelecke zu kommen. Dort könne sie zusammen mit den drei anderen Kindern das Märchen zu Ende hören und außerdem würde Florian sie dort sicherlich nicht stören. Anna willigte maulend, unzufrieden und noch leise weinend ein, ließ sich von der Erzieherin an die Hand nehmen und gemeinsam machten sie sich auf zur Kuschelecke. Erst durch die Frage eines Jungen: „Und was willst du hier?" wurde die Erzieherin auf den Besucher aufmerksam. Sie bat die Kinder, ein zweites Mal zu warten, ging auf den Besucher zu und stellte sich vor. Es war Sylvia, die Erzieherin, die wegen

Marian um Hilfe gebeten hatte. In der Zwischenzeit kamen Tjorben und Lia zu Sylvia und erzählten von ihrem Missgeschick, dass nämlich das ganze Wasserglas umgefallen sei, das sie zum Tuschen brauchten. Sylvia ließ nun wiederum – freundlich auf das Missgeschick der Kinder hinweisend – den Besucher für kurze Zeit alleine und half den Kindern, die Pfütze aufzuwischen. Anschließend bat sie Katrin, ihre Praktikantin, in der Gruppe zu bleiben, weil sie mit ihrem Besucher im Leiter(innen)zimmer ein Gespräch wegen Marian führen wolle.

Endlich waren beide im Sprechzimmer und bevor Sylvia von Marian erzählte, ging sie bereitwillig auf die Frage des Besuchers ein, ob es denn immer so stimmgewaltig und aktiv in der Kindertagesstätte zugehe. Sylvia bejahte die Frage und erzählte stolz, dass sie und ihre Mitarbeiter/-innen nach dem „Situationsorientierten Ansatz" arbeiteten. Bei genauerem Nachfragen ergaben sich dabei folgende Eckwerte ihres Verständnisses dieses Ansatzes:

- „Wenn Situationen sich spontan in der Kindergruppe ergeben, dann greife ich diese auf und wir versuchen dann gemeinsam, das Problem zu klären."
- „Einen Wochen- oder Monatsplan lehnen wir Mitarbeiter/-innen ab, weil jeder Plan die Fantasie und Kreativität der Kinder und Mitarbeiter/-innen einschränkt."
- „Die Bedürfnisse der Kinder haben absolute Priorität in der Gestaltung des Tagesablaufes. Wir beobachten ihr Verhalten und sprechen sie dann daraufhin an, ob wir ihnen helfen können."
- „Wir haben eine offene Kindertagesstätte und offene Gruppen. Die Kinder können dann jeden Morgen schauen, zu wem sie gerne gehen möchten, mit wem sie spielen wollen und was sie dann gemeinsam unternehmen können."
- „Die Mitarbeiter/-innen und ich wollen die Kinder in ihrer Einmaligkeit erleben und ihnen den Freiraum geben, den sie zu Hause eigentlich gar nicht mehr haben."
- „Kinder brauchen Bewegungsfreiheit und vielfältige Möglichkeiten, ihre eigene Neugierde in Aktivitäten umzusetzen."

Die Aussagen von Sylvia könnten weiter fortgesetzt werden, würden in der Übersicht allerdings keine grundsätzlich neuen Aspekte bringen. Der ausgewählte Teil der Beobachtungen wird trotz seiner Unvollständigkeit ausreichen, charakteristische Merkmale zu verdeutlichen:

a) Die in dieser Kindertagesstätte erspürte Atmosphäre schien sehr viel Unruhe und Hektik auszudrücken, weil
   - Lärm statt Lautstärke,
   - Spannung statt einem Gespanntsein und
   - Ruhelosigkeit statt Neugierde

vorherrschten. Hier schien, um es einmal sehr salopp formulieren zu dürfen, das „Gesetz des Dschungels" Vorrang zu haben, wo der Stärkere das Sagen hat und die Schwächeren schauen müssen, wo sie abbleiben können.

b) Die Aktivitäten der Kinder zeigten sich entweder in der Produktion von Lärm, in der Auseinandersetzung in Streitsituationen oder in der Abwehr des Lärms (Ohren zuhalten). Der Eindruck entstand, dass eigenständige, zielorientierte und auf andere Interessen ausgerichtete Aktivitäten offensichtlich kaum oder gar nicht zu entwickeln und umzusetzen waren.

c) Sylvia konnte aufgrund ihrer Einbindung in die Vorleseaktivität nicht den Streit von Florian und Anna im Sinne ihres Verständnisses von „Situationsorientierter Arbeit" aufgreifen, sondern löste den Streit für die Kinder. Sie gab Hinweise auf weiteres Verhalten, sie bot Lösungsmöglichkeiten an und sie regelte alles in kurzer Zeit nach ihren Vorstellungen von Richtigkeit.

d) Durch die völlig unterschiedlichen Aktivitäten der Kinder und ihr Bemühen, gleichzeitig für alle Kinder Ansprechpartnerin zu sein, musste sie notgedrungen begonnene Aktivitäten unterbrechen. Da sie auch bei der neuen Hilfestellung nur zeitweilig dabei sein konnte, regelte sie vieles, um wieder zurück zu ihrer Ausgangsaktivität zu kommen.

e) Ein „roter Faden" inhaltlicher Art wurde von Sylvia und ihren Mitarbeiterinnen und Mitarbeitern abgelehnt, weil hier die Meinung vorherrschte, Planung habe immer eine Verplanung zur Folge, was natürlich so nicht richtig ist.

f) Das „Aufgreifen spontaner Situationen" muss bei der Vielfalt der Ereignisse und bei der Unterschiedlichkeit der Kinder immer im Ansatz stecken bleiben, weil die Merkmale Zeit und Raum nicht gegeben sind.

g) Die von Sylvia formulierten Ziele, dass sie die Fantasie und Kreativität der Kinder nicht einschränken, sondern unterstützen möchte, werden sich nach Lage der Beobachtungen nicht erreichen lassen, weil die sie unterstützenden Bedingungen nicht gegeben sind.

h) Die von Sylvia formulierten Werte, dass „die Bedürfnisse und Interessen der Kinder absolute Priorität haben", sind auf der einen Seite hoch einzuschätzen. Auf der anderen Seite lässt Sylvia dabei völlig den Umstand außer Betracht, dass viele Verhaltensweisen, die die Kinder in der Kindertagesstätte zeigen, sicherlich auch eine Folge der Bedingungen und der besonderen Atmosphäre sind. Primärbedürfnisse werden möglicherweise zum großen Teil überlagert von Sekundärinteressen, hier in der Kindertagesstätte möglichst gut „über die Runden zu kommen".

i) Eine „offene Kindertagesstätte" und „offene Gruppen" können Merkmale einer kindzentrierten Pädagogik sein, aber nur, wenn sie in Verbindung mit anderen kindzentrierten Bedingungen zusammentreffen und eine Einheit bilden. Sylvia nennt zwar die o. g. Begriffe, lässt zusätzliche Ergänzungen aber unberücksichtigt und isoliert damit einzelne Aussagen.

j) Die Äußerung von Sylvia, dass die „Mitarbeiter/-innen und sie die Kinder in ihrer Einmaligkeit erleben wollen und ihnen den Freiraum geben möchten, den sie eigentlich gar nicht mehr zu Hause haben", lässt von Seiten aller Mitarbeiter/-innen ein erwachsenenbezogenes Interesse erkennen unter Bewertung der „bösen Eltern" und unter Ausblendung eines „Interesses an Eltern" zur Zusammenarbeit und zur Nutzung von Möglichkeiten, gemeinsam mit Eltern nach Veränderungsmöglichkeiten zu suchen. Was daher deutlich fehlt, ist die Öffnung der Kindertagesstätte nach außen und das Interesse, Öffentlichkeitsarbeit und eine wertschätzende Zusammenarbeit mit Eltern gezielt zu unternehmen.

Sylvias Arbeit und das Arbeitsverständnis der Mitarbeiter/-innen, der Ablauf in der Gruppe und die Gestaltung der Zeit in der Kindertagesstätte weisen dabei deutlich auf einen Ansatz, den es zwar in der elementarpädagogischen Literatur nicht gibt und der daher nicht näher beschrieben ist, der aber dennoch real existiert und ein Zusammenschnitt aus dem „funktionsorientierten Ansatz" und dem „Situationsorientierten Ansatz" zu sein scheint. Da werden einzelne Elemente herausgegriffen, im Hinblick auf subjektives Gefallen berücksichtigt und aus ihren Zusammenhängen herausgenommen. Natürlich könnten auch weitere Beispiele ergänzend genannt und beschrieben werden, bei denen z. B.

- ein eher funktionsorientierter Ansatz zum Tragen kommt (ein bisschen Vorschulerziehung, dafür aber freies Frühstück);
- ein eher situationsorientierter Ansatz sichtbar wird (keine direkte vorschulische Erziehung, dafür aber Aufteilungen im Zeitlauf der Vormittage);
- ein eher funktionsorientierter Ansatz realisiert wird (Strukturierung der Abläufe durch die Erzieherin, dafür aber keine Wochenpläne im Aushang);
- ein eher situationsorientierter Ansatz bevorzugt wird (Planung von kurzen „Spontanvertiefungen einzelner Themen" im Jahr), dafür aber ungenaue Lernzielformulierungen, ohne Lernwirkungen zu überprüfen.

Die Reihe dieser Beispiele könnte endlos fortgesetzt werden, scheint aber in diesem Zusammenhang nicht nötig zu sein, weil die Kernaussage bleibt.

Zusammenfassend kann gesagt werden, dass die Arbeit von Sylvia und ihren Mitarbeiterinnen und Mitarbeitern deutliche Hinweise auf den sogenannten „Ansatz zur Anlasspädagogik" gibt. Dabei werden mehr oder weniger willkürlich „Anlässe" von Kindern durch die Mitarbeiter/-innen aufgegriffen und vertieft – allerdings eher kurz- als mittelfristig, eher ungeplant als geplant, eher individualistisch als in/mit den einzelnen Kindern in der Gruppe und eher produkt- als prozessorientiert.

Diese Widersprüchlichkeit zeigt sich auch in den wichtigsten Merkmalen:

Erzieher/-in (Person/Rolle)

- gibt sich nach außen als lernende Person aus, hält aber an einmal gefundenen Werten und Überzeugungen eher starr fest;
- glaubt, sich als Person den Kindern und Eltern zu offenbaren, arbeitet aber aktiv an der Aufrechterhaltung ihrer Rolle und Funktion;
- möchte Kinder in ihrer Risikofreudigkeit unterstützen, gibt der eigenen Risikofreudigkeit aber weniger Raum;
- versteht sich durchaus als „Begleiter/-in von Kindern" und strukturiert dennoch sehr stark vor bzw. lässt eigenen Freiräumen wenig Platz;
- redet viel über die Bedeutung „ganzheitlichen Lebens", spürt aber wenig Möglichkeiten, „ganzheitlich" mit vielschichtigen Situationen umzugehen;
- spürt durchaus Widersprüche, verzweifelt aber mit der Zeit an der Erfahrung, diese nicht lösen zu können.

Arbeitsweise und Arbeitsansatz der Erzieherin/des Erziehers

- wendet sich je nach den Möglichkeiten, die die aktuelle Gruppensituation zulässt, spontan bestimmten Kindern zu;
- lässt Vielfältigkeit der Arbeit zu, erlebt aber auch, dass die Vielfältigkeit eine eigene, nicht mehr steuerbare Dynamik entfalten kann/wird;
- versucht, in besonderem Maße auf Kinder mit besonderen Problemen einzugehen, wendet sich aber den einzelnen Kindern individualistisch zu aus Unsicherheit/Angst heraus, „zu stark zu beeinflussen";
- lässt Kindern ein großes Maß an Freiraum, unterschätzt aber die Gefahr der Eigendynamisierung mit der Folge, dass Kinder starke Verunsicherungen erleben (können) und Auffälligkeiten im Bereich ihres Verhaltens entwickeln, die ein Signal eigener Unsicherheiten sind;
- lässt weitgehend kulturelle und handwerkliche Aktivitäten außer acht; gibt aus Zeitplanungsgründen „Bastelangeboten" den Vorzug.

Persönlichkeitsmodell von Kindern

- versteht Entwicklung von Kindern als einen Vorgang, der sich von ganz alleine vollzieht;
- traut Kindern zu, grundsätzlich ihre Bedürfnisse und Interessen selber zu artikulieren;
- hält Kinder grundsätzlich für so stark und emotional stabil, dass sie bereit und in der Lage sind, hilfreiche Situationen für sich selber alleine und kompetent zu organisieren.

Wie erwähnt, ist die „Anlasspädagogik" häufiger in der Realität als in der Literatur selbst zu finden. Das Beispiel und die Nennung der Merkmale machen wohl mehr als deutlich, dass mit diesem Ansatz vielen Kinder nicht geholfen ist, sich zu entwickeln, weil Inkonsequenzen eine einheitliche Haltung nicht zulassen und Kinder verwirren können (werden) bei ihrer Suche, Sicherheiten zu erleben.

So weit die Kurzvorstellung von vier elementarpädagogischen Arbeitsansätzen. Es wäre gewiss im Sinne der Bestandsaufnahme der eigenen Arbeit sehr hilfreich, wenn Mitarbeiter/-innen ihr Interesse an einer Analyse der eigenen Praxis in der Kindertagesstätte spüren und gemeinsam in ihren Teamsitzungen den Versuch unternehmen,

- sich gegenseitig ihren „Tagesablauf in der Gruppe" vorzustellen;
- die realen Tagesabläufe unter dem Aspekt der „Zuordnung von Merkmalen" zu analysieren und
- aus der „Merkmalezuordnung" die reale Entscheidung zu treffen,
  a) wer in welcher Gruppe welchen „elementarpädagogischen Ansatz" vertritt und
  b) ob es möglich ist, der Kindertagesstätte als Ganzes einen Ansatz zuzuordnen.

Nur eine klare Bestandsaufnahme lässt sowohl Verbesserungen als auch Veränderungsansätze möglich werden.

Teil II

Kindheiten heute – was Kinder für eine gesunde seelische Entwicklung brauchen: Konsequenzen für eine humanistisch-professionelle Praxis

1. Lebensraum Kindertagesstätte – Grundsatzgedanken zu einer kindorientierten Elementarpädagogik

Kinder leben in zunehmendem Maße in einer Welt, in der sie immer weniger „Kind sein können bzw. dürfen", so wie es seinerzeit der amerikanische Medienökologe *Neil Postman*, ein engagierter Streiter für die Wahrung der Kindheiten, mit seinem Buch „Das Verschwinden der Kindheit" deutlich auf den Punkt gebracht hat.

Christian Büttner und *Aurel Ende* sprechen in der Bestandsaufnahme der Kinderleben zwischen 1740 und heute von den Begriffen „gefördert und misshandelt" (gleichnamiger Titel des Buches) und alltägliche Beobachtungen führen Erwachsene automatisch dazu, sich mit den vielfältigen und stets verändernden Umfeldbedingungen von Kindern immer wieder aufs Neue auseinanderzusetzen. Diese sind gleichsam das Grundlagen- und Ausgangsmaterial für eine verantwortungsvolle Gestaltung und zeitgemäße Orientierung der Arbeit in der Kindertagesstätte.

Das Verschwinden der Kindheit

Jeder von uns kennt sicherlich die Situation, bei der die Frage auftaucht, ob es wünschenswert sei, heute noch einmal Kind zu sein. Bei dieser Überlegung folgen vielleicht in manchen Fällen eigene Erinnerungen, etwa an das Höhlenbauen im Wald, an das Verstecken in den Kornfeldern, an das Erklettern von Bäumen oder das ausgelassene Spielen auf den bunten Wiesen, die Fahrradtouren mit den Eltern, die besonderen Wochenendfahrten zu Verwandten oder das gemeinsame Aufsuchen des Freibades im Sommer.

Daneben gab es aber sicherlich auch weniger schöne Erinnerungen, etwa die Strenge bestimmter Lehrer/-innen in den Schulen, das eingeschränkte Spielmaterial zu Hause, die viel zu kleine Wohnung oder die freitägliche Gemüsesuppe, die trotz innerer Ablehnung, aber wegen des Hungers gegessen werden musste.

Kindheiten haben sich in den letzten drei Jahrzehnten dramatisch verändert: Konsumorientierungen entwickeln sich zum neuen Heil, bei dem auch Kinder immer mehr als „Konsumenten" entdeckt werden. Viel zu besitzen, so wird uns versprochen, bedeutet gleichzeitig „Glück" und der Besitz von bestimmten Markenprodukten verspricht schon fast eine „Glückseligkeit".

Neue Erziehungskonzepte und bildungspolitische Strömungen scheinen wie Pilze aus dem Boden zu schießen und erheben mehr oder weniger den Anspruch, eine optimale Kindbetreuung zu garantieren.

Förderungsprogramme sind für viele Eltern ein Segen, weil damit ungenutzte, brachliegende Kompetenzen ihrer Kinder stärker unterstützt werden können, und Spezialisten „in Sachen Förderpädagogik" bieten eine Vielfalt von Angebotsaktivitäten an.

Elternratgeber zur richtigen Erziehung überschwemmen den Markt und Tendenzen zeigen, je „hemdsärmeliger, knackiger" die Ratschläge sind, desto schneller werden diese aufgegriffen und umgesetzt.

Spielmittel werden immer mehr zu Lerngeräten, sodass in erster Linie weniger die Freude der Kinder im Vordergrund steht, sondern die Frage, wie pädagogisch wertvoll bestimmte Spielsachen tatsächlich sind, wie umweltfreundlich ihre Verarbeitung ist und wie nutzbringend diese für die kindliche Entwicklung zu sein scheinen.

Erfahrungen werden zunehmend aus dem übergroßen Angebot der Medien gezogen, Fernsehsender buhlen primär um Einschaltquoten und Urlaubsreisen werden nur dann als besonders attraktiv erlebt, wenn sie möglichst in den letzten Winkeln unserer Erde verlebt werden können.

Das Straßennetz wird immer enger gezogen, sodass manche Spielflächen von Kindern dem „Moloch Verkehr" geopfert werden, freie Grundstücke werden mit ständigen Neubauten oder Industriegebieten besetzt, gepflegte Grünanlagen sind mit Regeln belegt, was an dieser Stelle nicht gemacht werden darf, und Familien mit mehr als zwei Kindern gelten nicht selten im Hinblick auf ihre selbst gewählte Familienpolitik als verantwortungslos.

Spielplätze (mit ihrer besonderen Unattraktivität) geben bestimmte Spielfunktionen vor, Veränderungen werden geahndet oder sofort auf ihre TÜV-Tauglichkeit hin untersucht, Kurse bestimmen für viele Kinder neben der Zeit in Kindertagesstätte oder Schule den Tagesrhythmus und das Handy wird für viele Kinder zum verlängerten Sprachrohr in einer zunehmend anonymisierten Welt, in der lebendige Beziehungen immer seltener werden.

Der normale Gang in den Wald, in dem Kinder spielen möchten, wird als gefährlich eingestuft, weil etwas passieren könnte, sodass ein dortiger Aufenthalt nicht selten von Eltern verboten wird und das Spiel vor dem Haus/Wohnblock ist bei der Zunahme des Straßenverkehrs und der Sorge vieler Eltern nicht weniger problematisch.

Auf den Punkt gebracht bedeutet eine Betrachtung heutiger Kindheiten, dass das Kinderleben immer mehr zerrissen, die Kinderzeiten in zunehmendem Maße zerteilt und Kinderwelten immer stärker eingeengt sind. Zwar mag es auf den ersten Blick so wirken, als hätten es Kinder in der heutigen Generation besser bzw. leichter, weil sie mehr Spielmittel, größere Bildungschancen, bessere, gezieltere Förderungsmöglichkeiten oder weitaus vielschichtigere Kommunikationswege als Kinder in früheren Jahren nutzen können. Ein genaueres Betrachten macht aber deutlich, dass es vor allem um eines geht: Kinder müssen ständig Erfahrungsverluste hinnehmen.

Entwicklungspädagogisch betrachtet wird diese Tatsache sowohl Eltern als auch pädagogische Fachkräfte aufrütteln, weil bekannt ist, dass Kinder vor allem aus dem Handeln lernen – erinnert sei an die grundsätzliche Lernfolge der Kinder bis zum siebten Lebensjahr: 1. handeln, 2. fühlen, 3. denken, 4. nachdenken. So entwickeln sich alle kognitiven Prozesse aus dem Tun, dem Aktiv-Sein, der selbst bestimmten und sinnhaften Tätigkeit. Nicht umsonst heißt es in einem alten Spruch: „Aus Erfahrung wird man klug." Wenn Kinder in zunehmendem Maße den Erfahrungsverlusten ausgesetzt sind, es aber gleichzeitig ihrer Bestimmung entspricht, sich als bedeutsame Akteure in dieser Welt zu begreifen, gibt es nur bestimmte Auswege: Entweder Kinder resignieren, ziehen sich zurück und klagen darüber, dass ihnen „soooo langweilig ist" oder sie suchen vielfältige Chancen, die Welt dennoch zu entdecken, etwa durch Regel- und Grenzüberschreitungen, Bewegungsüberschüsse oder Aktionismen, indem sie auf sich aufmerksam machen (müssen) nach dem Motto: „Seht doch, hier bin ich."

Kindertagesstätte – ein Garten für Kinder

Wer einmal durch einen großen Garten mit altem Baumbestand und einer reichhaltigen Vielfalt der Pflanzen- und Tierwelt gegangen ist, lässt sich gerne in ein „Reich der Sinne" entführen. Einerseits gibt es vielfältige Farben und Formen der unterschiedlichen Pflanzen zu bewundern, andererseits betören die unterschiedlichen

Düfte. Die Blumen und Sträucher entwickeln ihre ganze Pracht zu unterschiedlichen Zeiten, sodass eine Blütezeit die andere ablöst. Hecken dienen Kleintieren zum Schutz, bieten vielen Vögeln Nistgelegenheiten und große Bäume spenden Schatten; so helfen sie, dass der Boden in den heißen Sommermonaten nicht gänzlich austrocknet. Ein Garten zeichnet sich durch seine Vielfältigkeit im Gegensatz zu angelegten Monokulturen mit ihren besonderen Anfälligkeiten gegen Krankheiten und Sturm aus.

Die Kindertagesstätte kann – ausgehend von diesem Bild – auf dreierlei Arten ihre Aufgaben übernehmen. Einerseits können Gärtner/-innen alles laufen lassen und dazu beitragen, dass sich der Garten „irgendwie" entwickelt. Dabei bleibt nicht aus, dass beispielsweise starke Pflanzen die schwachen Pflanzen erdrücken oder schnell wachsende Pflanzen den langsam wachsenden Pflanzen den Raum für ihre notwendige Entwicklung besetzen. Andererseits kann die Kindertagesstätte einem „vorzeigbaren, gepflegten und jederzeit steuerbaren Vorstadtgarten" entsprechen, bei dem die Beete unkrautfrei gehalten werden und die Gärtner/-innen es jederzeit in der Hand haben, was, wo, wie, neben wem in welcher Höhe wächst. Zum Dritten können sich Gartenfachleute ein profundes Wissen über bestimmte Pflanzen aneignen und dafür Sorge tragen, dass sich diese optimal entwickeln, wobei den vielen, unterschiedlichen Pflanzen mit ihren jeweiligen Besonderheiten ihre individuellen Bedürftigkeiten zugestanden werden und Gartenfachleute dabei vor allem für eine gute Bodenbeschaffenheit sorgen nach dem Motto: „Bei einer Krankheit der Pflanze ist nicht die Pflanze krank, sondern vielmehr ist der Boden für das Wachstum ungeeignet."

Nun kann sich jede Kindertagesstätte das Bild vornehmen und einmal darüber reflektieren, ob die eigene Einrichtung auch tatsächlich einen Garten für Kinder darstellt, in dem diese wachsen können und sich zur vollen Entfaltung ihrer Farbenpracht entwickeln, oder ob es gegebenenfalls vielleicht hinderliche Entwicklungsfaktoren gibt, die der Entfaltung von Kindern abträglich sind/sein können.

Das Ende des „Bullerbü-Effekts"

Kinder stehen heute in vielerlei Verpflichtungen und Erwartungen, weil einerseits das Leben immer unübersichtlicher für Kinder (und Erwachsene) wird, andererseits ihnen tatsächlich die Möglichkeit fehlt, das Leben in seinen Facetten mit Zeit und Ruhe wahrzunehmen, Handlungen auszuprobieren und den eigenen Entwicklungszeitraum „Kindheit" zu genießen.

Immer weniger haben Kinder die Möglichkeiten, sich mit Freundinnen und Freunden „auf der Straße" zu verabreden – stattdessen müssen Fahrgemeinschaften von den Eltern organisiert werden. Immer seltener können sich Kinder nach eigenen Zeitwünschen treffen, weil Kurse oder Trainings die Tagesabläufe bestimmen. Immer öfter reagieren Kinder bei Enttäuschungen mit der Aussage: „Du bist nicht mehr mein(e) Freund(in)", weil Kinder in einem Umfeld leben, das es ihnen schwer macht, innere Stabilität aufzubauen und Konfliktbelastungen gemeinschaftlich zu klären.

Dort, wo Kinder sich in (noch vorhandenen) Büschen verstecken, werden sie aufgefordert, wieder vorzukommen, weil Dinge geschehen könnten, die Erwachsene nicht wünschen. Matschen Kinder in Pfützen oder Schlammlöchern, werden sie angehalten, sich nicht schmutzig zu machen, und wenn sie einmal plötzlich verschwunden sind, wird sofort nach ihnen gesucht.

Bilden Kinder Banden, wird ihnen vorgehalten, mit anderen freundlich umzugehen; klettern sie auf irgendwelche Bäume, wird auf die Gefahr des Herunterfallens hingewiesen; Dächer von Gartenhütten sollen nicht erklommen werden – und dabei gibt es von dort eine bessere Aussicht auf die kleine Welt – und Dinge auf der Straße können kaum noch betrachtet werden, weil irgendeine Eile zum Weitergehen mahnt.

Kindheit heute ist grundsätzlich anders als vor zwanzig Jahren. Schnell gerät man bei einer solchen Aussage allerdings in den Ruf, eine nostalgische Verklärung zu stilisieren. Unbestritten gab es zu jeder Zeit auch einschränkende, verletzende, zerstörende und belastende Erfahrungen für Kinder. Allerdings – und das ist das Wesentliche – hatten Kinder früher eine weitaus größere Chance, sich in einem selbst organisierten

Maße zu entwickeln, selbst gewählte Freundschaften in selbst bestimmter Art zu gestalten und räumliche sowie persönliche Schwerpunkte neben alltäglichen Verpflichtungen zu realisieren. Genau das fehlt Kindern heute.

Kindertagesstätte – Ort einer weitgehend unbeschwerten Entwicklung

Wenn Kinder in einem Umfeld aufwachsen, in dem ihnen lebensbedeutsame Erfahrungen genommen, Zeitstrukturierungen vorgegeben und organisatorische Vorgaben übergestülpt werden, sind sie mehr denn je auf ein Entwicklungsfeld angewiesen, in dem sie vielfältige Handlungsschritte unternehmen können, die ihrer Entwicklung dienen. Insoweit bietet die Kindertagesstätte die Chance, dieses Entwicklungsfeld zu sein.

Kinder brauchen dringender denn je einen Ort, an dem sie zunächst ihre eigene Identität auf- und ausbauen können, an dem sie sich von Spannungen frei spielen und erfahren können, dass es sich lohnt, auf der Welt zu sein. Kinder sind auf der Suche, Stolz zu spüren „das bin ich, das kann ich, das schaffe ich und das traue ich mir zu". Indem sie aktiv und initiativ etwas unternehmen, schaffen sie es, eine Beziehung zu ihrem Können aufzubauen und zu bemerken, dass sie sehr wohl in der Lage sind, für sich (und andere) zu sorgen.

Warum versuchen Kinder, auf Bäume oder Gartenhausdächer zu klettern, sich auf waghalsige kleine Abenteuer einzulassen, von irgendwelchen Höhen zu springen oder so schnell zu laufen wie nur möglich? Weil sie auf der Suche sind, Stolz zu empfinden und eigenes Handeln anzuerkennen.

Kinder brauchen Rückzugsmöglichkeiten – sowohl innerhalb als auch außerhalb der Kindertagesstätte –, um dem permanenten, allgegenwärtigen Blick von Erwachsenen zu entkommen, um sich alleine (oder mit anderen) den Beschäftigungen hinzugeben, die nur ihnen bekannt sind.

Kinder brauchen Freiräume, um sich zu bewegen, zu laufen, zu toben, zu springen und zu hüpfen, zu rollen oder zu legen, um für ihre Entwicklung grundlegende Körpererfahrungen zu machen.

Sie brauchen ungeteilte Zeiten, in denen sie mit Ausdauer und nach eigenem Zeitempfindungen Dinge in Ruhe zu Ende führen können, und sie brauchen vor allem Erwachsene, die ihre Ausdrucksformen wirklich verstehen und die Symbole ihres Handelns und Erzählens begreifen. Darüber hinaus brauchen sie die Kindertagesstätte als einen Ort, an dem sie ein aktives Mitspracherecht haben: von der Gestaltung des Tagesablaufes bis hin zur Kinderkonferenz.

Kinder brauchen offene Ohren, die hören, was Kinder zurzeit beschäftigt, denn sie suchen vielfältige Möglichkeiten, das wirkliche Leben – und keine heile Welt – kennenzulernen.

Kinder brauchen eine Umgebung, in der sie sich in ihrer Individualität entwickeln können, bevor eine sogenannte Sozialentwicklung auf sie einströmt, und sie brauchen Menschen, die ihnen den Raum zugestehen, in dem sie mit Versuch und Irrtum das Weltgeschehen um sie herum begreifen können.

Sie brauchen Erwachsene (und ein entsprechendes Umfeld), mit denen der Prozesshaftigkeit ihres Lebens und ihrer Entwicklung eine höhere Beachtung geschenkt wird als dem Herstellen von irgendwelchen „ästhetischen Produkten", und sie brauchen diese Erwachsenen als Bündnispartner ihrer ureigenen Interessen.

Sie brauchen und suchen einen Ort, an dem sie ihr eigenes Zeitmaß leben können, an dem wenig gedrängelt wird und an dem ihr magisches Denken den Platz findet, ungehindert ausgedrückt zu werden.

Sie brauchen Mitspieler und keine Dirigenten, die wirklich auf der Ebene von Kindern – im wahrsten Sinne des Wortes – sind, und sie brauchen Erwachsene, die mit ihnen sprechen anstatt zu ihnen oder über sie.

Sie brauchen Menschen, die ihre Stärken sehen und nicht gegen ihre vermeintlichen Schwächen kämpfen, und sie suchen Erwachsene, die statt Pessimismus einen hohen Optimismus ausstrahlen.

Sie suchen Mitmenschen, die sich auf Erfahrungen einlassen und keine Dogmen (Lehrsätze) verbreiten, und sie brauchen Erwachsene, die statt „moralisierender Ratschläge für andere Werte" auf der Grundlage einer hohen Moral leben.

Sie wünschen sich Menschen, die loslassen können, statt sich auf bestimmte Rollen und Vorhaben/Ziele zu fixieren, und sie suchen Erwachsene, die sie, statt erziehen zu wollen, ganzheitlich und vor allem zuverlässig begleiten.

Kinder brauchen Menschen, die Selbsterfahrung auf sich nehmen, statt eigene Gedanken, Gefühle und Muster zu projizieren, und sie suchen Erwachsene, die mit ihnen auf die Suche nach Wahrheiten gehen, statt im Sinne von Recht oder Unrecht zu debattieren und eigene Standpunkte auf Kinder zu übertragen.

Wenn diese (und sicherlich viele weitere) Merkmale für die Kindertagesstätte zutreffen sollen, bedarf es einer kritischen Reflexion traditioneller Normen und eingefahrener Muster – im Interesse von Kindern und Erwachsenen.

Lebensraum Kindertagesstätte – mehr als nur ein Schlagwort

Um die Kindertagesstätte zu einem Ort unbeschwerter Entwicklungen für Kinder werden bzw. bleiben zu lassen, gilt es, die oben genannten elementaren Kinderbedürfnisse zu beachten und in der Kindertagesstätte für eine Atmosphäre zu sorgen, in der sich Kinder wohlfühlen. Dabei kann es allerdings vorkommen, dass Erwachsene die bisher vertretenen Aufgaben und Schwerpunkte, Arbeitsweisen und Methoden immer wieder neu überdenken müssen.

Die Kindertagesstätte als Lebensraum steht immer in der großen Gefahr, sich durch verschiedene Programme/Ansätze im Rahmen aktueller bildungspolitischer Strömungen allzu schnell von einem wirklichen Lebensraum zu entfernen. Dabei gibt das Wort Lebensraum schon die Grundlage vor:

L wie Liebe zu Kindern spüren und Lebendigkeit in die Alltagspädagogik hineinbringen;
E wie Eigenständigkeit fördern und Kinder in ihren Bedürfnissen ernst nehmend;
B wie die bunte Vielfalt individueller Persönlichkeiten wertschätzen und begreifen, was im Leben wirklich zählt;

E wie einfühlend und erfrischend mit Kindern umgehen, die Kinder ernst nehmen und für eine erheiternde Pädagogik sorgen;
N wie neugierig sein und Normalität in der Pädagogik bewahren;
S wie spannende Projekte erleben und sorgsam die kindeigenen Ausdrucksmöglichkeiten sehen, deuten und verstehen;
R wie reich an Erfahrungen werden und eine Raum nutzende Pädagogik genießen;
A wie ausdauernd die bedeutsamen Ziele im Auge behalten;
U wie umfassend den Begriff „Bildung" verstehen und ursachenorientiert den Blick auf wesentliche Entwicklungsbedingungen richten;
M wie mutig auch gegen zeitaktuelle und modernistische Strömungen zu arbeiten und ganz massiv die „Rechte der Kinder" vertreten.

Erzieher/-innen gestalten die Arbeit in der Kindertagesstätte vor allem durch drei Erfahrungshorizonte:

- ihre eigene Biografie (mit den erlebten Werten und Normen),
- ihre erfahrene Ausbildung (mit den größtenteils immer noch traditionellen Vorstellungen von Erziehung),
- ihre aktuelle Spontaneität, die ihnen schon in der Vergangenheit hilfreich erschien und zu einer Veränderung von Situationen beigetragen hat.

Solange allerdings Vorstellungen über die Gestaltung der Zukunft von Kindern ein Schwergewicht vor der Beachtung heutiger Kindheiten (und ihrer Folgen für die Entwicklung) besitzen, so lange werden Methoden und Zukunftsorientierungen vor eine Neuorientierung der Elementarpädagogik Schranken setzen. Was Kinder daher dringend brauchen, lässt sich in den folgenden Thesen zusammenfassen:

- keine weitere Verpädagogisierung von Tagesabläufen, sondern eine ungeteilte Zeit für Projekte, die dem Lebensrhythmus der Kinder entsprechen;
- keinen eigenen, in sich abgeschlossenen Bewegungsraum, sondern eine Kindertagesstätte, in der jeden Tag und überall – drinnen und draußen – Bewegung erwünscht und möglich ist: Bewegung auf motorischer Ebene und in einem vielfältigen, sozial-emotionalen sowie kognitiv fantasieausgerichteten Erlebnisraum;
- keine zeitbegrenzte, spielzeugfreie Kindertagesstätte, sondern einen Ort, an dem grundsätzlich vielfältig veränderbares Spielzeug zur Verfügung steht und Platz für Kreativität zugestanden wird;
- keine durchgestylte Kindertagesstätte mit hypermoderner Einrichtung, sondern einen Ort, an dem die Kinder sich zu Hause und wohlfühlen;
- keinen zusätzlichen Intensivraum für besondere Arbeit, sondern Räume, in denen es überall „intensiv" zugeht;

- keine Vorschulübungen, sondern ein Leben und Lernen mit Kindern in sinnzusammenhängenden, ganzheitlichen Vorhaben, bei denen alle Sinne angesprochen und berührt werden;
- keinen Ort, an dem Kinder gesagt bekommen, was sie machen können/sollen/müssen, sondern an dem die Themen der Kinder verstanden und aufgegriffen werden und Kinder ein aktives Mitspracherecht haben;
- eine Atmosphäre, in der sich Kinder angenommen und wertschätzend behandelt fühlen;
- einen Ort, an dem sie sich selbst fordern und eigenmotiviert fördern wollen;
- eine Kindertagesstätte, in der das Leben pulsiert, in der Realitäten erfahren werden können und die jede aufgesetzte Künstlichkeit aufgibt;
- eine Möglichkeit, unverarbeitete Erfahrungen aufzuarbeiten, um sich von Druck und Belastungen zu befreien;
- einen Ort, an dem der Fantasiereichtum von Kindern jede Arbeitsschablone überflüssig macht und Erzieher/-innen ein von Kindern geliebter Teil der Gruppe sind;
- eine Kindertagesstätte, in der funktional gestaltete Therapieprogramme durch das gemeinsame, ganzheitliche Leben immer mehr überflüssig werden;
- einen Ort, an dem mit Kindern zusammen gekocht und gelacht wird, Freude regiert und Regeln gemeinsam ausgehandelt werden, Kinder noch Kinder sein können und nicht als „unfertige Erwachsene" betrachtet werden, geachtete Rückzugsecken bestehen und Kinder selbstverständlich jeden Tag ihr Spielzeug mitbringen können, Jungen ebenso wie Mädchen zu ihren besonderen Rechten kommen und Gewalt von einer natürlichen Aggression unterschieden wird. Ein Ort, an dem es ebenso Ablehnung, Abgrenzung und Auseinandersetzungen gibt wie unter Erwachsenen, jedoch verbunden mit der Erfahrung, dass Widersprüche geklärt werden können und an dem jedes Kind das verbriefte Recht auf Meinungsäußerung besitzt. Vor allem aber haben Kindertagesstätten die Chance, eine Pädagogik in der Form zu gestalten, in der das Kind in Erwachsenen ein Modell für das Gesagte erlebt.

Neuorientierung tut not

Dort, wo die Kindertagesstätte zu einem wirklichen Lebensraum geworden ist, fühlen sich Kinder angenommen und verstanden. Dies schafft die notwendige Sicherheit für Kinder, sich auf neue Erfahrungen einzulassen, alte Muster zu verändern und mit neuen Verhaltensweisen zu experimentieren.

Die Kindertagesstätte ist in Gefahr, sich allzu schnell auf wieder neue Programme und Richtungen einzulassen – ein Beweis für oftmals zu beobachtende Orientierungslosigkeit der Gegenwart der Elementarpädagogik. Wenn Kinder diesen „Bullerbü-Effekt" nicht mehr in der Kindertagesstätte erleben können, dann müssen sie auch hier resignieren und entwickeln bzw. verfestigen auffällige Verhaltensweisen, die sich folgenotwendig weiter in die Schulzeit verlagern bzw. dahin, dass Kinder ihre Erfahrungen „auf der Straße" suchen. Das ist – auf die Gegenwart bezogen – dramatisch und im Hinblick auf die Zukunft fatal. Kinder brauchen nötiger denn je einen Lebensraum – die Kindertagesstätte kann ihn bieten und Kindern nutzbar machen.

2. Zur Situation damaliger und heutiger Kindheiten: Ausgangsdaten und Konsequenzen für die heutige Pädagogik

Schon seit einiger Zeit kursiert im Internet ein Text zu dem Thema „Generationsgeschichte", dessen Urheber unbekannt ist. Diese „Generationsgeschichte" mit der Überschrift „Und niemand hatte Schuld ..." soll an dieser Stelle als Einführung ins Thema dienen (zitiert aus: Stern 1/2004, S. 197).

„Wenn du als Kind in den 50er-, 60er- oder 70er-Jahren lebtest, ist es zurückblickend kaum zu glauben, dass wir so lange überleben konnten! Als Kinder saßen wir in Autos ohne Sicherheitsgurte und ohne Airbags. Unsere Bettchen waren angemalt in strahlenden Farben voller Blei und Cadmium. Die Fläschchen aus der Apotheke konnten wir ohne Schwierigkeiten öffnen, genauso wie die Flaschen mit Bleichmittel. Türen und Schränke waren eine ständige Bedrohung für unsere Fingerchen. Auf dem Fahrrad trugen wir nie einen Helm. Wir tranken Wasser aus Wasserhähnen und nicht aus Flaschen. Wir bauten Wagen aus Seifenkisten und entdeckten während der ersten Fahrt den Hang hinunter, dass wir die Bremsen vergessen hatten. Damit kamen wir nach einigen Unfällen klar. Wir verließen morgens das Haus zum Spielen. Wir blieben den ganzen Tag weg und mussten erst zu Hause sein, wenn die Straßenlaternen angingen. Niemand wusste, wo wir waren, und wir hatten nicht einmal ein Handy dabei!

Wir haben uns geschnitten, brachen Knochen und Zähne und niemand wurde deswegen verklagt. Es waren eben Unfälle. Niemand hatte Schuld außer wir selbst. Keiner fragte nach „Aufsichtspflicht". Kannst du dich noch an „Unfälle" erinnern? Wir kämpften und schlugen einander manchmal bunt und blau. Damit mussten wir leben, denn es interessierte die Erwachsenen nicht. Wir aßen Kekse, Brot mit Butter dick, tranken sehr viel und wurden trotzdem nicht zu dick. Wir tranken mit unseren Freunden aus einer Flasche und niemand starb an den Folgen. Wir hatten nicht: Playstation, Nintendo 64, X-Box, Videospiele, 64 Fernsehkanäle, Filme auf Video, Surround-Sound, eigene Fernseher, Computer, Internet-Chat-Rooms. Wir hatten Freunde. Wir gingen einfach raus und trafen uns auf der Straße. Oder wir marschierten einfach zu deren Heim und klingelten. Manchmal brauchten wir gar nicht zu klingeln und gingen einfach hinein. Ohne Termin und ohne Wissen unserer gegenseitigen Eltern. Keiner brachte uns, keiner holte uns ... Wie war das nur möglich? Wir dachten uns Spiele aus mit Holzstöcken und Tennisbällen. Außerdem aßen wir Würmer, und die Prophezeiungen trafen nicht ein: Die Würmer lebten nicht in unseren Mägen für immer weiter, und mit den Stöcken stachen wir nicht besonders viele Augen aus. Beim Straßenfußball durfte nur mitmachen, wer gut war. Wer nicht gut war, musste sehen, mit Enttäuschungen klarzukommen. Manche Schüler waren nicht so schlau wie andere. Sie rasselten durch Prüfungen und wiederholten Klassen. Das führte nicht zu emotionalen Elternabenden oder gar zur Änderung der Leistungsbewertung. Unsere Taten hatten manchmal Konsequenzen. Und keiner konnte sich verstecken. Wenn einer von uns mal gegen das Gesetz verstoßen hat, war klar, dass die Eltern ihn nicht aus dem Schlamassel raushauen. Im Gegenteil: Sie waren der gleichen Meinung wie die Polizei! So etwas! Unsere Generation hat eine Fülle von innovativen Problemlösern und Erfindern mit Risikobereitschaft hervorgebracht. Wir hatten Freiheit, Misserfolg, Erfolg und Verantwortung. Mit allem wussten wir umzugehen. Und du gehörst auch dazu. Herzlichen Glückwunsch!"

Dieser Text darf sicherlich nicht zu der gedanklichen Fantasie einladen anzunehmen, frühere Kindheiten seien „schöner, besser, angenehmer oder einfacher" gewesen! Eine solche „verklärte" Betrachtung wird zwar immer wieder von unterschiedlichen Personenkreisen angenommen und auch öffentlich zum Ausdruck gebracht, trifft aber weder eine Tatsachenabbildung der mittelbaren noch der unmittelbaren Vergangenheit. Vielmehr muss bei einer exakten Beschreibung und Beurteilung früherer und heutiger Kindheiten davon ausgegangen werden, dass es zu jeder Zeit der Geschichte Kinder gab, die durch ihre besonderen, erfahrenen Lebenssituationen bessere oder schlechtere, entwicklungsförderliche oder entwicklungshinderliche, entwicklungsunterstützende oder entwicklungsunterbindende Lebensbedingungen erfahren bzw. erleiden mussten. Doch ein systematischer Rückblick in die Geschichte der Menschheit offenbart, dass in den zurückliegenden Jahrhunderten für die meisten Kinder ihre Kindheit einem Alptraum gleichkommen musste – so der Psychohistoriker *Lloyd deMause*.

Kindheiten bergen eine lange Geschichte voller Grausamkeiten, in denen Kinder sowohl körperlichen als auch seelischen Martern ausgesetzt waren, sexuelle Misshandlungen erleiden und auch in den Anfangsphasen des Industriezeitalters härteste körperliche Anstrengungen auf sich nehmen mussten. Das zeigen unterschiedlichste Quellen – Autobiografien, Malereien, Heiligenviten, Grabsteininschriften, Gefäßzeichnungen, Aufzeichnungen von Dorfärzten und Lehrern, Textüberlieferungen von Pfarrern und Kirchenvätern, Bevölkerungsstatistiken und Fresken. Jeder Umgang des Erwachsenen mit dem ihm anvertrauten Kind ist ein Spiegelbild der jeweiligen Gesellschaft und des sozialen Standes, den die Familie innehatte und in dem das Kind aufgewachsen ist. So wurden Kinder zu allen Zeiten – wenn auch sehr unterschiedlich ausgeprägt und quantitativ verteilt – gehasst und geliebt, belohnt und bestraft, bewusst „erzogen" oder sich völlig selbst überlassen, geachtet und „benutzt", wertgeschätzt oder „ausgenutzt". Selbst der Begriff „Kindheit" wurde wissenschaftlich unscharf erfasst. Es gab Zeiten, da erfasste dieser Begriff lediglich die ersten drei Lebensjahre, dann sprach man vom Ende der Kindheit vom siebenten Lebensjahr an und in anderen Quellen bezog sich die Kindheit auf die ersten vierzehn Lebensjahre. Eines muss allerdings auch in diesem Zusammenhang zur Kenntnis genommen werden: Eine „typisch romantische" oder „typisch mittelalterliche" Kindheit kann es ebenso wenig gegeben haben wie etwa eine „typisch griechische Kindheit tausend vor Christus" oder eine „typische Kindheit zur Kaiserzeit im Wechsel vom neunzehnten zum zwanzigsten Jahrhundert". Warum? Weil die erlebte Kindheit immer davon abhing, welcher „Schicht" die Familien und ihre Kinder angehörten, ob es adelige oder bürgerliche, lohnabhängige oder selbstständige Familien waren, Tagelöhner oder Industriemagnaten, Ortsansässige oder Zugereiste, ob es eheliche oder uneheliche Kinder gewesen sind, Land- oder Stadtkinder, Jungen oder Mädchen, Einzelkinder oder eines von vielen Geschwisterkindern, ob sie körperliche Handicaps hatten oder körperlich gesund und kräftig gewesen sind.

So seien an dieser Stelle einige Aussagen und belegte Informationen wiedergegeben, die beispielhaft für eine Einschätzung von Kindheit/Kindern in der jeweiligen Zeit waren:

Der römische Philosoph, Staatsmann und gleichzeitig Erzieher des Kaisers Nero, Seneca (1–65 n. Chr.), beschrieb die damalige Situation so, dass sogenannte „Missgeburten" ausgelöscht und schwächliche bzw. missgestaltet geborene Kinder ertränkt wurden – ausgehend von der Vernunft, dass Untaugliches vom Gesunden gesondert werden müsste. Eine Ausgangssituation, die für alle demokratisch denkenden und humanistisch orientierten Menschen unvorstellbar ist. So war es bei den Römern und auch den Griechen üblich, ungewollte oder behinderte Kinder bzw. unerwünschte Mädchen sofort nach der Geburt zu töten oder auszusetzen und sie so ihrem Schicksal zu überlassen. (Anmerkung: Erst im Jahre 374 wird im inzwischen weitestgehend christianisierten Römischen Reich der Kindesmord zum Kapitalverbrechen erklärt.)

Im frühen und späteren Mittelalter werden Kinder nicht selten in Folge von elterlichen Gelübden in Klöstern abgegeben und untergebracht. So klagte beispielsweise

Hugo von Lincoln, der um das Jahr 1150 schon als Achtjähriger Regularkanoniker werden musste und die Trostlosigkeit und Hoffnungslosigkeit eines damaligen Klosterlebens als Kind beschrieb: „Wahrhaftig, ich habe die Freuden dieser Welt nie gekostet und nie wusste oder lernte ich, wie man spielt." (Nissen, 2005, S. 26 ff.)

Im mittelalterlichen Alltag müssen Kinder aus Arbeiter- und Bauernfamilien schon vom fünften, sechsten Lebensjahr an tagtäglich in der Werkstatt ihrer Eltern oder auf dem Hof den größten Teil des Tages mitarbeiten bzw. in anderen Haushalten unter zum großen Teil körperlich und seelisch brutalen Anordnungen und Drucksituationen als Lehrjungen/-mädchen oder Pagen arbeiten. Außerdem werden Mädchen und Jungen auch schon in früher Kindheit ungefragt verlobt und verheiratet, um gesellschaftliche und politische Strukturen zu erhalten bzw. auszubauen.

Der Schweizer Bauernsohn Thomas Platter, geboren 1499, beschrieb seine Kindheitserinnerungen so: „Derselbe Bauer hatte bei 80 Ziegen, deren mußt' ich im siebten und achten Jahr hüten. Und als ich noch so klein war, wenn ich den Stall aufthat und nicht gleich nebenhin sprang, stießen mich die Geißen nieder ..." (deMausse, 1977, S. 48 ff.) Es war vor allem der Nutzen und Wert eines Kindes, den es für die Eltern brachte, und dementsprechend setzten sie ihren Sohn/ihre Tochter im Alltag ein.

Im Jahre 1523 – dem Übergang zur Renaissance – sprach der spanische Prediger Vives seine starken Bedenken gegen eine zärtliche Beziehung der Mütter zu ihren Kindern aus: „Liebt, wie es eure Pflicht ist, sodass die Liebe euch nicht daran hindert, die Heranwachsenden von den Lastern fernzuhalten, und haltet sie durch leichte Ermahnungen, Züchtigungen und Tränen zur Furcht an." (Nissen, 2005, S. 41 ff.)

Auch im Mittelalter (seit dem 15. Jahrhundert) gab es schon Schulen – dabei fand der Unterricht zunächst aber auf Kirchenbänken oder unter freiem Himmel statt. Doch auch wenn Kinder hier neben dem Rezitieren liturgischer Texte etwas schreiben und lesen lernen konnten, so liegen unterschiedliche Zeugnisse vor, dass selten zuvor viele Kinder dort so systematisch und bewusst demütigend „gezüchtigt" wurden, galt es doch, Kindern eine rigide Moral beizubringen. Die häufigsten „Instrumente", mit denen Kindern ein „gutes und richtiges Benehmen beigebracht werden sollte", waren Peitschen der verschiedensten Art, darunter auch Schaufel, Rohrstöcke, Klopfpeitschen, Rutenbündel, Holz- und Eisenstangen sowie eine Peitsche aus kleinen Ketten (die „discipline") oder spezielle Instrumente für die Schule wie die „flapper". Sie hatte ein birnenförmiges Ende mit einem runden Loch und verursachte beim Schlagen brennende Schmerzen. Eine Vorstellung von der Häufigkeit des Schlagens kann man sich machen, wenn man liest, dass ein deutscher Schullehrer einmal selbst ausrechnete, dass er 911 527 Stockschläge, 124 000 Peitschenhiebe, 136 715 Schläge mit der Hand und 1 115 800 Ohrfeigen verteilt hatte (vgl. deMause, 1977, S. 53). Allgemein kann gesagt werden, dass solcherlei Bestrafungen zum Bestandteil des Lebens von Kindern gehörten. (Anmerkung: Noch im Jahre 1986 kamen deutsche Richter zu der Aussage, dass „Prügel mit einem Gartenschlauch eine zulässige, maßvolle Züchtigung" darstellte.) (Kerner, 1993, S. 115)

Im 18. Jahrhundert war es so, dass 80 % aller Pariser Kinder zu bezahlten Ammen auf das Land verfrachtet wurden. Sie kehrten erst Jahre später zurück, um von dort häufig sofort zur Schule oder in eine Lehre geschickt zu werden, sodass viele Franzosen mit Talleyrand wahrheitsgetreu sagen konnten, dass sie nicht mehr als eine Woche ihres Leben unter dem Dach ihres Vaters zugebracht hatten. Zur gleichen Zeit ließen in Deutschland und Italien Eltern ihre kleinen Jungen noch zu Zehntausenden kastrieren in der Hoffnung, sie als Sänger vermieten zu können; wurden russische Säuglinge immer noch stundenlangen Eiswassertaufen unterzogen, um sie „abzuhärten", und italienische Babys bei religiösen Prozessionen an Prunkwagen genagelt, eine Gabe kindesmörderischer Mütter, die hofften, dass ihren Babys durch diesen schmerzhaften Tod im Dienste der Religion der gerade Weg in den Himmel garantiert wäre.

Johann Bernhard Basedow (1724–1790) rät in seiner 1770 erschienenen Publikation „Das Methodenbuch für Väter und Mütter der Familien und Völker": „Ihr müsst schon anfangen, einem Säugling zu befehlen, ehe ihr sicher seid, dass er eure Befehle als Befehle oder als solche Willenserklärungen versteht." (Steinbrügge, 1987, S. 44) Und sein Kollege Trapp pflichtet ihm bei, wenn er davon spricht, dass die „zarte Jugend die Zeit des blinden Gehorsams ist, in der man die Kinder an die Befehle ihrer Eltern am leichtesten gewöhnen kann" (Steinbrügge, 1987, S. 110).

Erst mit Beginn des 19. Jahrhunderts kam das Schlagen „aus der Mode" – viele Erwachsene suchten nun nach einem Ersatz. So wurde in Deutschland das Einsperren der Kinder immer beliebter – z. B. in „dunklen Klosetts, wo sie manchmal stundenlang bleiben mussten". Es kam auch vor, dass Kinder tagelang in Räumen eingesperrt wurden. Eine Quelle belegt, dass ein fünf Jahre alter Junge, der mit seiner Mutter auf der Suche nach einer neuen Wohnung war, zu ihr sagte: „Oh nein, Mama, ... das ist unmöglich; es gibt gar kein dunkles Klosett, auf dem du mich einsperren könntest, wenn ich ungezogen bin." (deMausse, 1977, S. 53)

Im Laufe des 19. Jahrhunderts war die Unterbringung von Kindern in den katholischen „Erziehungsanstalten für Kleinkinder der Unterschicht" (gemeint sind hiermit die „katholischen Kinderbewahranstalten") sicherlich in den meisten Fällen auch keine Freude für Kinder. Auf der einen Seite reagierte die katholische Kirche mit ihrem starken Engagement in der öffentlichen Kleinkinderziehung auf die große Not, die in vielen Arbeiterfamilien herrschte. Auf der anderen Seite verstand sie sich aber auch gleichzeitig als ein „Bollwerk" gegen den zunehmenden Verlust moralisch-christlicher Werte und des Einflusses auf die Menschen. Entsprechend sollten die Kinder dort auch ganz im Sinne der damaligen, traditionsorientiert katholischen Normen erzogen werden. Dabei war der Tagesablauf durch einen rigiden Stundenplan strukturiert, in dem die genauen Zeiten für Beschäftigung und Spiel festgelegt und durch Pünktlichkeit, Ordnung, Gehorsam und Disziplin charakterisiert waren. In dem damals viel beachteten Werk „Nützliche Beschäftigungen für die Kleinen. Vademecum für Kleinkinderschulen und die Familie", das von den Schwestern Athanasia und Eusebia im Jahre 1896 (dritte verbesserte Auflage, Mainz) herausgegeben wurde, geben manche Aussagen einen Einblick in den dortigen Alltag der Kinder. So heißt es u. a.: „Immer beaufsichtigt, immer beschäftigt. Damit wird ... das Böse im Keime erstickt." (S. 28) „... Kommt aber so ein Gassenkind, (...) jetzt in die Bewahrschule, so fügt sich so ein Kind nicht gern in die Ordnung. (...) Kalt und kurz sei das Benehmen gegen derartige Kinder." (S. 9) Außer Übungen wie „stumme Körperbewegungen" und „Bildchen machen", Gebeten, religiös geprägten Unterhaltungen, Zähl- und Sprechübungen, Auswendiglernen von Liedern, Versen und Sprüchen stand die gesamte Pädagogik unter einem außergewöhnlich stark geprägten Moralbewusstsein und einer disziplinierenden Ordnung. So gab es „Sanktionssätze", wie beipielsweise diesen: „Es ist ein Aug', das alles sieht, auch was bei finst'rer Nacht geschieht." Und es gab unterschiedliche Sprachgeschichten wie z. B.: „Sitz recht still an meinem Plätzchen, Sage aber laut mein Sätzchen; Beten, Singen, Jubilieren wird als braves Kind mich zieren." Auch wurde vor „unsittlichen Spielen" gewarnt wie etwa dem Reiten auf dem Schaukelpferd. So heißt es in dem Buch von Schwester Martha („Winke für Leiterinnen von Bewahranstalten, aus denen auch Kindergärtnerinnen, Nonnen und Kindermädchen manches lernen können", Donauwörth, 1902): „Mit besonderem Nachdruck ist vor dem Gebrauch des Schaukelpferdes zu warnen, weil dieses Spiel einen eigenen Reiz ausübt zum sittlichen Verderben der Kinder." (S. 160) Und auch der Bestrafung – zur Bekämpfung des „Bösen" – ist beispielsweise in dem Buch ein Kapitel gewidmet. Dort heißt es u. a.: „Ist ein Kind beim Spiele unartig, wird es ebenso, falls Ermahnungen nichts nützen, auf die Seite gestellt. Störrische, eigensinnige Kinder brauchen Schläge, aber nicht auf den Kopf ..." (S. 20)

Und schließlich wurde zur Zeit des Kaiserreiches – also im auslaufenden 19. und zu Beginn des 20. Jahrhunderts vor allem eine Pädagogik umgesetzt, die hauptsächlich auf Drill, Gehorsam, Unterwürfigkeit, Fleiß, Ordnung und Selbstaufgabe gerichtet war. Sie ging – ohne große Brüche – in eine Zeit des Grauens über, in der das Wort „Menschlichkeit" der Einschätzung von „Schwäche" vollkommen gleichgesetzt wurde, die, wie der damalige menschen- und werteverachtende „Führer des deutschen Volkes, Adolf Hitler" ausdrückte, „wegzuhämmern" sei. Für ihn und seine vielen Gefolgsleute gab es selbst keine Personen, sondern vielmehr „Menschenmaterial". Es ging um eine „Menschenauslese", Menschen anderer Hautfarbe galten als „geborene Halbaffen" und so sah er es als eine Hauptaufgabe an, „kerngesunde Körper heranzuzüchten in der trotzigen Verkörperung männlicher Kraft und in Weibern, die wieder Männer zur Welt zu bringen vermögen." (Hitler, Mein Kampf, 1927, S. 455)

Doch gab es auch immer wieder Stimmen, die eine solche „schwarze Pädagogik“ anprangerten und dafür eintraten, dass im Bildungsprozess der Kinder Selbstbewusstsein entwickelt werden müsste, damit ein Verstand entstehen kann, der sich selbst zu helfen weiß. Schon *Sokrates* (geboren um 469 v. Chr.), der es ablehnte, sich selbst einen Lehrer und Erzieher zu nennen, war der tiefen Überzeugung, dass jedes Wissen schon im Menschen bereits liege und es darauf ankomme, diesen eher anzuregen als zu belehren und eher zu erwecken als zu erziehen. Und *Aurelius Augustinus* (154–430 n. Chr.), der in Erinnerung seiner eigenen Kindheit einmal schrieb, „Wer würde denn nicht mit Entsetzen zurückweichen und lieber den Tod wählen, wenn man ihm die Wahl ließe zwischen Sterben und wieder Kind werden!“ (März, 1993, S. 236), sieht gerade die „Entscheidungsfreiheit des Menschen“ als eine wesentliche Komponente des menschlichen Heils an und misst ihr damit einen besonders hohen Stellenwert bei. Weiter heißt es in seinem „Traktat zum freien Willen“: „Im ganzen Umfang des Weltalls kann bei der zeitlich und räumlich aufs Beste geordneten Verteilung aller Geschöpfe kein Mensch überflüssig erschaffen sein, wo doch nicht einmal ein Baumblatt überflüssig erschaffen ist.“ (März, 1993, S. 107) Im Mittelalter waren es vor allem Humanisten wie etwa *Erasmus von Rotterdam* (1469–1536) und *Michel de Montaigne* (1533–1592). Erasmus von Rotterdam engagierte sich stets für Liberalität und Toleranz, Verständigungsbereitschaft und Gewaltlosigkeit. Er trat wie kaum ein Zweiter zu seiner Zeit für eine Pädagogik der Verinnerlichung und nicht für eine Erziehung mit dem Holzhammer und den Prügeln ein. So schrieb er beipielsweise auch den bekannten Satz in seinen „Ausgewählten Pädagogischen Schriften“: „Gern aber lernen wir von denen, die wir lieben.“ (März, 1993, S. 246) Und Michel de Montaigne schrieb: „Wahrlich, wir machen das Kind kriegerisch und feige, wenn wir ihm nicht die Freiheit lassen, etwas aus eigenem Antrieb zu tun.“ (Berentzen, 1992, S. 52) Oder: „Es gibt nichts Besseres, als Lust und Liebe zum Lernen zu wecken, andernfalls züchtet man nur mit Büchern beladene Esel.“ (März, 1993, S. 251) Und der französische Abbé Goussault schrieb im Jahre 1693: „Man sollte mit seinen Kindern oft vertraulich umgehen, sie über alles sprechen lassen, sie wie vernünftige Menschen behandeln und sie durch Milde zu gewinnen suchen (...).“ (März, 1993) Schließlich war es *Jean-Jacques Rousseau* (1712–1778), der mit seinem 1762 veröffentlichten Buch „Emile oder Über die Erziehung“ den ersten „pädagogischen Bestseller“ unter die Menschen brachte. Seine radikal-humanistischen Gedanken, die der damaligen Theologie völlig widersprachen, zwangen ihn sogar, seine Heimatstadt Paris für acht Jahre zu verlassen. Doch was war so „revolutionär“ und widersprüchlich zur herrschenden Meinung? Er vertrat die Ansicht, dass alles gut ist, wie es aus den Händen des Schöpfers kommt, und alles unter den Händen des Menschen entartet. Seine Forderung im Hinblick auf Erziehung war klar: „Achtet die Kindheit, beurteilt sie nicht voreilig, weder im Guten noch im Bösen. Lasst den Ausnahmen Zeit, sich anzukünden, zu bewahren und lange zu festigen, ehe ihr besondere Methoden auf sie anwendet. Lasst die Natur lange wirken, ehe ihr euch an ihrer Stelle handelnd einmischt, aus Angst, ihr Wirken zu behindern. Ihr kennt den Wert der Zeit, sagt ihr, und ihr wollt sie nicht verlieren. Man verliert sie aber viel eher, wenn man sie schlecht nützt. Ein schlecht unterrichtetes Kind ist von der Vernunft weiter entfernt als eines, das gar nicht unterrichtet worden ist. Ihr seid beunruhigt, wenn es seine ersten Jahre mit Nichtstun verbringt! Ist Glücklichsein denn nichts? Den ganzen Tag springen, laufen, ist das nichts? Sein ganzes Leben wird es nie wieder so beschäftigt sein. (...)" (Rousseau, 1975, S. 72 f.)

Auch wenn es weitere, humanistisch geprägte Personen der neueren Zeit gab – von *Johann Gottfried Herder* über *Johann Gottlieb Fichte*, von *Johann Heinrich Pestalozzi* über *Ernst Moritz Arndt*, von *Ellen Key* über *Maria Montessori*, von *Rudolf Steiner* über *Celestin Freinet*, von *John Broadus Watson* über *Januscz Korczak* – sie alle haben es letztlich zu ihrer Zeit nicht generell geschafft, eine gesellschaftsverändernde Haltung Kindern gegenüber in der Öffentlichkeit zu installieren. Dennoch – oder/und gerade deswegen – sind ihre Gedanken nach wie vor von größter Bedeutung, um dem Forschungsgebiet „Kindheit" eine noch größere Wertigkeit einzuräumen. Dabei müssen die gewonnenen Ergebnisse eine direkte und nachweisliche Auswirkung auf die (Sozial-)Politik, die Medizin und Psychologie sowie die familiäre und den weiten Bereich der außerfamiliären Pädagogik haben.

Kindheiten heute: Lebensdaten und Realitäten

Durch die im vorigen Kapitel erwähnten Beispiele wird deutlich, welchem Wandel die unterschiedlichen Kindheiten im Zuge der Zeiten unterworfen waren. Damit sich eine verantwortliche und auch tatsächlich hilfreiche Entwicklungsunterstützung von Kindern vollziehen kann, ist es notwendig, die heutigen Kindheiten zu kennen und möglichst differenziert zu betrachten, zumal auch zum gegenwärtigen Zeitpunkt zwar tendenziell von „aktuellen Kindheiten" gesprochen werden kann, nicht aber von einer generellen Kindheit in Deutschland. Dazu gibt es auch im Aufwachsen heutiger Kinder immer noch einige bedeutsame Unterschiede. Wodurch lassen sich demnach heutige Lebensbedingungen vieler Kinder charakterisieren? (Die folgenden Aussagen wurden dem 12. Kinder- und Jugendbericht [2005] entnommen. Sie beziehen sich dabei auch auf Untersuchungen, Erhebungen und Ergebnisse des Deutschen Jugendinstituts und auf Ergebnisse der dritten Welle des Familien-Survey sowie des Zahlenspiegels), des Statistischen Bundesamtes (aktualisierte Tabellen zum Datenreport „Die Familie im Spiegel der amtlichen Statistik" und auf das Statistische Jahrbuch [2004]):

- Kinder und Jugendliche wachsen überwiegend mit einem Geschwisterkind in Lebensformen auf, die dem sogenannten „Normalentwurf" der ehelichen Zwei-Eltern-Familie entsprechen.
- Gleichwohl leben Kinder und Jugendliche viel häufiger als früher in „alternativen Familienformen" – in nicht-ehelichen Paargemeinschaften, in Stieffamilien, in

Alleinerziehendenhaushalten und (Ergänzung Krenz) vereinzelt auch in gleichgeschlechtlichen Paargemeinschaften.

- In den jungen Bundesländern hat sich in einer sehr viel kürzeren Zeitspanne und in einem größeren Umfang der Anteil der unter 18-Jährigen in ehelichen Haushalten verringert, gleichzeitig wachsen erheblich mehr Kinder bei Alleinerziehenden auf als in den alten Bundesländern.
- Kinder und Jugendliche leben im Altersverlauf zunehmend in wechselnden Familientypen.
- Kinder und Jugendliche (bis zum 17. Lebensjahr) sind immer häufiger mit der Trennung und Scheidung ihrer Eltern konfrontiert.
- In den jungen Bundesländern sind zwei oder mehr Geschwister relativ selten (15 %), während 41 % ganz ohne Geschwister aufwachsen. In den alten Bundesländern haben Kinder demgegenüber zu 37 % zwei und mehr Geschwister. Hier liegt der Anteil der Einzelkinder bei 29 %.
- In den ausländischen Familien mit Kindern sind eheliche Lebensgemeinschaften weiter verbreitet (86 %) als in deutschen Familien (78 %), während der Anteil Alleinerziehender (12 % gegenüber 15 %) sowie nicht-eheliche Lebensgemeinschaften (2 % gegenüber 6 %) seltener sind.
- Kinder in ausländischen Familien haben häufiger mehr und seltener keine Geschwister als deutsche Kinder.

- Innerhalb der deutschen Bevölkerung ist im letzten Jahrzehnt die mütterliche Erwerbstätigkeit kontinuierlich gestiegen (vor allem durch die Zunahme an Halbtags- und Teilzeitbeschäftigungen).
- Kinder aus den jungen Bundesländern haben nach wie vor häufiger eine vollzeiterwerbstätige Mutter, während Mütter in den alten Ländern öfter Teilzeit arbeiten oder gar nicht erwerbstätig sind. Väter gehen – unabhängig von der Kinderzahl – in der Regel einer Vollzeiterwerbstätigkeit nach. Hier gibt es keine bedeutsamen Unterschiede zwischen Vätern aus den jungen oder alten Bundesländern.
- Die beruflich bedingten Abwesenheitszeiten verändern sich nach Alter und Anzahl der Kinder. Fast 25 % der aktiv erwerbstätigen Mütter in den jungen Bundesländern (mit einer wöchentlichen Arbeitszeit von 36 Stunden und mehr) haben ein Kind unter drei Jahren, während dies in den alten Ländern unter 10 % liegt.
- Alleinerziehende Mütter verbringen im Durchschnitt täglich eine Dreiviertelstunde weniger Zeit mit ihren Kindern als Mütter in Paarhaushalten, allerdings anderthalb Stunden mehr als Väter in Paarhaushalten.
- Kinder verbringen heute mehr Zeit mit ihren Eltern als noch vor zehn Jahren, mit den Müttern nach wie vor mehr als mit den Vätern.
- Fast 40 % der Frauen mit unter 14-jährigen Kindern arbeiten [Anmerkung Krenz: durch die zahlenmäßige Zunahme von geringfügigen Beschäftigungsverhältnissen] in den Abendstunden (19.00–22.00 Uhr) und am Samstag, mehr als ein Viertel am Sonntag und 16 % nachts.
- Der Alltag von Kindern und Jugendlichen wird weitgehend institutionell strukturiert – durch Kinderbetreuungsangebote, die Verlängerung der Schulzeit im Lebensalter sowie die alltäglichen Unterrichts- und Lernzeiten, die Fülle von Freizeitangeboten durch Vereine und Verbände, die Kinder- und Jugendhilfe sowie durch gewerbliche Anbieter im sogenannten Bildungs- und Kulturbereich.
- Durch die Schaffung spezieller kindspezifischer und jugendlicher Lebensräume manifestiert sich zum einen die Trennung der Lebenswelten von Kindern und Erwachsenen, zum anderen spezialisieren sich mit der wachsenden Vielfalt von Angeboten die Lebenswelten von Kindern und Jugendlichen sowohl im Tages- als auch im Biografieverlauf immer stärker (Stichwort: Verinselung des Kinderlebens).
- Institutionelle Lebenswelten strukturieren den Alltag, bestimmen und begrenzen Handlungs- und Bewegungsräume (Stichwort: Terminkindheit).
- Gleichaltrigenkommunikation und -unternehmungen, Cliquen-Leben, Fernsehen sowie Video-, PC-Spiele und (zunehmend gemeinsames) Chatten gehören zu den beliebtesten Freizeitbeschäftigungen von Kindern und Jugendlichen. Die Freiräume und Gestaltungsmöglichkeiten umfassen wochentags knapp sechs Stunden.
- Etwa zwei Drittel der 10- bis 15-jährigen Kinder werden schon früh in biografisch relevante Entscheidungen einbezogen (Stichwort: „Verhandlungshaushalt").
- Ältere Kinder ab 13 Jahren und in noch größerem Ausmaß Jugendliche verdienen ihr eigenes Geld durch Jobben neben der Schule – sie können damit als eigenstän-

dige Konsumenten handeln und werden auch von der Konsumindustrie und Werbung gezielt angesprochen. (Anmerkung: Es wird geschätzt, dass 6- bis 13-Jährige eine Kaufkraft von etwa 5,6 Milliarden Euro jährlich aufbringen, rechnet man Taschengeld, Sparguthaben und Geldgeschenke zusammen; die 14- bis 19-Jährigen verfügen über eine jährliche Kaufkraft von ca. 15 Milliarden Euro. Ferner hat die Studie Bravo Faktor Jugend ergeben, dass die 12- bis 18-Jährigen heute schon mehr als 130 Modemarken und -ketten kennen. [vgl. Hamann, 2004, S. 19])

- Das Medien- und Freizeitverhalten von Kindern, Jugendlichen und Erwachsenen gleicht sich zunehmend an.
- Bildungsprozesse – etwa durch Nachhilfeunterricht, Schülerhilfen, Paukkurse, Auslandsaufenthalte, Sprachreisen usw. – verlagern sich zunehmend in die schulfreie Zeit von Kindern und Jugendlichen. Aufgrund der unterschiedlichen ökonomischen Ausgangssituationen der Eltern können dadurch deutliche Ungleichheiten im Bildungsniveau der Kinder und Jugendlichen entstehen.
- Medien wie Fernsehen, Computer, Internet, CD-Player, Handys gehören für viele Kinder und Jugendliche zum alltäglichen Erfahrungsfeld. So ergab eine Umfrage des Kindersenders Jetix, dass knapp 75 % aller befragten Kinder zwischen 7 und 14 Jahren beispielsweise einen eigenen Fernseher und einen PC besitzen, genau 75 % aller Kinder einen DVD-Player ihr eigen nennen, 84 % der Kinder das Internet für Spiele nutzen und gut 50 % E-Mails schreiben und chatten. 70 % der Kinder besitzen ein Handy. Im Vergleich mit anderen europäischen Ländern liegen Kinder in Deutschland, was die medientechnische Ausstattung betrifft, damit an

der Spitze. Auch wenn es alters-, geschlechts-, bildungs- und schichtspezifische Unterschiede in der Nutzung und im Zugang zu den Medien gibt, kann dennoch von einer weitgehenden Durchdringung der Lebensführung von Kindern und Jugendlichen durch Medien gesprochen werden. (Stichwort: „Mediatisierung", „Virtualisierung", „heimliche Miterzieher"). Die Auswirkungen auf Entwicklungsprozesse, Entstehung von Meinungen und Wertebildung sowie Verhaltensweisen werden in der Wissenschaft kontrovers diskutiert. (Anmerkung zum Fernsehen: In Deutschland werden in einer normalen Woche im Schnitt 600 Mordszenen ausgestrahlt. Amerikanische Studien gehen davon aus, dass Kinder im Laufe ihrer Fernsehbiografie bis zu 12 000 Morde und Gewaltszenen konsumiert haben.)

- Durch die Globalisierung (= weltweite Annäherung und Angleichung von Arbeits-, Wirtschafts- und Lebensformen) und Internationalisierung ergibt sich für viele Kinder in immer jüngerem Alter eine Ausweitung ihrer Erfahrungs- und Erlebnismöglichkeiten (Stichwort: frühe Auslandsreisen; Produktvielfalt der Nahrungsmittel).
- Eine Durchmischung und Verflechtung der unterschiedlichsten Nationen und Kulturen – auch angesichts der EU-Erweiterung – wird weiter zunehmen; die Kulturvielfalt wird größer.
- Kinder und Jugendliche wachsen in Deutschland in einer zunehmend alternden Gesellschaft auf. So kann nach Angaben des Statistischen Bundesamtes (2003, S. 27 f.) davon ausgegangen werden, dass 2030 etwa jede dritte Person in Deutschland 60 Jahre und älter sein wird. Der Anteil der unter 20-Jährigen wird ein Sechstel der Gesamtbevölkerung betragen. Mit dieser Verschiebung der Altersstruktur in der Bevölkerung ergeben sich für die nachwachsende Generation unterschiedliche Probleme.
- Die soziale Situation sowie die gesellschaftliche Stellung einer Familie und ihrer Kinder ist zunehmend abhängig von deren sozioökonomischer Lage, ihrer ethnischen Zugehörigkeit, dem Geschlecht und den regionalen Lebensbedingungen.
- Alleinerziehende Personen sind einem deutlich höheren Armutsrisiko ausgesetzt als Paare mit Kindern. So liegt die aktuelle durchschnittliche Armutsrate bei Familienhaushalten mit (ledigen) Kindern bei 13 % und bei Alleinerziehenden bei knapp 40 % – bei einer durchschnittlichen Armutsrate der Bevölkerung von 16 %. Die Armutssituation der Kinder und Jugendlichen zeigt ab den 90er-Jahren des letzten Jahrhunderts einen konstanten Anstieg. Mehr als der Hälfte aller von Armut betroffenen Personen gelingt es allerdings, ihre Situation nach einer „Armutsperiode" von bis zu drei Jahren zu verbessern. Gleichzeitig ist belegt, dass von den Kindern, die die Armutssituation überwunden haben, wieder die Hälfte in einem Zeitraum von vier Jahren zurückfällt. Dabei gibt es deutliche Unterschiede zwischen den neuen (83 %) und alten (58 %) Bundesländern.

- Eine Armutslage entsteht vor allem dann, wenn die Eltern nicht erwerbstätig sind/sein können: So liegt die Armutsquote bei nicht erwerbstätigen Familien bei durchschnittlich 80 % und bei den betroffenen Familien mit Kindern unter acht Jahren über 95 %, während die Armutslage bei zwei Erwerbseinkommen so gut wie vernachlässigt werden kann.
- Während die Armutsquote innerhalb eines Zeitraums von elf Jahren bei Kindern und Jugendlichen aus Migrationsfamilien um zehn Prozentpunkte anstieg, erhöhte sie sich bei deutschen Kindern um 0,5 Prozentpunkte.
- Die ethnische Zugehörigkeit der Kinder und Jugendlichen hat nach wie vor eine hohe Bedeutung für den prozentualen Anteil an Bildungsabschlüssen. So zeigen uns die Zahlen des Statistischen Bundesamtes 2004 beispielsweise folgende Fakten: Ohne Hauptschulabschluss gingen 7,9 % deutsche und 19,2 % ausländische Kinder; einen Realschulabschluss erzielten 41,6 % der deutschen und 29,1 % der ausländischen Kinder und die allgemeine Hochschulreife erhielten 24,8 % der deutschen und 8,9 % der ausländischen Kinder.
- Das elterliche Bildungsniveau steht in einem starken Verhältnis zu höheren Bildungsabschlüssen ihrer Kinder.
- Die Geschlechtszugehörigkeit und ihre prägende, sozial differenzierende Kraft hat im Laufe der Jahre ihre ausschlaggebende Bedeutung stark – wenn sicherlich auch nicht ganz – verloren. Belege lassen sich beispielsweise in der Tendenz höherer Bildungsabschlüsse von Mädchen, in der Anzahl von Studentinnen und im steigenden Erwerbsanteil bei jungen Frauen dokumentieren. Dennoch zeigen sich auch noch in anderen Bereichen sogenannte „Starrheitstendenzen", beispielsweise in der traditionellen Arbeitsaufteilung von Paaren nach der Geburt des ersten Kindes, der Reduzierung einer Berufstätigkeit, dem beruflichen Aufstieg oder in der Höhe des Einkommens.
- Kinder und Jugendliche, die in innenstadtnahen oder innerstädtischen verkehrsreichen Wohngebieten mit einem eher schlechten Baubestand, mangelnden Spiel- und Freiflächen bzw. fehlenden Freizeitangeboten, einer überwiegend homogenen Bevölkerung mit einem eher niedrigen Sozialstatus und einem damit häufig verbundenen hohen sozialen Konfliktpotenzial aufwachsen, müssen in ihren Erfahrungs- und Entwicklungsmöglichkeiten im häuslichen Wohnumfeld starke Einschränkungen erfahren.
- Laut Statistischem Bundesamt geben Eltern heute bis zur Hälfte ihres monatlichen Haushaltsnettoeinkommens für die Kinder aus – Miete und Möbel anteilig mitgerechnet. Je nach Kinderzahl und Einkommen belaufen sich die Ausgaben pro Heranwachsenden und Monat auf eine Summe zwischen 255 bis 865 Euro.

Alle diese Tatsachenabbildungen zeigen deutliche Merkmale einer veränderten Kindheit im Vergleich mit Kindheiten zurückliegender Generationen. Konnten Kinder in früheren Zeiten eher in einem größeren Familienverbund mit zumeist mehreren

Geschwistern und im Zusammenleben mit ihren Großeltern bei gleichzeitiger Pflege von Verwandtschaftsbeziehungen aufwachsen, wobei ihnen ihre Mütter weitestgehend einen großen Teil des Tages zur Seite standen, gibt es heute vermehrt „Schlüsselkinder", die in einer eher technisierten, medial und konsumorientiert geprägten Umwelt groß werden, die in ihren Bewegungs- und Handlungsräumen eher eingeschränkt sind und durch vielerlei Einflüsse außergewöhnlich vielen akustischen und optischen Eindrücken ausgesetzt sind. Durch die Notwendigkeit der beruflichen Mobilität von Eltern und eine damit verbundene räumliche Mobilität (Wohnortwechsel, Umzüge) müssen Kinder zunehmend die Erfahrung machen, dass Eltern(teile) einen überaus großen Teil des Tages entweder abwesend sind oder durch Wohnortwechsel aufgebaute Beziehungen abgebrochen werden müssen. Die zunehmende Armut vieler Familien und die Ängste vieler Arbeitnehmer/-innen um den Erhalt ihres Arbeitsplatzes bringt allgemeine und besondere Verunsicherungen in ein Familiensystem, die Kinder und Jugendliche bemerken und die auch Einfluss auf ihr Verhalten nehmen. Dadurch, dass viele Eltern „nur das Beste" für ihr Kind wünschen und die gleichzeitig öffentlich geführte „Bildungsdiskussion" den Eindruck vermittelt, Kindern schon möglichst früh „Bildung zu vermitteln", setzt die Zukunftsplanung für Kinder und Jugendliche immer früher ein und trägt dazu bei, dass gezielt initiierte „Bildungsmaßnahmen" Kinder häufig schon weit vor der Kindergartenzeit erreichen, wodurch der Aspekt einer „freien Zeitgestaltung" sehr eingeschränkt ist. Der Einfluss der Gleichaltrigen auf das Erleben und Verhalten von Kindern und Jugendlichen nimmt einen zunehmend größeren Raum ein und scheint den Einfluss von elterlichen Einwirkmöglichkeiten weiter einzuschränken. Gleichzeitig eröffnet die Globalisierung und Internationalisierung den Kindern und Jugendlichen einen Erfahrungshorizont, der in dieser Ausprägung im Vergleich mit zurückliegenden Kinder- und Jugendgenerationen noch nicht existierte.

Alle Ergebnisse machen deutlich, dass es aufgrund der aktuellen Gegebenheiten und der Erkenntnisse der Kindheitsforschung nicht mehr möglich ist, von „der Kindheit in Deutschland" zu sprechen, weil es eine allgemein geprägte und zeitlich gesonderte, altersgemäß mehr oder weniger abgeschlossene „eigenständige Lebensphase" nicht mehr gibt. Insofern ist es fachwissenschaftlich richtig, von „Kindheiten mit besonders typischen Einflüssen und häufigen Kindheitserfahrungen" zu sprechen. Zwar ist es heute vielen Kindern leichter und eher als in vergleichbar zurückliegenden Generationen möglich, kognitive Entwicklungsangebote aufzunehmen und zu nutzen, allerdings ist es schwerer für sie, sich emotional stabil und räumlich-körperlich zu entfalten. Stabile „Beziehungsverhältnisse" verändern sich in eher punktuelle „Erziehungsverhältnisse", in denen Kinder und Jugendliche verstärkten Verhaltenserwartungen einer von Erwachsenen geprägten Umgebung ausgesetzt sind. Die den Kindern und Jugendlichen zur Verfügung stehenden Entfaltungschancen, die ungleich höher sind als bei Kindern und Jugendlichen vergangener Generationen, sind aber auch stets mit neuen Belastungen verbunden, weil sie die individuell möglichen Entwicklungsmöglichkeiten häufig strapazieren und die Bewältigungskapazitäten mancher Kinder und Jugendlichen überfordern (können). Darin ist auch der Hintergrund für viele Verhaltensirritationen bei Kindern und Jugendlichen in den Bereichen der persönlichkeitsbezogenen, sozialen und körperlichen Auffälligkeiten zu sehen und zu verstehen. Viele Eltern erfüllen häufiger als früher materielle Wünsche ihrer Kinder, wobei eine „Sättigung der seelischen Grundbedürfnisse" allerdings in zunehmendem Maße unberücksichtigt bleibt.

So laufen zunehmend mehr Kinder „neben der Erwachsenenwelt" her und werden in der „Verarbeitung ihrer Lebenswelt" (Hurrelmann, 1999, S. 6) allein gelassen, ohne grundlegende Kompetenzen zu besitzen, ihr Leben selbstständig und autonom in den Griff zu bekommen. Kinder und Jugendliche sind eingebunden in eine „Erwartungswelt" der Kinderkrippe, der Kindertagesstätte, der Schule, ihrer Eltern, ihres Wohnbereiches und ihrer Freundesclique, ohne häufig einen selbsterfahrungsorientierten Freiraum zu erhalten, zu sich selbst zu finden und mit sich selbst (sowie in der Folge mit ihrem unmittelbaren Umfeld) kompetent umgehen zu können. Wurden Kinder früher als „unfertige, un(ter)entwickelte Wesen" eingeschätzt, so werden sie heute als kindliche Persönlichkeiten betrachtet mit „förderungsnotwendigen Potenzialen". Sie werden häufig wie ernst zu nehmende Akteure eingeschätzt und befinden sich gleichzeitig in einer abhängigen, erwartungszentrierten Position. Insoweit tragen Erwachsene

(Amateure und professionelle Fachkräfte) täglich dazu bei, Kindheiten in einem Widerspruch einzuschätzen. Entsprechend widerspruchsvoll entwerfen sie in ihren Vorstellungen ein „Bild vom Kind" und gestalten den Alltag von Kindern auch häufig uneinheitlich, was zu weiteren Irritationen bei Kindern führt.

Kindsein heute – Chancen und Risiken in einer schwierigen Zeit

Wie oben angeführt, wurde den Kindern eine eigenständige Lebensphase „Kindheit" erst relativ spät zuerkannt, wenn man dies unter dem Aspekt einer persönlich positiven Lebensgestaltung und im Hinblick auf eine Zukunft für die Gesellschaft betrachtet. Zwar gab es immer wieder und zu allen Zeiten Personen, die einen mehr oder weniger respektvollen Umgang mit „dem Proletariat auf kleinen Füßen" (Januscz Korczak) anmahnten. Doch erst im Verlauf des 19. Jahrhunderts setzte sich langsam ein „Blick für Kinder" (Ernst Moritz Arndt) durch. Schließlich entwickelte sich im 20. Jahrhundert ein pädagogisches Selbstverständnis, das sich nicht nur auf die Betreuung und Pflege richtete, sondern das auch eine Entwicklungsunterstützung und -förderung zum Ziel hatte, wenn auch mit einem unterschiedlichen Verständnis und mit unterschiedlichen Methoden. Anders ausgedrückt: Wurden Kinder zunächst über viele Jahrhunderte als abhängige Objekte betrachtet, die sich willenlos den Vorstellungen der Erwachsenen zu beugen hatten, so entwickelte sich dann ein Bild zum aktiv angepassten Objekt, schließlich zum passiven Subjekt in der heutigen Zeit. Während noch in den 80er-Jahren in den Köpfen vieler Laien und auch Wissenschaftler das Bild vorherrschte, dass der Säugling und das junge Kleinkind eher ein hilflos-passives, mehr von seinen „Trieben" gesteuertes und ausgeliefertes Wesen sei und zu gezielten kognitiven Leistungen bzw. differenzierten Wahrnehmungsaktionen nicht in der Lage sei, so haben in den letzten Jahren viele Untersuchungsergebnisse genau das Gegenteil bewiesen. Schon der Säugling besitzt kurz nach der Geburt Interaktions-, Kommunikations- und Lernbereitschaften, die durch Interesse und Neugierdeverhalten an seinem unmittelbaren Umfeld gekennzeichnet sind. Er sucht mit all seinen Sinnen nach Anregungsimpulsen und möchte gleichzeitig einen Einfluss auf die ihn interessierenden Objekte/Abläufe nehmen. Darüber hinaus haben auch Forschungsergebnisse der Neurobiologie gezeigt, dass beispielsweise die Gehirnstrukturen des Menschen mit der Geburt nicht genetisch festgelegt, sondern durch Umwelteinflüsse in Bau und Funktion veränderbar sind (Stichwort: neuronale Plastizität). Das heißt, dass das menschliche Gehirn nicht alle bedeutsamen Informationen aus dem unmittelbaren Umfeld wie mit einem Fotoapparat lediglich ablichtet, sondern dass es seine Vernetzung nach den Aspekten (neu) konstruiert, die erkannt und bestätigt bzw. ergänzt oder neu verknüpft werden. Dadurch, dass persönliche Erfahrungen, Erlebnisse, Eindrücke und Gefühle wie beispielsweise Sorgen, Freude, Ängste, Hoffnung, Unsicherheit, Entlastung oder Glücksempfinden ihre Spuren im Substrat des Gehirns hinterlasssen, stehen solche psycho-sozialen Prozesse mit entsprechenden neurobiologischen Vorgängen stets in einem permanenten Austauschprozess.

Diese Tatsache und auch die öffentliche Diskussion über die Ergebnisse der PISA-Studien sowie die Bestrebungen einer radikalen Bildungsreform der institutionalisierten Pädagogik (von der Krippe über die Kindertagesstätte und den Hort, von der Schule bis zur Universität) trafen sowohl bei vielen Eltern als auch bei der überwiegenden Zahl der pädagogischen Fachkräfte auf offene Ohren. Auf der einen Seite war eine längst überfällige, kritische Bestandsaufnahme der pädagogischen Grundsätze und Leitgedanken sicherlich notwendig und überfällig, auf der anderen Seite verstärkte die „Bildungsfokussierung" aber auch den Trend zur „intensiveren Förderung von Kindern", wie er sich schon Ende der 80er-Jahre des vorigen Jahrhunderts deutlich abzeichnete. Locker formuliert könnte man sagen: Kindern wurde beispielsweise ein Recht auf ihr Spiel eingeräumt – gleichzeitig wurde aber auch schon darauf geachtet, dass die Spieltätigkeit mit erreichbaren Lernzielen kombiniert war. Kinder sollten zwar eine „glückliche Kindheit" haben, gleichzeitig war daran aber auch die Erwartung geknüpft, dass Kinder (auch während der institutionellen Unterbringung z. B. in Krippe, Kindertagesstätte und Hort) ihre freie Zeit nicht nur ungenutzt verstreichen lassen. Die Frage ist berechtigt, ob sich hier nicht eine Vorstellung von Pädagogik wiederholt, die Korczak schon 1920 so formulierte: „Die ganz moderne Pädagogik trachtet danach, bequeme Kinder heranzubilden, (...). Artig, gehorsam, gut, bequem, aber ohne Gedanken daran, dass es innerlich unfrei und lebensuntüchtig sein wird." (Wie man ein Kind lieben soll, 1987, S. 12)

Auch wenn diese „Auswirkungen einer modernen Pädagogik" sicherlich von vielen Eltern und professionellen Fachkräften nicht gutgeheißen werden, so muss die Frage gestellt werden (dürfen), ob nicht dennoch das Grundverständnis der Pädagogik genau darauf abzielt. Das hieße, dass es einen ungeklärten Widerspruch zwischen Absicht und Wirkung gibt und die alten, traditionsverbundenen Vorstellungen (heimlich und „eigentlich" gewollt) ihre Wirkung erreichen sollen. Denn wie ist es anders zu erklären, dass sowohl bei einer genaueren Betrachtung der Richt- und Leitziele/Lernziele einer bildungsorientierten Arbeit mit Kindern als auch bei der praktisch durchgeführten Erziehungs-, Bildungs- und Betreuungsarbeit eine Pädagogik zum Vorschein kommt, die letztlich darauf ausgerichtet ist, Kinder und Jugendliche „aus einem unmündigen Zustand in einen mündigen Status zu bringen", sie „in ihren Verhaltensweisen zu formen und zu lenken", ihre Ausdrucksmöglichkeiten „zu beeinflussen und zu verändern", ihnen dabei zu helfen, „auf die Zukunft vorbereitet zu werden", sie im Hinblick auf lebensnotwendige Kompetenzen „zu qualifizieren", Fertigkeiten „zu verfeinern und zu veredeln" und aus einem „naiven Menschen eine aufgeklärte Person zu machen".

„Kindheiten heute" stehen unter der starken Ausrichtung der Kinder auf eine Zukunft. Entsprechend ist das Leben vieler Kinder zeitlich strukturiert. Ob es dabei für Kindergarten- oder Schulkinder um Trainings oder Kurse geht (montags: Tennis; dienstags:

Musikunterricht; mittwochs: Ballett für die Mädchen oder Boxtraining/Fußball für die Jungen; donnerstags: Reiten für die Mädchen oder Judo für die Jungen; freitags: Sprachtherapie, Spieltherapie, Ergotherapie oder Nachhilfeunterricht), für Babys (ab der 4. Lebenswoche) oder Kleinkinder zum „fröhlichen Wasserspaß" im gut beheizten Schwimmbad oder für ältere Kinder zu Selbstbehauptungstrainings oder zum Förderunterricht. Das Motto scheint zu lauten: „Schneller leben, früher lernen!"

Überall gibt es einen „öffentlichen" oder auch „heimlichen" Lehrplan, der den Tagesablauf und die Art und Weise der Tätigkeiten strukturiert. In vielen Kindertagesstätten gibt es wieder vermehrt „vorgezogenes schulisches Arbeiten" wie „frühes Lesen und Schreiben lernen, mathematischen Basisunterricht, naturwissenschaftliches Lernen anhand ausgewählter physikalischer und anderer naturwissenschaftlicher Experimente", in zeitlich begrenzten Übungseinheiten wird die „Sprach- und Sprechkompetenz" der Kinder mit sprachlichen Auffälligkeiten gefördert, die „spielzeugfreie Kindertagesstätte" versucht die Kinder gegen Suchtverhalten immun zu machen, ein Verkehrsunterricht soll Kinder vor den Gefahren im Straßenverkehr schützen, ein Programm zur Stärkung des kindlichen Selbstbewusstseins ist dafür gedacht, dass Kinder sich bei unangenehmen Annäherungen anderer Menschen zur Wehr setzen können, ein Training „zur bewussten und gesunden Ernährung" soll Kindern dabei helfen, „gesunde und ungesunde Nahrung zu erkennen sowie gutes und falsches Essverhalten differenziert zu betrachten" und schließlich soll das Mausklick-Training Kinder dabei unterstützen, eine entsprechende „Medienkompetenz" zu erwerben. Fremdsprachenunterricht – „selbstverständlich" in spielerischer Form – rundet schließlich die kleinen Fördereinheiten ab. (Anmerkung: Die Liste der formalen Bildungsangebote könnte an dieser Stelle endlos fortgesetzt werden. So scheint die gesamte Elementarpädagogik beispielsweise immer mehr einer lernzielorientierten Institution zu ähneln, wenn man sich die Lernzielkataloge der Qualitätshandbücher oder die Lernzielübersichten der Bildungsleit-/Richtlinien anschaut.)

Ohne Übertreibung scheint bei vielen Erwachsenen die Angst vorzuherrschen, dass ein „Zeitfenster der Bildungsmöglichkeiten" ungenutzt verschlossen bleiben könnte, ein potenzielles Genie unerkannt bleiben würde und seine Fähigkeiten verkümmern und es durch diese Zeitverschwendung vielleicht zum „gesellschaftlichen Looser" wird. Bei dieser Aufzählung geht es nicht um eine Abwertung der bestehenden Zielaspekte! Vielmehr soll der Fokus der Betrachtung auf die Menge und die Art der „Lerntätigkeiten" von Kindern gerichtet werden. So schreibt Professor Hebenstreit beispielsweise dazu: „Wir stecken die Kinder in immer mehr pädagogische Arrangements, damit sie lernen, ihren Gefühlen nicht zu trauen, theoretisch über alles schwätzen zu können, ohne den Hammer in die Hand zu nehmen. Die Reise vom Säugling zum Erwachsenen wird länger, komplizierter, schwieriger, brüchiger." (Über das Kind, die Welt und die Zukunft, 1996, S. 257) Weiter heißt es: „Wir vertreiben die Kindlichkeit, (...) freuen uns, je früher das Kind sitzen, laufen, sprechen, vernünfteln kann. (...) Noch nie wurden so viele Kinder und Jugendliche so lange unmündig gehalten, und noch nie wurde so vielen Kindern so früh ihre Kindlichkeit ausgetrieben." (1996, S. 258) Korczak schreibt dazu in seinem Buch „Wie man ein Kind lieben soll": „Um der Zukunft willen wird gering geachtet, was es heute erfreut, traurig macht, in Erstaunen versetzt, ärgert und interessiert. Für dieses Morgen, das es weder versteht noch zu verstehen braucht, betrügt man es um viele Lebensjahre." (1987, S. 45) Und weiter heißt es: „Wir belasten sie [Kinder] mit neuen Pflichten des Menschen von morgen, ohne ihnen die Rechte des Menschen von heute zuzugestehen." (1987, S. 73) Und in seinem Buch „Verteidigt die Kinder", das schon 1905 erstmalig publiziert wurde, findet sich der Satz: „Wer die Kindheit überspringen will und dabei in die fernliegende Zukunft zielt – wird sein Ziel verfehlen." (1987, S. 20)

An dieser Stelle sei auch noch einmal darauf hingewiesen, dass schon zu Beginn der 1980er-Jahre der amerikanische Soziologe *Neil Postman* mit seinem aufsehenerregenden und bis heute bedeutsamen Buch vor dem Verschwinden der Kindheit eindringlich gewarnt hat. Schon 1990 sprach Helga Zeiher von einer „Kindheit, die organisiert und isoliert ist" (1990, S. 20), und dass Kindheit heute kein Kinderspiel mehr sei und dass der Alltag vieler Kinder ein „Leben in Bedingungen" darstellt (1990, S. 23). Während der Hildesheimer Pädagoge *Ernst Cloer* von einem „Kinderalltag im Zeittakt industrieller Fertigung" spricht, beklagt der Würzburger Pädagoge *Günther Bittner* eine „Durchrationalisierung des Kinderlebens nach Schichtdienst und Stundenplan – eine ökonomische Zeitplanung bis in die Kinderstube hinein." So scheint es selbst in der Vorstellung der Erwachsenenwelt kaum vorstellbar, was passieren würde, wenn Kinder fein gekleidete Damen oder Herren mit Holunderbeeren bewerfen oder Mutproben unter Beweis stellen würden, indem sie Regenwürmer verspeisen. Kinder und Jugendliche, die sich zusammenfinden und eine feste Gruppe bilden, geraten schnell in den Verdacht, einer „Bande" anzugehören, von der eine Gefahr für andere ausgehen könnte, und Kinder, die sich schließlich den hohen und ständigen Erwartungen von Erwachsenen entziehen würden, bekämen schnell das Prädikat eines „bildungsunwilligen" Kindes.

Die ehemalige Präsidentin des Deutschen Bundestages, Prof. Dr. Rita Süssmuth, hat in dem Zeitschriftenaufsatz „Kinderleben, Kinderzeiten, Kinderwelten" schon vor fast 20 Jahren (1988/89, S. 7–9) drei Begriffe in die öffentliche Diskussion gebracht, die die bisherigen Ausführungen zusammenfassend bündeln. Ihre Betrachtungen von Kindheiten in einem so hoch industrialisierten Land wie Deutschland beschreiben das

Kinderleben als eine weitestgehend verplante und verpädagogisierte Zeit, die Kinderzeiten als eine in viele Zeitsegmente aufgeteilte und aus ganzheitlichen Zusammenhängen zerrissene Angelegenheit sowie die Kinderwelten als eine eingeengte und immer künstlicher gestaltete und eingegrenzte Erfahrungsvielfalt. Kommt es nun zu einer zusätzlichen Berücksichtigung des weiteren Zeitverlaufs zwischen den wiedergegebenen Aussagen vom Jahreswechsel 1988/89 und dem heutigen Zeitpunkt, so muss und kann von einer deutlichen Verschärfung des Problems ausgegangen werden. Wenn Prof. Dr. Süssmuth schon damals von einem zunehmenden „Verlust an Erfahrungen" (1988/89, S. 7), „arrangierten Erfahrungsräumen", einer „Vereinzelung der Kinder" und „Erfahrungsarmut" sowie „kaum vorhandenen Spielräumen" (1988/89, S. 8) spricht und ihre Hauptaussage darin endet, dass sie die These vertritt, „eine Gesellschaft, die ihre Kinder nicht versteht und schätzt, wird sie in Zukunft verlieren" (1988/89, S. 9), dann ist nachvollziehbar, wie schwierig es für Kinder und Jugendliche ist und wie viel schwieriger es in naher Zukunft werden wird, eine weitestgehend unbeschwerte Kindheit zu erleben, Identität zu entwickeln und Selbst-, Sach- sowie Sozialkompetenzen auf- und auszubauen.

Wenn zudem in vielen Familien das sogenannte „Vier-zwei-eins-Schema" (Hamann, 2004, S. 19) zum Tragen kommt, was so viel bedeutet, dass es vier Großmütter und -väter gibt, zwei Elternteile da sind und alle ihre gesamte Konzentration auf ein Kind ausrichten, dann wird deutlich, in welch' starkem Mittelpunkt sich das betreffende Kind befindet. Nicht nur, dass Eltern auf „ihr" Kind stolz sein wollen und oftmals ihre eigenen Wünsche und besonderen Vorstellungen auf das Kind übertragen, sondern auch dadurch, dass diese Kinder häufig in einem materiellen Schlaraffenland leben. Hamann schreibt im Vorwort seines ZEIT-Artikels: „Kinder leben in einer mit Marken vollgestopften Welt – und der Überfluss nimmt zu." (2004, S. 19) Im weiteren Verlauf seines Beitrags heißt es: „Weil die Zahl der Konsumenten wegen der demografischen Entwicklung schrumpft wie nie zuvor, ist es für alle Unternehmen eine Frage des Überlebens, weniger Kindern mehr zu verkaufen. (...)" (2004, S. 19) So zahlte beispielsweise ein Chipkonzern mehr als zwei Millionen Dollar für die Platzierung seines Logos in einem Onlinespiel. Diese Vorge-

hensweise entspricht schon der in den Anfängen des gezielten Marketings geäußerten Strategie: Es „braucht seine Zeit, aber wenn Sie auf Dauer im Geschäft bleiben wollen, dann bedenken Sie, was es für Ihre Firma für einen Gewinn bedeuten kann, wenn sie millionenfach Kinder abrichten können, aus denen Erwachsene werden, gedrillt, ihr Produkt zu kaufen, (...)." (Miller, 1946) Und so begaben und begeben sich noch heute Marktforscher und Marktanalysten an die Aufgabe, Kinderseele, Psyche und Befindlichkeit auszuspähen". (Hamann, 2004, S. 19) So ist es in diesem Zusammenhang nicht verwunderlich, wenn beipielsweise in dem „Kinderbuch" „Mein erstes Shopping-Buch" von Judith Wilske und André Erlen (Verlag der Buchhandlung Walter König) solche Sätze zu lesen sind wie: „Shopping ist wichtig für deine Persönlichkeitsentwicklung". Oder: „Kaufe dir, was deine Freunde sich nicht leisten können." Oder: „Merke! Es ist besser, viel Geld zu haben, denn: viel Geld, viel einkaufen, viel Spaß!" Oder: „Lehne gebastelte Geschenke ab!" (Zitiert aus: Hamann, 2004, S. 19). Da überrascht es sicherlich nicht, wenn laut der Studie Bravo Faktor Jugend mehr als 70 % der Kinder und Jugendlichen inzwischen der festen Überzeugung sind, dass das Aussehen wichtiger als der Charakter eines Menschen ist. Gleichzeitig vertreten sie die Meinung, dass ihnen Mode in der eigenen Lebensgestaltung fast so viel bedeutet wie die eigene Familie.

Die Frage, wie es möglich sein wird, diesen vielfältigen Tendenzen von zerstörten bzw. verstörten Kindheiten professionell und kompetent entgegenzuwirken, ist nur durch einen konsequenten Perspektivwechsel zu beantworten, damit in Kenntnis dieser pädagogischen und sozialen Wirklichkeit neue Handlungsstrategien zum Tragen kommen. Insofern ergeben sich folgende Konsequenzen:

- Es ist notwendig, verstärkt dafür zu sorgen, dass Kinder auch Kinder sein dürfen.
- Eine verantwortungsvolle Pädagogik und Psychologie hat sich der spezifischen Altersstufe der Kinder zuzuwenden und darf nicht darauf ausgerichtet sein, die Gegenwart von Kindern einer Zukunft zu opfern.
- Die Vorstellung von einem möglichst „frühzeitig perfekten Kind" ist aufzugeben, weil Kindheiten darauf aufbauen, dass Kinder Fehler machen dürfen/müssen/sollen, um eigene Handlungsstrategien kennenzulernen und aus Fehlern bzw. handlungsorientierten Umwegen neue handlungsableitende Konsequenzen zu ziehen.
- Kinder brauchen Vorbilder, die ihnen helfen, sich in ihren Handlungsmöglichkeiten orientieren zu können.
- Kinder brauchen statt einer verstärkten Konsumausrichtung Seelenproviant, der ihnen hilft, ein stabiles Persönlichkeitsfundament auf- und auszubauen.
- Kinder sind auf Erwachsene angewiesen, die immer wieder die Aufgabe an sich selbst stellen, Kinder in ihren vielfältigen Ausdrucksformen zu verstehen.

- Kinder brauchen vor allem das Gefühl von Sicherheit, um neue Handlungsschritte zu entdecken, Handlungsperspektiven zu entwickeln und alternative Handlungsmöglichkeiten zu internalisieren.
- Kinder brauchen feste Bindungen und zuverlässige Beziehungen, um sich auch bei persönlichkeitsorientierten Rückschritten mit Zuversicht und Engagement den täglichen Herausforderungen und Notwendigkeiten zu stellen.
- Kinder brauchen keine künstlich arrangierten Lebenswelten, sondern umfassende und umfangreiche Handlungs(spiel)räume, in denen sie reale, fassbare Erfahrungen machen können.
- Kinder brauchen zur Wahrnehmung, Festigung und Verarbeitung ihrer Erfahrungen, Erlebnisse und Eindrücke ausreichend Zeit, um Sinnzusammenhänge zwischen ihren Handlungsschritten und deren Konsequenzen zu verstehen.
- Kinder sind auf ein stabiles Selbstbewusstsein angewiesen, um mit zunehmendem Alter selbstständig, handlungsaktiv, anstrengungsbereit und lernfreudig alltägliche Aufgaben einer verantwortungsvollen Lebensgestaltung auf sich zu nehmen.
- Kinder brauchen Erwachsene, die mit Optimismus, Lebensfreude und Einsatzbereitschaft an einer Welt mitarbeiten, die sich für eine Wiederherstellung bzw. Bewahrung des „eigenständigen Zeitraumes *Kindheit*" einsetzen.

2.1 Die UN-Charta „Rechte des Kindes" – die Kindertagesstätte als Ort der praktischen Umsetzung

Am 20. November 1989 wurde das „Übereinkommen über die Rechte des Kindes" von der Generalversammlung der Vereinten Nationen in New York verabschiedet und 1992 hat auch Deutschland diese UN-Konvention ratifiziert und damit unter anderem fest zugesichert, die Interessen von Kindern in allen wichtigen Entscheidungen zu berücksichtigen, Kinder als eigenständige Personen wertzuschätzen, sie vor jedweder Form der Misshandlung und Gewalteinwirkung zu schützen und ihnen ein grundsätzliches Mitspracherecht einzuräumen. Dabei gibt der „Situationsorientierte Ansatz" zunächst keine Verantwortung „an die große Politik" ab oder bezieht die Konvention hauptsächlich auf ferne „Entwicklungsländer"; vielmehr überträgt er die Verpflichtung und Verantwortung direkt und unmittelbar auf die Pädagogik vor Ort – ganz speziell und individuell für jede Kindertagesstätte, indem sich die elementarpädagogischen Fachkräfte diesem Ansatz und seiner Umsetzung verpflichtet fühlen. So verlangt die UN-Konvention beispielsweise, dass

- jede Form der Diskriminierung eines Kindes verboten ist (Artikel 2),
- alle Maßnahmen, die ein Kind betreffen, zum Wohl des Kindes ausgerichtet sein müssen (Artikel 3),
- Kinder ein Recht auf ihre personale Identität haben (Artikel 8),

- jedes Kind das Recht hat, sich eine eigene Meinung zu bilden und diese Meinung in allen das Kind berührenden Angelegenheiten frei äußern darf (Artikel 12),
- jedes Kind ein Recht auf seine Gedanken-, Gewissens- und Religionsfreiheit besitzt (Artikel 14),
- jedes Kind ein Recht darauf hat, sich frei mit anderen zusammenzuschließen und sich friedlich zu versammeln (Artikel 15),
- kein Kind willkürlichen oder rechtswidrigen Eingriffen in sein Privatleben oder in seinen Schriftverkehr sowie rechtswidrigen Beeinträchtigungen seiner Ehre oder seines Rufes ausgesetzt werden darf (Artikel 16),
- jedes Kind vor jeder Form körperlicher oder geistiger Gewaltanwendung, Schadenszufügung oder Misshandlung, vor schlechter Behandlung oder Ausbeutung geschützt werden muss (Artikel 19),
- jedes Kind ein Recht auf Bildung hat (Artikel 28) und die Bildung des Kindes darauf gerichtet sein muss, die Persönlichkeit, die Begabung und die geistigen sowie körperlichen Fähigkeiten voll zur Entfaltung zu bringen sowie auf ein verantwortungsbewusstes Leben in freier Gemeinschaft im Geist der Verständigung, des Friedens und der Gleichberechtigung der Geschlechter vorzubereiten (Artikel 29);
- jedes Kind ein Recht auf Ruhe und Freizeit hat, auf Spiel und altersgemäße aktive Erholung sowie auf freie Teilnahme am kulturellen und künstlerischen Leben (Artikel 31),
- jedes Kind vor allen Formen sexueller Ausbeutung und sexuellen Missbrauchs zu schützen ist (Artikel 34),
- jedes Kind ein Recht auf Genesung (physisch und psychisch) hat (Artikel 39).

Der „Situationsorientierte Ansatz" und die elementarpädagogischen Fachkräfte sind dazu aufgerufen, ihre eigenen Verhaltensweisen, pädagogischen Prinzipien, die Gestaltung der Tagesabläufe, die methodischen Arbeitsschwerpunkte und die räumlichen Bedingungen sowie die organisatorischen Strukturen der Einrichtung sorgsam zu durchleuchten – ebenso wie bestehende Regeln und normative Gegebenheiten (!) –, ob, wann, durch wen, wie vielleicht das eine oder andere Kinderrecht vernachlässigt oder verletzt wurde/wird, um Veränderungen zu bewirken. Es gehört zu einer wesentlichen Aufgabe einer situationsorientiert arbeitenden Kindertagesstätte, die Mühe einer sorgsamen Reflexion auf sich zu nehmen. Dabei geht es vor allem auch um die „kleinen" Rechtsverletzungen und Praxisfragen, die vielleicht im ersten Augenblick nichts mit den o. g. Kinderrechten zu tun haben. So könnten beispielsweise folgende Fragen aufgeworfen und diskutiert werden:

- Wird den Kindern genügend Zeit zugestanden, in Ruhe eine Krankheit auszukurieren, oder werden kranke Kinder in der Kindertagesstätte „über den Tag mitgeschleppt"? (Artikel 39)
- Erhalten die Kinder tatsächlich genügend Ruhe und Freizeit in der Kindertagesstätte oder gibt es dort ein „Programm ohne Ende"? (Artikel 31)
- Bildet das Spiel einen zentralen Punkt in der pädagogischen Arbeit und werden wirklich alle Spielformen in ihrer Vielfalt intensiv mit Kindern aktiv erlebt? (Artikel 31)
- Unternimmt die Kindertagesstätte genügend Versuche, gemeinsam mit Kindern Kultur und Kunst zu einem festen Bestandteil der Pädagogik zu machen? (Artikel 31)
- Wird tatsächlich Bildung als eine Form der Persönlichkeitsentwicklung verstanden? Wie werden Begabungen der Kinder aktiviert? Mit welchen Möglichkeiten wird versucht, die Fähigkeiten der Kinder zur freien Entfaltung zu bringen? Wie sieht eine volle Entfaltung von Fähigkeiten der einzelnen Kinder aus? Gibt es tatsächlich eine Gleichberechtigung zwischen Jungen und Mädchen? Lassen sich dennoch geschlechtsspezifische Diskriminierungen entdecken? (Artikel 29)
- Welche Bedingungen, welche Sprachformen, welche erzieherischen Verhaltensweisen müssen auf Kinder wie Gewaltanwendungen wirken und wie sind sie zu vermeiden? (Artikel 19)
- In welcher Form und durch wen bzw. durch was wird die Ehre oder der Ruf eines Kindes verletzt? Gibt es Etikettierungen für Kinder, sprachliche Abwertungen von bestimmten Kindern? Wie sieht das Privatleben (die Intimsphäre) der Kinder aus und wo/wie wird diese nicht akzeptiert? (Artikel 16)
- Können sich Kinder frei verabreden und treffen oder gibt es noch rechtsverletzende, von Erwachsenen aufgestellte „Regeln", dass beispielsweise nur eine begrenzte Anzahl von Kindern in bestimmten Ecken/Räumen spielen können? (Artikel 15)
- Werden alle Kinder ermuntert, sich frei zu äußern, oder gibt es bei einer freien Äußerung mancher Kinder „einen Maulkorb"? (Artikel 12)

- Werden Kinder aktiv an Entscheidungen beteiligt und besteht vonseiten der Erwachsenen der tatsächliche Wunsch, dass Kinder sich zu allen wichtigen Angelegenheiten auch äußern? (Artikel 12)
- Gibt es pädagogische Maßnahmen, die sich gegen das Wohl von Kindern richten? Wie verhält es sich beispielsweise mit der manchen Kindern auferlegten Pflicht, „alles auf dem Teller aufzuessen", obgleich ein Kind subjektiv gesättigt ist? Gibt es noch eine Schlafzeit für Kinder, in der auch Kinder ins Bett müssen, die gar nicht müde sind? (Artikel 3)
- Gibt es Formen und Methoden der Diskriminierung einzelner Kinder? Werden Kinder manches Mal bloßgestellt oder lächerlich gemacht? Ist nicht schon der ständige Vergleich von Kindern mit anderen Kindern ihrer Altersgruppe eine persönliche Diskriminierung? (Artikel 2) Diese und viele weitere Fragen gehören zur immer wiederkehrenden pädagogischen Konferenz, die in situationsorientiert arbeitenden Kindertagesstätten stattfinden.

2.2 Lebensbiografien und -situationen von Kindern heute und ihre Bedeutung für den „Situationsorientierten Ansatz"

Es scheint eigentlich völlig überflüssig zu sein, darauf hinzuweisen, dass sich jede Arbeit mit Kindern an den realen Gegebenheiten ihres Aufwachsens und ihrer Entwicklung zu orientieren hat. Vielleicht ist dieser Einführungssatz aber doch notwendig, auch wenn wir uns nur auf drei der zuvor genannten Arbeitsweisen in den erwähnten Kindertagesstätten beziehen. Sicherlich ist es so, dass es im gemeinsamen Leben und Lernen mit Kindern zwei Möglichkeiten gibt: Auf der einen Seite kann sich die Kindertagesstätte als eine Insel verstehen, auf der Kindern fern der realen und individuellen Lebensbedingungen eine Pädagogik geboten wird, die sich durch sich selbst erhält und dafür sorgt, dass Kinder in zwei unterschiedlichen Welten aufwachsen und daher immer auf der Suche sind, diese miteinander zu verbinden. Auf der anderen Seite kann sich die Kindertagesstätte als ein Ort verstehen, der ein „Inselleben" bewusst verneint, eine Kindertagesstätte, die ihre Pädagogik als einen aktiven Beitrag versteht, Kindern dabei zu helfen,

- ihre aktuelle Lebenssituation zu fühlen, zu begreifen und zu verstehen,
- Handlungsmöglichkeiten zu entdecken und zu entwerfen, die darauf ausgerichtet sind, die Gegenwart als das wesentliche Stück ihres Lebens zu erfahren, in dem es sich lohnt, aktiv und lebendig zu leben.

Der „Situationsorientierte Ansatz in der sozialpädagogischen Praxis" ist daher ganz eng mit den aktuellen Daten der Lebenssituationen und Biografien der Kinder verbunden. Er lehnt sich nicht an vergangenen Ansätzen an und steht nicht isoliert als ein „Ansatz der Zukunft" in irgendwelchen Gedankenräumen irgendwelcher Fachleute. Ganz im Gegenteil: Dieser Ansatz versucht, die genauen Lebensbedingungen

der Kinder in der Gruppe in Erfahrung zu bringen, um wirklich die pädagogische Forderung zu erfüllen, Lebensbiografien und -situationen von Kindern heute zu erfassen. Lebensgeschichten, die sich bis zum Besuch der Kindertagesstätte und auch während dieser Zeit in die Seele jedes einzelnen Kindes tief eingegraben haben und ihre mehr oder weniger starken Spuren deutlich oder undeutlich hinterließen.

3. Die Person der Erzieherin und des Erziehers als zentraler Ausgangswert für entwicklungsbedeutsame Bildungsprozesse in Kindertagesstätten – das Berufsbild elementarpädagogischer Fachkräfte

> *„(…) das größte Geschenk, das ich von jemandem empfangen kann,*
> *ist, gesehen, gehört, verstanden und berührt zu werden!*
> *Das größte Geschenk, das ich geben kann,*
> *ist, den anderen zu sehen, zu hören, zu verstehen und zu berühren."*
>
> (Virginia Satir)

Wilhelm Schmid, der als Privatdozent an der Universität Erfurt lehrt, schreibt: „(...) Ein früher Akt der Sorge ist der erste Schrei, eine erste Selbstbehauptung, aber das

Kind bleibt noch abhängig von der Fürsorge anderer, ohne die es nicht leben könnte. (...) Wie immer der Weg der Kindheit und des Heranwachsenden verläuft, es geht darum, den Umgang mit sich selbst zu erlernen und zur Sorge für sich selbst in der Lage zu sein, soll das eigene Lernen nicht von anderen abhängig bleiben. Nur über die Selbstsorge wird das Leben zu einem eigenen und nur dort, wo es Selbstaneignung gibt, kann es Selbstverantwortung geben. Sich um sich zu kümmern und doch nicht die Unbekümmertheit dabei zu verlieren – das stellt das dynamische Zentrum der kindlichen Lebenskunst dar ..." (2003, S. 40) Wenn der Frage nachgegangen wird, was mit dem Begriff einer „dynamischen Lebenskunst" gemeint sein kann, so ergeben sich u. a. folgende Antworten:

- gegenwärtige, positive Erlebnisse genießen können;
- über eigene Entwicklungen staunen können;
- mit Offenheit, Interesse und Neugierde die Herausforderungen des Alltags suchen und sich ihnen mit Engagement stellen;
- alte, lebenseinengende Fühl-, Denk- und Handlungsmuster erkennen und sich von diesen lösen können;
- Zusammenhänge von Ereignissen erkennen und herstellen können, um aus der Erkenntnis heraus neue Handlungsstrategien zur Lösung von Problemen zu entdecken;
- neue, unbekannte Spielräume im Rahmen eigener Verhaltensvielfalten zu entwickeln;
- „alte, bis weit in die Vergangenheit zurückliegende Geschichten" klären, um aus belastenden Verstrickungen herauszufinden;
- in möglichst vielen bedeutsamen Situationen identisch mit sich umgehen und sich selbst sagen können: „Wie schön, dass ich geboren bin, dem Leben schenk' ich einen Sinn."

Über viele Jahrhunderte sahen Wissenschaftler/-innen aus unterschiedlichen Fachdisziplinen (auch der Psychologie) ebenso wie Laien die „Rationalität und Intelligenz des Menschen" als die „Perle der Schöpfung" an. Das hat sich inzwischen durch vielfäl-tige Untersuchungen relativiert, ist doch demgegenüber bekannt, das stets vor allen kognitiven Prozessen und Handlungsimpulsen die Emotionen die entscheidenden Impulse dafür geben, in welche Richtung gedacht und wie gehandelt wird. Es ist die „Macht der Gefühle" (Ochmann, 2003, S. 96 ff.), die unser Leben steuert und inzwischen haben führende Hirnspezialisten den Beweis dafür vorgelegt, wie Emotionen das gesamte Leben bestimmen. Dabei sei vor allem auf den in Iowa City lehrenden Professor für Neurowissenschaften, Antonio Damaso, den in New York lehrenden Joseph LeDoux, der einer der wichtigsten Erforscher der Amygdala (= des evolutionsgeschichtlich uralten Hirnteils, der einen zentralen Einfluss auf das Gefühlsleben der Menschen hat) ist, und einen der führenden deutschen Hirnforscher, Gerhard Roth, hingewiesen.

In Anbetracht dieser für die Pädagogik und Psychologie außergewöhnlich bedeutsamen Erkenntnisse sind die Ergebnisse der Bindungsforschung eng mit diesen vernetzt und besitzen für Erzieher/-innen einen besonders hohen Bedeutungswert. Einfach ausgedrückt heißt das: Eine liebevolle, vertrauensvolle und verlässliche Bindung, die Kinder in ihren ersten (und auch weiteren) Lebensjahren mit ihren Eltern sowie anderen Erwachsenen erfahren, ist die Grundlage für die Entstehung der o. g. „Lebenskunst des Menschen" und gleichzeitig die Basis für ein tiefes Selbstvertrauen, für Unabhängigkeit und Selbstständigkeit. Um mit den Worten der renommierten Erziehungsstilforscherin Diana Baumrind zu sprechen: „Kinder brauchen erst Wurzeln, dann Flügel." (Graf, 2006, S. 47) Nur durch eine tief erlebte Geborgenheit und Annahme sind Kinder in der Lage, ihre „Lebenswurzeln" in Form von Sicherheit und Lebensfreude zu entwickeln und so gleichzeitig vor einer Reihe seelischer Irritationen und lebenseinschränkenden Ängsten geschützt zu sein. So vielfältig die Verhaltensirritationen bei Kindern und Jugendlichen ausgeprägt sind – vor allem Ängste, gewaltbereites Handeln, aggressives Verhalten, Anstrengungsvermeidungsverhalten, oppositionelles Widerstandsverhalten gegenüber Anforderungen oder eine generelle Antriebslosigkeit –, so deutlich haben unterschiedliche, epidemiologische Studien unter Beweis gestellt, dass diese und weitere problematische Verhaltensweisen häufig direkt oder indirekt auf fehlende Bindungserfahrungen zurückgeführt werden können (vgl. Grossmann/Grossmann, 2004). So kommt immer wieder zum Ausdruck, dass eine als sicher erlebte Bindung ein wesentlicher Schutzfaktor gegen seelische Irritationen ist. In der Bindungstheorie, die sich mit der emotionalen Entwicklung des Menschen und dabei insbesondere mit den emotionalen Folgewirkungen, die sich aus unbefriedigten Bindungserfahrungen ableiten lassen, beschäftigt, wird dabei grundsätzlich von drei Bindungsarten gesprochen. Zum einen geht es um die „sichere Bindung" – hier erleben Kinder und Jugendliche vor allem Verbundenheit, Nähe, Zärtlichkeit, Fürsorge und Schutz (vgl. Holmes, 2002). Bei der „unsicher-ambivalenten (= präokkupierten) Bindung" verspüren Kinder eine permanente Angst davor, dass sie verlassen werden (könnten). Diese Angst entsteht durch Erfahrungen, indem sich Bezugspersonen häufig ambivalent verhalten: Zum einen zeigen sie von Zeit zu Zeit einfühlende Verhaltensweisen und zum anderen drücken sie auch stark ablehnende körpersprach-liche und verbale Ablehnung aus. Eine Auswirkung zeigt sich beispielsweise dadurch, wenn Kinder unbedingt auf den Arm genommen werden wollen und schon nach kürzester Zeit wieder auf den Boden gesetzt werden möchten. Oder das Klammern lässt sich in der Regel auf eine solche Bindungserfahrung zurückführen. Schließlich gibt es die „unsicherverneinende (= distanzierende) Bindung". Dabei verhalten sich die Kinder und Jugendlichen häufig verschlossen, zurückhaltend und abwartend und bringen oftmals ihre Verlassenheitsängste den Erwachsenen gegenüber nicht zum Ausdruck aus erneuter Angst, ein weiteres Mal ab- oder zurückgewiesen zu werden.

In der Bindungstheorie, die ein „umfassendes Konzept für die Persönlichkeitsentwicklung des Menschen als Folge seiner sozialen Erfahrungen" darstellt (Ainsworth und

Bowlby, 2003, in: Grossmann/Grossmann, 2004, S. 65), gibt es fünf Postulate (= Grundannahmen) (vgl. Grossmann/Grossmann, 2004, S. 67 f.):

1. Für die seelische Gesundheit des sich entwickelnden Kindes ist kontinuierliche und feinfühlige Fürsorge von herausragender Bedeutung.
2. Es besteht die biologische Notwendigkeit, mindestens eine Bindung aufzubauen, deren Funktion es ist, Sicherheit zu geben und gegen Stress zu schützen. Eine Bindung wird zu einer erwachsenen Person aufgebaut, die als stärker und weiser empfunden wird, sodass sie Schutz und Versorgung gewährleisten kann. Das Verhaltenssystem, das der Bindung dient, existiert gleichrangig und nicht etwa nachgeordnet mit den Verhaltenssystemen, die der Ernährung, der Sexualität und der Aggression dienen.
3. Eine Bindungsbeziehung unterscheidet sich von anderen Beziehungen darin, dass bei Angst das Bindungsverhaltenssystem aktiviert und die Nähe der Bindungsperson aufgesucht wird, wobei Erkundungsverhalten aufhört (das Explorationsverhaltenssystem wird deaktiviert). Andererseits hört bei Wohlbefinden die Aktivität des Bindungsverhaltenssystems auf und Erkundungen sowie Spiel setzen wieder ein.
4. Individuelle Unterschiede in Qualitäten von Bindungen kann man an dem Ausmaß unterscheiden, in dem sie Sicherheit vermitteln.
5. Mithilfe der kognitiven Psychologie erklärt die Bindungstheorie, wie früh erlebte Bindungserfahrungen geistig verarbeitet und zu inneren Modellvorstellungen (Arbeitsmodellen) von sich und anderen werden.

Bindung kann durchaus als ein imaginäres Band verstanden werden, das zwei Personen verbindet und das dabei selbst in angenehmen Gefühlen verankert ist – als ein Erlebnis über einen längeren Zeitraum hinweg (vgl. Ainsworth, 1979). Da sich Bindung erst im Laufe des ersten Lebensjahres eines Kindes entwickelt (vgl. Ainsworth, 2003), werden Kinder in ihrer Entwicklung mehrere Bindungspartner suchen. Dabei nimmt gleichzeitig jedes Kind eine „innere Hierarchie der Bindungspersonen" vor und je mehr sich ein Kind verlassen oder geängstigt fühlt, desto intensiver sucht es die favorisierte Bindungsperson.

Kennzeichen einer sicheren Bindung kommen vor allem dadurch zum Ausdruck, wenn Kinder

- die Bindungsperson als einen „grundsätzlich sicheren Hafen" erleben, den sie bei Verunsicherungen, Ängsten und Verlassenheitsgefühlen gerne, freiwillig und selbst motiviert aufsuchen,
- durch die Verhaltensweisen der Bindungspersonen Sicherheit und Hilfe erleben dürfen,
- bei Sorgen, Kummer und Trennung die Nähe zu ihrer Bindungsperson suchen,

- schon sehr früh durch intensive Bindungserfahrungen immer weniger auf Bindungserlebnisse angewiesen sind und sich mit einem Gefühl der inneren Grundsicherheit auf die „Erkundung der großen, weiten Welt" einlassen und ihrem innewohnenden Forscherdrang nachgehen,
- motiviert und freiwillig über ihre Gefühle berichten und dabei emotionale Belastungen ebenso ungehemmt und unkontrolliert zum Ausdruck bringen wie Augenblicke der Freude und des tiefen Glücksempfindens.

> *„Im Grunde sind es immer die Verbindungen mit Menschen, die dem Leben seinen Wert geben."*
>
> (Wilhelm von Humboldt)

Bindungserfahrungen, so formuliert es Prof. Dr. Gerhard Suess so treffend, „bereiten die Bühne für die Erfahrungswelt (...) Kinder werden durch die frühen Bindungserfahrungen gleichsam auf ein Gleis gestellt, von dessen Verlauf abhängig sie zunehmend unterschiedliche Erfahrungen sammeln. (...)Neben einer den Bindungsbedürfnissen der Kinder angemessenen Gestaltung des Übergangs in den Kindergarten rückt vor allem die Rolle von Erzieherinnen und Erziehern in den Mittelpunkt unseres Interesses, die (...) auf jeden Fall (...) zu wichtigen Beziehungspartnern von Kindern werden. Auf sie werden Kinder ihr bisher entwickeltes Weltbild anwenden und dabei Gefühle und Reaktionstendenzen bei den Erzieherinnen und Erziehern auslösen, die wiederum dazu angelegt sind, die Weltbilder der Kinder zu bestätigen. Hier besteht die Gefahr, dass sich negative Auswirkungen hochunsicherer Bindungen im Alltag durchsetzen. Erzieher/-innen sollten deshalb über diese Prozesse informiert sein, um schließlich ihre Gefühle und Reaktionstendenzen kritisch reflektieren und versuchen zu können, der Sogwirkung unsicherer Bindungen zu widerstehen." (2006, S. 2)

Wenn Bindung bei Kindern und Jugendlichen vor allem ein Gefühl der tiefen Geborgenheit auslöst und gleichzeitig eine Schutzfunktion gegen Über- und Unterforderungen, Kränkungen und Hoffnungslosigkeit, Verlassenheitsängste und Ohnmachtsgefühle bildet, dann kann die Ausgangsthese des schwedischen Kindergarten- und Schulcurriculums nur mit großer Zustimmung aufgenommen werden: „Bildung geschieht nur durch Bindung." Die pädagogische Praxis zeigt allerdings immer wieder und immer stärker, dass zwar den Ergebnissen der Bindungsforschung eine „durchaus theoretische Bedeutung" beigemessen wird, Bindungserfahrungen aber in der Praxis in der beschriebenen Ganzheit und in ihrer Ausprägungstiefe häufig nicht wirklich von Kindern erlebt werden.

Das Berufsbild der elementarpädagogischen Fachkräfte

So unterschiedlich die Berufsmotivation von Erzieherinnen und Erziehern auch sein mag, gerade diesen Beruf zu ergreifen, und so unterschiedlich auch die persönlichen Neigungen bzw. fachlichen Schwerpunkte aussehen mögen, die Erzieher/-innen an den Tag legen, so notwendig erscheint es für den „Situationsorientierten Ansatz", sich auf ein ganz bestimmtes Berufsbild mit den damit verbundenen Merkmalen festzulegen. Im Jahre 1985 hat der Bundesverband Evangelischer Erzieherinnen und Sozialpädagoginnen e. V. (mit damaligem Sitz in Lübeck) ein Berufsbild verabschiedet, das aus situationsorientierter Sicht wegweisend und bahnbrechend zu bisherigen Berufsbildformulierungen war, ist und sicherlich selbst in der Zukunft sein wird. Den dort formulierten Eckwerten fühlten sich auch später andere Verbände der freien Wohlfahrtspflege ebenso verpflichtet wie kommunale Träger von Kindertageseinrichtungen, sodass sich dieses Berufsbild auf breiter Ebene durchgesetzt hat und große Anerkennung fand. So sollen an dieser Stelle die entscheidenden Sätze zitiert und kurz erläutert werden:

„Das pädagogische Handeln der Erzieherin geschieht im Spannungsfeld vielfältiger, oft sehr widersprüchlicher Erwartungen, die von Kindern, Jugendlichen, Eltern, den Teammitgliedern, den Vorgesetzten, Trägern und der Gesellschaft an die Erzieherinnen herangetragen werden.
Die Erzieherin versteht sich in erster Linie als Anwalt des Kindes und Jugendlichen, das/der ein Recht auf Förderung seiner Entwicklung und auf Erziehung zu einer eigenverantwortlichen und gemeinschaftsfähigen Persönlichkeit hat. Durch ihr Handeln trägt die Erzieherin dazu bei, positive Lebensbedingungen für junge Menschen zu erhalten oder zu schaffen. Dies gilt für Kinder, Jugendliche aller Gesellschaftsschichten, Nationen und Religionen, ebenso für Kinder und Jugendliche mit oder ohne besondere Probleme.
Die Erzieherin trifft die Entscheidungen zu ihrem Handeln auf der Grundlage einer kritischen Auseinandersetzung sowohl mit den an sie gestellten Erwartungen, als auch mit fachdidaktischen Qualifikationen, pädagogischen Traditionen und aktuellen wissenschaftlichen Erkenntnissen. Einfluss nehmen ebenfalls bildungspolitische und gesellschaftliche Strömungen.
Das pädagogische Handeln der Erzieherin hat zum Ziel, die Entwicklung der Gesamtpersönlichkeit des Kindes bzw. Jugendlichen zu stärken und das soziale Umfeld in diesen

Prozess einzubeziehen. Das eigenverantwortliche, erzieherische Tätigsein vollzieht sich im Rahmen von Ordnungen und Wertbindungen der Träger und Institutionen, in deren Auftrag die Erzieherin handelt. Gemeint ist damit eine kritische Solidarität, die zuläßt, dass Bewährtes gewahrt, aber auch Alternativen aufgezeigt werden." (1994, S. 4)
„Die Erfüllung dieser Aufgaben erfordert – neben genauem Beobachten und Wahrnehmen des einzelnen Kindes sowie der Gruppe – eine kontinuierliche Überprüfung des Erziehungskonzeptes und eine situationsorientierte Planung als Orientierungshilfe und Auslöser für Prozesse sowie die Reflexion der täglichen Arbeit." (1994, S. 8)
Dieses Berufsbild, dem sich der „Situationsorientierte Ansatz" in allen Aussagen anschließt, gibt das Selbstverständnis für den Umgang mit sich, Kindern und allen anderen Personen sowie die für den „Situationsorientierten Ansatz" notwendigen Handlungskompetenzen vor. In den folgenden Ausführungen sollen daher einige wenige Erläuterungen die Ansprüche verdeutlichen, die der Ansatz von den elementarpädagogischen Fachkräften verlangt:

- Erzieher/-innen zeichnen sich durch Handlungskompetenzen aus – dabei spielt weniger das pädagogisierte Reden als vielmehr das Tun eine bedeutsame Rolle.
- Die Handlungskompetenzen sind pädagogisch – also auf das Kind – ausgerichtet und damit nicht selbstorientiert oder auf eine persönliche Selbstverwirklichung bedacht.
- Die Elementarpädagogik befindet sich stets in einem Spannungsfeld. Für schlaffe Typen oder Personen, die „eine ruhige Kugel schieben wollen", ist es eine nicht akzeptable Berufswahl.
- Erzieher/-innen sind mit oberster Priorität Partner/-innen des Kindes und damit nicht der Eltern, des Trägers oder der Öffentlichkeit.
- Erzieher/-innen verstehen sich als Anwältinnen und Anwälte der Interessen von Kindern und haben eigene Interessen, die häufig dogmatisch geprägt sind, nachrangig einzustufen und hinten anzustellen;
- Die Pädagogik hat sich nicht nur in der Kindertagesstätte selbst abzuspielen, sondern verlangt auch eine Öffnung nach außen, um beispielsweise für eine Verbesserung der Lebensbedingungen von Kindern einzutreten –, damit gibt die Kindertagesstätte ihr „Insel-Sein" auf.
- Die Berechtigung der vielfältigsten Ansprüche, die an Erzieher/-innen gestellt werden, ist kontinuierlich zu hinterfragen.
- Erzieher/-innen treffen die Entscheidungen für das eigene pädagogische Handeln – und damit nicht die Eltern, der Träger, die Öffentlichkeit oder andere Erwartungsträger.
- Entscheidungen werden nicht durch persönliche Vorlieben oder Abneigungen (= intrapersonell) oder beziehungsorientierte Gespräche herbeigeführt, sondern durch inhaltliche Diskussionen.
- Entscheidungen werden dadurch gefällt, dass die drei ausschlaggebenden Grundlagen miteinander in Beziehung gesetzt werden: der Sinn (und ggf. Unsinn)

pädagogischer Traditionen, neue wissenschaftliche Erkenntnisse aus dem Feld der Entwicklungspsychologie/-pädagogik und anderer, für die Elementarpädagogik bedeutsamer Fachdisziplinen sowie zeitaktuelle Strömungen, die stets den „Markt der Möglichkeiten" erweitern, bereichern oder auch ins Abstruse führen (können).

Dazu gehören beispielsweise ein regelmäßiges Lesen von Fachbüchern und Fachzeitschriften, eine Beschäftigung mit wissenschaftlich geprägten Forschungsdaten und eine achtsame, kritische Auseinandersetzung mit immer neuen Vorschlägen zur „innovativen Gestaltung der Elementarpädagogik".

- Ziel der Elementarpädagogik ist es, Kinder in ihrer gesamten Persönlichkeitsentwicklung zu unterstützen und dabei auf funktionsorientierte Trainingsschulungen zu verzichten, weil sogenannte „Teilleistungsschwächen" nur Symptome anderer Ursachen sind, die es zu entdecken und aufzuarbeiten gilt.
- Die pädagogische Arbeit ist kindbedürfnis-, lebenssituations- und entwicklungsalterorientiert!
- Würde man nun aus diesen Erläuterungen einige wenige Kompetenzen der Erzieher/-innen aufzählen, kämen beispielsweise folgende Qualitäten zum Ausdruck: Erzieher/-innen zeichnen sich durch hohe Fachlichkeit, aktuelles Wissen, Engagement, Belastbarkeit, Zivilcourage, Klarheit, Direktheit im Umgang mit anderen, Lebendigkeit, Wachheit, organisiertes Verhalten, Zielorientierung, Vorurteilsfreiheit, Selbstkritik, reflektiertes Verhalten und Konzentration aus.

Teil III

Der „Situationsorientierte Ansatz" – Grundlagen und Eckwerte eines ganzheitlichen Entwicklungsansatzes

1. Wie alles anfing – kleine Geschichte zum „Situationsorientierten Ansatz"

Mit Beginn der 60er-Jahre des vorigen Jahrhunderts kam Bewegung in die Landschaft der Kindergartenpädagogik. Auf der einen Seite etablierten sich immer stärker Kinderläden, Eltern-Kind-Gruppen und Kinderhäuser neben den klassischen Kindergärten, auf der anderen Seite erfuhr die Kindergartenpädagogik auch auf politischer und wissenschaftlicher Ebene mehr denn je eine Beachtung, wie sie vorher in dem Maße nie beobachtet werden konnte. Ausgehend von unterschiedlichen Forschern und Wissenschaftlern mit unterschiedlichen Forschungsansätzen und teilweise sich heftig widersprechenden Auffassungen wurden vermehrt Artikel, Buchveröffentlichungen und Manuskripte publiziert sowie Empfehlungen und Richtlinien ausgegeben, die zusammengefasst drei Hauptrichtungen aufwiesen:

1. Eine Gruppe glaubte, in der kindlichen Entwicklung – gerade im Alter zwischen drei und sechs Jahren – ein überaus großes Potenzial an Entwicklungsmöglichkeiten zu entdecken, das im Rahmen einer leistungsorientierten Gesellschaft sehr zielgerichtet genutzt werden sollte. Alles sei bzw. war dabei ausgerichtet auf ein „frühes Lesenlernen", eine „zweisprachige Erziehung" (auch ohne einen gegebenen Anlass, beispielsweise ein zweisprachiges Elternhaus), eine „grundsätzlich frühzeitige intellektuelle Förderung aller Kinder" oder ein „direktes Einüben mathematischer Grundlagen". Dabei wurde die Kindertagesstätte als ein Ort „vorgezogener schulischer Förderung" verstanden, der sich die Aufgabe stellen sollte, alle kognitiven Potenziale der Kinder anzusprechen und gezielt zu nutzen.

2. Eine zweite Gruppe bestand auf der „Anerkennung eines eigenen Entwicklungszeitraumes *Kindheit*". Hier sollten Kinder fröhlich ihre Kinderzeit verleben, viel miteinander spielen und singen, basteln und die Tage in der Kindertagesstätte weitestgehend unbelastet erleben. Der Tagesablauf war dabei klassisch strukturiert

(möglichst feste Bringzeit, Freispiel, Morgenkreis, gemeinsames Frühstück, angeleitete Tätigkeit, Freispiel, Abschlusskreis und Abholzeit) und in den Jahresrhythmus fest eingebettet (Frühling, Sommer, Herbst und Winter).

3. Schließlich gab es eine dritte Gruppe, die davon ausging, dass Kinder grundsätzlich ihre eigenen Bedürfnisse selbst regeln können bzw. diese wiederentdecken müssen, was aus Sicht der Vertreter dieser pädagogischen Richtung am besten in einer Atmosphäre zu erreichen sei, wenn sie „repressionsfrei und gewaltlos" gestaltet ist.

Viele Mitarbeiter/-innen in den unterschiedlichsten Kindergärten, Tagesstätten, Horten und Kinderläden waren dabei nicht selten von der Intensität der Forderungen und der Schnelligkeit des Tempos, mit dem die „neuen Ansprüche" (siehe Hauptrichtung 1 und 3) proklamiert wurden, überrascht. Manche fühlten sich regelrecht überrollt, andere wiederum sahen darin endlich die Chance innovativer Arbeitsstrategien. „Sprach-, Rechen- und Denktrainingsmappen", „didaktische Arbeitsmaterialien" und eine unübersehbare Flut an „Lernprogrammen" erschienen auf dem Markt und viele Erzieher/-innen nutzten diese als Arbeitshilfen; teilweise als ein Begleitprogramm neben ihrer gewohnten Arbeit, teilweise als Hauptschwerpunkt und neue Aufgabe ihrer Pädagogik. Ausschlaggebend aber war die Tatsache, dass diese vorgezogenen schulischen Materialien in den meisten Fällen unreflektiert und im Vertrauen auf die Richtigkeit vorgenommener Aussagen und Versprechungen übernommen wurden. Ein paar Jahre später zeigten neue Forschungsergebnisse, dass die anfängliche Euphorie zu früh geäußert wurde. Ja, Forschungsaufgaben konnten eine völlige Wirkungslosigkeit dieser isolierten Lernprogramme im Hinblick auf eine mittel- und langfristige Lernwirkung bei Kindern belegen. „Rein in die Kartoffeln – raus aus den Kartoffeln", dieser altbekannte Spruch kommt einem hier schnell in den Sinn und nicht wenige Erzieher/-innen drückten ihre anfängliche Begeisterung nun mit Wut auf die angeblich „abgesicherten Forschungsdaten" aus. So gab es überall in Deutschland sehr kontroverse Diskussionen, ernsthafte und polemische Debatten, politische Stellungnahmen unterschiedlicher Couleur und öffentliche Dispute. Doch trotz aller Problematik und vielfältiger tragikomischer Auswirkungen in der Praxis machten die Diskussionen und Auseinandersetzungen eines deutlich: Im Elementarbereich entstand erneut *Bewegung* und es stand – dringender denn je – eine Erneuerung, ein Überdenken bisheriger Arbeit und ein Planen neuer Perspektiven an. So wurden in den Jahren ab 1970 von Trägern der freien und öffentlichen Wohlfahrtspflege, von einigen Universitäten und wissenschaftlichen Instituten sowie von einigen Landesministerien unterschiedliche Modellversuche in verschiedenen Bundesländern eingerichtet und durchgeführt. Aber auch hier widersprachen sich die Arbeits- und Forschungsansätze; es wurden sowohl institutionell und öffentlich regelrechte „Glaubenskriege" im Hinblick auf pädagogische Ansätze und Arbeitsweisen ausgetragen und jede Institution glaubte, den „Stein des Weisen" gefunden zu haben. Erstmals im Jahr 1970 und noch deutlicher 1973 griff der Deutsche Bildungsrat die Pluralität der unterschiedlichen Modellversuche dadurch auf, dass er allen interessierten Institutionen und verantwortlichen Kammern Vorschläge für eine curriculare „Entwicklungsarbeit in Modellkindergärten" unterbreitete und Empfehlungen zur Errichtung eines Modellprogramms für Curriculumentwicklung im Elementarbereich vorlegte. Dies mit einer Klarheit und einer Aussagekraft, die bis dahin eher ungewohnt war. Unter anderem sprach der Deutsche Bildungsrat von einem eigenen Erziehungs-, Bildungs- und Betreuungsauftrag der Kindertagesstätten, er benutzte den Begriff der Elementarpädagogik und sprach nicht mehr vom sogenannten „Vorschulbereich"! Freudige Begrüßung der Aussagen wie heftige Kritik von einigen Verbänden und politischen Gremien waren die Folge und die Bundesländer lehnten die Umsetzung der Bildungsratsempfehlung (leider) ab. Allerdings wurde der dort vorgestellte „pädagogische Ansatz zum situationsbezogenen Lernen" von vielen beachtet, grundsätzlich geschätzt und in entsprechenden Überlegungen der Länder berücksichtigt. So heißt es dort u. a.:

„Bei der Entwicklungsarbeit ist von realen Lebenssituationen der Kinder auszugehen" und sie dahingehend zu unterstützen, „ihre Lebenssituation zu beeinflussen und zunehmend selbstständiger zu bewältigen." (Deutscher Bildungsrat, 1973, S. 13 f.) Schließlich wurden die überregionalen Planungsarbeiten ab 1974 innerhalb der Bund-Länder-Kommission (BLK) unter direkter Beteiligung des Deutschen Jugendinstituts (DJI) koordiniert und neun Bundesländer einigten sich, in den Jahren 1975–1987 ein Erprobungsprogramm für Curriculum-Materialien im Elementarbereich unter der finanziellen Beteiligung des Bundes durchzuführen. (Das Land Baden-Württemberg arbeitete nur in assoziierter Form mit und Bayern beteiligte sich gar nicht, machte aber den übrigen Ländern das Angebot, seine Materialien zu erproben.) Insgesamt beteiligten sich bei dem Großversuch 240 Kindertagesstätten mit 960 Erzieherinnen/Erziehern und 15 000 Kindern sowie 60 Wissenschaftlerinnen/Wissenschaftlern und Sozialpädagoginnen/-pädagogen. Ein damals entstandener und noch heute nicht ausgeräumter Widerspruch entstand vor allem durch das „Curriculum Elementare Sozialerziehung", in dem „didaktische Einheiten" entwickelt und aufbereitet wurden, so z. B. zu den (immer schon bekannten) Themen: Wir lernen uns kennen/Jeder hat ein Zuhause/Unsere Kindergartengruppe/Wir erkunden unsere Umgebung/Konflikte in unserer Umgebung/Wie wir wohnen und wie Menschen in anderen Ländern wohnen/Wie wir uns kleiden und wie Menschen in anderen Ländern sich kleiden/Was wir essen und was Menschen in anderen Ländern essen/Kinder im Krankenhaus/Kinder kommen in die Schule/Werbung/Wochenende/Verlaufen in der Stadt/Kinder als Außenseiter usw.

So gut und berechtigt die o. g. „didaktischen Einheiten" auch aus Sicht der Entwickler/-innen (gewesen) sein mögen, so widersprüchlich stehen sie dennoch zur Zielsetzung des „Situationsorientierten Ansatzes". Wieder einmal glaubten Erwachsene, individuelle Wünsche, Interessen und Arbeitsschwerpunkte von Kindern formulieren zu können und Themenbereiche bis in alle Kleinigkeiten und Feinheiten festlegen zu dürfen, um entsprechende Arbeitsvorhaben strukturiert anzubieten. Sicherlich war dies nicht so beabsichtigt, zumal sich die damals formulierten Theorieansprüche anders anhörten als in dem Curriculum ausgeführt, doch hat sich – und das ist das Entscheidende (!) – in der Praxis gezeigt, dass damals wie auch in großer Verbreitung heute noch die Inhalte sich als „curriculare didaktische Einheiten" darstellen und wie „strukturierte Themenblocks" mit Kindern „abgearbeitet" werden. Kritische Leser/-innen werden daher den Bezug zum „funktionsorientierten Ansatz" herstellen (können) – dargestellt wie in der Hauptrichtung 2. Es entsprach/entspricht den Tatsachen, dass die didaktischen Einheiten bedeutsame Merkmale vom funktionsorientierten Ansatz übernommen haben, auch wenn sie mit anderen Themen, anderen Vorzeichen, anderen Interessen und Absichten ihre Grundlage ableiten. Vielfach wurde in der Praxis die Formulierung „Situationsansatz auf funktionsorientierter Grundlage" genutzt.

Was nun Ende der 70er- und in den 80er-Jahren des vorigen Jahrhunderts die Praxis war, lässt sich anhand sehr umfangreicher Beobachtungen in Kürze wie folgt zusammenfassen:

- Auf der einen Seite gab es Kindertagesstätten, die sich nach wie vor der traditionellen Kindergartenpädagogik („Leben und Lernen im Jahresrhythmus") verpflichtet fühlten und unbeirrt ihren einmal bekannten Weg, den die Kindergartenpädagogik schon seit Jahren eingeschlagen hatte, fortsetzten.
- Dann gab es Kindertagesstätten, die sich dem Situationsansatz stark verbunden fühlten und ihre didaktischen Einheiten zum Ausgangspunkt ihrer pädagogischen Schwerpunktsetzung erklärten.
- Es fand sich aber auch eine außergewöhnlich große Anzahl von Kindertagesstätten, die den starken Wunsch hatten, sich von der eher funktionsorientierten Arbeitsweise zu verabschieden, die gleichzeitig aber dem Situationsansatz keinen pädagogischen Sinn abringen konnten und sich dahingehend entwickelten, „situativ" zu arbeiten. Dabei leiteten die Mitarbeiter/-innen ihre Schwerpunkte aus spontanen Beobachtungen ab oder ließen sich von aktuellen Gegebenheiten/Ereignissen/Vorkommnissen hinsichtlich ihrer Schwerpunkte beeinflussen. (Kamen im Herbst beispielsweise Eltern mit Körben voller Obst aus ihrem Garten zur Kindertagesstätte, wurde daraus spontan ein „Projekt Gartenfrüchte" gemacht; fand eine schwangere Erzieherin/Mutter eines Kindes aus der Kindertagesstätte bei den Kindern ein hohes Maß an Beachtung, konnte es durchaus passieren, dass daraus spontan ein „Projekt Entstehung des Lebens" entstand, und kam ein Kind sehr traurig in die Kindertagesstätte, weil es beispielsweise auf dem Weg dorthin einen überfahrenen Igel auf der Straße liegen sah, war es nicht ausgeschlossen, dass daraus spontan ein Projekt „Gefahr im Straßenverkehr" geplant wurde.)

Diese Mitte der 1980er-Jahre entstandene Vielfalt pädagogischer Arbeitsansätze im Elementarbereich wurde selbstverständlich noch durch andere Ansätze erweitert, die aber im Rahmen dieses Buches völlig unberücksichtigt bleiben.

In der Praxis (!) entstand schnell eine Unschärfe (!) in der Nutzung bestimmter Begriffe, was einerseits aus der Existenz ähnlicher Worte (Situationsansatz, situativer Ansatz, „Situationsbezogener Ansatz") passieren kann, andererseits erschien es aus fachlicher, professioneller Sicht notwendig, sich dem ursprünglich genutzten Begriff noch einmal nachträglich zuzuwenden, weil er außergewöhnlich viele Chancen mit sich brachte, die Elementarpädagogik auf neue Fundamente zu stellen und weil er Kinder tatsächlich zum Mittelpunkt der Arbeit erklärte: die situationsorientierte Arbeit.

In den Jahren 1984 bis 1989 hat der Autor dieses Buches auf der einen Seite am „Institut für angewandte Psychologie und Pädagogik, Kiel" noch einmal die gesamte Literatur im deutschsprachigen Raum, die entweder direkt mit dem Begriff der „situationsorientierten Arbeit im Elementarbereich" bezeichnet wurde oder indirekt damit in Beziehung stand, aufgearbeitet und durch inhaltliche Konsequenzen oder notwendige Ergänzungen vervollständigt, um daraus einen eigenständigen Ansatz zu entwickeln: den „Situationsorientierten Ansatz".

Der „Situationsorientierte Ansatz" geht von ganz bestimmten Eckwerten aus – beispielsweise was das Person- und Rollenverständnis der Erzieher/-innen auszeichnet, was als Grundlage zum Aufbau von Projekten herangezogen wird, welchen Stellenwert die Eltern haben, welche grundlegenden Ansprüche an die kollegiale Zusammenarbeit gestellt werden, wo er sich deutlich von welchen öffentlichen Erwartungen abgrenzt, wie der didaktische Aufbau eines Projekts geplant werden sollte und welche Qualitätsansprüche der Ansatz zu realisieren hat. Gleichzeitig ist der „Situationsorientierte Ansatz" in seiner Entwicklung nicht stehen geblieben, sodass gerade neuere Erkenntnisse aus der Entwicklungspsychologie (hier sind vor allem die Bedeutungswerte kindeigener Ausdrucksformen zu nennen) berücksichtigt wurden. So geht er nach wie vor von folgenden Grundelementen aus:

1. Kinder haben das Recht auf deutliche Orientierungshilfen für ihre Entwicklung und Erzieher/-innen haben die Aufgabe, durch persönliche und beruflich-professionelle Merkmale dafür zu sorgen, dass Kinder diese Orientierungshilfen erleben.
2. Kinder haben das Recht auf eine persönliche Entfaltung, solange sie nicht andere Menschen, Tiere oder ihre dingliche Umwelt mit dissozialem Verhalten in Schwierigkeiten bringen.
3. Kinder haben das Recht und die Pflicht, eigene Erfahrungen zu machen, um ein „Leben aus erster Hand" kennenzulernen.
4. Kinder haben ein Recht darauf, sich als Gäste auf dieser Welt zu empfinden, und dazu bedarf es humaner Gastgeber/-innen (Erzieher/-innen), die den Kindern ein Modell für Humanität sind.
5. Kinder haben das Recht auf ihren „Erlebnisraum Kindheit", in dem sie weder möglichst früh perfekt sein müssen noch als kleine, unfertige Erwachsene betrachtet und entsprechend behandelt werden.
6. Die Welt von Kindern ist von überzogenen Programmen – ausgerichtet auf Kinder – zu befreien, um ihnen einerseits Zeit zum Kinderleben zur Verfügung zu stellen, andererseits um mit ihnen gemeinsam die Zeit als Erlebnis auszufüllen.
7. Die Kindertagesstätte hat auf alle Formen der Überforderung und Unterforderung der Kinder zu verzichten.
8. Erzieher/-innen müssen entschiedene Bündnispartner/-innen von Kindern sein.
9. Kinder haben das Recht, dass Ursachen für erwartungswidriges Verhalten, das durch von ihnen nicht zu vertretende Ursachen entstanden ist, von Erzieher/-innen und Eltern verändert werden, ohne dass an Symptomen (Problemfolgen) punktuell herumgedoktert wird.
10. Kinder brauchen Erwachsene – Erzieher/-innen und Eltern –, die sie als Personen betrachten und die ihr gezeigtes Verhalten verstehen und weder interpretieren noch bewerten.
11. Die Kindertagesstätte hat sich in ihrer unverwechselbaren Eigenständigkeit im Vergleich zu allen anderen Bildungseinrichtungen abzugrenzen.

12. Pädagogische Begriffe und pädagogische Aussagen (Absichtserklärungen) müssen immer wieder mit Inhalt und Leben gefüllt werden.
13. Die Elementarpädagogik muss sich in der Praxis (wieder) auf bedeutsame Werte aus den Bereichen der Kommunikations-, Umgangs-, Konflikt-, Sprach-, Ess- und Spielkultur beziehen und diese im pädagogischen Alltag realisieren.
14. Werteerziehung geschieht in erster Linie durch das Modellverhalten der Erzieher/-innen und Eltern.
15. Kinder haben ein Recht auf persönlichkeitskompetente Entwicklungsbegleiter/-innen, die selbsterfahrungs- und entwicklungsorientiert zunächst ihr eigenes Leben strukturieren und gestalten, wobei zielgerichtete Erwartungen an Kinder zunächst durch zielgerichtete Ansprüche an sich selbst zur Realität werden.
16. Elementarpädagogik muss Kindern vielfältigste Entwicklungschancen bieten, damit die ganze Fülle des Lebens/der Facettenreichtum erfahrbarer Erlebnisse für Kinder greifbar wird.
17. Kinder haben ein Recht auf eine zeitgemäße Pädagogik, die sich nach ihren Lebensrealitäten richtet und in der aktuelle Ergebnisse aus Sozial- und Entwicklungspsychologie berücksichtigt werden. Unreflektierten, modernistischen Tendenzen wird dabei kein Wert zugestanden.
18. Kinder haben ein Recht darauf, immer dann Hilfe zur eigenen (Weiter-)Entwicklung zu bekommen, wenn sie selbst nicht in der Lage sind, Entwicklungsimpulse aus eigenen Kräften zu spüren und in eigene Handlungsstrategien umzusetzen.

19. Kinder haben das Recht, mit Konsequenzen ihres Handelns konfrontiert zu werden, um auch unbequeme Lernerfahrungen zu machen. Insofern ist Elementarpädagogik keine Form einer Spaßgesellschaft.
20. Elementarpädagogik kann nur dann Qualität im Innenverhältnis und in ihren Außenbereichen zeigen, wenn sie eine breite Unterstützung durch (sozial)politische und wissenschaftliche Mandatsträger erfährt.
21. Entwicklungsprozesse werden sich bei Kindern und Erwachsenen nur dann vollziehen, wenn sie eine Entwicklungsatmosphäre erleben, die von Menschlichkeit, Sicherheit, Optimismus und Zutrauen geprägt ist.
22. Kinder können sich nur dann auf ein „Lernen für die Zukunft" einlassen, wenn sie die Chance erhalten, seelische Grundbedürfnisse befriedigt zu bekommen, bedeutsame und prägende Erlebnisse/Erfahrungen und Eindrücke aus ihrer individuellen Vergangenheit zu verarbeiten und dabei Menschen um sich herum zu erleben, die ihnen in ihrer Entwicklung aktiv und wohlwollend behilflich sind.

2. Basiserkenntnisse der Entwicklungspsychologie als Ausgangspunkte für Strukturen und Gestaltungsaspekte

Der „Situationsorientierte Ansatz" hat sich von Beginn seiner Entwicklung an sehr stark an Erkenntnisdaten und Forschungsergebnissen der vergangenen und aktuellen Entwicklungspsychologie und -pädagogik orientiert. Dabei ging es um die Fragen, welche grundsätzlichen Gesetzmäßigkeiten in der Entwicklung von Kindern zum Tragen kommen, welche Bedeutung die Befriedigung von seelischen Grundbedürfnissen im Hinblick auf die Identitätsentwicklung von Kindern hat, welche seelischen Grundbedürfnisse zum Aufbau welcher basalen Fähigkeiten verantwortlich sind, welche Fähigkeiten die Grundlage zum Ausbau welcher emotionalen, kognitiven, motorischen und sozialen Fertigkeiten bilden, wie variabel bzw. konstant Entwicklungen bei Kindern verlaufen können, welche Bedeutung die Individualentwicklung als Voraussetzung für eine Sozialentwicklung besitzt, warum die verfrühte (gemeint ist hier der Zeitraum vor dem dritten Lebensjahr) Unterbringung von Kindern in Gruppen eher entwicklungshinderlich ist, worin der Zweck des Bindungsverhaltens besteht und wie er in der Kindertagesstätte gepflegt werden kann, welche Bedeutung Lebenspläne für die aktive Gestaltung eines autonom und selbstständig geführten Lebens besitzen, welche Vernetzungen es zwischen den einzelnen Entwicklungsbereichen von Kindern gibt, welche Symbolfunktionen Märchen für Kinder und ihre Entwicklung haben, welche Interaktionsniveaus zwischen Kindern und Erwachsenen für kindliche Entwicklungen förderlich und welche hinderlich sind, wie das Verhältnis von Spiel- zur Schulfähigkeit beschrieben und definiert ist, was ein Selbstwertgefühl ist und wie es bei Kindern aufgebaut werden kann, was die Resilienzforschung für die Elementarpädagogik bedeutet und warum das Konzept der *Dr. Emmi Pikler* (1902–1984) so bedeutsam für den „Situationsorientierten Ansatz" ist. Diese und viele weitere Fragen wurden im Laufe der letzten 15 Jahre immer wieder aufgegriffen und zu beantworten versucht, um eine Übertragung der Erkenntnisse auf die Praxis des „Situationsorientierten Ansatzes" vorzunehmen. Gleichzeitig wurden und werden Jahr für Jahr ungezählte Seminare zur Entwicklungspsychologie/-pädagogik durchgeführt.

Die Ergebnisse einer Auswertung und Beurteilung der entwicklungspsychologischen Fakten führten beispielsweise dazu, dass der „Situationsorientierte Ansatz" zunächst versucht, die 16 basalen Grundbedürfnisse der Kinder zu befriedigen:

Zeit gewähren, damit Kinder sich selbst und ihr Umfeld wahrnehmen können; Ruhe fördern, um bei Kindern eine Wahrnehmungsdifferenzierung zu ermöglichen; Liebe geben, um Kindern dabei zu helfen, sich selbst annehmen zu können; Vertrauen leben, um Stolz und Ich-Stärke bei Kindern aufzubauen; den Kindern das tiefe Gefühl des Verstanden-Werdens geben, damit sie intensiven Kontakt zu sich selbst aufnehmen können und sich der eigenen Person sowie ihrer Welt öffnen; Sicherheit vermitteln, damit Kinder in den Prozess einer Selbstentwicklung kommen können; Bewegung zu einem zentralen Aspekt erklären, damit durch den damit verbundenen Stressabbau die Basisfähigkeit einer Selbststeuerung eintreten kann; Intimität und Geheimnisse den Kindern zugestehen, sodass sich ihr Differenzierungspotenzial zwischen ihrer öffentlichen und privaten Person entwickeln kann; eine Mitsprache ermöglichen und einfordern zum Aufbau eines Wertigkeitsempfindens; vielfältige Erfahrungsräume bereitstellen, um Kindern dabei zu helfen, ihre Lernpotenziale zu entdecken und zu nutzen; Gefühle erleben lassen, um ihre Existenz zu akzeptieren und intrapsychisch zu integrieren; Sexualität bejahen, zulassen und unterstützen, damit Kinder ihre Identität auch tatsächlich ganzheitlich erleben können; Gewaltfreiheit zur obersten Priorität erklären, damit Kinder sich angstfrei auf die unterschiedlichsten Situationen und Lernvorgänge einlassen können; Neugierde in allen Facetten unterstützen, um Lernmotivation auf- und kontinuierlich auszubauen; Optimismus leben, um Kindern die Basisfähigkeit eines grundsätzlichen Konstruktivismus zu vermitteln und Respekt/ Achtung zum festen Kommunikationsverhalten zu erklären, damit Kinder ihre Individualität, ihre Einmaligkeit erleben können – als Grundlage für den Aufbau eines Selbstwertgefühls.

So geht der „Situationsorientierte Ansatz" konsequent den Weg, Kindern zunächst dabei behilflich zu sein, ihre personale Ich-Kompetenz zu entwickeln, um daraus eine schrittweise Sachkompetenz aufzubauen. Beide Kompetenzfelder stellen nun die Grundlage für die Entwicklung einer Sozialkompetenz dar. Insoweit ist es beispielsweise erschreckend, beobachten zu müssen, wie solche Grundlagen teilweise nicht beachtet, teilweise sogar negiert werden. Der „Situationsorientierte Ansatz" macht entwicklungspsychologische Fakten zum Ausgangspunkt der Arbeit. Hier haben Dogmen, politisch geprägte Forderungen, trägerspezifische Erwartungen oder sozialpolitische Strömungen keine Chance, Beachtung zu finden. Dasselbe gilt für „gefühlte Wahrheiten" – Professionalität und Qualität verlangen nach inhaltlichen Grundaussagen und nicht nach emotionalen Glaubensäußerungen. Vor allem aber – und das ist für die praktische Arbeit im „Situationsorientierten Ansatz" und für die Durchführung von Projekten ausschlaggebend – leiten sich die Schwerpunkte der Projekte aus dem Symbolismus (= dem Bedeutungsgehalt) der Ausdrucksformen von Kindern ab. Dazu wurde in den letzten Jahren außergewöhnlich viel geforscht und veröffentlicht. Auf der einen Seite zählt für den „Situationsorientierten Ansatz" nach wie vor die Grundaussage, „ein Kind dort abzuholen, wo es ist". Und wenn bekannt ist, dass Kinder tagtäglich mithilfe ihrer sechs Ausdrucksformen (Spiel/Sprache – Sprechen/Motorik/Verhalten/Träume/Malen – Zeichnen) ihrem unmittelbaren Umfeld zeigen, wie es in ihrer Seele aussieht, was sie bedrückt und was sie erfreut, was sie beunruhigt und was ihnen Ruhe gibt, ob sie unter Druck stehen oder entspannt sind, womit sie sich emotional-kognitiv beschäftigen und was für sie ohne Bedeutung ist, ob ihr Selbstwertgefühl stark oder schwach ausgeprägt ist, ob sie bestimmte Sorgen haben oder eher sorgenfrei ihr Leben gestalten können, ob sie unter- oder überfordert bzw. angemessen gefordert sind usw., dann obliegt es der zunehmenden Fachkompetenz der elementarpädagogischen Fachkräfte, diese Ausdrucksformen zu sehen, zu verstehen, zu entschlüsseln und für Projekte nutzbar machen zu können. Gleichzeitig sind dabei entwicklungspsychologische Gesetzmäßigkeiten zu beachten, z. B. die Zusammenhänge zwischen der Qualität des Selbstwertgefühls und der Beeinflussbarkeit der Kinder, der Höhe der intrinsischen Motivation der Kinder und ihrer aktiven Lebensgestaltung, der vorhandenen Angstpotenziale und der Höhe einer Verunsicherung und emotionalen Abwehr, der Existenz von Fähigkeiten und daraus resultierenden möglichen Fertigkeiten, der Nichtexistenz von spezifischen Fertigkeiten und dem offensichtlichen Fehlen basaler Fähigkeiten, einer vorhandenen Unsicherheit und einer damit eingeschränkten Autonomie, der Qualität von existenter Angst und einer eingeschränkten Wahrnehmungsoffenheit ...

So gibt es elementarpädagogische Fachkräfte, die von den Grundlagen der Entwicklungspsychologie/-pädagogik und ihrer praktischen Bedeutung für die Arbeitsgestaltung fasziniert sind. Andere wiederum sind von der Menge der Erkenntnisse überwältigt und haben Schwierigkeiten damit, während der langen Zeit der Kindertagesstättenentwicklung ihr Wissen kontinuierlich zu erweitern, alte Erkenntnisse, die fachlich überholt sind, „über die Schulter zu werfen" und mithilfe des neuen, umfangreichen Wissens auch eine „neue Pädagogik" zu gestalten. Bei allem Wissen bleibt es nicht aus, dass die Grundlagen der Entwicklungspsychologie außergewöhnlich stark mit der Persönlichkeitspsychologie vernetzt sind. Insofern betreffen die Erkenntnisse auch immer die Person Erzieher/-in! Hier zeigt sich der rote Faden des „Situationsorientierten Ansatzes": Kein Wissen ist reine Technik, die für Kinder gedacht ist. Es ist auch immer mit einem Bedeutungsgehalt für die elementarpädagogischen Fachkräfte verbunden. Fachlichkeit löst eigene Betroffenheit aus.

Zum Schluss dieses Kapitels sei eine Anmerkung gestattet: Wie ganz zu Anfang der Ausführungen erwähnt, dienen natürlich auch die jeweiligen Kindertagesstättengesetze der einzelnen Bundesländer als Grundorientierungen. Da aber Kindertagesstättengesetze eine Länderangelegenheit sind, kann an dieser Stelle kein Bezug zu allen 16 Ländergesetzen hergestellt werden. Wesentlich ist, dass Mitarbeiter/-innen, die sich dem „Situationsorientierten Ansatz" verpflichtet fühlen, ihr jeweiliges Kindertagesstättengesetz sehr gut kennen, die dort aufgeführten Ziele und Aufgaben dezidiert erläutern können und in der Auseinandersetzung mit ihrem zuständigen Landtagsabgeordneten dafür eintreten, dass fachliche Aspekte im Vordergrund stehen und entsprechende Auswirkungen auf organisatorische und strukturelle Gegebenheiten haben.

Kindertagesstättengesetze haben einen juristisch bindenden Wert! Wer ihn nicht beachtet, nimmt – juristisch gesprochen – eine Rechtsbeugung vor. Es ist für den Hauptvertreter des „Situationsorientierten Ansatzes" häufig erschreckend festzustellen, dass viele elementarpädagogische Fachkräfte ihr Kindertagesstättengesetz nur sehr ungenau kennen und selbst die Ausführungsbestimmungen oft unbekannt sind. Auch hier können nur dann fachliche Diskussionen geführt werden, wenn Inhalte als Diskussionsgrundlage dienen können. Gleichzeitig macht es Freude, aus inhaltlicher Kenntnis fachliche Notwendigkeiten einzufordern oder abzuleiten. Und genau dabei treffen sich die Qualitätsbereiche Kompetenz und Professionalität.

3. Der „Situationsorientierte Ansatz" – Klärung eines Begriffs, grundsätzliche Fragen und konkrete Antworten

Zunächst soll an dieser Stelle das „Gedicht" einer Erzieherin wiedergegeben werden, die ihre Erfahrungen und Eindrücke zum „Situationsorientierten Ansatz" wie folgt in Worte fasste:

Es war einmal vor nicht allzu langer Zeit,
da machte sich ein Schlagwort breit.
Die Pädagogik erschien revolutioniert,
von nun an arbeitete jeder „situationsorientiert".

Situationsorientierte Pädagogik ist einfach genial,
sie passt scheinbar für jeden Einzelfall.
Bei „situationsorientiert" wird jeder Kritiker blass,
zeigt es ihm doch deutlich: Vor dir sitzt ein pädagogisches Ass.
Auf Kritik antwortet inzwischen jeder ganz ungeniert:
„Wir arbeiten situationsorientiert."

Die Kassen des Staates sind fast leer,
da müssen neue Lösungen her.
Für eine gesunde Entwicklung dürfen Kinder auch mal ohne Aufsicht sein,
diese Erkenntnis ist famos und spart nebenbei einige Stellen ein.
Völlig falsch wird noch schnell Armin Krenz zitiert
und die Verantwortlichen begründen Personalkürzungen ganz ungeniert:
„In unseren Kindertagesstätten arbeiten die Erzieherinnen situationsorientiert."

Es gibt gutes und weniger gutes Personal, wie in jedem Beruf,
weil die Gesellschaft eben unterschiedliche Menschen schuf.
Aber manchmal ist die pädagogische Absicht für niemanden mehr zu erkennen.
Doch darf man auch die „Erziehung ohne Absicht" nicht unfähig nennen.
Fragt man nach der pädagogischen Orientierung, so antwortet sie ganz ungeniert:
„Ich arbeite stets situationsorientiert."

Bei einem Kinde stellen sich Entwicklungsverzögerungen heraus,
Liegt das vielleicht an Störungen im Elternhaus?
Weist die Erzieherin im Gespräch auf die Pflichten der Eltern hin,
dann haben die Eltern manchmal ganz anderes als ihre Kinder im Sinn.
Die Verantwortung geben sie ab und fordern ganz ungeniert:
„Eine gute Erzieherin löst das Problem. Sie arbeitet situationsorientiert."

Pädagogische Anforderungen wandelten sich in den letzten Jahren sehr,
doch manche Erzieherin macht schon seit Jahren keine Fortbildung mehr.
Kritisiert man ihre Pädagogik, sie sei ein „alter Hut",
dann antwortet die Erzieherin mit entschlossenem Mut.
Sie teilt uns mit ganz ungeniert:
„Ich mag es nicht mehr hören, das ständige ‚situationsorientiert'."

(Agnes B. aus Dorsten)

Die Verfasserin dieses Textes merkte in ihrem Anschreiben an, dass sie darin ihre Erfahrungen mit der Auslegung des „Situationsorientierten Ansatzes" wiedergeben wollte und bei der Beschäftigung mit dem Ansatz ein „ziemliches Gefühlswirrwarr" erlebt(e). Gleichzeitig fühlte sie sich als Person nicht mehr ernst genommen, klagte ein Recht auf ihre Unvollkommenheit ein, fühlte sich gleichzeitig durch die Gruppenstärke, die Konflikte im Team, die Verantwortung für die Ausbildung, die Tätigkeit als Putzfrau, Hausmeisterin usw. überfordert. Zusammenfassend bringt sie dabei ihr Erleben so auf den Punkt: „Es ist ein ständiges Schwanken zwischen Zustimmung, Ablehnung, Begeisterung und Wut."

Zunächst einmal soll mit dem Briefende dieser engagierten Erzieherin begonnen werden, um das „Wirrwarr" Stück für Stück zu entflechten. Dabei wird davon ausgegangen, dass es in der Auseinandersetzung mit dem „Situationsorientierten Ansatz" nicht nur dieser Fachfrau so ergeht, sondern auch anderen Mitarbeiterinnen und Mitarbeitern in Kindertagesstätten.

1. Offensichtlich schaffte es der „Situationsorientierte Ansatz", Erzieherinnen als ganze Person (!) und in ihrem Empfinden anzusprechen – Zitat: „Es ist ein ständiges Schwanken zwischen Zustimmung, Ablehnung, Begeisterung und Wut." Beim „Situationsorientierten Ansatz" geht es nicht um die einseitige Erweiterung des Wissens – wie beispielsweise beim „Funktionsansatz", bei dem bestimmte Techniken oder Methoden im Vordergrund stehen –, sondern vielmehr um die Einheit der drei Persönlichkeitsebenen: Emotionalität (der Bereich der Gefühle), Kognition (der Bereich des Denkens und Wissens) und Handlungskompetenz (der Bereich der Aktivität).
   Umso schmerzhafter, angstauslösender, ärgerlicher, freudiger, begeisternder oder irritierender mag es daher für einige Erzieherinnen sein, mit dem hohen Anspruch an eine qualifizierte Pädagogik, wie sie im „Situationsorientierten Ansatz" gefordert ist, konfrontiert zu werden, andererseits aber auch auf persönliche oder organisatorische Grenzen zu stoßen, die eine Umsetzung erschweren bzw. unmöglich erscheinen lassen.

Zunächst soll daher folgende Aussage getroffen werden:

Der „Situationsorientierte Ansatz" spricht Erzieher/-innen ganzheitlich als Person (personale Ebene) und als Fachfrau/Fachmann (berufliche Ebene) an.

2. Der „Situationsorientierte Ansatz“ wird in der Praxis offensichtlich nicht nur als eine „konsequent-kindorientierte Pädagogik“ geschätzt, sondern auch als ein „Markenzeichen“ genutzt, allerdings nicht selten mit einer inhaltsleeren Bestimmung – Zitat: „Da machte sich ein Schlagwort breit.“ Ohne Frage deutet der Begriff „Schlagwort“ auf ein Phänomen hin, das einer kurzen Betrachtung bedarf. Schlagwörter bergen grundsätzlich einige Gefahren in sich, die nicht unterschätzt werden dürfen:
   a) Sie sind eine Zusammenfassung unterschiedlicher Ebenen mit dem Versuch, eine bestimmte Aussage in Kurzform wiederzugeben. Dabei verlieren sie automatisch ihren ursprünglichen Sinn, je häufiger und in je unterschiedlicheren Situationen sie genutzt werden.
   b) Sie entwickeln sich immer mehr zu sogenannten „inhaltslosen Worthülsen“, je weniger die Praxis mit dem Wort – situationsorientiert – und seinen Theoriebezügen übereinstimmt.
   c) Sie verschaffen Menschen, die entsprechende „Schlagwörter“ nutzen, immer mehr ein Alibi, sich mit einem besonderen Schlagwort als Fachfrau/Fachmann auszuweisen und zu legitimieren.

Daher darf folgende Aussage getroffen werden:

Der „Situationsorientierte Ansatz“ ist nur dort ein realer Bestandteil der Arbeit, wo Aussagen und Praxis deckungsgleich sind.

3. Auf der einen Seite haben es die Vertreter/-innen des „Situationsorientierten Ansatzes“ geschafft, bisher unreflektierte, traditionelle Strukturen der Elementarpädagogik infrage zu stellen und damit in manchen Einrichtungen eine kleine Revolution auszulösen – Zitat: „Die Pädagogik erschien revolutioniert.“
   Allerdings gibt die Folge einer wie auch immer gelagerten Revolution zu denken, wenn es in dem Gedicht heißt – Zitat: „Von nun an arbeitete jeder „situationsorientiert“.“
   Der „Situationsorientierte Ansatz“ hat zunächst einmal grundsätzlich nie den Anspruch gehabt, dass alle Erzieher/-innen sich dieser Arbeitsweise verpflichtet fühlen müssen/sollen!
   So wie es in den unterschiedlichen Kindertagesstätten in Ost und West, Süd und Nord, in kommunaler oder freier Trägerschaft, mit einer ausreichenden oder ungenügenden Personalbesetzung, in Städten, Gemeinden oder auf dem Land immer sehr unterschiedliche Bedingungen und Fachansprüche der Mitarbeiter/-innen gab, so differenziert sollten die Mitarbeiter/-innen auch immer abwägen, welcher elementarpädagogische Ansatz für die Situation der Kinder am hilfreichsten erscheint. Der „Situationsorientierte Ansatz“ kann und darf weder verordnet noch vorschnell übernommen werden, weil seine Qualität in hohem Maße von der

Akzeptanz und der für diesen Ansatz notwendigen Selbst-, Sach- und Sozialkompetenz der Erzieher/-innen abhängt.

Insofern muss es zu folgenden Aussagen kommen:

Der „Situationsorientierte Ansatz" bewirkt häufig grundlegende Veränderungen in der Praxis. Der „Situationsorientierte Ansatz" ist weder eine „moderne Arbeitsweise" noch ein Beweis für Aktualität!

Der „Situationsorientierte Ansatz" ist wegen seiner hohen Ansprüche an die Kompetenzen der Erzieher/-innen nicht häufiger in der Praxis anzutreffen als andere elementar-pädagogische Ansätze.

4. In der Aussage „Situationsorientierte Pädagogik ist einfach genial, sie passt scheinbar für jeden Einzelfall" steckt die Annahme, dass der „Situationsorientierte Ansatz" einer Willkür unterliegt, indem nämlich bestimmte Gegebenheiten im gemeinsamen Leben und Lernen mit Kindern je nach eigener Einschätzung und dem aktuellen Vermögen der Erzieher/-innen „situationsorientiert" gestaltet werden könn(t)en. Das ist aber nicht der Fall! Vielmehr ist der „Situationsorientierte Ansatz" ein kontinuierliches Zusammenspiel grundlegender Merkmale, die nicht „punktuell" eingesetzt werden können. Ein solches Vorgehen entspräche einem „situativen Reagieren", das wiederum dem Ansatz deutlich widerspricht.

Zusammengefasst heißt die Aussage:

Der „Situationsorientierte Ansatz" ist eine Vernetzung von Einstellungen der Erzieher/-innen, einer bestimmten, humanistisch geprägten kontinuierlichen (!) Arbeitsweise mit Kindern und einem bestimmten Arbeitsverhältnis, um Kindern dabei zu helfen, sich in ihrer Persönlichkeit zu entwickeln.

5. Kindorientierte Arbeit verlangt eine ständige Verbesserung der Rahmenbedingungen für Kindertageseinrichtungen! Wer demgegenüber den „Situationsorientierten Ansatz" als eine Legitimation dafür nutzt, Einsparungen zu begründen oder zu rechtfertigen, pervertiert die Qualitätsansprüche, die immer wieder angemahnt und gefordert werden.

Daher hat die folgende Aussage ihre Berechtigung:

Der „Situationsorientierte Ansatz" fordert(e) in der Vergangenheit und Gegenwart die politisch Verantwortlichen immer wieder dazu auf, Qualitätsmerkmale vor Quantitätsaussagen zu beachten.

6. Jede Pädagogik, die einen Sinn bzw. eine Bedeutung für die Entwicklung von Kindern haben soll, gründet sich auf Absichten, Reflexionen, Überprüfungen, Planungen und gezielten Vorhaben. Der „Situationsorientierte Ansatz" war, ist und wird in keiner Einrichtung umgesetzt, in der das Prinzip „Zufall" oder „Abwarten" gilt. Wie in Punkt 4 erwähnt, findet in solchen Fällen eine Verwechslung mit dem Begriff „situatives Arbeiten" statt. Es scheint tatsächlich eine Reihe von Erzieher/-innen zu geben, die mit der Legitimation des „Situationsorientierten Ansatzes" im Rücken annehmen, dass es „richtig" sei, Kinder sich selbst zu überlassen bzw. die eigene Orientierungslosigkeit auf Kinder zu übertragen.
   Wer sich demgegenüber intensiv und ernsthaft mit dem „Situationsorientierten Ansatz" auseinandersetzt – z. B. mit der Schrittfolge beim Planen von Projekten oder in der Vorbereitung des Ansatzes, in der Überprüfung bzw. Veränderung bisheriger Arbeitspraxis –, wird sehr schnell merken, dass dieser Ansatz durch ein sehr strukturiertes Vorgehen geprägt ist: angefangen von schriftlichen Aufzeichnungen bedeutsamer Beobachtungen über schriftliche Auswertungen bis hin zur Analyse der möglich gewordenen neuen Erfahrungen der Kinder. Diese werden wiederum in schriftlicher Form den Eltern zur Kenntnis gegeben, sodass sich Pädagogik nachvollziehbar machen lässt. Ein weiteres Beispiel sind auch strukturierte Teamsitzungen mit einer entsprechenden Protokollführung, einer differenzierten Planung von Projekten (mit Kindern) oder einem geplanten Elternabend zur Verdeutlichung der vergangenen Entwicklungsbegleitung.

Folgende Aussage trifft daher den Kern dieses Ansatzes:

Der „Situationsorientierte Ansatz" ist ein geplantes und strukturiertes Leben und Lernen mit Kindern, in dem pädagogische Absichten überprüft, Entscheidungen getroffen und praktische Arbeitsvorhaben sorgfältig aufgebaut werden.

7. Kindertagesstätte und Elternhaus haben nicht zuletzt durch das „Kinder- und Jugendhilfegesetz" (KJHG) die entsprechenden Kindertagesstättengesetze und länderspezifischen Verordnungen die gemeinsame Aufgabe, Kinder „in ihrer Entwicklung zu unterstützen und ihnen dabei zu helfen, Selbstständigkeit aufzubauen und Fähigkeiten zu erlernen, mit sich und anderen sozial umzugehen" (Schellhorn, 2000). Es war und ist nie die Aufgabe der Kindertagesstätte gewesen, eine „familienersetzende" Funktion zu erfüllen. Die Zielsetzung für Kindertagesstätte und Elternhaus kann nur dann erfüllt werden, wenn diese Aufgabe auch gemeinsam aufgenommen und umgesetzt wird.

Daher ist folgende Aussage zu beachten:

Der „Situationsorientierte Ansatz" ist weder für die Kindertagesstätte noch für die Eltern eine Legitimation, eigene Verantwortlichkeiten zu delegieren. Sowohl die

Institution Kindertagesstätte als auch die Erziehungsberechtigten müssen sich in der Aufgabe wiederfinden, Kinder in der Bewältigung ihrer vielfältigen Lebenseindrücke aktiv zu unterstützen.

8. Kinder haben nicht zuletzt durch ihre „zerteilten Welten, eingegrenzten Lebensräume und aufgeteilten Zeiten" sichere Orientierungen verloren. Neue Eindrücke, die auf Kinder wirken, und neue Herausforderungen, denen auch Erzieher/-innen ausgesetzt sind, verlangen ein immer schwierigeres Umgehen mit neuen Gegebenheiten. Gleichzeitig muss festgestellt werden, dass der „Situationsorientierte Ansatz" neue Selbst-, Sach- und Sozialkompetenzen von Erzieherinnen und Erziehern verlangt, die in dieser Qualität weder durch die eigene Biografie noch durch die vergangenen und gegenwärtigen Standards der Fach(schul)ausbildungen vermittelt werden konnten.

Daher besitzen die folgenden „Aussagen" eine zentrale Bedeutung:

Der „Situationsorientierte Ansatz" wurde weder in der Vergangenheit noch in der Gegenwart „aus sich selbst heraus" geprägt oder umgesetzt.

Der „Situationsorientierte Ansatz" ist nur dann zu verwirklichen, wenn Erzieher/-innen kontinuierlich Fort- und Weiterbildungsseminare besuchen, um sich vor allem mit der „symbolischen Interaktion" (der Bedeutung von Ausdrucksformen und ihrem Erzählwert) zu beschäftigen.

9. Wenn es in der letzten Strophe des Gedichts heißt, es gebe „Situationen wie Sand am Meer, darum ist auch die sinnvolle Auswahl so schwer", dann liegt dem Verständnis des Wortes „Situation" eine Bedeutung zugrunde, die sich auf außengerichtete Situationen bezieht. Gerade diese Sichtweise widerspricht dem „Situationsorientierten Ansatz" in besonders krasser Weise.
   Es geht um Situationen, die sich in den Ausdrucksformen der Kinder verbergen und von Erwachsenen zu entschlüsseln sind. So ist es etwa für die direkte Arbeit völlig belanglos, dass ein Kind den Wunsch verspürt, aus Stoffresten einen Löwenkopf zu werken. Eine vorschnelle Situationsbeachtung könnte dann etwa dazu führen, mit Kindern in den Zoo gehen zu wollen oder bestimmte Bilderbücher mit wilden Tieren zu betrachten. Vielmehr bemühen sich Erzieher/-innen, die sich dem „Situationsorientierten Ansatz" verpflichtet fühlen, die Symbolkraft eines Löwen zu verstehen und diese wiederum mit der Biografie des Kindes in Verbindung zu setzen. Da bekannt ist, dass z. B. Löwen als „Wehrtiere" ihre Bedeutung für Kinder besitzen, ergibt sich die Annahme, dass das Kind in der Situation ist „sich wehren zu wollen/zu müssen". Wehren vor einer Überforderung, einer Belastung, einer Schutzlosigkeit?

Halten wir daher folgende Aussage fest:

Der „Situationsorientierte Ansatz" greift bei seiner Planung von Projekten keine „nach außen gerichteten Situationen" auf, sondern vielmehr Ausdrucksformen der Kinder, um aus ihrem Erzählwert (symbolische Interaktion) die „inneren Themen" der Kinder zu verstehen und in einem möglichen Projekt zu berücksichtigen.

So wie diese neun Vorbehalte/Irritationen von einer Erzieherin geäußert wurden, so gibt es auf der anderen Seite noch viele andere offene Fragen, z. B. diese:

- Wo bleibt beim „Situationsorientierten Ansatz" die religiöse Erziehung der Kinder? Dürfen dann keine Feste mehr gefeiert werden?
- Wie sieht es denn mit der Vorbereitung der Kinder auf die Schule aus? Lassen wir Erwachsenen die Kinder nicht bewusst in ein tiefes Loch fallen, wenn die Schulvorbereitung ausgeblendet bleibt?
- Wie kann/soll mit Kindern umgegangen werden, die kein Interesse an der Mitarbeit an einem Projekt haben? Können/dürfen wir sie dann sich selber überlassen?
- Wie steht es mit der Aufsichtspflicht, wenn Kinder unbeaufsichtigt im Garten spielen und toben?
- Wie unterscheidet sich der „Situationsorientierte Ansatz" von einer „Laissez-faire-Einstellung", zumal doch Kinder alles machen dürfen, was sie wollen?
- Trägt der „Situationsorientierte Ansatz" nicht zu einem Kultur- und Werteverfall bei, wenn Kinder etwa ihr „freies Frühstück" einnehmen können und nicht mehr in der Gesamtgruppe zu festen Zeiten frühstücken?

- Dient nicht gerade das „feste Frühstück“ einer Festigung der sozialen Bezüge der Kinder untereinander?
- Entwickeln sich die Kinder im „Situationsorientierten Ansatz“ nicht eher zu ausgeprägten Egoisten, wenn ihre Bedürfnisse in besonderem Maße beachtet werden?

Diese und weitere Fragen aus der Praxis sollen im Anschluss an eine zunächst anstehende Klärung des Begriffs „Situationsorientierter Ansatz“ Grundlage für eine vertiefende Auseinandersetzung sein.

Definition:

Der „Situationsorientierte Ansatz“ gibt Kindern die Möglichkeit, individuelle Erfahrungen und Erlebnisse zu verarbeiten und zu verstehen, bedeutsame Fragen zu beantworten und Zusammenhänge zu begreifen, um aus der Bewältigung erlebter Situationen und Ereignisse (Erfahrungen) individuelle soziale Kompetenzen auf- und auszubauen.

Was ist damit genau gemeint?

1. Wenn es heißt, dass der „Situationsorientierte Ansatz“ Kindern die Möglichkeit gibt, individuelle Erfahrungen und Erlebnisse zu verarbeiten, dann kommt gleich zu Anfang der Definition zum Ausdruck, dass Kinder während ihres Kindertagesstättenbesuches nicht einem Zwang, einem Druck oder einem starren Muster der Arbeit ausgesetzt sind. Vielmehr baut der „Situationsorientierte Ansatz“ seine grundlegenden Prinzipien auf bestimmten Werten auf, die z. B. Mitsprache, Wertschätzung und Achtung individueller Bedürfnisse oder Akzeptanz unterschiedlicher Interessen beinhalten.
   Um an dieser Stelle einem Vorurteil entgegenzuwirken, sei gesagt, dass es nicht bedeutet, dass Kinder alles machen dürfen/können, was sie wollen. Vielmehr gibt es in „situationsorientiert“ arbeitenden Kindertagesstätten feste Regeln, die allerdings mit Kindern abgesprochen werden. Mitsprache statt Bestimmung, Beteiligung statt Vorgaben und Gemeinsamkeit statt Anordnung sind nicht Absichtserklärungen, sondern wesentliche Bestandteile des täglichen Umgangs miteinander (Beispiele: Kinderkonferenz, Projektplanungen, Suchen von Problemlösungen).

2. Kinder leben in einer zunehmend technisierten und konsumorientierten Welt, in der ungezählte Eindrücke auf sie einwirken. Dazu kommen eigene biografische Erfahrungen, die Kinder in ihrer Entwicklung mehr oder weniger stark behindern: z. B. Irritationen, die Kinder durch Elternstreitigkeiten oder Trennung erleben müssen, fehlende Zeit der Erwachsenen für Kinder, Überforderungen durch überhöhte Ansprüche, Einschränkungen durch eingegrenzte Erfahrungsräume, Einsam-

keit durch Vernachlässigung, Unsicherheiten durch übertriebenes Sorgeverhalten oder Ängste durch erlebte Misshandlungen, die in vielen Schattierungen auf Kinderseelen wirken und ihre – oftmals – lebenslangen Spuren hinterlassen. Kinder befinden sich daher in einer durchweg konfliktreichen Situation: Auf der einen Seite wollen sie Erfahrungen machen, die ihnen helfen können, Ausdrucksformen ihres Lebens umzusetzen, auf der anderen Seite sehen sie sich neuen Anforderungen ausgesetzt, sich selbst in Kindertagesstätten mit bestimmten Themen zu beschäftigen.

Der „Situationsorientierte Ansatz" versucht nun, Kindern bei diesen Widersprüchen dadurch zu helfen, dass sich die Kindertagesstätte als ein Ort versteht, Raum und Zeit zur Verfügung zu stellen, damit

- individuelle Erfahrungen und Erlebnisse verarbeitet und verstanden,
- die für Kinder (!) bedeutsamen Fragen beantwortet
- und Zusammenhänge begriffen werden können.

Um auch an dieser Stelle einem Vorurteil entgegenzuwirken, soll sofort erwähnt werden, dass dies nicht heißt, Kinder sich selbst zu überlassen, sondern sie in ihrer Auseinandersetzung konsequent und kompetent zu begleiten. Das geht aus Sicht des „Situationsorientierten Ansatzes" nur, wenn Erzieher/-innen einerseits die Ausdrucksformen von Kindern verstehen und in entsprechenden Projekten (oder ggf. Einzelaktivitäten) berücksichtigen.

3. Auf der Grundlage entwicklungspädagogischer Erkenntnisse geht der „Situationsorientierte Ansatz" davon aus, dass durch eine erneute Beschäftigung mit eigenen Erlebnissen und Erfahrungen Kinder in die Lage versetzt werden, während und mithilfe der Auseinandersetzung individuelle und soziale Kompetenzen auf- und auszubauen. Anders ausgedrückt: Wenn Kinder die Möglichkeit haben, in vielfältiger Projektarbeit „Vergangenheitsbewältigung" zu unternehmen, können auf diese Weise Irritationen, Ängste, Belastungen, Spannungen oder Ärger abgebaut werden. Damit wird für Kinder der Weg frei, innewohnende Kompetenzen erneut zu spüren und nach einem eigenen Entwicklungszeitraum auszuprobieren bzw. zu nutzen. Beispiele aus der Erwachsenenwelt mögen dies verdeutlichen:

a) Männer/Frauen, die in ihrer Biografie ein hohes Maß an Fremdbestimmung erfahren haben, können in ihrer späteren Lebensgestaltung nur schwer/kaum/gar nicht ein selbstbestimmtes und selbstwertorientiertes Leben führen, weil alte Muster innerhalb der eigenen Lebensplanung für entsprechende Handicaps sorgen. Der Ausspruch „Gefahr erkannt – Gefahr gebannt" trifft leider für eine Veränderung von Lebensplänen nicht zu. Vielmehr können wir Erwachsenen uns kognitiv sehr viel vornehmen, z. B.:

- jemandem endlich einmal die Meinung zu sagen,
- ins Flugzeug zu steigen trotz Flugangst,
- eine Spinne anzufassen trotz einer inneren Abwehr,
- einen Konflikt aufzudecken trotz der Erwartung negativer Folgen,
- die Wahrheit zu einem bestimmten Punkt auszusprechen trotz der vorhandenen Angst vor einer starken Verletzung usw.

Dennoch zeigt sich in den entsprechenden Situationen – wenn es endlich so weit ist –, dass viele Vorhaben trotz eines starken Willens in der Praxis scheitern, weil bestimmte Gefühle den Handlungen einen Riegel vorschieben.

b) Viele Erwachsene nehmen sich fest vor, bei den eigenen Kindern nicht die Fehler zu wiederholen, die sie in ihrer Biografie durch die eigenen Eltern erfahren mussten. Schnell heißt es: „Das mache ich ganz anders. Das möchte ich meinem Kind nicht zumuten. Mein Kind soll es einmal besser haben."
Ist die Situation da, selbst Vater oder Mutter zu sein, geschieht es oft, dass Eltern sich bei der Wiederholung bestimmter „Fehler" entdecken. In beiden Fällen kann eine Veränderung nur geschehen, wenn Menschen sich noch einmal erlebend (durch psychotherapeutische Beratung, Selbsterfahrung, Gruppenarbeit, Tagebuchschreiben, Psychotherapie, Malen, Lesen, Meditation ...) mit ihren besonderen Situationen auseinandersetzen!

Nicht selten kommt auch hier ein Vorurteil zum Vorschein, wenn es etwa heißt, dass damit der „Situationsorientierte Ansatz" ein psychotherapeutisches Verfahren sei und die Kindertagesstätte/die Fachkräfte dafür weder ausgebildet noch dafür vorgesehen seien. Der Begriff „Therapie" ist in seiner Bedeutung leider von seinem Ursprung her stark verfremdet worden. So kann bei dem Versuch einer Begriffsbeschreibung festgehalten werden, dass seine ursprüngliche Bedeutung mit „jemandem dienen" übersetzt werden muss.

Wenn der „Situationsorientierte Ansatz" durch seine bestimmte Arbeit Kindern dienen soll/will, sich zu entwickeln, so ist gegen den Gebrauch des Wortes nichts einzuwenden. Selbstverständlich ist es weder die Aufgabe der Kindertagesstätte, noch entspricht es der Ausbildung der Erzieher/-innen, im klassischen Sinne Psychotherapie zu machen. Allerdings kann an der ursprünglichen Bedeutung dieses griechischen Wortes festgehalten werden, dass eine Pädagogik, die der „Seele dient" (in dem Sinne, dass sie hilfreich für die Seelenentwicklung ist), durchaus akzeptabel ist.

Die stärksten Vorbehalte zum „Situationsorientierten Ansatz" im Sinne einer „therapeutischen Begleitung" (aus einem oben genannten traditionellen Verständnis heraus!) kommen von Akademikern, die Wert darauf legen, die Kindertagesstätte auch in ihrer traditionellen Rolle beizubehalten. Es kann daraus rückgeschlossen werden, dass eine solch starke Abwehr letztlich den Sinn hat, bestehende Strukturen zu festigen, entsprechend dem Motto: „Schuster, bleib bei deinen Leisten."

Demgegenüber ist der „Situationsorientierte Ansatz" weder auf bestimmte Rollenklischees festgelegt noch auf die Einhaltung bestimmter traditioneller Hierarchiestrukturen bedacht. Es kann durchaus sein, dass Erzieher/-innen – vielleicht, ohne es zu wissen – eine bessere „therapeutische Begleitung" realisieren als ausgebildete Psychotherapeuten.

Zusammenfassend lässt sich sagen, dass damit folgende Grundannahme des Ansatzes zum Ausdruck kommt:

Wenn es durch die Projekte im „Situationsorientierten Ansatz" dazu kommt, dass Kinder sich mit vergangenen, in ihnen liegenden Ereignissen und Erlebnissen auseinandersetzen können, ist die Chance einer für das Kind positiven Entwicklung gewahrt.

Anders ausgedrückt, mit einem symbolischen Bild:

Es kommt nicht darauf an,
dass Kinder noch mehr zusätzliche Erfahrungen in ihren Rucksack aufnehmen,
sondern die Möglichkeit erhalten,
ihren Rucksack zu öffnen und sich von Erfahrungen/Irritationen zu befreien,
indem sie sich entlasten.

War es in der traditionellen Elementarpädagogik immer das Ziel, Kinder auf die Zukunft vorzubereiten, so ist es im „Situationsorientierten Ansatz" das Ziel, sich von Vergangenem zu befreien, weil damit automatisch eine Gegenwarts- und Zukunftsorientierung möglich wird.

Erinnert sei in diesem Zusammenhang noch einmal an die Grafik zur Verdeutlichung dieser Aussage:

Die drei Zeitebenen des Lebens:

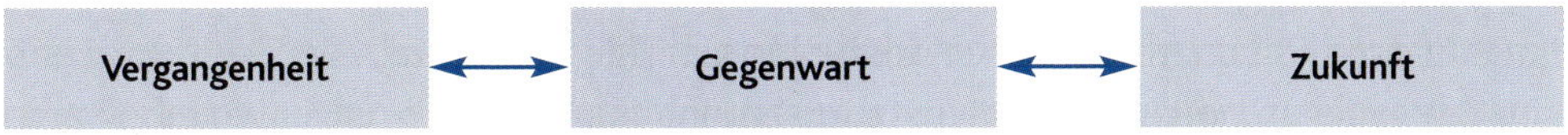

Erläuterung:

1. Der „funktionsorientierte Ansatz“ geht davon aus, dass Kinder Defizite in ihrem aktuellen Leben haben und Kindheit eine „unvollständige Form des Erwachsenseins“ ist.
   Insofern sind alle Ziele und Vorhaben auf die (unmittelbare/mittelbare) Zukunft ausgerichtet bei einer gleichzeitigen Vernachlässigung der Vergangenheit. Gleiches gilt für alle anderen Ansätze mit zukünftigen Zielstellungen!

2. Arbeitsweisen, die sich – wenn auch unausgesprochen – einer „Laissez-faire-Pädagogik“ zuordnen, konzentrieren sich auf Erlebnisse der aktuellen Gegenwart! Vergangenheit und Zukunft werden weder direkt noch indirekt berücksichtigt.

3. Der „Situationsorientierte Ansatz“ versucht, gegenwärtige Ausdrucksformen der Kinderleben zu verstehen (zu entschlüsseln), auf Ereignisse, Erlebnisse oder Erfahrungen der Kinder in der Vergangenheit Bezug zu nehmen, diese erneut in die Gegenwart „verarbeitend“ zu übertragen, sodass durch neue Handlungserfahrungen „automatisch“ Kompetenzen für die Zukunft auf- und ausgebaut werden (können).

4. Der eigenständige Erziehungs- und Bildungsauftrag: sein unverwechselbares Verständnis für den „Situationsorientierten Ansatz"

Eine Umfrage in bundesdeutschen Kindertagesstätten (vgl. Krenz, 2005–2006) bezüglich des genauen Auftrags der elementarpädagogischen Einrichtungen ergab Folgendes: Zwar war den Erzieherinnen und Erziehern bekannt, dass die Kindertagesstätte einen bestimmten Auftrag hat, allerdings war die Breite der Nennungen äußerst vielschichtig. So wurden u. a. folgende Ziele geäußert:

Die Kindertagesstätte soll den Kindern helfen,

- den zukünftigen Anforderungen der Schule besser zu entsprechen;
- Kontakte zu anderen Kindern aufzubauen;
- Konflikte in angemessener Form austragen zu können;
- neue Erfahrungen zu machen;
- sich in einer Gruppe einordnen zu lernen;
- in Ablösung von den Eltern zurechtzukommen.

Was bei allen genannten Zielen auffällt, ist Folgendes:

a) Es fand keine spezifizierte Nennung des genauen Erziehungsauftrags und des Bildungsauftrags statt.
b) Der Kindertagesstätte wurde die Rolle der Zuarbeitung zur Schule zugewiesen.
c) Die Kindertagesstätte sollte nach Meinung vieler Erzieher/-innen den Auftrag haben, Kinder „soziabel" zu machen.
d) Der Kindertagesstätte wurde die Aufgabe zugemutet, familienergänzend tätig zu sein; d. h., dass sie Aufgaben zu übernehmen hat, die die Familie nicht leistet.
e) Der Kindertagesstätte wurde der Auftrag zugesprochen, die Kinder in ihrer Selbstständigkeit zu fördern.

Diese Interpretation der Hauptaussagen zum Erziehungs- und Bildungsauftrag der Kindertagesstätte verdeutlicht wiederum ein interessantes Ergebnis: Einerseits wird von der Zuarbeit im Hinblick auf eine folgende Bildungseinrichtung (nämlich die der Schule) gesprochen, andererseits sind die darüber hinaus genannten Ziele sehr genau und durchaus nicht kindertagesstättenspezifisch angegeben.

Vielleicht liegt es daran, dass bis heute die Kindertagesstätte bei Weitem nicht die Bedeutung einer fachlichen elementarpädagogischen Einrichtung und die Achtung einer eigenständigen Institution hat, die ihr zukommt, weil die Eigenständigkeit selbst zu wenig von innen und von außen hervorgehoben wurde/wird.

Ein Blick in Richtlinien, Empfehlungen, Kindertagesstättengesetze und Entwürfe, Verordnungen und Hinweise lässt Ähnliches wie bei der Befragung erkennen: Es wird zwar immer vom eigenständigen Erziehungs- und Bildungsauftrag gesprochen und geschrieben, doch nirgends findet sich eine genaue Ausführung dieser so äußerst wichtigen Begriffe.

In Anbetracht heutiger Kindheiten und Lebensbiografien sowie unter Berücksichtigung ökologischer, soziologischer und kultureller Bedingungen meine ich, dass der Erziehungs- und Bildungsauftrag der Kindertagesstätte wie folgt beschrieben werden muss:

Der Erziehungsauftrag der Kindertagesstätte besteht darin, Kindern aufgrund ihrer als zerrissen erlebten Welten, eingegrenzten Lebensräume und zerteilten Zeiten vielfältige Möglichkeiten zu bieten, gegenwärtig belastende und unverarbeitete, in der Vergangenheit liegende Erlebnisse und Erfahrungen zu verarbeiten, um gegenwärtiges Leben von sich und der Umwelt gefühlsmäßig zu begreifen und zu verstehen, Identität weiterzuentwickeln bzw. auszubauen, um Lebenssituationen kompetent und in Verantwortung vor sich und anderen zu bewältigen.

Vielleicht werden Sie, verehrte Leserinnen und Leser, nun sagen, dass dieser Ansatz sehr schwierig ist und mindestens zwei- oder dreimal gelesen werden muss, um zu wissen, was damit gemeint ist. Gerne möchte ich Ihnen dabei helfen.

Also: Zunächst geht es um das „Bereitstellen/Bieten von Möglichkeiten ..."; damit ist gemeint, dass die Kindertagesstätte nicht den Fehler machen sollte, zur täglichen Überfrachtung der Kinder – durch Fernsehen, Video, Audiokassetten usw. – zusätzliche neue Angebote zu machen, sondern dass sie die einmalige Chance wahrnimmt, Zeit- und Raummöglichkeiten zur Verfügung zu stellen, die Kindern Platz für eigene Gestaltungsideen lassen.

Platz für „gegenwärtig belastende und unverarbeitete, in der Vergangenheit liegende Erlebnisse und Erfahrungen". Damit ist gemeint, dass immer mehr Kinder mit so vielen Sinneseindrücken belegt sind, die aufgrund ihrer Fülle noch nicht verarbeitet sind. Kämen bzw. kommen nun noch mehr Anforderungen auf ein Kind zu, sich mit bestimmten Anforderungen durch die Kindertagesstätte zusätzlich zu all den unverarbeiteten Eindrücken auseinanderzusetzen, dann kommt es – wie häufig in der Praxis beobachtet – zu Reizüberflutungsverhalten. Kinder ziehen sich völlig aus dem Gruppengeschehen zurück, sie „kaspern herum", verweigern sich den neuen Anforderungen, reagieren mit lautem Schimpfen oder „flippen völlig aus". Aus entwicklungspsychologischer Sicht ist dies völlig normal, kindgerecht und erklärbar.

Zusammenfassend kann also bis hierher gesagt werden, dass die Kindertagesstätte
- keine Angebotspädagogik,
- sondern eine Aufarbeitungshilfe

für Kinder bieten muss, wenn es ihr Bestreben ist, eine kindorientierte Pädagogik zu realisieren.

Und weiter heißt es in der Definition des Erziehungsauftrags, dass es nur durch die „Verarbeitung" möglich ist, dass Kinder „ihr gegenwärtiges Leben und ihre Umwelt um sich herum gefühlsmäßig begreifen und verstehen können". Entwicklungspsychologisch ist es bedeutsam, dass Kinder – ebenso wie Erwachsene – nur dann sich neuen Situationen zuwenden können, wenn ihre Gefühlswelt ausgeglichen ist. Deshalb geht es zunächst bei Kindern um ein „gefühlsmäßiges Begreifen", indem sie handeln, tätig sein können, aktiv wirken. Gefühle lassen sich nicht mit Worten wieder ins Gleichgewicht bringen. Dazu ein Beispiel:

Es ist bekannt, dass Menschen, die Angst vor etwas haben, in ihrer Angstbereitschaft noch unterstützt werden, wenn andere Menschen versuchen, ihnen klarzumachen, dass sie keine Angst zu haben brauchen. Dadurch steigert sich die Angst und wird nicht geringer! Erst, wenn Kinder ihre Gefühle begreifen und sie in Situationen erleben können, wird ihr Stresserleben geringer mit der Folge, dass sie dann zu einem Verstehen – auf der kognitiven Ebene – kommen.

„Weiterentwicklung und Ausbau der Identität" meint den Vorgang, dass Kinder aus dem Begreifen von Situationen und dem Verstehen von Vorgängen einen immer intensiveren Kontakt zu sich selbst herstellen, sodass sie in ihrer eigenen Entwicklung, in ihrem eigenen „So-Sein", Sicherheit finden und Zutrauen erleben. Und genau das ist für eine Identitätsentwicklung notwendig.

Und schließlich heißt es in der Definition, dass „dadurch Kinder die Fähigkeiten entwickeln, Lebenssituationen kompetent und in Verantwortung vor sich und anderen zu bewältigen". Das Leben und alle für ein verantwortungsvoll geführtes Leben notwendigen und hilfreichen Verhaltensweisen sind also die Folge aus der Gegenwartsbewältigung und nicht die Aufgabe selbst. Selbstverantwortung und Fremdverantwortung sind in gleicher Weise bedeutsam. Sie gilt es, in der Kindertagesstätte zu erleben und damit Erfahrungen zu machen, die den eigenen Handlungsspielraum ergänzen und erweitern.

Wenden wir uns nun dem Bildungsauftrag der Kindertagesstätte zu:

Der Bildungsauftrag der Kindertagesstätte besteht in einer ganzheitlichen Unterstützung der Handlungs-, Bildungs-, Leistungs- und Lernfähigkeit von Kindern unter besonderer Berücksichtigung kultureller Werte und religiöser Erfahrungen.

In dieser Definition ist zunächst von einer „ganzheitlichen Unterstützung der bei Kindern vorhandenen Fähigkeiten" die Rede. Ganzheitliches Lernen kann so verstanden werden, dass alle an einem Lernvorgang beteiligten Merkmale, Impulse, Zusammenhänge gleichsam auch aktiviert werden. Statt über ausländische Mitbürger zu reden, werden Situationen gesucht, mit ihnen (statt über sie) zu sprechen. Statt über das Müllproblem zu sprechen, wird real eine Mülldeponie, eine Müllverbrennungsanlage o. Ä. aufgesucht, um vor Ort die Erfahrung zu machen, was ein Müllberg ist, wie unangenehm er riecht, wie viele Vögel ihre Nahrung dort suchen, wie viel „Verpackungsmüll" dort herumliegt usw. Ganzheitliches Lernen geschieht daher als ein Erfahrungslernen in realen Sinnzusammenhängen (Kontexten), sodass der Entwicklungspsychologie Rechnung getragen wird, dass alles Lernen über das Handeln geschieht.

Mit dem Begriff „Handlungsfähigkeit" ist die Kompetenz bei Kindern gemeint, dass sie Situationen, die sie sich vornehmen, auch umsetzen können/werden und Situationen, die sie gerne verändern möchten, auch in Angriff nehmen. Handlungsfähigkeit meint also damit keinen „theoretischen Handlungsversuch", sondern eine „praktische Handlungsaktivität".

Unter dem Begriff „Bildungsfähigkeit" kann die Kompetenz von Kindern verstanden werden, die Fähigkeiten des Denkens und Überlegens, Verstehens und Begreifens. Bildung ist damit kein Begriff „abgehobener Förderung", sondern etwas ganz Alltägliches, was sich vor den eigenen Augen abspielt und überdacht werden kann.

„Leistungsfähigkeit" ist das Aktivitätsvermögen, das Kinder in sich tragen und das häufig durch besondere Lebenssituationen, Erziehungsstile oder Anforderungen nicht in dem Maße gezeigt werden kann, wie es in seiner Stärke real existiert. Unterschätzte, nicht gewollte oder nicht zugelassene Aktivitätspotenziale bei Kindern suchen sich dann, wenn sie nicht nach außen gelassen werden (können), ihren Ausdruck innerhalb des Körpers vieler Kinder. Zahlen der psychosomatischen Erkrankungen und Belastungen sind in diesem Zusammenhang zu sehen.

Die Unterstützung der „Lernfähigkeit" meint schließlich, dass Kinder in ihrer Neugierde und Motivation die Hilfe von Erwachsenen brauchen, um sie erleben zu können.

Die Kindertagesstätte ist damit nicht ein Ort, an dem Kinder Wissen aufnehmen und an erster Stelle kognitiv gefördert werden, sondern an dem sie die Grundlagen für ein kognitives Lernen erweitern. Der spätere Erfolg des schulischen Lernens hängt also davon ab, wie intensiv Kinder Neugierde und Motivation zur Verfügung haben, Freude und Interesse am Lernen zu entfalten.

Alles Lernen in der Kindertagesstätte vollzieht sich dabei „unter Berücksichtigung kultureller Werte und religiöser Erfahrungen". Damit ist gemeint, dass es keine isolierten, aus der Alltagswelt herausgelösten und in die Kindertagesstätte hereingeholten Erfahrungswelten sind, sondern dass alles Lernen unter dem Aspekt von Handwerk, Sprache, Musik, Technik, Natur, Kunst und Theater betrachtet werden kann.

Handwerk statt „basteln": Nicht schnell dahingebastelte „Einmalmusikschüttelbecher", sondern das Herstellen von Musikinstrumenten, die eine längere/lange Zeit halten und von beständigerem Wert sind als Plastikbecher, die mit Erbsen oder Steinchen gefüllt und mit Plastikfolie abgedeckt werden.

Berücksichtigung von Technik statt Ausgrenzung der Technik: Nicht Verteufelung oder Ausgrenzung des Fernsehens, sondern dort, wo das Fernsehen bei Kindern eine große Rolle spielt, dafür sorgen, dass Szenen gesehener Sendungen z. B. nachgespielt werden, Fernseher, die defekt sind, auseinandergebaut und untersucht werden dürfen. Nicht Fernsehbilder beschreiben, sondern in Spielszenen erneut erleben. Nicht nur Bilderbücher betrachten, sondern auch Druckereien aufsuchen und schauen, wie Bilderbücher technisch hergestellt werden.

Natur statt Naturimitation: Nicht das Wachstum von Kresse in Plastikbechern, die mit Watte gefüllt sind, initiieren und beobachten, sondern den Wachstumsvorgang – z. B. in einem kleinen, neu angelegten Gewächshaus oder im Garten – in natürlicher Erde beobachten. Nicht isoliert den Müll trennen (Plastik, Papier, Glas und Blech), sondern Orte in der näheren Umgebung, wo Bäume und Sträucher wachsen, aufsuchen und das „Wegwerfproblem Müll" in möglichem Rahmen dort verändern helfen. Nicht über das Gießen der Grünpflanzen in der Kindertagesstätte alleine die Notwendigkeit des Wässerns von Pflanzen besprechen, sondern sich auch um den Baum vor der Kindertagesstätte kümmern, der im Hochsommer bei Ausbleiben von Regengüssen leidet.

Kunst statt Schablonen: Nicht den Bereich der Kunst als eine „Stilrichtung für Erwachsene" einordnen, sondern mit Kindern in der Kindertagesstätte Kunst erleben

und mit ihnen gemeinsam Künstlerwerkstätten aufsuchen. Vor allem gilt es aber auch, den Kindern ihre vielfältigen Möglichkeiten des Kunsterlebens zu ermöglichen und nicht durch Schablonenarbeit die Fantasie der Kinder zu ersticken. Wie heißt es doch so treffend in einem alten Lexikon: „Unter Schablonenarbeit ist eine sinnentleerte, stupide und intelligenzmindernde Tätigkeit zu verstehen, bei der vorgegebene Formen auf vorbereitete Materialien einfach übertragen und damit ohne eigene Ideen kopiert werden."

Theater statt Laienspiel: Nicht das Theater nur als eine Darstellungsstätte ansehen, in der das Weihnachtsmärchen aufgeführt wird, sondern Theater als eine lebendige Wirkungsstätte begreifen, in der auch hinter die Kulissen geschaut werden kann und wo u. U. mit Theaterleuten gemeinsam Theater gemacht, Stücke gemeinsam entworfen und dargestellt werden.

Religiöse Erfahrungen sind aus dem Grunde dem Bildungsauftrag bewusst zugeordnet, weil sie die Bereiche „Einstellungen und Werthaltungen" beinhalten. Dabei ist allerdings nicht an eine religiöse Unterweisung im Sinne eines funktionsorientierten Ansatzes gedacht, sondern vielmehr an ein lebendiges Erfahren von Religion und Glauben im alltäglichen Umgang miteinander.

Zusammenfassend lässt sich also sagen: Der Bildungsauftrag besteht nicht nur darin, die vielfältigen Handlungsmöglichkeiten der Kinder unter kulturellen und religiösen

Aspekten zu unterstützen, sondern auch den gesamten Bereich der Bildung als einen in Zusammenhängen bestehenden Lernbereich zu begreifen.

Nicht das Lernen steht im Vordergrund, sondern das Erfahren von Sinnzusammenhängen, bei dem Lernen geschieht.

Im Fachvokabular heißt der Begriff, um den es geht, „concomitant learning". Zu verstehen ist dabei „Lernen ganz nebenbei", ein „Lernen als Folge des aktiven Tuns".

Es bietet sich an, noch einmal den Erziehungsauftrag und den Bildungsauftrag der Kindertagesstätte selber für sich/in der Mitarbeiter(innen)gruppe zu reflektieren, um eine grundsätzliche Zustimmung oder Ablehnung vorzunehmen. Denn bei aller weiteren Auseinandersetzung mit dem „Situationsorientierten Ansatz in der sozialpädagogischen Praxis" ist es ähnlich wie beim Bau eines neuen Hauses: Damit das Gebäude auf einem festen Fundament stehen kann, muss der Boden in seiner Zusammensetzung und Stabilität Festigkeit besitzen.

Auf den „Situationsorientierten Ansatz in der sozialpädagogischen Praxis" angewendet, heißt dies:

- Wenn die Kindertagesstätte einen eigenständigen Erziehungs- und Bildungsauftrag hat, so wie schon der Deutsche Bildungsrat 1970 formuliert hat, dann muss sich die Eigenständigkeit auch bereits in den Grundsätzen zeigen.
- Und wenn die Eigenständigkeit durch jedes Team/jede Mitarbeiter(innen)gruppe nicht präzise in eigene Worte gefasst wird, dann besteht die Gefahr des Eigenständigkeitsverlustes.

5. „Bildungsarbeit" in der Elementarpädagogik – notwendig, unerlässlich, ganzheitlich – Anmerkungen zu einem viel diskutierten Begriff

Einführungsgedanken

Ein Blick auf die Titel der elementarpädagogischen Buchneuerscheinungen und die vielfältigen Schwerpunktaufsätze in Fachzeitschriften offenbarte schon kurz nach dem Bekanntwerden der PISA-Ergebnisse, dass man – bis auf wenige Ausnahmen – fast ausschließlich auf thematisch gleiche oder sehr ähnlich klingende Beiträge stieß. Beiträge, die in allen Facetten das Thema „Frühkindliche Bildung" zum Schwerpunkt hatten und bis in die heutige Zeit haben.

Betrachtet man gleichzeitig die vielfältigen, bundesweiten Fort- und Weiterbildungsschwerpunkte für Mitarbeiter/-innen aus dem Kindertagesstättenbereich, so scheint es auch im Großen und Ganzen (auf Gemeinde-, Kreis-, Landes- oder Bundesebene) nur ein Hauptthema zu geben: „Bildung als grundlegende und zur Zeit notwendigste Aufgabenstellung der Kindertagesstättenpädagogik". Schaut man sich darüber hinaus die Themen der meisten Fachkongresse für den Elementarbereich in Deutschland an, so steht auch hier das Thema „Bildung im Fokus der Elementarpädagogik" im Vordergrund.

Deutschland scheint damit ohne Frage „im Bildungsfieber" zu sein, ähnlich wie verschiedene Fernsehsender. Da treten Lehrer/-innen, Bürgermeister/-innen, Schauspieler/-innen und Pastorinnen und Pastoren im kognitiven Wettkampf gegeneinander an, Prominente unterstützen „das einfache Volk" bei Quizsendungen und selbst in Kindersendungen soll die Frage geklärt werden, wer das „klügste Kind" Deutschlands ist, fein gestaffelt nach Altersgruppen und manches Mal auch nach Schularten.

So könnte man sagen: Wie gut, dass es PISA gab – ein neuer Stern ist aufgegangen und nun wird ihm fleißig gehuldigt – selbstverständlich schließen sich da die Kindertagesstätten in Deutschland an, hat doch die Studie PISA 2000 gezeigt, dass

a) es sehr viel für deutsche Schülerinnen und Schüler nachzuholen gilt,
b) das Einschulungsalter der in Deutschland einzuschulenden Kinder zu hoch ist und daher über eine Einschulung mit fünf Jahren nachzudenken ist,
c) die Kinder und Jugendlichen in der Schule zu wenig gefordert und gefördert werden,

d) der Bildungsauftrag vonseiten der elementarpädagogischen Fachkräfte in den letzten Jahren offensichtlich nicht ernst genug genommen wurde,
e) in der Kindertagesstätte zu viel gespielt und zu wenig gelernt werde,
f) Kinder mehr gefordert werden müssen ...

PISA und die Folgen

Zunächst muss die Grundsatzfrage lauten: Was hat eigentlich die Studie PISA 2000 gezeigt? Zunächst nicht mehr und nicht weniger, als dass es eine international standardisierte Leistungsmessung mit 15-jährigen Schülerinnen und Schülern aus 32 Staaten gab, bei der in jedem Land unterschiedlich zwischen 4 500 und 10 000 Schülerinnen und Schülern getestet wurden. Damit die Ergebnisse der PISA-Studie innerhalb Deutschlands auch auf Länderebene verwertbar waren, wurde die Stichprobe von 219 Schulen auf 1 466 Schulen erhöht (bei 50 000 Schülerinnen und Schülern). Bei der Mischung aus Multiple-Choice-Aufgaben und Fragen, für die eigene Antworten ausgearbeitet werden mussten, wurden Items für eine Testdauer von sieben Stunden eingesetzt. Ferner ging es auch um die Geschlechtsunterschiede in Basiskompetenzen, um selbst reguliertes Lernen, um familiäre Lebensverhältnisse und Lebens- und Lernbedingungen von Jugendlichen im internationalen Vergleich. Bei den drei Schwerpunkten

- der Lesekompetenz,
- der mathematischen und
- naturwissenschaftlichen Grundbildung

zeigten die Ergebnisse – je nach Ländern – gravierende Unterschiede und Deutschland schnitt insgesamt gesehen schlecht ab. Nun stellt sich die Frage: Und was wurde in dieser Studie über die Qualität der Kindertagesstättendidaktik gesagt? Nichts! Die Elementarpädagogik stand in keiner Weise im Fokus dieser Studie. Doch diese bedeutsame Tatsache interessierte offensichtlich nur wenige Menschen. Vielmehr gab es eine durchaus richtige und wichtige Fragestellung und gleichzeitig eine vorschnell gesetzte Alltagstheorie. Die Frage, inwieweit die Elementarpädagogik mitverantwortlich für das sehr schlechte Abschneiden der 15-jährigen Jungen und Mädchen ist, hat durchaus ihre Berechtigung und muss folgerichtig auch – aber nicht nur bzw. nicht primär – unter diesem Aspekt betrachtet werden.

Zum anderen – und hier beginnt eine Verkettung von einer sich immer stärker selbst dynamisierenden Entwicklung – ergab sich aus einer Alltagstheorie eine nächste. Ausgangspunkt der alltagstheoretischen Hypothese war/ist folgender: Wenn die in Deutschland untersuchten 15-jährigen Jungen und Mädchen entsprechend schlechte Untersuchungsergebnisse zum Ausdruck brachten, dann kann es vor allem daran liegen, dass Jugendliche im „Zeitfenster früher Kindheiten" zu wenig gefördert worden sind, weiß „man" doch, dass Kinder gerade im „Vorschulalter" besonders lern-, wiss- und förderbegierig sind.

> *„[Wenn man Kinder mit Wissen vollstopft,] was heißt aber dies anderes, als in einem fort einen Acker mit Samen auf Samen vollsäen? Daraus kann wohl ein toter Kornspeicher, aber kein lebendiges Erntefeld werden."*
>
> (Jean Paul)

Bildung muss das Ergebnis einer vernetzten Betrachtung sein

Ein spezifisches, individuell gezeigtes Leistungsverhalten der Kinder ergibt sich aus einer Fülle unterschiedlicher Einflussgrößen frühester, früher und späterer Erfahrungen und Bedingungen, die auf Kinder einwirken.

Bildung hat selbstverständlich

1. etwas mit dem Bildungsniveau von Eltern,
2. ihrem selbst gelebten Bildungsinteresse,
3. ihrem besonderen Freizeitverhalten,

4. ihrem Interesse an Kulturaneignung und -vermittlung,
5. dem die Kinder prägenden Erziehungsstil,
6. elterlichen Erziehungsmethoden usw. zu tun.

Gleichzeitig haben 7. das soziale Umfeld, in dem die Kinder und Jugendlichen aufwachsen, die die Persönlichkeit prägenden Lebensumstände und die gesamte Infrastruktur der unmittelbaren Umgebung sowie der Freundeskreis in gleichem Maße eine Auswirkung auf die „Bildung" von Kindern und Jugendlichen wie 8. die besondere Didaktik der von den Kindern besuchten Kindertagesstätte, 9. die personalen und beruflichen Merkmale der elementarpädagogischen Fachkräfte, 10. die Gruppenzusammensetzung und -größe, 11. die räumliche Ausstattung im Innen- und Außenbereich wie später auch die Schule.

Hier kommt es gleichfalls auf 12. die Didaktik des Unterrichts an, 13. die Klassengröße, 14. das besondere Können der Lehrer/-innen, 15. ihre Beziehungsfähigkeit und 16. ihr Bindungsverhalten zu Kindern usw. Doch all diese Betrachtungen – gemeint ist eine dezidierte Beachtung dieser Vernetzungen – scheinen in der *Praxis* der Elementarpädagogik (wie auch in der Landes- und Bundespolitik) zurzeit recht häufig eine immer untergeordnetere Bedeutung zu spielen. Stattdessen stehen „Bildungsaufgaben", „Bildungsansprüche" und „Bildungsobjekte" von vornherein fest: Wer „gebildet" werden muss, ist das Kind! Entsprechend gibt es dazu Symposien, Tagungen, Fortbildungsveranstaltungen und jede Menge didaktischer Materialien mit methodischen Hinweisen „zur optimalen Förderung von Kindern".

> *Du kannst auf drei Arten klug werden:*
> *Erstens durch das Nachdenken – das ist die edelste.*
> *Zweitens durch Nachahmen – das ist die leichteste.*
> *Drittens durch Erfahrung – das ist die bitterste und beste.*
>
> (Chinesisches Sprichwort)

„Bildung" wird schnell zum Modewort einer aktuellen Tendenz

„Hast du heute schon gelernt?" So oder in ähnlicher Art und Weise könnte eine Frage formuliert sein, die Erwachsene heute an Kinder im Kindertagesstättenalter und in didaktischer Formulierung an elementarpädagogische Fachkräfte stellen. Das ist nicht verwunderlich, suggerieren uns doch einerseits die meisten der bisher durch die einzelnen Länder verabschiedeten und publizierten „Bildungsprogramme" bzw. „Bildungsvereinbarungen" oder „Bildungsorientierungen", dass spätestens in der Kindertagesstätte die Fülle der brachliegenden Lernkapazitäten der meisten Kinder gezielt

aktiviert werden muss. Dabei geht es um die „Förderbereiche der Sensorik, Motorik, Emotionalität; Kommunikationsfähigkeit, Ästhetik, Kognition, Soziabilität, Sprache, Interkulturalität, Kreativität oder Welterkundung, Gesundheit, Naturwissenschaft, den Schwerpunkt Literacy, ein mathematisches Grundverständnis oder eine Zweisprachigkeit. An alle Möglichkeiten und „Bildungsfenster" wird gedacht, gilt es doch, möglichst keinen Bereich zu keinem Zeitpunkt außer Acht zu lassen. Und schon zeigt sich schnell ein weiterer Trend: „Quantität vor Qualität" – so heißt in vielen Einrichtungen inzwischen das Zaubermittel der Gegenwart. Eine Einrichtung, die möglichst viele Angebote in unterschiedlichen Schwerpunkten den Kindern offeriert und gleichzeitig den Eltern im Sinne einer „Angebotsskala" offenlegt, was Kinder in dieser speziellen Kindertagesstätte alles lernen können, ist in den Augen vieler Eltern, die nicht zuletzt als Kunden betrachtet werden (wollen), eine wirklich qualitätsgeprägte Institution. Und das Lob der Eltern bestärkt dabei viele Erzieher/-innen in der Annahme, auf dem richtigen Weg zu sein. So wird das Wort „Bildung" immer stärker unter dem Gesichtspunkt einer „späteren Verwertbarkeit" definiert und eingestuft, die die postmoderne Gesellschaft aus aktueller Sicht offensichtlich für nötig erachtet. Dazu kurz ein Zitat von Kurt Lewin (1963, S. 104):

> *„Nie wird ein Lehrer ein Kind mit Erfolg angemessen leiten können, wenn er nicht die psychologische Welt verstehen lernt, in der das individuelle Kind lebt. (...) Diese Welt des Individuums durch die Welt des Lehrers, des Arztes oder sonst jemandes zu ersetzen ist nicht objektiv, sondern falsch."*

So spielen bei dem aktuellen Bildungsverständnis eine tiefe Erlebnisqualität für das Kind, die Frage der Sinnhaftigkeit für das aktuelle Leben heutiger Kinder, ein starkes Glücksempfinden und hohe Glücksmomente für das gegenwärtig erfahrene Leben eine notwendigerweise untergeordnete Rolle. Bildung wird bedarfsgerecht zusammengestellt und so konzipiert, dass sie „effiziente Lernauswirkungen" bedingt. Natürlich versteht es sich in diesem Zusammenhang dann von selbst, dass regelmäßige Leistungs- und Erfolgskontrollen, Rankingverfahren und permanente Evaluationen den Erfolg dokumentieren sollen bzw. Misserfolge zu neuen Anstrengungen auffordern. Kurzum: Waren es also in den Sechzigerjahren die Vorschulblätter und das frühe Lesenlernen, die eine Faszination für die Elementarpädagogik bedeuteten, in den Siebzigerjahren der damals revolutionäre Situationsansatz, in den Achtzigerjahren die Momente der Neuorientierung und Stabilisierung von Ansätzen und Konzeption inklusive der Blicke über die Grenzen hinaus – erinnert sei an die Faszination der Reggio-Pädagogik – und ab der Mitte der Neunzigerjahre die Qualitätsdiskussion, so scheint es heute nur noch die „Magie der Bildung" zu geben mit einem größtenteils identischen Vokabular aus den Sechzigerjahren. Wieder gibt es „Vorschulhefte", die „zu einem guten Start in die Schule verhelfen sollen", Hefte mit „mathematischen Angeboten zur Durchführung von Zahlenprojekten", „naturwissenschaftliche Angebote zur Förderung von Begabungen" und „Entdeckungshefte", die jede Menge „Brain-Gym für kluge Köpfe" anbieten.

> *„Wenn du mit anderen ein Schiff bauen willst, so beginne nicht, mit ihnen das Holz zu sammeln, sondern wecke in ihnen die Sehnsucht nach dem großen, weiten Meer."*
>
> (Antoine de Saint-Exupéry)

Nehmen wir diese wundervolle Aussage als Ausgangsbetrachtung für den Begriff „Bildung" auf und setzen die bisher zusammengetragenen Fakten in Beziehung zu diesem Zitat, so kann gesagt werden, dass Bildung in Deutschland noch nicht einmal darin besteht, dass mit Kindern gemeinsam das Holz für einen Schiffbau gesammelt wird, sondern stattdessen vom Strand zusammengetragenes Bruchholz den Kindern zum Bau eines vorgegebenen Schiffmodells an den Tisch gebracht wird. So sei spätestens in diesem Zusammenhang die Frage erlaubt, ob und was dies tatsächlich mit einer „Bildung von Anfang an" zu tun hat.

Was ist eigentlich Bildung?

Im sogenannten „Delors-Bericht" definiert dieser UNESCO-Bericht zur Bildung für das 21. Jahrhundert, der 1997 in deutscher Sprache von der Deutschen UNESCO-Kommission herausgegeben wurde, in angemessener Kürze und in außergewöhnlich treffender Inhaltsprägnanz das wichtigste Ziel der Bildung. Dort (1997, S. 14) heißt es:

> *„Bildung ist der Kern der Persönlichkeitsentwicklung und der Gemeinschaft. Ihre Aufgabe ist es, jeden von uns, ohne Ausnahme, in die Lage zu versetzen, all unsere Talente voll zu entwickeln und unser kreatives Potenzial (...) auszuschöpfen."*

Wer diesen Satz in seiner großen inhaltlichen Bedeutung Wort für Wort versteht, merkt schnell, dass die in Deutschland – und damit auch die in deutschen Kindertagesstätten umgesetzte „Bildungsarbeit" außergewöhnlich wenig mit dieser Definition zu tun hat. Hier wird „Bildung" zunächst als Fundament einer Persönlichkeitsentwicklung des einzelnen Menschen verstanden und einer sozial miteinander verbundenen Gruppe.

Gemeint ist nicht eine Vermittlung kognitiver Ansammlungsfakten, sondern vielmehr die Entwicklung und der Ausbau der lebensbedeutsamen Kompetenz, neugierig zu sein und dies ein Leben lang zu bleiben. Gemeint ist nicht primär, den kognitiven Bereich anzusprechen, sondern den Menschen zu befähigen, das eigene Leben selbstständig und aktiv sowie verantwortungsvoll gestalten zu können. Gemeint ist nicht, sich anderen Menschen weitestgehend erwartungsorientiert unterzuordnen oder das zu tun, was andere erhoffen, sondern Autonomie zu entwickeln und Partizipationskompetenzen zu zeigen. Gemeint ist nicht, Aufgaben, die von anderen an einen selbst gestellt werden, zu erfüllen, sondern die Fähigkeit zu entdecken und zu nutzen, sich selbst für Aufgaben zu interessieren und zu motivieren, Leistungsbereitschaft zu entwickeln und Leistungsfähigkeit zu demonstrieren. Gemeint ist nicht, einzelne Teilleistungsaufgaben zu sehen und zu erfüllen, sondern die Dinge der Welt vernetzt miteinander zu betrachten, Sinnzusammenhänge zwischen unterschiedlichen Aspekten zu entdecken und Interdisziplinarität zu realisieren. Gemeint ist nicht, viel zu lernen, sondern gelernt zu haben, wie Wissen selbstständig zu erwerben ist und entsprechende Anstrengungen zu unternehmen, um aus einer breiten Allgemeinbildung (!) selbstaktiv vertiefende Kenntnisse zu suchen und zu erwerben. Gemeint ist nicht, die Dinge der Welt so zu betrachten, wie sie in der Vergangenheit und Gegenwart betrachtet wurden, sondern mit einem weltoffenen, kreativen Blickwinkel zu sehen, um neue Perspektiven zu entwickeln bzw. Innovationen zu initiieren. Gemeint ist nicht, Arbeitsstrategien anderer Menschen zu kopieren, sondern selbst hilfreiche Planungs- und Umsetzungsstrategien zu beherrschen, die entscheidend dazu beitragen werden, eigene Talente immer wieder aufs Neue auszubauen. Gemeint ist nicht, theoretisch über

Konflikte zu reden, sondern eine Konfliktkompetenz zu beherrschen, die zu einer tiefen Kommunikationskultur mit anderen Menschen beiträgt. Gemeint ist nicht, eigene Egozentrismen zu pflegen (Verhalten nach dem „Lustprinzip"), sondern Empathie und Solidarität zu entwickeln. Gemeint ist nicht, die Urteile anderer Menschen zu übernehmen, sondern ein eigenes Urteilsvermögen zu besitzen. Gemeint ist nicht, ein passives Lernverhalten zu zeigen, sondern eigenständige Lernaktivitäten an den Tag zu legen, um beispielsweise Wesentliches von Unwesentlichem unterscheiden zu können.

Eine weitere, sehr bedeutsame Begriffsdefinition des Wortes „Bildung" stammt vom Bibliographischen Institut Mannheim/Wien/Zürich (2005). Dort heißt es:

> *„Bildung ist die (bewusste) Entwicklung der Anlagen des Menschen mithilfe der Erziehung und des eigenen Strebens zur innerlichen Erfassung der religiösen, sittlichen, künstlerischen und wissenschaftlichen Werte."*

Auch hier erscheinen mehrere Aspekte beachtenswert, geht es doch darum, auch in der Ausgangssituation des Selbstverständnisses einer „Bildung von Anfang an" genau den Kern zu treffen.

Wenden wir uns daher dieser Definition einmal genauer zu. Dann ist feststellbar, dass von folgenden Grundklagen ausgegangen wird:

- Bildung existiert nicht von Anfang an – sie ist weder genetisch programmiert noch anlagebedingt. Vielmehr ergibt sich Bildung aus einer *Entwicklung*.
- Bildungsentwicklung umfasst offensichtlich zwei Aspekte, durch die sie selbst entstehen kann: Zum einen ist es möglich, sie selbst bewusst zu initiieren und damit zu steuern, zum anderen geschieht sie auch unterbewusst (nebenbei) durch bestimmte Erlebnisse, Erfahrungen und Eindrücke, denen das Kind in seiner Biografie ausgesetzt ist.
- Bildung umfasst die Entwicklung menschlicher Anlagen. (Wenn nach aktueller entwicklungspsychologischer Sicht und aufgrund des heutigen Wissensstandes davon ausgegangen werden kann, dass mit dem Begriff „Anlage" „die genetische Ausstattung eines Menschen gemeint ist und diese wiederum das vorhandene Entwicklungspotenzial" umfasst, so handelt es sich hierbei also um die „Möglichkeiten zur Verwirklichung von Fähigkeiten", die als „Werdemöglichkeiten" verstanden werden und durch „entsprechende Umwelteinflüsse entfaltet werden müssen." (Hobmair, 2005, S. 17).
- Bildung geschieht durch zwei Einflusspotenziale – zum einen durch das weite Feld der Erziehung, die sich in direkter und indirekter Form auf die Bildungsorientierung und die Bildungspotenzen des Kindes auswirkt. Zum anderen bleibt die Erziehung

„in Sachen Bildung" unwirksam, wenn nicht auch das Kind selbst aktiv in eine Bildungsentwicklung (i. S. der Selbstbildung) eintritt.

- Bildung konzentriert sich in erster Linie auf die „Erfassung von Werten", wobei mit „Werten" „Einstellungen, Einschätzungen, Sichtweisen" gemeint sind (im Unterschied zur Wissensaneignung und kognitiven Kompetenz!).
- Bildung als Werterfassung ist nur dann im Sinne einer Nachhaltigkeit „gelungen", wenn persönliche „Einstellungen, Einschätzungen und Sichtweisen" auch tatsächlich verinnerlicht sind und damit zu konstanten Persönlichkeitsmerkmalen werden konnten bzw. geworden sind.
- Bildung umfasst vier „Wertearten": religiöse, sittliche, künstlerische und wissenschaftliche Werte. Dabei versteht es sich von selbst, dass religiöse Werte selbstverständlich nicht mit kirchlich geprägten Dogmen gleichgesetzt werden dürfen/können und der Begriff „sittlich" durch die Wortbezeichnung „ethisch" ersetzt werden kann. Zur Verdeutlichung soll an dieser Stelle eine (sicherlich nicht vollständige, aber mit grundlegenden Begriffen ausgestattete) Übersicht gegeben werden.

a) Religiöse Werte
   - Vergebung von Schuld, damit sich ein freundlicher Umgang mit anderen Menschen aufbauen und weiterentwickeln kann;
   - Verzicht auf Hass oder Neid, damit vorprogrammierte Konflikte – zumeist als Konfliktverstärker aus vergangenen, immer noch existierenden Restkonflikten – in der Kommunikation überflüssig werden;
   - Vorurteilsfreiheit: Akzeptanz anderer Menschen mit einem anderen kulturellen, religiösen, ethnischen oder biografischen Hintergrund;
   - Verzicht auf persönliche Eitelkeiten;
   - Verzicht auf egozentrische Sicht- und Verhaltensweisen, um im Umgang mit anderen Menschen sozial und verantwortungsvoll umgehen zu können;
   - Ehrlichkeit zur Grundlage des eigenen Lebens erklären, um mit der Zeit immer stärker und ausgeprägter zu einem „ungeschönten" Selbstbild zu finden und sich bzw. anderen Menschen eine Kommunikation zu ermöglichen, die es nicht nötig hat, durch verstellte Aussagen zu geschönten Ergebnissen zu kommen;
   - materielle oder ideelle Güter teilen bzw. abgeben können, um andere Menschen am eigenen Glück bzw. an der eigenen Zufriedenheit teilhaben zu lassen;
   - soziales Engagement zeigen, um aktiv an einer humanen Welt mitzuarbeiten;
   - Dankbarkeit zeigen, um nicht die ungezählten Glücksmomente des Lebens als Selbstverständlichkeit einzustufen und mit der Zeit gar nicht mehr wahrzunehmen;
   - Gewaltlosigkeit zur inneren Einstellung erklären und gleichzeitig dafür sorgen, dass jede Form der Gewaltanwendung überflüssig bzw. vermieden wird.

b) Sittliche Werte
   - ein Gerechtigkeitsempfinden besitzen, um sich selbst vor einer Ausweitung des Egozentrismus zu schützen und gleichzeitig dafür zu sorgen, dass das unmittelbare Umfeld durch eine gerechte Kommunikation gekennzeichnet ist;
   - Verantwortung für die Dinge im Leben übernehmen, die man selbst getan und die man selbst unterlassen hat;
   - Zuverlässigkeit zeigen, um für andere Menschen einschätzbar zu sein;
   - immer dann ein Zuständigkeitsempfinden spüren, wenn es darum geht, dass die eigene Person, der eigene Einsatz oder das selbstständige Handeln nötig und gefragt sind;
   - Achtsamkeit im Umgang mit Menschen, Tieren und der Natur zeigen, um auf der einen Seite human geprägte, verantwortungsvolle Beziehungen aufzubauen bzw. einen wert-schätzenden Umgang pflegen zu können und auf der anderen Seite dafür Sorge zu tragen, dass nicht durch vorschnelle oder unüberlegte Handlungen Beziehungen gestört werden bzw. vorschnelle Entscheidungen destruktive Auswirkungen haben können;
   - Freundlichkeit ausdrücken, um damit eine grundsätzliche Offenheit für Kommunikationsvorgänge zu ermöglichen.

c) Künstlerische Werte
   - die eigenen Sprach- und Sprechfertigkeiten in der Form entwickeln, dass auf der einen Seite ein großer Wert auf eine sorgsame Wortwahl- und nutzung gelegt und auf der anderen Seite eine klare, verständliche Unterhaltung gepflegt wird;

- Musik als einen wesentlichen Bestandteil der Kultur begreifen, sie erleben und selbst aktiv Musik machen;
- Interesse an Kunst, Kunstgeschichte, Stilepochen, Kunstrichtungen, Kunsttechniken und Kunstgegenständen zeigen, selbst Kunstgegenstände herstellen und dabei eigene Talente entdecken sowie mit Künstlern zusammenarbeiten;
- Fantasien im Umgang mit Materialien, Formen und Farben entwickeln und in entsprechenden Aktionen umsetzen;
- Gesang als eine wesentliche, eigene Ausdrucksform entdecken, nutzen und pflegen.

d) Wissenschaftliche Werte
- Wahrnehmungsoffenheit für private und berufliche Herausforderungen im Alltag entdecken, um immer wieder neue Impulse für das eigene Denken und Handeln zu erhalten;
- kreatives Denken und Handeln beherrschen, um bei neuartigen oder schwierigen Aufgabenstellungen und Problemen auch neuartige Lösungswege zu entwickeln;
- eine differenzierte Wahrnehmung entwickeln, um immer wieder die vielfältigen, unterschiedlichen Aufgabenstellungen sorgsam betrachten zu können;
- Hintergründe für Gegebenheiten suchen und erkennen, um Sinnverbindungen und kausale Vernetzungen zu identifizieren;
- ein perspektivisches Denken entwickeln, um auch bei schwierigen Problemen oder Problemstellungen den Blick in Richtung Neuorientierung und „Machbarkeit" zu wenden;
- Thesen bei der Durchführung von schwierigen Aufgabenstellungen entwerfen, um diese dann durch eigene Erfahrungen entweder zu verifizieren oder zu falsifizieren;
- Vergleiche anstellen zwischen Ereignissen eines früheren Handelns (und den erzielten Erfolgen bzw. Misserfolgen) und den jetzigen Handlungsstrategien;
- immer wieder auf neue Fragen stoßen, um die eigene Denkentwicklung zu fördern und die eigene Wissenskapazität kontinuierlich zu erweitern;
- Anstrengungsbereitschaft aufbringen, um auch schwierigere Aufgabenstellungen und Problembereiche erfolgreich angehen und meistern zu können;
- selbstständig neue Aufgabenstellungen entdecken und diese unaufgefordert erledigen.

Werte sind dem Menschen dabei hilfreich, in ihnen eine handlungsleitende, sinngebende und zielausgerichtete Orientierung zu sehen, um sich mit persönlich bedeutsamen Maßstäben im Leben zu bewegen und entsprechend werteorientiert mit sich und anderen, der gegenständlichen und naturgeprägten Welt umzugehen.

Karl Stanjek nutzt dazu die Metapher (= Bild) von Schiffen und Leuchttürmen. So wie ein Leuchtturm für Schiffe eine Orientierung darstellt, so bieten Werte den Menschen einen Richtungsmaßstab für ihr Denken, Fühlen und Handeln. Werte tragen ihren Bedeutungsgehalt in ihrer Ausrichtung auf Ziele, die für den einzelnen Menschen wichtig sind, sei es beispielsweise, dass es darum geht, eigene Bedürfnisse oder Wünsche egozentrisch durchzusetzen oder stattdessen eigene Vorstellungen mit den Vorstellungen anderer Menschen abzuwägen.

Bildung auf den Punkt gebracht

Bildung wird demnach als eine persönlichkeitsbildende und nachhaltige Entwicklung angesehen, die sich in erster Linie auf emotional-soziale und handlungsorientierte Kompetenzen bezieht, ausgerichtet auf bedeutsame Einstellungen, Werte und Sichtweisen. Diese gilt es auf der Grundlage von verinnerlichten Erkenntnissen in eigene Entscheidungen und in das eigene Handeln einfließen zu lassen. Insofern muss zwischen den Begrifflichkeiten „Qualifizierung" einerseits und „Bildung" andererseits strikt unterschieden werden, ebenso wie zwischen den Begriffen „Wissenskompetenz" und „Bildung". Würde diese Differenzierung nicht vorgenommen werden, könnte aus gesellschaftspolitischer und allgemeinpädagogischer Sicht angenommen werden, die Elementarpädagogik befinde sich zurzeit in einer „Bildungsoffensive". Genau das Gegenteil ist der Fall. Solange Bildung als eine Art Ware, ein Konsumgut, angesehen wird, so lange müssen zwangsläufig Kinder als Bildungsempfänger und damit als

leere Gefäße betrachtet werden, die es mit entsprechenden „Bildungsmengen" unaufhörlich zu füllen gilt. Allerdings machen neurophysiologische und aktuelle entwicklungspsychologische Untersuchungen immer wieder deutlich, dass Bildungsprozesse nicht nach diesem Gedankenmodell einer Warenvermittlung funktionieren. Es ist wissenschaftlich nicht haltbar, anzunehmen, Bildung könne einem Menschen „beigebracht, weitergegeben" oder auf ihn „übertragen werden". Nach wie vor wird Bildung in Kindern nur dann initiiert, wenn sie aus ihrer subjektiven Sicht und Einschätzung heraus innerlich spüren, dass die Wahrnehmungsimpulse etwas mit ihrer eigenen Motivation, ihrer aktuellen Lebenssituation und Neugierde zu tun haben – Kinder müssen immer wieder einen Kontext erleben! Ihre bisherigen Vorerfahrungen machen es ihnen möglich, die neuen Sinneseindrücke und Erlebnisse miteinander zu vernetzen, die neuen Lernimpulse als bedeutsam zu decodieren und aufgrund zurückliegender Informationen einzuordnen. Damit ist das Kind in der Lage, diese Informationen als sinnvoll zu erschließen.

Prof. Dr. Gerd E. Schäfer spricht in diesem Zusammenhang von einer „Bildung aus erster Hand" im Unterschied zu einer „Bildung aus zweiter Hand", mit dem im zweiten Fall ein Lernen als Übernahme von dem, was andere einem vorgeben, gemeint ist. Und schon in seiner Veröffentlichung von 1995 – also vor dem Beginn der PISA-Diskussion (!) – schreibt Schäfer: „Bildung hat etwas mit Selbstständigkeit zu tun. Man kann nicht gebildet werden, bilden muss man sich selbst." (Bildungsprozesse im Kindesalter, 1995)

Und der Bildungsforscher Hans-Joachim Laewen drückt sich auf einer Fachtagung in Potsdam am 27. und 28. 01. 1998 so aus: „Das Kind ist also nicht auf Vermittlung in

Form von Belehrung angewiesen, sondern strebt von sich aus nach Weltdeutung und Handlungskompetenz." Prof. Dr. Klaus Firlei (Universität Salzburg) bringt die gegenwärtige Bildungsarbeit konkret auf den Punkt, wenn er davon spricht, dass zurzeit nach seiner Einschätzung der Bildungsarbeit „die Bildung zum Abschuss freigegeben ist" und „Sinn verkauft wird, wo keiner ist" (Firlei, 2004, S. 5 ff.). Natürlich ist es gut, wenn tatsächlich eine schon seit Jahren dringend überfällige Bildungsrenaissance auch in Kindertageseinrichtungen und ebenso in Familien und Schulen Einzug halten würde. Dann kämen die Begriffe Freude am Entdecken, Wertschätzung von Scharfsinn, Konzentration auf das Wesentliche, Wertebildung als höchste Form einer verantwortungsvollen Lebensgestaltung, Liebe zur Ästhetik, die pure Freude an Selbstentwicklung, Spiritualität in der Auseinandersetzung mit sich, der Welt, den Sinnfragen des Lebens und anderen Menschen, Respekt vor der Natur, Entwicklung der Emotionalität und der Klarheit, das Interesse an Geschichte, der Kunst und der Musik verstärkt zum Vorschein. Bezogen auf die Frage einer Bildungsbedeutung für die Elementarpädagogik in diesem Sinne führt es ein afrikanischer Spruch treffend aus:

„Was nicht in die Wurzeln gelangt, kommt auch nicht in die Krone."

(Erinnert sei in diesem Zusammenhang an die erfolgreiche Bildungsarbeit der Schweden, wo mit dem „Kunskapens Träd" – dem „Baum der Erkenntnis" – der Leitfaden für die elementar- und schulpädagogische Arbeit in Form eines Baumes dargestellt ist. Die Wurzeln und der untere Stammbereich zeigen die Lernbereiche und -ziele für den Elementarbereich, die Ziele und Lernbereiche der anschließenden neun Schuljahre befinden sich im oberen Stamm- und im Baumkronenbereich als Folge eines starken Wurzelwerkes!) Der ehemalige Bundespräsident Johannes Rau hat es schon auf seiner Rede auf dem ersten Kongress des Forums Bildung „Wissen schafft Zukunft" am 14. 07. 2000 in Berlin so treffend formuliert: „Wir sollten deshalb Bildung wieder stärker ganzheitlich verstehen. In der Bildung vergewissern wir uns unserer selbst und finden unsere Identität. (...) Zur Bildung gehören die Vorstellungen und Einstellungen, die Fähigkeiten und Gewohnheiten, die es dem Menschen ermöglichen, die Welt selbstbestimmt und verantwortlich zu gestalten. Bildung ist etwas anderes als Wissen. Wissen lässt sich büffeln, aber Begreifen braucht Zeit und Erfahrung. (...) Selbstständig und frei denken zu lernen (Darauf kommt es an. AK) (...) Wer nicht denken gelernt hat, der kann diesen Mangel durch noch so viele Informationen nicht ersetzen. Denken und Verstehen: Das hat zu tun mit dem ganzen Menschen, mit Leib und Seele, mit Herz und Verstand. Denken und Verstehen: Das hat zu tun mit analytischen Fähigkeiten und Fantasie, mit Einfühlungsvermögen und mit der Fähigkeit, sich neue Wege zu erschließen. (...) "

Professionelle Konsequenzen für die Praxis

> *„Wir finden unsere größten Chancen und Gelegenheiten zu wachsen jenseits unserer Bequemlichkeitsbremse."*
>
> (Neale Donald Walsch)

Ein solches Verständnis von Bildung hat außergewöhnlich viele Konsequenzen. Vor allem die, dass viele Eltern, Einrichtungsträger und viele Mandatsträger, elementarpädagogische Fachkräfte ebenso wie viele Fachberater/-innen und Fachschullehrer/-innen einen deutlichen, teilweise radikalen Perspektivwechsel vornehmen (müssen), um einem wissenschaftlich haltbaren und gleichzeitig kindorientierten Bildungsverständnis Raum zu bieten. Dazu gehört allerdings auch, dass erwachsene Personen (Eltern und Fachkräfte) sich selbst als die ausschlaggebende Bildungsdidaktik verstehen, einer nachhaltigen Bildungsqualität zu Kindern eine außergewöhnlich hohe Priorität einräumen, sich selbst als Modell für Bildungsprozesse offenbaren und die Kinder als Bildungssubjekte in einer immer stärker bildungsreduzierten Welt wertschätzen. Bildung ist damit „a priori" zunächst als eine sehr bedeutsame Herausforderung für alle elementarpädagogischen Fachkräfte zu verstehen unter der Überschrift: „Selbstbildung als Aufgabe im Bildungsprozess aller elementarpädagogischen Fachkräfte".

Max Frisch, Schweizer Schriftsteller, hat sich in seinen vielen Schriften mit der Frage nach der Identität des Menschen und dem Umgang mit seiner Welt auseinandergesetzt. In seinem ersten Tagebuch (1946–1949) schrieb er unter anderem: „Auch wir sind die Verfasser der anderen; wir sind auf eine heimliche und unentrinnbare Weise verantwortlich für das Gesicht, das sie uns zeigen, verantwortlich nicht für ihre Anlage, aber für die Ausschöpfung dieser Anlage." (1985, S. 29) Dieser Satz trifft mit seiner Bedeutung genau in die hohe Verantwortung der erzieherischen Tätigkeit. Gleich den Verfassern von Büchern, Fachartikeln und Konzeptionen, die ihre Gedanken „schwarz auf weiß" zu Papier bringen, sind es auch Erzieher/-innen, die mit ihrer Persönlichkeit und ihrer besonderen Arbeitsweise eine prägende (Aus-)Wirkung auf Kinder haben – neben den Einflüssen der Elternhäuser. Auch Erzieher/-innen wirken heimlich und unentrinnbar! Entsprechend dem Watzlawick-Axiom, dass sich der Mensch nicht nicht verhalten kann, bringen sie ihren Einfluss körpersprachlich und verbal ins Interaktionsgeschehen mit Kindern ein. Und damit zeigen Kinder ihre Verhaltensweisen auch (und immer) als eine Reaktion auf das subjektive Erleben der elementarpädagogischen Kräfte. Insoweit überrascht es nicht, wenn der bekannte Psychoanalytiker *Carl Gustav Jung* einmal schrieb:

> *„Wenn wir bei einem Kind etwas ändern wollen, sollten wir zuerst prüfen, ob es sich nicht um etwas handelt, das wir an uns selbst ändern müssen."*

Ein Satz, der von hoher Aussagekraft ist und dennoch häufig außer Acht gelassen wird. Elementarpädagogische Fachkräfte sind es durch ihre (geschichtlich zurückliegende und darin begründete) Profession gewohnt, Bildungsziele für Kinder zu formulieren: Sie versuchen immer wieder, dafür zu sorgen, dass sich Kinder auf unterschiedliche Herausforderungen einlassen, Wesentliches von Unwesentlichem unterscheiden lernen, sich selbst und ihre Handlungstätigkeiten genau anschauen, Fragen stellen und Hypothesen bilden, Theorien entwerfen und diese handlungsorientiert überprüfen, ihre Handlungen durch Versuch und Irrtum immer wieder neu einrichten und gestalten, an neuen Erkenntnissen arbeiten und Erfolge erringen, unbrauchbare Strategien verwerfen und expansiv die Herausforderungen der Zeit und der Welt aufgreifen. So weit, so gut. Doch an dieser Stelle sei spätestens jetzt darauf hingewiesen, dass Bildung nur dann geschehen kann, wenn Erwachsene die für Kinder formulierten Ziele zunächst immer zu eigenen Zielsetzungen erklären, getreu dem Motto: „Nur was ich selbst begreife, verstehe und auf mich selbst übertrage, ist ggf. dazu geeignet, als Zielsetzung für Kinder und deren Bildungsprozess tauglich zu sein."

> *„Kurz, ich bin verrückt danach, aber ich weiß genau, dass ich das Meer, um es wirklich gut malen zu können, jeden Tag sehen muss, zu jeder Stunde und am selben Ort, damit ich sein Leben verstehe."*
>
> (Claude Monet)

Bildung ist – wie der „Delors-Bericht" feststellt – nicht nur „der Kern der Persönlichkeitsentwicklung, in dem es darum geht, all unsere Talente voll zu entwickeln und unser kreatives Potenzial, einschließlich der Verantwortung für unser eigenes Leben und der Erreichung persönlicher Ziele auszuschöpfen", sondern auch eine selbstverantwortliche Aufgabe, dass „Bildung stets mit Selbstbildung" beginnt. *Pestalozzi* hat es einmal so formuliert: „Erziehung ist Liebe und Vorbild. Sonst nichts!" Etwas abgewandelt könnte nun die aktualisierte Form dieser Aussage lauten: „Bildung ist Selbstbildung und Modell. Sonst nichts." Konkret könnte dies im Einzelnen bedeuten: Bildungsarbeit in der Kindertagesstätte beginnt dort, wo elementarpädagogische Fachkräfte selbst Freude und ein hohes Interesse daran haben,

- immer wieder ein neues Wissen zu erwerben,
- vertiefende Kenntnisse zu gewinnen,
- Lernherausforderungen zu suchen und Handlungskompetenzen aufzubauen bzw. zu erweitern,
- Konfliktkompetenzen zu erwerben, um vorurteilsfrei, offen und neugierig schwierige Situationen zu meistern,
- an der eigenen Lern- und Lebensgeschichte zu arbeiten,
- bisher verborgene Talente zu entdecken und neu zu nutzen,
- weltoffen auf alles Unbekannte zuzugehen,
- sich immer wieder selbst zu motivieren, mit Engagement und Risikofähigkeit die Welt humaner mitzugestalten.

So ist die besondere berufliche Identität stets mit der persönlichen Bildungsidentität der Erzieher/-innen auf das Engste verknüpft, und beide Identitätsbereiche entstehen nicht von alleine. Sie entwickeln sich vielmehr aus der eigenen Motivation heraus, human orientierte, kompetente und professionelle Verhaltensmerkmale auf- und auszubauen, um einerseits selbstverantwortlich mit sich umgehen zu können, andererseits eine qualitätsgeprägte und bildungsoffensive Elementarpädagogik durchzuführen, die tatsächlich den viel genutzten Begriff „bildungseffiziente Qualität" zu Recht beansprucht. Die persönliche und berufliche Identität entwickelt sich im (selbst)kritischen Umgang mit den eigenen, fremden und arbeitsfeldspezifischen Anforderungen, die mit dem Berufsbild der Erzieherin/des Erziehers auf das Engste verbunden sind. So geht es beispielsweise darum, immer wieder selbstreflexiv die eigene Lebensgeschichte und das konkrete Verhalten mit dem konkreten Alltagsgeschehen vor Ort zu vernetzen, um festzustellen, welche Handlungsmomente konstruktiv und welche destruktiv waren/sind. Dazu gehört unter anderem eine ausgebaute Dialogfähigkeit, um mit sich in den unterschiedlichsten Lebens- und Arbeitssituationen in Selbstbetrachtungen und Verhandlungen einzutreten. Hier heißt es dann, lebendige Entwicklungsfelder zu entdecken, Entwicklungschancen zu nutzen und Fehlentwicklungen durch neue Handlungsstrategien zu ersetzen. In einem immer wiederkehrenden Klärungsprozess müssen unterschiedliche Erwartungen und Anforderungen, die man selbst an sich (zu haben) hat und die von außen kommen, auf ihre fachliche Existenzberechtigung hin überprüft werden.

Es müssen

- Widersprüche entdeckt und geklärt,
- rigide Verhaltensmuster entdeckt und verändert,
- Auseinandersetzungen mit sich und anderen geführt,
- Entscheidungen mitgetragen, korrigiert bzw. durchgehalten,
- Standpunkte fachlich begründet vertreten,
- Lernmöglichkeiten gesucht,
- neue Handlungsstrategien ausprobiert

und es muss

- Stellung bezogen,
- Selbstaktivität gezeigt und
- Selbstverantwortung übernommen werden.

Weiterhin geht es darum,

- persönliche Meinungen in Fachargumente zu wandeln,
- Vermutungen und Vorurteile zurückzustellen und stattdessen Wahrnehmungsoffenheit für Realitäten zu entwickeln,
- Lernanregungen selbst zu bemerken und Lernräume für sich zu gestalten sowie
- Handlungsalternativen für die Situationen zu finden, die mit den bisherigen Lösungsversuchen zu keinem befriedigenden Ergebnis führten.

Bei all den vielen Selbstentwicklungsaufgaben wird es nicht ausbleiben, dass immer wieder Identitätskrisen auftauchen. Doch gerade sie sind immer eine Chance, ein erlebtes, aktuelles Chaos als einen Neuanfang zu verstehen. So heißt es in einer fernöstlichen Weisheit:

> *„Du musst Abschied nehmen, wenn du weitergehen willst."*

Krisen und Störungen sind Wege für innovative Veränderungen! Seit vielen Jahren schon zeichnet sich das realisierte Berufsbild der elementarpädagogischen Fachkräfte vor allem durch zwei Merkmale aus: 1. Das berufliche Selbstbewusstsein der Erzieher/-innen bleibt weit hinter der Bedeutung der tatsächlich geleisteten bzw. zu leistenden Arbeit zurück! 2. Das berufliche Selbstverständnis von Erzieherinnen und Erziehern ist geprägt von einer überhöhten Bereitschaft, möglichst allen Verhaltenserwartungen, die an sie gerichtet werden, gerecht zu werden. Es wäre bzw. ist eine zwingende Aufgabe in der Elementarpädagogik, diese beiden Annahmen/Aussagen/Realitäten endlich ins Gegenteil zu wandeln. Doch eines ist sicher: Eine bildungsoffensive Professionalität, nach außen gezeigt, wird nur dann glaubhaft aufgenommen werden, wenn eine innere Professionalität zur Entwicklung von Humanität und Fachlichkeit in Gang gesetzt und ausgebaut wird. Selbstentwicklung und Selbsterziehung führen zu einer professionellen Selbstverwirklichung und Selbstbildung – ein umgekehrter Weg führt zu Starrheit und Ignoranz von notwendigen Handlungsschritten.

Aurelius Augustus, ein großer Kirchenlehrer, sagte einmal:

> *„In dir muss brennen, was du entzünden willst."*

Wenn elementarpädagogische Fachkräfte Kinder und ihre Entwicklung, Kollegien und Träger, die Öffentlichkeit und Eltern sowie die Politik im Sinne einer qualitätsgeprägten und bildungsaktiven Elementarpädagogik immer wieder neu entzünden wollen, sind ein hohes Engagement, offenes Handeln, Lebendigkeit und vor allem Selbstbildung unausweichlich.

Kinder

Kinder wollen sich bewegen, Kindern macht Bewegung Spaß,
weil sie so die Welt erleben, Menschen, Tiere, Blumen, Gras.
Kinder wollen laufen, springen, kullern, klettern und sich dreh'n,
wollen tanzen, lärmen, singen, mutig mal ganz oben steh'n,
ihren Körper so entdecken und ihm immer mehr vertrau'n,
wollen tasten, riechen, schmecken und entdeckend hörend schau'n,
woll'n fühlen, wach mit allen Sinnen, innere Bewegung – Glück.
Lasst die Kinder dies gewinnen und erleben Stück für Stück.

(Karin Schaffner)

Zusammenfassende Gedanken

Bildung kann nur dann im Sinne einer Selbstbildung der Kinder erfolgreich sein, wenn
- sich Bildungsarbeit als eine „eigenständige Welterkundung" durch die Kinder entwickelt,
- Kinder erleben, dass diese Welterkundung als etwas ganz Konkretes mit ihrem individuellen Leben zu tun hat,
- Kinder und Erwachsene durch ihre selbstaktiven Bildungsaktivitäten ein ständig wachsendes Identitätsbewusstsein erlangen,
- das Bildungsgeschehen sowohl in einer beziehungsnahen Interaktion mit den Erwachsenen (Erzieherinnen/Erziehern und Eltern) geschieht als auch durch selbstaktive Vorhaben „genährt" wird,
- Erwachsene durch ihre ständige Bildungsbereitschaft und ihre vielfältigen Bildungsaktivitäten selbst in einem stets aktivierten Bildungsprozess stehen,
- Bildung als ein individueller Entwicklungsweg aller Beteiligten verstanden wird,
- Bildungsergebnisse nicht nach Einschätzung von Erwachsenen als „richtig bzw. falsch" klassifiziert, sondern unter dem Aspekt einer hilfreichen Persönlichkeitsentwicklung betrachtet werden,
- Bildung als ein Entwicklungsvorgang im Alltag geschieht und nicht durch künstliche, zeitbegrenzte und belehrende „Bildungsprogramme" erzielt werden will,

- Bildung durch die lebendige Auseinandersetzung – gerade mit vielfältigen, alltagsbedeutsamen philosophischen Gedanken – die Selbstexploration des Menschen unterstützt und ihn zu einer wertebewussten Einschätzung von Situationen befähigt,
- Erwachsene alle für Kinder formulierten Bildungsziele als eigene Bildungsanforderungen deuten,
- Kinder ihre Alltagserfahrungen mit einem subjektiven „Bedeutungssinn“ verknüpfen können,
- Kinder die gesamte Bildungsarbeit als ein „Bildungsrecht“ erleben und nicht als eine fremd gesteuerte „Bildungspflicht“ erfahren müssen,
- nicht – wie häufig in der elementarpädagogischen Praxis zu beobachten ist – aus Sachanforderungen und Problemen Beziehungsschwierigkeiten provoziert werden,
- Bildung in einer stetigen Verknüpfung von Herz, Hand und Hirn erlebt werden kann,
- Bildungsarbeit für Kinder und Erwachsene gleichermaßen immer wieder mit Zuversicht und Perspektivorientierungen verbunden ist,
- die Begriffe „Bildung“ und „Wissen“ unterschiedlich definiert werden und sich das professionelle Bewusstsein durchsetzt, dass es in der gesamten Bildungsarbeit nicht primär darum geht bzw. gehen kann/darf, konkretes Einzelwissen den Kindern zu vermitteln,
- Bildung als Selbstwirksamkeit erlebt wird – verbunden mit der Fähigkeit, über eigene Entwicklungspotenziale zu staunen, sich selbst zu begeistern, eine vielseitige emotionale Empfänglichkeit aufzubauen, immer wieder eine aktive Fragestellung zu besitzen und sich in ständige Anregungsbereitschaften zu begeben,
- Bildung eine erfahrungsorientierte, handlungsbezogene und anschauungsattraktive Tätigkeit darstellt.

Erzähle mir und ich vergesse.
Zeige mir und ich erinnere.
Lass es mich tun und ich verstehe.

(Konfuzius)

Ein Märchen kann man als Übergangsgedanken zum Bildungsverständnis im „Situationsorientierten Ansatz" sehen:

> *... An manchem warmen Sommertag hatte die Eintagsfliege um die Krone [eines alten Baumes] getanzt, gelebt, geschwebt und sich glücklich gefühlt, und ruhte dann das kleine Geschöpf einen Augenblick in stiller Glückseligkeit auf einem der großen, frischen Eichenblätter aus, dann sagte der Baum stets: „Arme Kleine! Nur ein einziger Tag ist dein ganzes Leben! Wie kurz nur! Es ist traurig!"*
> *„Traurig?", antwortete dann stets die Eintagsfliege, „was meinst du damit? Alles ist ja so wunderbar hell, so warm und schön, und ich bin so froh!"*
> *„Aber nur einen Tag, und dann ist alles vorbei!",*
> *„Vorbei!", sagte die Eintagsfliege, „was ist vorbei? Bist du auch vorbei?"*
> *„Nein, ich lebe vielleicht Tausende von deinen Tagen und mein Tag umfasst ganze Jahreszeiten! Das ist etwas so Langes, dass du es gar nicht ausrechnen kannst!"*
> *„Nein, denn ich verstehe dich nicht! Du bist Tausende von meinen Tagen, aber ich habe Tausende von Augenblicken, um darin froh und glücklich zu sein! Hört denn alle Herrlichkeit dieser Welt auf, wenn du stirbst?"*
> *„Nein", sagte der Baum, „die währt gewiss länger, unendlich viel länger, als ich zu denken vermag!"*
> *„Aber dann haben wir ja gleich viel, nur dass wir verschieden rechnen!" ...*
>
> (Auszug aus „Der letzte Traum der alten Eiche", Hans Christian Andersen)

6. Bildung im „Situationsorientierten Ansatz": Wie viel Bildung und welche Bildung braucht ein Kind?

> *„Je länger man lebt, desto deutlicher sieht man, dass die einfachen Dinge die wahrhaft größten sind."*
>
> (Romano Guardini)

Tatsache ist, dass das gesamte Kinderleben immer stärker einem Leben gleichkommt, das fast ausschließlich einer Aneinanderreihung von „pädagogischen Arrangements" entspricht. So kann unbestritten behauptet werden, dass ein Kinder(er)leben immer stärker eingeschränkt, die Kinderzeiten immer häufiger zerteilt und die Kinderwelten immer intensiver zerrissen werden. Es wird für Kinder gedacht und für sie geplant, für Kinder arrangiert und für Kinder gehandelt, anstatt zu begreifen, dass eine „Pädagogik vom Kinde aus" eine lebendig erlebte Pädagogik mit dem Kind ist.

„Zu früh, zu ausschließlich lehrt man Kinder, was sie hören, sehen, fühlen und denken dürfen. Was würden sie später doch alles können, hätten sie nicht so früh so viel gelernt."

(Hans-Herbert Dreiske)

Viele elementarpädagogische Fachkräfte haben sich schon vor Jahren darüber aufgeregt, dass Eltern ihren Kindern in immer jüngerem Alter immer mehr eigenständige Kindheitszeiten vorenthalten, indem sie die Tendenz unterstützen, Kinder in Arrangements unterzubringen. Mit dem Babyschwimmen, den Krabbelgruppen und frühkindlichen Förderprogrammen fing es an, zog sich über die ungezählten Kurse und Trainings für Kinder weiter (Montag: Ballett/Judo; Dienstag: Flöten-/Klavierunterricht; Mittwoch: Turnen/Fußball; Donnerstag: Reiten/Handball; Freitag: Tennis/frühes Lesenlernen; Samstag: Sportturniere; Sonntag: frei!?) und setzt(e) sich dann über die Kindertagesstättenzeit fort. Viele Kinder hatten und haben ein Tagesprogramm, das dem eines Managers ähnlich ist.

„Jedes Kind hat das Recht zu lernen, zu spielen, zu lachen, zu träumen, zu lieben, anderer Ansicht zu sein, vorwärtszukommen und sich zu verwirklichen."

(Hall-Denis-Report, Ontario, 1968)

Nun ergibt sich bei genauerer, aktueller Betrachtung allerdings die fachliche Berechtigung feststellen zu müssen, dass auch elementarpädagogische Einrichtungen diese beklagte Vertreibung der Kindheiten, die im familiären Bereich zunehmend zu beobachten ist, mitmachen, institutionell aktiv ausbauen und pädagogisch mit dem „neuen" Bildungsauftrag einer progressiven Frühpädagogik zu begründen versuchen. Dabei fällt allerdings auf, dass „Bildung" als eine Form der „Belehrung" verstanden wird, um kognitive Prozesse zu fördern, als ob es darum gehe, ein leeres Fass in möglichst kurzer Zeit zu füllen. Dabei wird in vielen Fällen vor diese künstlich hergestellten Lernsituationen die an sich bedeutsame, doch bei näherer Betrachtung tatsächlich inhaltsleere Worthülse „ganzheitlich" gesetzt, um das Ganze pädagogisch zu legitimieren –, ohne allerdings diesen Begriff mit Leben zu füllen. Diese Realität kommt nicht selten einem „pädagogischen Aktionismus" gleich.

Wenn dann noch die Begründung folgt, dass Eltern dies aber erwarten, muss schließlich die Frage gestellt werden dürfen, warum dann nicht gleich die Länderpolitik und die Eltern das „pädagogische Programm der elementarpädagogischen Einrichtungen" bestimmen und gestalten können und warum sozialpädagogische Fachkräfte überhaupt eine Ausbildung absolvieren müssen: Handlanger sind Hilfsarbeiter und bedürfen keiner eigenen Professionalität, die auf der anderen Seite aber ständig angemahnt und verlangt wird.

> *„Man gibt immer den Verhältnissen die Schuld für das, was man ist. Ich glaube nicht an die Verhältnisse. Diejenigen, die in der Welt vorankommen, gehen hin und suchen sich die Verhältnisse, die sie wollen."*
>
> (George B. Shaw)

Betrachtet man sorgfältig die Fachliteratur im Feld der Kindheitsforschung aus den letzten 15 Jahren, fallen immer wieder dieselben Warnungen auf: Wir haben es mit „gehetzten Kindern" zu tun, Kinder stehen „unter einem vermehrten Dauerstress" und die Zunahme der „Vertreibung von Kindlichkeit" nimmt außergewöhnliche Maße an; Kinder „leiden zunehmend an typischen Managerkrankheiten", stecken „in dramatischen Beziehungsnöten" und das „Ende der Kindheit ist eingeläutet". Kindheit ist zunehmend „organisiert und isoliert" und Kindheit ist heute schon lange „kein Kinderspiel mehr".

> ***Kinder***
>
> *Elementare Erfahrungen, auf denen die weitere Entwicklung aufbaut, wie in Pfützen planschen, auf Bäume klettern, sich in Wäldern und hinter Büschen verstecken, über Zäune springen, in der Erde tiefe Höhlen ausbuddeln, mit Obstkernen weitspucken, in Brombeersträuchern Höhlen bauen, nachts mit Freunden unter freiem Himmel in einem Zelt schlafen, Klingelstreiche unternehmen und weglaufen, Grimassen ziehen und die Hosentaschen voller Schätze haben, sind nicht nachholbar!*
> *Basteln hingegen kann man im Altenheim immer noch.*
>
> (Armin Krenz)

Folgesituation: Kinder sind umgeben von einer erdrückenden Didaktik

Ausgehend von einer ständigen Zukunftsorientierung in der Elementarpädagogik ergeben sich notwendigerweise ungezählte Leit-, Richt- und Lernziele, die nun die Grundlage für eine „zeitgemäße Elementarpädagogik" bilden. Kinder sollen demnach „stark gemacht werden gegen Suchtverhalten" – und schon hielt die spielzeugfreie Didaktik Einzug in ungezählte Institutionen. Dabei wurde in der Praxis weniger bis gar nicht die Frage gestellt, wie Suchtverhalten schon als pränatale Disposition entstehen kann, was ein Familiensystem mit der Entstehung einer solchen Disposition zu tun hat und warum daher das Suchtproblem mehr als ein vernetztes Ganzes betrachtet

werden muss! Kinder sollten lernen, sich gesund zu ernähren, und schon wurde das Essen zum „projektorientierten Lernfeld" erklärt. Anstatt eine genussorientierte Esskultur zu erleben im Sinne einer vielfältigen ausgewogenen Ernährung, wurden Speisen daraufhin „gemeinsam begutachtet", was es „Gutes" oder „Schlechtes" an Speisen gibt, was „richtig" und „falsch" in der Speisenvielfalt existiert. Essen wurde für viele Kinder immer mehr zum „kognitiven Hürdenlauf".

Aufgrund beobachteter Sprachauffälligkeiten im Kindesalter schossen und schießen „Sprachtrainingsprogramme" wie Pilze aus dem feuchten Herbstboden eines Waldes, und nebenbei wurden Erkenntnisse aus der Neurophysiologie dafür genutzt, das „Zeitfenster früher Zweisprachigkeit" für das Erlernen einer Fremdsprache auszufüllen. Und dies ungeachtet der Tatsache, dass viele Kinder noch nicht einmal in der Lage waren bzw. sind, ihre Muttersprache in voller Gestaltungsvielfalt zu beherrschen bzw. zu nutzen, Sprechfreude zu entwickeln und Sprachmotivation aufzubauen, die Liebe zu Worten herzustellen und mit der eigenen Sprache kunstvoll umzugehen. Soziale Auffälligkeiten der Kinder waren/sind weiterhin Anlass genug, schon mit Kindern im Kindertagesstättenalter „soziale Trainingsprogramme" durchzuführen, und es dauerte nur kurze Zeit, bis dann auch „Gewaltprophylaxe" zum didaktischen Schwerpunkt erklärt wurde. Gleichzeitig wurden Erwachsene (zu Recht) aufgeschreckt, wann immer neue Kindermisshandlungen an die Öffentlichkeit kamen. Und schon gehörte es in elementarpädagogischen Einrichtungen dazu, ein „Starkmach-Programm" zu installieren im Sinne der Offensive: „Dein Körper gehört dir. Sag nein, wenn du etwas nicht willst. Es gibt gute und schlechte Geheimnisse!" Gleichzeitig wurden/werden Doktorspiele von Kindern in vielen Kindertagesstätten argwöhnisch betrachtet und nicht selten kam/kommt es dazu, dass vor allem Jungen schon im Kindertagesstättenalter bei „beobachteten Doktorspielen" als potenzielle Frühtäter etikettiert wurden/werden. Anstatt sich hier einer grundsätzlichen, offensiven Sexualpädagogik zu stellen, wurden/werden lediglich Sonderbereiche betrachtet, diskutiert und in Elternabenden/kollegialen Sitzungen behandelt – fast immer unter völliger Ausblendung der eigenen Sexualbiografie und sinnverbundener Betrachtungen zum eigenen pädagogischen Alltag.

Und so nahm/nimmt die didaktisierte Pädagogik ihren Lauf: Bewegungsfreudige Kinder erhalten die Möglichkeit, ihre Anspannungen und ungezügelten Kräfte im „Bewegungsraum" bzw. auf der „Bewegungsbaustelle" auszudrücken, für emotional irritierte Kinder werden/wurden „meditative Entspannungsübungen und katathyme Bilderlebnisse" angeboten, „Feuererziehung" scheint sich bei der „Behandlung ängstlicher Kinder im Kindertagesstättenalter" besonders zu empfehlen und die Fülle einer erlebnisreichen „Tasterfahrungswelt" beschränkt sich nicht selten auf künstlich hergestellte Wahrnehmungsfelder wie Tastwände und Fühlstraßen.

„Hörerlebnisse" zur Differenzierung von Geräuschen „erfahren" Kinder über CD-/kassettengeprägte Geräuschquellen und ein frühes Lesenlernen wird Kindern über „kindgerechtes Frühlesenlernen" beigebracht, in Ausblendung der Kenntnis, dass sich gerade die Lesemotivation über das regelmäßige Vorlesen von situationsbedeutsamen Geschichten in bindungsfreundlichen Atmosphären entwickelt. (Erinnert sei in diesem Zusammenhang an die Ergebnisse der Studie PISA 2000, bei der sich u. a. zeigte, dass schwedische Jugendliche vor allem deswegen eine so hohe Lesekompetenz besaßen, weil ihnen im Kindertagesstättenalter regelmäßig und viel vorgelesen wurde.)

> ***Tabaluga:***
>
> *„Ich wollte nie erwachsen sein,*
> *hab' immer mich zur Wehr gesetzt,*
> *von außen wurd' ich hart wie Stein*
> *und doch hat man mich oft verletzt.*
> *Irgendwo tief in mir bin ich ein Kind geblieben."*
>
> (Peter Maffay)

Und schließlich werden die alten Arbeitsblätter einer vergangenen „Vorschulpädagogik" aus den verstaubten Schubladen der Materialräume wieder hervorgeholt (oder neue Arbeitsblätter gekauft), um Kinder auf diese Weise – durch tägliche kleine Arbeitseinheiten – direkt auf die Anfangssituation der ersten Schulklasse vorzubereiten. Schnell ist noch die Legitimation zur Hand: Die Kinder machen es aber gerne, die Eltern erwarten dies, die Bildung der Kinder muss doch gefördert werden „und so falsch kann das doch nicht sein". Wir Erwachsenen – sozial- und sonderpädagogischen sowie (psycho)therapeutischen Fachkräfte – sind fleißig dabei, Kinder in immer mehr „pädagogisch-psychologische Arrangements" zu stecken, durch die sie immer weniger in der Lage sind/sein werden, ihren eigenen Gefühlen zu trauen, sich selbst zu entdecken und eigene Wege sorgsam mit einer begleitenden (!) Hilfe zu finden.

Kinder werden zwar in zunehmendem Maße theoretisch über viele Dinge dieser Welt schwatzen können, aber gleichzeitig immer weniger in der Lage sein, identisch und einfühlsam, sozial engagiert und auf der Grundlage verinnerlichter Werte ein kompetentes, ausgefülltes und glückliches Eigenleben (!) zu führen und selbstaktiv zu gestalten.

> *„Das wichtigste Haus baut sich der Mensch in seiner Seele. Und es ist ein Haus, das nicht im Feuer verbrennt und nicht im Wasser untergeht. Dauerhafter ist es als alle Ziegelsteine und Diamanten."*
>
> (Fjodor Abramow)

Die lebensprägende Reise vom Kleinkind zum Erwachsenen wird immer kürzer, brüchiger, komplizierter und unübersichtlicher. Schon Jean-Jacques Rousseau sprach davon, dass sich die pädagogische Arbeit zuallererst an der jeweiligen individuellen Entwicklung des Kindes (!) – nicht „der Kinder" – zu orientieren hat und nicht an dem, was nach Ansicht der Erwachsenen in Zukunft aus den Kindern werden soll. So müssen Kinder die Lebensphase, in der sie sich befinden, in ganzer Weite und Tiefe (Aspekt der Quantität und Qualität) erleben und auskosten können, weil sie sich erst damit und dann eine feste Grundlage schaffen, um seelisch gesund weiter in ihrer Entwicklungs- und Erfahrungswelt vorankommen zu können.

> *„Verschwende mit mir meinen Atem.*
> *Sei bei mir, wenn ich lache.*
> *Sei bei mir, wenn ich weine.*
> *Sei mit mir, wenn ich mich ärgere*
> *und sei bei mir, wenn ich Angst habe.*
> *Erlebe mit mir das Glück meiner Kindheit. Liebe mich!"*
>
> (Armin Krenz)

Es besteht kein Zweifel darüber, dass die Art und Weise, wie Menschen Tag für Tag miteinander leben und umgehen, die Art und Weise prägt, wie die Menschen in der Gegenwart und zukünftig fühlen, handeln und denken! Es besteht ferner kein Zweifel darüber, dass Erwachsene in einer Leistungsgesellschaft ein hohes Maß an Wissen besitzen müssen, um Sinnverbindungen zwischen sich als Person und den Folgen ihres Handelns herzustellen, Lebensentwürfe strukturieren zu können, planvolle Ziele aufzustellen und Lebensplanungen zu entwickeln. Es besteht schließlich auch kein Zweifel darüber, dass Menschen in der Lage sein müssen, in der Zukunft selbstständig, verantwortungsvoll, autonom und kompetent ihr eigenes Leben gestalten zu können und sozialverträgliches Verhalten zu zeigen, geprägt durch eine konstruktive Umgangs- und Konfliktkultur.

Die Elementarpädagogik ist eine Pädagogik vom Kinde aus!

> *„Eine Annäherung an die Welt des Kindes erfordert Empathie, die Wertschätzung der Wahrnehmung und Gefühle der Kinder und ein Interesse daran, die Sicht der Kinder auf ihre Welt zu verstehen."*
>
> (Friederike Heinzel)

Die Lösung aus dem oben beschriebenen Dilemma der Kinder und einer dogmatisierten Frühpädagogik umfasst viele Aspekte, die nun thesenartig skizziert werden sollen:

1. Erwachsene müssen sich von dem Bild verabschieden, Kinder seien schon in den ersten sechs Lebensjahren zu perfektionieren.
2. Erwachsene müssen die ersten sechs Lebensjahre von Kindern als einen eigenen Entwicklungszeitraum „Kindheit" begreifen und ihre gesamte Arbeit darauf abstimmen.
3. Kinder brauchen eine Lernumgebung im Innen- und Außenbereich, in der sie handgreiflich, unmittelbar, aktiv, mit allen Sinnen, innerlich beteiligt und engagiert Erfahrungen machen können, die ihnen tatsächlich helfen, selbstständig, unabhängig und sozial beteiligt das Leben zu spüren.
4. Kinder brauchen vielfältige, reale Handlungsräume und keine künstlichen Welten.

5. Erwachsene müssen Kindern Herausforderungen zutrauen, die Kinder mit Mut und Engagement, Lebendigkeit und Stolz, Risikobereitschaft und Leistungserlebnissen ausfüllen können.
6. Erfahrungserlebnisse müssen Kindern Sicherheit vermitteln.
7. Erwachsene müssen mit Kindern leben, mit Kindern fühlen, mit ihnen planen – sie müssen sich dem Kind vor sich und dem eigenen Kindsein in sich direkt und unmittelbar zuwenden.
8. Erwachsene müssen sich der Perspektive der Kinder zuwenden und damit aufhören, Kinder in die Perspektive der Erwachsenen zu zerren.
9. Kinder brauchen weniger eine didaktische Vielfalt an Programmen als vielmehr Bezugspersonen, die sich selbst als den entscheidenden didaktischen Mittelpunkt begreifen – sie brauchen engagierte, lebendige, staunende, mitfühlende, wissende, handlungsaktive, mutige, risikobereite, zuverlässige Menschen um sich herum und keine besser wissenden Rollenträger(innen), die immer noch meinen, Belehrungen machten Kinder klug.

10. Erwachsene müssen sich als Bildungsvorbilder verstehen, weil es ihre Facetten der eigenen Sprache, ihr Sprechen, ihre vielfältigen Interessensschwerpunkte, ihre unersättliche Neugierde, ihre vielen Lebens- und Umweltfragen, ihre unterschiedlichsten Aktivitäten, ihre Gefühlskompetenzen, ihr eigener Forscherdrang, ihre ausgeprägte Lernfreude und ihre hohe Motivation zum Beruf sind, die Kinder faszinieren und zu ihnen als Mensch hinziehen.

Ohne Frage hat die Kindertagesstätte einen eigenständigen Auftrag zu erfüllen, zu dem auch der Bildungsauftrag gehört. Dieser ist nicht nur im Kinder- und Jugendhilfegesetz verankert, sondern auch in allen Kindertagesstättengesetzen der einzelnen Bundesländer. Allerdings stellt sich die Frage, was genau unter dem eigenständigen Bildungsauftrag von Kindertagesstätten zu verstehen ist.

Solange in der Diskussion um Bildung und den Bildungsbegriff selbst ein Gedankenmodell dahintersteht, das solche Vorstellungen wie etwa „Wissen übertragen", „den Kindern etwas beibringen", „kindliche Fertigkeiten durch gezielte Bildungsangebote trainieren" usw. beinhaltet, zeigen vielfältige Untersuchungen, dass ein solches Bildungsmodell wissenschaftlich nicht tragbar ist. Bildung umfasst stattdessen ein Lernen im Kontext von Erfahrungen, mit denen ein Kind ganz aktuell verbunden und beschäftigt ist! Kinder geben jedweden Bildungsaspekten bekanntermaßen nur dann eine Bedeutung, wenn sie selbst der Ausgangspunkt für ihren „Bildungshunger" sind. Nur so werden sie Bildungserfahrungen integrieren und nutzen können. Sich mit etwas beschäftigen zu wollen heißt daher zunächst aus neurophysiologischer Sicht, in der Lage zu sein, sich mit etwas Bestimmtem beschäftigen zu können! Kinder sind bekanntermaßen immer auf der Suche, ihren Erfahrungen und allem Neuen einen Sinn zu geben – wird er gefunden und subjektiv für Wert empfunden, sich mit dem Erlebten auseinanderzusetzen, so fangen Lernerfahrungen an und provozieren unterschiedliche Aspekte: Lerninteresse, Lernneugierde und Lernauseinandersetzungen. Dabei verknüpfen Kinder ihre Vorerfahrungen mit den aktuellen Erlebnissen und Erkenntnissen und schenken im besten Fall den „Bildungsinhalten" einen Sinn!

> *„Kannst du einen Stern berühren, fragte man es. – Ja, sagte das Kind, neigte sich und berührte die Erde."*
>
> (Hugo von Hofmannsthal)

Teil IV

Zur Praxis der Projektarbeit im „Situationsorientierten Ansatz"

1. Ganzheitliche Pädagogik = ganzheitliches Leben und Lernen mit Kindern

Fangen wir am besten zunächst mit einigen Beispielen an.
Nele, Jana und Tobias spielen auf dem Kindertagesstättengelände im Garten. Alle drei haben sich etwas von den anderen Kindern zurückgezogen, um alleine spielen zu können. So hocken die drei in der Nähe eines Gebüsches und plaudern miteinander. Nach einiger Zeit steht Nele auf und holt sich aus der Sandkiste zwei volle Eimer Sand. Tobias geht kurz darauf zum Wasserhahn, holt in denselben Eimern Wasser und alle drei rühren einen Matschbrei zusammen, um etwas herzustellen. Bei näherem Hinsehen entpuppt sich das Ganze als die Umrandung einer kleinen Feuerstelle. Nun begeben sich alle drei Kinder auf Holzsuche und dabei versuchen sie, kleine, trockene Äste von den Bäumen und Sträuchern abzubrechen, in einer Ecke des Geländes vom Hausmeister ausgesonderte und kaputte Stühle abzuschleppen und schließlich aus dem Werkraum eine Säge zu holen, um die großen Holzteile zu zerkleinern. Jana ist in der Zwischenzeit ein zweites Mal unterwegs in die Gruppenküche, schafft einen Wasserkessel und einen Topf herbei, um auf der Feuerstelle schließlich „Essen für alle fleißigen Handwerker zu kochen". Und gerade jetzt – beim schönsten Augenblick der Arbeit – kommt die Gruppenerzieherin herangeeilt, schaut sich „das Werk" an und versucht in Ruhe, aber bestimmt, den Kindern zu verdeutlichen, dass ihr Vorhaben so nicht möglich ist und nicht sein darf.

- *„Der Sand gehört doch in den Sandkasten. Stellt euch mal vor, dass alle Kinder daraus Sand holen; dann wäre bald gar nichts mehr zum Spielen dort." (= Eingrenzung des Raumes)*
- *„Die Äste, die von den Bäumen und Sträuchern abgerissen wurden, gehören dem Baum und den Sträuchern. Ich kann mir vorstellen, dass es den Pflanzen wehtut, so abgerissen zu werden." (= Isolierung der Welten)*
- *„Durch das Matschen mit dem Wasser ist ja eure Kleidung ganz schmutzig geworden." (= Eingrenzung der Erlebnisvielfalt)*

- *„Und Feuermachen – bei diesem heißen Wetter – ist viel zu gefährlich. Wenn da mal ein Funke zu unserer Kindertagesstätte rüberspringt." (Dies war wegen der Entfernung nicht möglich). (= Isolierung der Welten)*
- *„Und das Hantieren mit der Säge ist auch zu gefährlich. Schaut mal, welch scharfe Zähne die Säge hat. Einmal damit ausgerutscht, und schon kann's zu einer bösen Verletzung kommen." (= Isolierung der Welten)*
- *„Der Wasserkessel und der Kochtopf gehören in die Küche. Damit macht Frau M. unser Essen, und wenn sie keine Töpfe hat, dann kann sie auch nicht für uns kochen." (= Isolierung der Welten)*
- *„Jetzt bringt bitte einmal alle Gegenstände, die ihr hier hergeholt habt, wieder an ihren richtigen Platz zurück und kommt dann bitte in unseren Gruppenraum. Wir wollen jetzt gemeinsam frühstücken." (= Isolierung und Aufrechterhaltung getrennter Welten und Aufteilung der Kinderzeit unter Herstellung einer weiteren isolierten Kinderwelt)*

Ein zweites Beispiel sollte zur weiteren Verdeutlichung angefügt werden.
Nora, Tim und Markus haben zwischen den Gehwegplatten der Kindertagesstätte eine Kellerassel gefunden und voller Glückseligkeit, ein kleines, lebendiges Tier mit in den Gruppenraum bringen zu können, legen sie die Kellerassel zunächst in ein leeres Trinkglas, das in ihrer Nähe steht. Dann beginnen sie damit, auf die Suche zu gehen, Materialien für ihren „Kellerasselkäfig" zu finden. Aus dem Materialschrank holen sie buntes Seidenpapier, Klebstoff, Stützhölzchen für Topfpflanzen, ein kleines Stofftier, Legobausteine und Geschenkschleifen, dazu ein Messer vom Frühstückstisch und ein wenig Watte von dem am Fenster hängenden Marionettennikolaus. Auch hier ist es so, dass nach einiger Zeit die Gruppenerzieherin dazukommt und die drei Kinder fragt, was sie denn da Tolles bauen. Und nachdem die Kinder ihr Geheimnis verraten und die Erzieherin „das Durcheinander auf dem Tisch" erst richtig erblickt hat, bittet sie die Kinder, wieder alles an seinen Platz zurückzubringen.

- *„Die Kellerassel will in keinem Käfig gehalten werden, weil sie nur im Freien leben kann." (= Isolierung der Welten)*
- *„Und ich weiß nicht, ob jetzt noch jemand aus dem Glas trinken mag, wo sich ein Tier aufgehalten hat." (= Isolierung der Welten)*
- *„Das Seidenpapier wollten wir doch für die Geschenke zum Einpacken benutzen. Nun ist es zerknittert." (= Zerrissenheit der Welt)*
- *„Und die Stützhölzchen sind nun zerbrochen. Die können wir wegwerfen, weil niemand mit den kurzen Stückchen was anfangen kann." (= Isolierung der Welten)*
- *„Die Legobausteine gehören doch in die Legoecke. Andere Kinder suchen jetzt vielleicht die fehlenden Steine." (= Isolierung der Welten)*
- *„Das Messer wird bestimmt durch das Rumhacken auf dem Holz stumpf und wir können dann nicht mehr unsere Brote damit schneiden." (= Isolierung der Welten)*

- *„Die Watte ist doch aus dem Bart des Nikolaus gezupft. Er sollte da genauso hängenbleiben, wie er ist, damit wir auch im nächsten Jahr, wenn wir ihn wieder vorholen, was haben." (= Aufteilung der Kinderzeit)*
- *„Bring die Assel bitte wieder an ihren Platz draußen bei den Gehwegplatten zurück." (= Vorbestimmung des Raums)*

So weit die beiden Beispiele.

Alltägliche Ereignisse, die Kinder prägen

Worum es hierbei nicht geht, ist die Akzeptanz der Vorhaben und Tätigkeiten der Kinder. Vielmehr zeigen die Beispiele eindrucksvoll, wie intensiv und kaum bemerkt die Kinderzeiten zerteilt, die Kinderräume vorbestimmt und eingegrenzt werden und die Kinderwelten isoliert und zerrissen sind. Dies geschieht bei Hunderten von Beispielen tagtäglich in der ganz normalen Praxis. Unbemerkt und leise schleichend erfolgt es vor unseren Augen, doch leider ist die eigene Wahrnehmung von all dem schon so weit entfernt, dass es uns kaum gelingt, die kleinen Ereignisse zu bemerken und zu verändern. Doch was wollten die Kinder eigentlich mit ihrem Handeln tun?

Kinder streben nach zu erlebenden Einheiten von Innen- und Außenwelten

- Kinder wollen gestalten, gespürten Bedürfnissen und eigenen Ideen nachgehen und durchdachte/angedachte Gedanken in Handlung umsetzen.
  Das ist kindgemäßes, entwicklungspsychologisch völlig angemessenes Verhalten.
- Kinder wollen vorgegebene Funktionsräume nutzen im Sinne einer verbundenen Einheit. Sie möchten Festlegungen von bestimmten Funktionen entrinnen.
  Das ist kindgemäßes, entwicklungspsychologisch völlig angemessenes Verhalten.
- Kinder möchten Innen- und Außenwelten entsprechend ihrem sinnverbundenen Begreifen der Welt in eine direkte Beziehung miteinander setzen.

Das ist kindgemäßes, entwicklungspsychologisch völlig angemessenes Verhalten.

- Kinder möchten den Verlust ihrer Erfahrung, der sie täglich in ihrem Leben begleitet, ausgleichen, indem sie von Erwachsenen festgelegte Zweckbestimmungen wenig/nicht beachten, weil ihr Einfallsreichtum sehr groß ist.
  Das ist kindgemäßes, entwicklungspsychologisch völlig angemessenes Verhalten.
- Kinder durchbrechen im Erleben ihrer Gefühle dadurch häufig die vorgegebenen Rahmenwerte und handeln aufgrund eigener Dispositionen.
  Das ist kindgemäßes, entwicklungspsychologisch völlig angemessenes Verhalten.
- Kinder denken und empfinden ganzheitlich, sodass sie ihre Vorhaben sofort umsetzen möchten.
  Dieser Zeitrhythmus ist kindgemäß und entwicklungspsychologisch begründet.
- Die Erfahrung ihrer Umwelt geschieht als Einheit. Genauso, wie Kinder beim Aufräumen alles, was z. B. zu einer bestimmten Bauszene gehört, in einen Karton legen, ohne dabei die einzelnen Materialien genau zuzuordnen –, weil eben die Straße, die Autos, die Häuser und die Figuren eine Einheit sind –, genauso wünschen Kinder ihre Erfahrungen auch einheitlich zu begreifen.
  Dieser Rhythmus von Einheit ist kindgemäß und entwicklungspsychologisch begründet.
- Kinder erfahren ihre Welt durch Selbstaktivität und ihr Wissen basiert zum größten Teil auf real gemachten Erfahrungen durch die unmittelbare Begegnung mit Gegenständen, Objekten, Menschen, Tieren und Situationen.
  Dieser Drang nach ungebremster Selbstaktivität ist kindgemäß und entwicklungspsychologisch begründet.
- Das Leben des Kindes ist auf die eigene Gegenwart ausgerichtet. Hier sind Vergangenheit und Zukunft der Gegenwart völlig untergeordnet. Ein stimmiges Beispiel ist sicherlich das vielen Erwachsenen bekannte „Phänomen", dass Kinder bei anstehenden Ereignissen, Versprechungen oder in Aussicht gestellten Aktivitäten kaum abwarten können und am liebsten das Ereignis jetzt, sofort und unmittelbar erleben möchten.
  Dieser Wunsch nach Gegenwartserlebnissen ist kindgemäß und entwicklungspsychologisch begründet.

Kinder sind von daher – entsprechend entwicklungspsychologischer Gesetzmäßigkeiten und entwicklunsgpsychologischer Bedingungen – anders als Erwachsene. Ihre Reaktionen sind schwerer voraussagbar, unberechenbarer und Kinder wehren sich zu Recht, in Zeitplänen abgefertigt zu werden.

Kinder durchkreuzen daher häufig die Planungen von Erwachsenen, nicht, weil sie Erwachsene ärgern möchten, sondern weil es ihrer Natur entspricht, spontaner, lebendiger, freier, experimentierfreudiger, handlungsorientierter und neugieriger zu sein, als es viele Erwachsene sind. Insoweit treffen in der Begegnung von Kindern und Erwachsenen immer zwei Welten aufeinander, und die Pädagogik – gerade die Elementarpädagogik – sollte und muss darauf achten, dass sich die entwicklungspsychologische und -physiologische Welt der Kinder nicht durch Macht – gegen besseres Wissen und aus Unkenntnis heraus – der Welt der Erwachsenen anzugleichen hat.

> *„Die Natur will, dass die Kinder Kinder seien, ehe sie Erwachsene werden. Wollen wir diese Ordnung umkehren, so werden wir frühreife Früchte hervorbringen: (...) Jugendliche Greise und greise Jugendliche."*
>
> (Jean-Jacques Rousseau)

Ganzheitliches Leben und Lernen mit Kindern bedeutet demnach, ihnen die Möglichkeit zu geben, verlorene, noch nicht gefundene oder neu zu entdeckende Sinnzusammenhänge zu erfahren unter Beachtung von genügend eingeräumter Zeit, vielfältiger Außenerfahrungen (Lernen vor Ort) – und dies alles in der Akzeptanz, dass Kinder Fehler machen dürfen und sollen, weil sie Kinder sind.

Ganzheitliches Leben und Lernen versucht bewusst, eingegrenzte Räume zu erweitern im Rahmen der Nutzung aller Möglichkeiten der Einrichtung, der Akzeptanz eigener persönlicher Entscheidungen vonseiten der Erzieherin oder des Erziehers und unter Wertschätzung der Spontaneität von Kindern (Offenheit von Vorhaben).

Erst wenn Kinder wieder innerhalb und außerhalb der Kindertagesstätte einen Lebensraum finden, in dem sie

- alleine, mit sich selber, umgehen können;
- mit anderen Kindern Kontakte aufbauen, ausbauen, aber auch abbrechen können;
- Belastungen erleben und die Erfahrung machen können, diese auszuhalten und zu verändern;
- einen aktiven Part übernehmen;
- nicht mit perfekt vorbereiteten Angeboten konfrontiert werden;
- eigenverantwortlich und
- mit viel Zeit umgehen können,

und dies alles in Kindern ureigener Ganzheitlichkeit erleben dürfen (siehe Entwicklungskreis), dann wird der Begriff der „ganzheitlichen Erziehung" Realität und kommt aus seiner Grauzone eines viel benutzten, aber häufig inhaltsleeren Wortes endlich heraus.

Der Entwicklungskreislauf

(Gleichzeitige Aktivierungsmöglichkeiten aller Entwicklungsbereiche bei einem Vorhaben, einer Aktivität, einem Projekt)

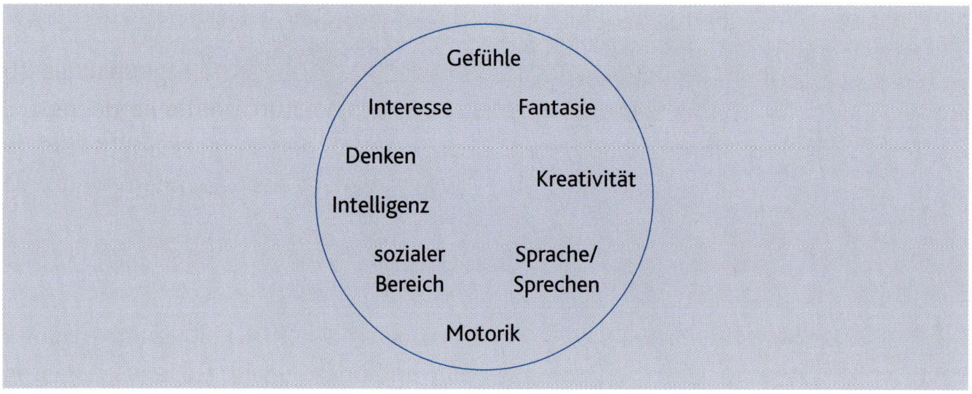

Werthaltungen und Einstellungen sind dabei fast immer das Ergebnis der Erfahrungen, die aus der Rückkopplung erlebter Gefühle entstehen.

Ganzheitliches Leben kann nur dort geschehen, wo die verschiedenen Entwicklungsbereiche von Kindern gleichzeitig umgesetzt werden können und nicht in Stufen teilheitlich zersplittert werden.

Dieser Entwicklungskreislauf versucht also, die Tatsache deutlich werden zu lassen, dass Entwicklung von Kindern danach strebt, dass alle (im Idealfall) bzw. möglichst viele (durchaus realistisch) Entwicklungsbereiche während einer Tätigkeit durch die Kinder selbst unterstützt werden.

Ganzheitliches Lernen

Zur Verdeutlichung sei ein Beispiel aus der Praxis wiedergegeben:

Berrit, ein fünfjähriges Mädchen, steuerte im Gruppenraum zielsicher auf ihre Freundin Theresia zu. Sie stellte sich dabei vor Theresia und begann zu erzählen, wozu sie Lust hätte (Bekundung ihres Interesses). Dabei erzählte sie ausgiebig über ihre Wünsche und Vorstellungen, wie sie sich einmal ihre Hochzeit mit Jan, ihrem Freund, vorstellte (Sprache und Sprechen). Berrit führte Theresia dann zuerst zur Verkleidungskiste, dann zum Spiegel und probierte mit ihrer Hilfe viele, viele unterschiedliche Sachen an (sozialer Bereich). Aber offenbar reichten die Hüte, Schleifen, Schals und Schleier nicht aus. Berrit überlegte, setzte sich dabei auf die Matratze in der Kuschelecke, ging dann zum Materialschrank, in dem aus ihrer Sicht wunderschöne Stoffreste lagen. Sie schaute diese mit Theresia durch und beide Mädchen entschlossen sich, ein Kleid herzustellen, das alle bisherigen Hochzeitskleider weit in den Schatten stellen sollte. Die Frage war nur: Wie sollten sie nur die Stoffreste miteinander verbinden? Nadel und Faden waren nicht vorhanden, weil sie schon von anderen Kindern zur Zeit belegt waren. Berrit überlegte weiter (Denken). Dann plötzlich kam ihr wohl eine Idee. Sie ging zum Kerzenschrank und schmolz mit Erlaubnis der Erzieherin alle Kerzenstummel in einem Topf ein, weil sie wusste, dass Kerzenwachs bei entsprechender Hitze flüssig wird (Intelligenz). Nachdem der Prozess des Flüssigwerdens abgeschlossen war, legte sie einen großen Streifen Papier auf dem Fußboden aus, legte sich darauf, ließ sich ihren Körperumriss von Theresia auf dem Papier aufzeichnen, legte die Stoffe in der von ihr gewünschten Zusammenstellung obenauf und begann nun damit, die Stoffreste mit dem flüssigen Wachs an ihren Enden miteinander zu verbinden. Das war ein ständiges Hin- und Hergehen zwischen dem neuen „Brautflickerkleid" und dem heißen Wachs (Motorik). Auf ihre Idee der neuen „Verklebungstechnik" war sie stolz (Fantasie). Als es auch nach ausdauernder Arbeit klappte und sie sich so bestätigt sah, das Richtige getan zu haben (= Umsetzung der Fantasie = Kreativität), zog sie das Kleid an und tanzte vor Freude (= Gefühle). Der Umstand, dass ihr auserwählter Bräutigam Jan wegen des Weiterspielens mit Heiko keine Lust zur Heirat hatte, störte Berrit auch nicht weiter. Sie entschloss sich, mit Theresia ab sofort eine Modeboutique zu eröffnen.

So weit das Beispiel zur Verdeutlichung des Entwicklungskreislaufes. Bleibt noch nachzutragen, dass die Erzieherin die Aufmerksamkeit der anderen Kinder ebenso beobachtet hatte wie die große Freude der beiden Mädchen, Kleidung nach eigenen Vorschlägen zu entwerfen und herzustellen.

In einem Gespräch mit der Mutter von Berrit erzählte sie von dem vormittäglichen Arbeitsvorhaben ihrer Tochter, sodass sich die Mutter bereit erklärte, am Nachmittag mit ihr ein Modegschäft mit dazugehöriger Schneiderei zu besuchen (= Erfahrung außerhalb der Kindertagesstätte). In der Gruppe selbst entstand ein fast vierwöchiges Projekt zum Thema „Kleidung zu verschiedenen Jahreszeiten und in fremden Ländern", in denen ebenso unterschiedliche Interessen der Kinder berücksichtigt wurden, wie auch Unternehmungen außerhalb der Einrichtung stattfinden konnten.

Zusammenfassend lässt sich sagen, dass die Kindertagesstätte auf der Grundlage eines Verständnisses „ganzheitlicher Pädagogik" von dem Modell einer „Fördereinrichtung mit Inselcharakter" Schritt für Schritt wegkommen muss, weil dort die Lebensbereiche von Kindern isoliert nebeneinanderstehen.

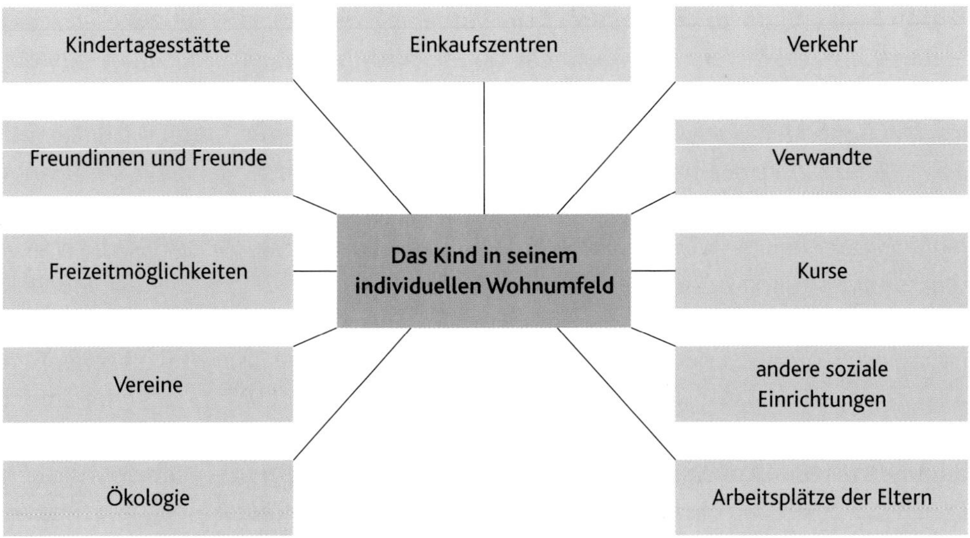

Das Bild verdeutlicht, dass isoliert nebeneinanderstehende Lebensbereiche – neben vielen anderen Lebensbereichen – zwar von Kindern mehr oder weniger aufmerksam wahrgenommen und mit subjektiven Bedeutungen versehen werden, doch müssen Kinder immer mehr auf die Suche gehen, was mit wem und wie, warum und wieso miteinander in Beziehung steht, weil Kinder ihre Welt individuell als Ganzes verstehen wollen.

Daher ist es für Kinder weitaus hilfreicher, wenn die Kindertagesstätte und alle Mitarbeiterinnen und Mitarbeiter auf der Grundlage einer „ganzheitlichen Pädagogik" der „Fördereinrichtung mit Inselcharakter" bewusst und entschieden – Schritt für Schritt – den Rücken kehren (können) und ihre Arbeit nach dem folgenden Modell aufbauen.

Einrichtungen, die dies bereits tun, können ihre Praxis anhand des Bildes gerne überprüfen.

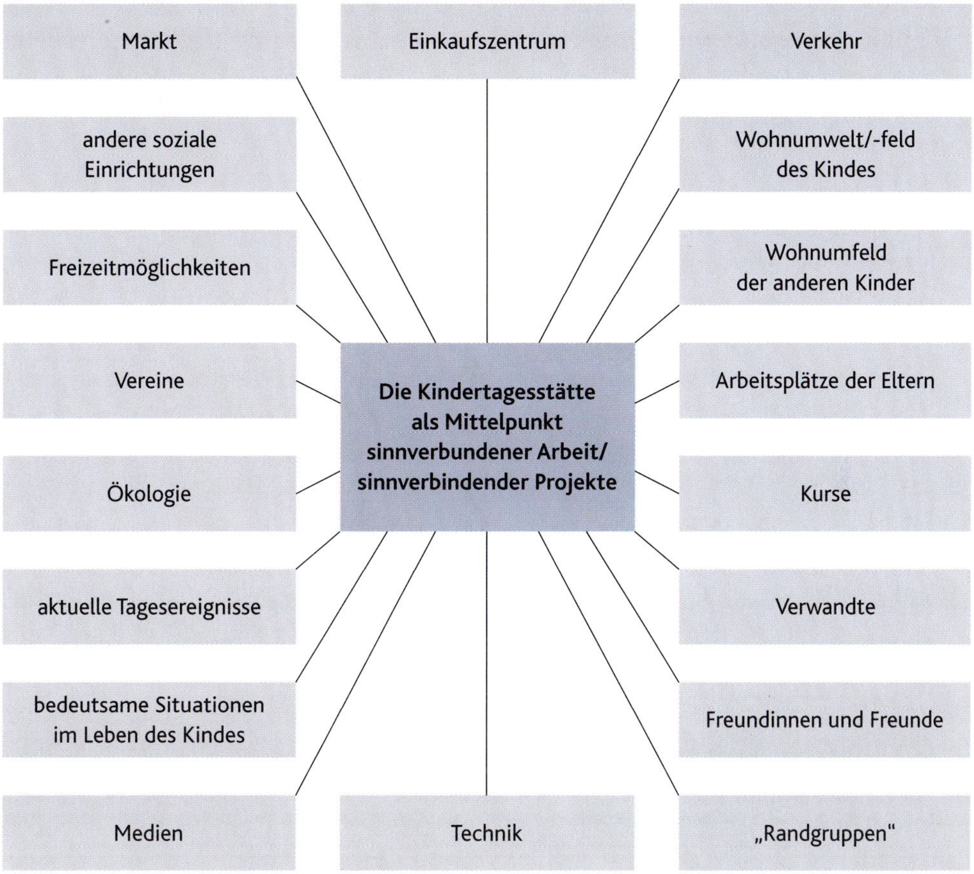

Die Kindertagesstätte als Mittelpunkt ganzheitlicher Arbeit wird gerade durch dieses Tätigkeitsverständnis in ihrer wirklichen Bedeutung wachsen und in ihrem Stellenwert an Achtung gewinnen, zumal sie es dann mit einer „ganzheitlichen Pädagogik" wahrmacht und immer selbstbewusster aus ihrem eigenen fachlichen Schatten heraustritt.

2. Was möchte der „Situationsorientierte Ansatz" grundsätzlich erreichen?

1. Er möchte dabei helfen, dass Kinder unterschiedlichen Alters und verschiedener sozialer Herkunft sowie mit unterschiedlicher Lerngeschichte altersentsprechend unterstützt werden, in Situationen ihres gegenwärtigen Lebens möglichst autonom und kompetent denken und handeln zu können.

   Erläuterung: Hier sollen Kinder aus einem Wohnbereich in Unabhängigkeit von den Berufen ihrer Eltern und in Unabhängigkeit ihrer Lebensbiografien dahingehend unterstützt werden, sich mit realen Lebenssituationen auseinanderzusetzen. Dabei gilt es, ihre Selbstständigkeit und Eigenaktivität zu unterstützen, sodass sie selber die Erfahrung machen, dass Mut, Interesse und Neugierde dabei helfen, sich mit aktuellen Situationen auseinanderzusetzen. Dabei geht es ihnen gegenwärtig besser und gleichzeitig erfahren sie dadurch Verhaltensweisen, die ihnen auch in der Zukunft helfen können, selbstbestimmter und reflektierter zu entscheiden.

2. Alle Lern- und Erfahrungsprozesse der Kinder sind dabei stärker auf eine umfeldorientierte Praxis zu beziehen und durch die Analyse von Situationsbereichen ist es besser möglich, zu einer stimmigen Begründung der Ziele und Inhalte von Bildungsprozessen zu gelangen.

Erläuterung: Die Arbeit der Mitabeiterinnen und Mitarbeiter mit den Kindern hat sich einerseits natürlich in der Kindertagesstätte zu vollziehen, andererseits hat sich die Einrichtung aber auch mehr als bisher auf das „Draußen" zu konzentrieren; also auf Situationen, mit denen Kinder täglich in Berührung stehen: dem Straßenverkehr, den Geschäften, dem Lärm, den Arbeitsstätten der Eltern, dem Tierheim, den öffentlichen Verwaltungsgebäuden, dem Müllproblem, den Unfällen, den asylsuchenden Menschen, den Bauaktivitäten vor Ort. Erzieherinnen und Erziehern kommt dabei die Aufgabe zu, die besonderen realen Situationsbereiche der Kinder in Erfahrung zu bringen (womit sind Kinder heute konfrontiert und was beschäftigt, beunruhigt die Kinder heute?) und zu durchdenken, inwieweit sie eine reale Bedeutung für Kinder haben. Diese gilt es, mit Kindern auszuwählen. Und genau damit ist es möglich, die tägliche Arbeit aus den Lebenssituationen der Kinder zu begründen, für Kinder und die Arbeit treffende Ziele zu formulieren und mit Inhalten anzureichern, um zu einer kindorientierten Projektplanung zu kommen unter aktiver Mitsprache und Mitplanung der Kinder.

3. Dabei ist also von beobachtbaren Situationsanlässen auszugehen und das Lernen und Erfahren der Kinder nach Möglichkeit in den Situationen selbst gemeinsam mit ihnen zu organisieren.

   Erläuterung: Es geht um Situationen, die von Kindern als bedeutsam erlebt („erlitten") werden, Situationen, die einen ganz engen Bezug zu ihren lebensbiografischen Daten haben. Worum es nicht geht, ist dies, dass sich nämlich Erzieherinnen und Erzieher hinsetzen und in einem „natürlichen Interesse an Kindern" wie selbstverständlich aus Erwachsenensicht planen und anbieten.

4. Der „Situationsorientierte Ansatz" versucht, die einzelnen zu fördernden Bereiche und Funktionen wie Sprache und Motorik, Intelligenz und Kreativität (Fantasie und Interessen, Denken und Gefühle) durch den Rückbezug auf die Anforderung der jeweiligen Situation im sozialen Zusammenhang zu fördern; er misst dem alltagsorientierten und sinn-/entwicklungsverbundenen Lernen im Rahmen der Situationserlebnisse wie bei der Zielsetzung eine besondere Bedeutung bei.

   Erläuterung: Bei allen Aktivitäten und Projekten ist – anders als bei dem „funktionsorientierten Ansatz" darauf zu achten, dass folgende Elemente gleichzeitig miteinander verbunden werden:

   – Erfahrungslernen der Kinder bei gleichzeitigem Angesprochensein in allen neuen Entwicklungsbereichen (handeln + denken + Gefühle spüren + sich bewegen können + Fantasie entwickeln + möglicherweise ungewöhnliche Lösungsmög-

lichkeiten ausprobieren + Sprache einsetzen können + eigenes Wissen nutzen + alles alleine oder zusammen mit anderen machen können);
- Erfahrungslernen des Kindes in der realen Situation vor Ort;
- Erfahrungslernen, dass es besonders hilfreich ist, wenn andere Menschen (Kinder und/oder Erwachsene) Unterstützung und Hilfe anbieten, besonders dann, wenn die Situation uneindeutig, fremd oder sogar angstauslösend ist.

5. Der „Situationsorientierte Ansatz in der sozialpädagogischen Praxis" wendet sich gegen Beschränkungen des Lebens auf den abgeschlossenen Raum Kindertagesstätte und versucht, Lernen an den unterschiedlichen Orten und in unterschiedlichen sozialen Bezügen zu ermöglichen.

   Erläuterung: Wenn die Kindertagesstätte tatsächlich – wie es in vielen Einrichtungen der Fall ist – eine „Inselpädagogik" praktiziert und sich der Außenwelt eher verschließt, dann besteht für Kinder die Gefahr, in zwei voneinander getrennten Welten aufzuwachsen. Das käme – würden wir hier mit pathologischen Krankheitsbildern arbeiten – einer Schizophrenie gleich, zumal der Versuch der Kinder, die voneinander getrennten Welten zu verbinden, jeden Tag durch den Besuch der Kindertagesstätte zunichte gemacht werden würde. Zertrennte Welten als „Nebenbeiergebnis" der Pädagogik – welch ein Drama für Kinder. Zu der bewussten Öffnung der Kindertagesstätte kommt noch etwas dazu: Kinder haben die Möglichkeit, an unterschiedlichen Orten – bekannten und unbekannten – und in unterschiedlichen sozialen Bezügen – z. B. in der eigenen Wohnung und der der anderen Kinder, in der eigenen Straße und in den Straßen, wo die anderen Kinder zu Hause sind – zu lernen. Sie erfahren (kognitiv) und erleben (motorisch und emotional), dass es
   - Freude und Ärger,
   - Trauer und Wut,
   - Angst und Sicherheiten,
   - Armut und Reichtum,
   - Anerkennung und Ablehnung,
   - Bekanntes und Unbekanntes,
   - behinderte und nicht behinderte Menschen,
   - gesunde und kranke Menschen,
   - alte und junge Menschen,
   - veränderbare und unveränderbare Situationen,
   - einschätzbare und unberechenbare Gefahren,
   - kleine und große Wohnungen,
   - Scham und Stolz usw.

   gibt: nicht im Bilderbuch oder im Fernsehen, nicht auf der Tonkassette und durchs Erzählen, sondern beim Freund zu Hause, bei seinen Eltern, auf der Straße, im

„Heim für behinderte Menschen", im Krankenhaus und in der Unfallklinik, im Gemeindehaus und in der Kirche, auf der Arbeitsstelle der Mütter und Väter, im Freibad usw.

6. Der „Situationsorientierte Ansatz in der sozialpädagogischen Praxis" geht von der Annahme aus, dass der Anregungsgehalt und Sinnbezug, der in aktuellen Situationen und Anlässen enthalten ist, ein ungleich höheres Maß an Eigenmotivation, Spontaneität und Selbstbestimmung sichert, als dies bei Verfahren möglich ist, die sich an (sogenannten) Kurssystemen oder der Sachlogik eines Fachgebietes orientieren.

   Erläuterung: Die Zielsetzung des Ansatzes und die Planung der Projekte richten sich in Unterstützung der Entwicklung der Kinder also an erster Stelle danach aus, dass die Situationen vor Ort und auch in der Kindertagesstätte selbst so ausgerichtet sind, dass Kinder von sich aus (= intrinsisch) motiviert sind, sich auf ein Erfahrungslernen einzulassen, dass sie sich in ihrer ganzen Flexibilität erfahren und daher Spontaneität zeigen können und dabei ein Maß an Selbstbestimmung erleben, das sie nutzen und erweitern können.

7. Weil der „Situationsorientierte Ansatz in der sozialpädagogischen Praxis" wie kein anderer vergleichbarer Arbeitsansatz in der Elementarpädagogik die Interessen, Bedürfnisse und Schwierigkeiten jedes einzelnen Kindes zu berücksichtigen versucht, ist er ein Ansatz zur „Individualisierung der Arbeit".

   Erläuterung: Kinder sind in ihrem Leben und Verhalten ebenso unterschiedlich und vielschichtig wie die Skala eines ganzen Farbenspektrums. Damit geben die Lebenssituationen der Kinder, die Veränderungen aktueller Lebenslagen und Neuerungen plötzlicher Gegebenheiten im Leben der Kinder ihre Interessen und Bedürfnisse, Hoffnungen, Ängste und Schwierigkeiten vor. Kinder sind somit in ihrem Leben einmalig und unverwechselbar sie selber. Projekte mit Kindern aufbauen und gemeinsam durchführen bedeutet daher, Themen, Schwerpunkte und Bereiche immer individuell zu erarbeiten. Nicht das Programm des letzten Jahres mit der „gelben Gruppe" kann heute zum Programm der „roten Gruppe" werden. Nicht das im letzten Jahr so erfolgreich durchgeführte Jahresfest kann heute in gleicher Form wiederholt werden. Einmal erarbeitete Konzepte und Projekte sind Vergangenheit. Das bedeutet zwar nicht, dass das Vergangene nicht mehr zu nutzen ist. Es bedeutet aber, die Ideen auf die heutige, aktuelle, veränderte Situation zu individualisieren, unbrauchbare Ideen von damals über Bord zu werfen und neue Gedanken zu spüren und aufzugreifen. Der „Situationsorientierte Ansatz in der sozialpädagogischen Praxis" ist damit immer „Einzel-Aktualitäts-Arbeit": Er ist damit umfangreicher, anspruchsvoller und arbeitsintensiver als z. B. eine Arbeitsgestaltung nach dem „funktionsorientierten Ansatz".

8. Der „Situationsorientierte Ansatz in der sozialpädagogischen Praxis" ist keine pädagogische Technik oder didaktische Methode – er ist eine Haltung!

   Erläuterung: Wer einmal in eine situationsorientiert arbeitende Kindertagesstätte hineingeschaut hat, wird die o. g. Aussage noch besser verstehen können, als diese nur zu lesen. Ein Arbeiten nach diesem Ansatz umfasst alle Bereiche der eigenen Person, der Zusammenarbeit mit anderen Institutionen und den Eltern, der Tagesgestaltung, der sozial-politischen und gesellschaftsorientierten Aktivitäten, der Beziehung zwischen den Mitarbeiterinnen und Mitarbeitern und den Kindern, der Orientierung nach neuen Zielsetzungen, der Kooperation mit den Kolleginnen und Kollegen, dem Verständnis von Offenheit der Einrichtung und der Gemeinwesenorientierung, der Raum- und Außenflächengestaltung und der Fortbildungsaktivitäten, der aktiven und kritischen Zusammenarbeit mit dem Träger und einer Selbst- und Sachkompetenz vor allem in elementarpädagogischen Sachbereichen. Ebenso wie das „Spiel" durch „seinen Lernspielcharakter" pädagogisiert und verfremdet wurde, so würde der „Situationsorientierte Ansatz in der sozialpädagogischen Praxis" durch „festgelegte Projektvorschläge" oder „didaktisch aufbereitete Projektvorhaben" auf eine Technik verkürzt und reduziert werden. Wer daher auf der Suche nach ausgefeilten Techniken ist, kann davon ausgehen, dass bei ihm immer noch der „funktionsorientierte Ansatz" die Oberhand behalten hat.

   Der „Situationsorientierte Ansatz in der sozialpädgogischen Praxis" gleicht einer Haltung, einer persönlichkeitsbedingten Sichtweise von „ganzheitlicher Pädagogik" unter besonderer Berücksichtigung der

   - Wertschätzung von Kindern,
   - Achtung der Rechte jedes einzelnen Kindes,
   - Nichtausgrenzung von aktuellen Situationen,
   - Bedeutung jedes einzelnen Tages und
   - Arbeit an eigener Identität und Professionalität.

9. Der „Situationsorientierte Ansatz in der sozialpädagogischen Praxis" lehnt altersgleiche Gruppen, rollenspezifisches Förderverhalten von Seiten der Erzieherinnen und Erzieher, die Benachteiligung von Mädchen den Jungen gegenüber (und umgekehrt) sowie die Ausgrenzung von Kindern mit besonderen Problemen oder Behinderungen ab.

Erläuterung: Da der „Situationsorientierte Ansatz“ davon ausgeht, dass möglichst alle Kinder aus demselben Umfeld, derselben Wohngegend und demselben Lebensbereich stammen, kann es von daher schon keine Ausgrenzung geben. Kinder, die in derselben Wohngegend zu Hause sind, kennen sich: deutsche und ausländische Kinder, behinderte und nicht behinderte Kinder, Kinder ohne Geschwister und mit Geschwistern. Da nach dem Verständnis des „Situationsorientierten Ansatzes in der sozialpädagogischen Praxis“ die Kindertagesstätte als ein „Spiegelbild“ des Wohnumfeldes gilt – und auch draußen, außerhalb der Kindertagesstätte, altersgleiche Gruppenzusammensetzungen, von außen bestimmt, völlig untypisch sind –, kommt eine altersgleiche Zusammenlegung von Kindern auch hier nicht in Betracht. Da zum anderen der „Situationsorientierte Ansatz“ ein gesellschaftspolitischer Auftrag ist und die Gleichberechtigung aller Menschen immer deutlicher angestrebt wird, werden Erzieherinnen und Erzieher in der Kindertagesstätte darauf achten, kein Rollenverhalten von Mädchen und/oder Jungen zu fixieren und zu fördern und vor allem Mädchen nicht zu benachteiligen.

10. Der „Situationsorientierte Ansatz“ wird nur dort Realität werden, wo gemeinsam mit Kindern Projekte über einen längeren Zeitraum erlebt werden. Er hat nichts zu tun mit dem „Aneinanderreihen von Situationen“, bei dem jegliches Handeln aus dem bloßen Reagieren der Mitarbeiterinnen und Mitarbeiter besteht.

Erläuterung: Das Beispiel von Sylvias Arbeitsweise (vgl. S. 39 ff.) entspricht dabei dem letzten Satz dieser These. Dort, wo Situationen willkürlich aufgegriffen und in einer Vielzahl – ohne Zusammenhang – addiert werden, verkümmert der Ansatz zur bloßen „Anlasspädagogik“. Darum gilt es, Zusammenhänge zu berücksichtigen und die Arbeitsbedingungen und sich selber so zu verändern, dass einzelne Bausteine zu einem Gesamtbauwerk entstehen.

11. Der „Situationsorientierte Ansatz“ ermöglicht Erzieherinnen und Erziehern, Kindern und Eltern ein „generationsübergreifendes“, „multikulturelles“ und „sozialisationsübergreifendes“ Lernen.

Erläuterung: Erstens: Die Spezialisierung der Pädagogik und Therapie hat es „geschafft“, Kindheiten dadurch immer mehr auseinanderzubringen, dass es spezifische Einrichtungen für Kinder mit besonderen Problemen gibt. So existieren heute „Kindertagesstätten für früh- und hochbegabte Kinder“, „Sonderkindertagesstätten für körperbehinderte Kinder“, „Kindertagesstätten für sprachbehinderte Kinder“, „Kindertagesstätten für taubblinde Kinder“ und „Tagesstätten für geistig behinderte Kinder“. Diese Spezialisierung mag zwar den Kindern im Hinblick auf ihre Primärbehinderung hilfreich sein – obgleich Forschungsergebnisse dazu sehr unterschiedliche Aussagen treffen –, führt aber nicht selten zu neuer Sekundär-behinderung im emotionalen und sozialen Bereich. Behinderungen werden für nicht behinderte Kinder mehr oder weniger unsichtbar gemacht und behinderte Kinder lernen einen Umgang in isolierten, extra hergestellten Behinderungsräumen.

Ein Zweites: Viele Kinder haben durch die veränderte Situation der Kleinfamilie nicht mehr die Möglichkeit in dem Maße, wie es einmal früher üblich war, mit älteren und alten Menschen in engere und mittel-/längerfristige Beziehung zu treten, mit ihnen zu spielen, sich mit ihnen zu unterhalten, ihre Vergangenheit in Ansätzen nachvollziehen zu können und mit ihnen gemeinsam Unternehmungen und Situationen zu erleben, die lebensbereichernd sind. Der „Situationsorientierte Ansatz" sucht dabei bewusst unterschiedliche Möglichkeiten auf, dass Kinder und ältere/alte Menschen sich wieder begegnen und die üblich erlebte Trennung – zumindest in Ansätzen – neu erfahren. Da werden ältere und alte Menschen zu Hause oder im Altersheim besucht und Gegenbesuche gemeinsam arrangiert, da können alte/ältere Menschen in der Kindertagesstätte bei Projekten mit dabeisein, da werden gemeinsam mit älteren Menschen Besorgungen gemacht oder Aktivitäten unternommen, die einer Altersghettoisierung entgegenwirken. Natürlich ist bei dem Begriff des „generationsübergreifenden Lernens" nicht primär an die üblichen Begegnungen gedacht, wie etwa das „Einstudieren von Aufführungen mit anschließender Darstellung im Altenheim bei Kaffee und Kuchen". Dies entspricht dem klassischen „funktionsorientierten Arbeiten" und trägt zur Verfestigung der Grenzziehung geradezu bei. Kinder kommen und gehen, die alten Menschen nehmen auf und applaudieren. Und weiter geschieht nichts. Generationsübergreifendes Lernen erhebt den Anspruch, mehr als nur einmalige Begegnungen zu schaffen.

Und ein dritter Punkt: „Multikulturelles Lernen" geschieht ebenfalls im gemeinsamen Leben und Lernen von Menschen unterschiedlicher Nationen. Die Kindertagesstätte möchte, so sie situationsorientiert arbeitet, die Begegnungen untereinander fördern und ist daher für alle Kinder und deren Eltern offen. Nicht die Diaserie über „Vorurteile" (wissenschaftstheoretischer Ansatz) noch die Bilderbücher über „fremde Völker, ihr Leben und ihre Kulturen" (funktionsorientierter Ansatz) reichen aus, multikulturell zu denken und zu fühlen. Erst in der multikulturellen Begegnung innerhalb und außerhalb der Kindertagesstätte ist die Chance gegeben, auch multikulturelle Erfahrungen zu machen und wirklich solidarisch zu handeln. Dabei kann/wird die Kindertagesstätte zum „Dreh- und Angelpunkt" einer gemeinwesenorientierten Ausrichtung, die durch die enge Zusammen- und Mitarbeit der Eltern einen Modellcharakter vorgeben kann. Kein Modell mit hochwissenschaftlichen Expertisen und dreijähriger Förderungswürdigkeit und gleicher

Laufzeit, sondern ein praktiziertes Modell vor Ort. Erfahrungsberichte aus Kindertagesstätten, die so arbeiten, machen deutlich, wie langfristig neu geknüpfte Beziehungen halten und dass sie weit über „einmalige Einladungen zum Essen" hinausgehen.

Zusammenfassung

Würde an dieser Stelle ein historischer Rückblick auf die Entwicklung der Kindertagesstätte vorgenommen werden, so würde deutlich, dass die jeweiligen Werte und Zeitströmungen der Gesellschaft auch immer die Arbeitsweise der Kindertagesstätten, ihre Ziele und Methoden beeinflusst haben: „Strickstuben" in der Vorindustrialisierung; „Kleinkinderschule und Kleinkinderbewahranstalten" in der Zeit der Industrialisierung und „Kindertagesstätten für Mittelschichtkinder"; Maximen der Kindertagesstätten in der Kaiserzeit: Ordnung, Zucht und Untertanengeist; Reformpädagogik um 1920 in Kindertagesstätten und Proklamation der „Rechte der Kinder"; Zusammenschluss der Kindertagesstätten zur NS-Volkswohlfahrt während der nationalsozialistischen Gewaltherrschaft; Kindertagesstätten in der Nachkriegszeit und den Wohlstandsjahren als Orte „friedlicher Harmonie und Vorschulstätten". Nahezu immer wurden Kinder nicht aktiv mit ihrem sozialen Umfeld, ihren Lebensbedingungen und Situationen vertraut gemacht, damit sie ihr persönliches, kulturelles und ökologisches Umfeld besser verstehen und in Beziehung zum eigenen Leben setzen konnten. Gerade aber durch diese Erfahrungen und Begegnungen könnten sie Zusammenhänge zu ihrem eigenen Leben herstellen und mit anderen Menschen Solidarität entwickeln, sodass kompetentes Denken und selbstbestimmteres Handeln erfahren und gelernt werden könnten. Und gerade dies stellt eine wesentliche Voraussetzung dafür dar, dass Kinder, die schon heute Bürgerinnen und Bürgern ihres Staates sind, auch in der Zukunft weitgehend selbstbestimmt mit sich und anderen in sozialer und ökologischer Verantwortung leben können.

3. Tagesabläufe in situationsorientiert arbeitenden Kindertagesstätten

Obgleich jeder Tag in der Kindertagesstätte seine Besonderheiten besitzt, kann trotz allem eine einfache Grundstruktur beobachtet werden: Sind alle Kinder an dem heutigen Tage anwesend, wird zu einer kurzen „Einstiegsrunde" gebeten. Dabei haben die Kinder die Möglichkeit, von der vergangenen Nacht und vom Aufwachen zu berichten, von ihren Träumen und Erwartungen für den jeweiligen Tag (I. Phase).

Der Hauptteil des Tages besteht nun in der Fortführung des Projekts vom Vortag (II. Phase).

Bevor die Kinder auseinandergehen, wird eine „Abschlussrunde" einberufen, in der die Kinder wiederum die Möglichkeit haben, sich gegenseitig zu erzählen, was ihnen heute gefallen hat, worüber sie sich geärgert haben, was ganz besonders schön war, ob sie vielleicht bei bestimmten Dingen Angst gespürt haben oder ob sie über etwas Bestimmtes traurig sind. Zusätzlich kann abgesprochen werden, was für den nächsten Tag mitzubringen/zu besorgen ist oder bedacht werden sollte.

Der Tag in einer situationsorientiert arbeitenden Kindertagesstätte ist damit deutlich strukturiert – in einem Dreierrhythmus, so wie das Leben aus drei Zeitdimensionen besteht (Vergangenheit, Gegenwart, Zukunft) oder die Ganzheitlichkeit des Menschen sich aus drei Bereichen (Denken, Fühlen, Handeln) ergibt.

Morgenkreis und Abschlusskreis: ja – aber mit kindeigenen Akzenten!
Die Frage der Freiwilligkeit sollte immer mit den Kindern besprochen werden.

Damit dieser Dreierrhythmus weitestgehend eingehalten werden kann, ist es notwendig, dass mit Eltern klare Bring- und Abholzeiten vereinbart werden – dies im Interesse der Kinder und ihrer Projekte und nicht nach den Wünschen von Eltern. So erleben es Kinder durchaus als störend, wenn das letzte Kind erst gegen 9.45 Uhr gebracht und das erste Kind schon um 11.00 Uhr abgeholt wird. Die Kindertagesstätte dient der Entwicklung der Kinder und hat daher auch im Sinne des eigenständigen Erziehungs-, Bildungs- und Betreuungsauftrages ein Recht auf klare Arbeitsbedingungen. Das bedeutet selbstverständlich, dass in besonderen Situationen auch Einzelabsprachen getroffen werden können, wenn es für die Entwicklung des Kindes dienlich ist.

Wenn nach diesem Tagesrhythmus vorgegangen wird und Projekte mit Kindern erlebt werden, erübrigen sich bestimmte „Turn- oder Fördertage", weil sie einerseits im Sinne einer ganzheitlichen Entwicklungsbegleitung überflüssig werden/sind, auf der anderen Seite aber auch kein Platz für solche Tage der „teilisolierenden Förderung" zur Verfügung stehen.

In manchen Städten und Gemeinden wird den Erzieherinnen und Erziehern viel Mut abverlangt, sich von derartigen „Traditionstagen" zu trennen. Es ist ihre Aufgabe, anhand praktischer Berichte aus den Projekten zu dokumentieren, dass Kinder auch in den Projekten genau das „lernen", was Eltern möglicherweise zu vermissen glauben.

4. Der Anfang des „Situationsorientierten Ansatzes" in Kindertagesstätten vor Ort

Der „Situationsorientierte Ansatz" ist neben vielen anderen Ansätzen und Orientierungen in der Elementarpädagogik eine Arbeitsform, die nicht spontan und aus einer kurzfristigen Entscheidung heraus umgesetzt werden kann.

Vielmehr lässt sich das Vorgehen in dem Prozess von der Auseinandersetzung über die Entscheidung zur Vorbereitung und schließlich zur Umsetzung als ein langer und schwerer Weg beschreiben, der neben einer gründlichen Bestandsaufnahme der aktuellen Arbeit über eine Auswertung der bisherigen Tätigkeit schließlich zu einer Veränderung der Praxis führt.

Bildlich ausgedrückt kann das Vorgehen mit dem Bau eines Hauses verglichen werden, das letztlich einen langen Lebenswert haben soll und gegen Sturm, Regen, Gewitter, Orkanböen und Erderschütterungen Stabilität zu zeigen hat.

Deshalb soll das Beispiel eines Hauses auf den „Situationsorientierten Ansatz" in seinen wesentlichen Schritten übertragen werden:

1. Zunächst einmal setzen sich die Bauinteressenten mit ihrem Wunsch nach einem Hausbau auseinander. Sie vergleichen ihr bisheriges Wohnen (= bisherige Arbeit)

mit einer angestrebten neuen Wohnkultur (= die Neugestaltung ihrer Arbeit), wägen dabei Vor- und Nachteile ab und machen schließlich einen Kassensturz (= Überprüfung der notwendigen Kompetenzen), ob sie sich das Haus leisten können bzw. leisten wollen.

2. Bei einer positiven Bilanz und der Entscheidung für ein neues Haus (= für einen neuen Arbeitsansatz) werden als Nächstes entsprechende Bauträger aufgesucht (= Fortbildungsangebote wahrgenommen) und dabei bestimmte Haustypen (= pädagogische Ansätze) miteinander verglichen (selbstverständlich auch hier Preis-Leistungs-Verhältnis = Vergleich des Aufwands mit dem Output).

3. Ist eine entsprechende Entscheidung gefallen, kommt es zur Suche eines geeigneten Bauplatzes (= Frage: „Ist es in unserer Kindertagesstätte möglich?“). Anschließend wird der Termin für den Baubeginn festgelegt (= Terminplanung für die regelmäßigen Treffen zur Auseinandersetzung mit dem entsprechenden Ansatz).

4. Zur gleichen Zeit kommt es zur Festabsprache mit den Banken, zu welchen Konditionen die entsprechenden Hypotheken vergeben werden und wie hoch der eigene Abzahlungsbetrag sein wird (= Erfahrungen besitzen/kosten ihren Preis!).

5. Steht der Bauplatz fest (= Entscheidung für den „Situationsorientierten Ansatz“), werden entsprechende Baufirmen und Handwerker hinsichtlich ihrer Kompetenz ausgesucht und erhalten den Gewerke-Auftrag. Dabei äußern die Bauinteressenten ihre Vorstellungen und Missverständnisse werden ausgesprochen und geklärt (= inhalts- und beziehungsorientierte Klärung beruflicher und persönlicher Ansichten/Erwartungen/Hoffnungen/Ängste).

6. Nun erst beginnt der eigentliche Bau (= die eigentliche Errichtung des Hauses „Situationsorientierter Ansatz“).
   Zunächst wird der Boden ausgehoben, Bagger befördern den Untergrund aus einer entstehenden Grube, bis schließlich der Platz für den Unterbau des Hauses geschaffen ist (= Besprechung/Aufarbeitung vergangener Konflikte, Lösung von alten und hinderlichen Strukturen).

7. Jetzt endlich kann das Fundament (= die Grundlage für die Verwirklichung des „Situationsorientierten Ansatzes“) gegossen werden (= Treffen von grundsätzlichen Entscheidungen und verbindlichen Absprachen).

8. Auf dieses Fundament wird schließlich der Hauskörper gebaut – Stein für Stein (= Stück für Stück in der Vorbereitung des Ansatzes).

9. Ist dieser Vorgang abgeschlossen, folgt das Dach mit seinen Ziegeln (= Beendigung des Rohbaus entspricht der Beendigung der ersten großen Vorbereitung).

10. Erst jetzt (!) beginnen die Arbeiten mit dem Innenausbau (= erste Planung von Projekten). Wieder werden entsprechende Fachleute (Innenarchitektinnen/-architekten = Referentinnen/Referenten) um Rat gefragt, Freunde angesprochen (= Kontaktaufnahme mit anderen situationsorientiert arbeitenden Kindertagesstätten) und die eigene Familie wird entsprechende Entscheidungen treffen (= Finden von Lösungen im Team).

11. Erst wenn auch die Inneneinrichtung feststeht – mit all den Fragen, was beispielsweise noch von der alten Wohnung (= der vergangenen Arbeit) mitgenommen werden kann/soll und was neu anzuschaffen ist (= wer welche neuen Handlungskompetenzen noch deutlicher als bisher zeigen muss), kann das Haus bezogen werden (= Durchführen von Projekten).

12. Jede Hausbesitzerin/jeder Hausbesitzer kennt dabei die Notwendigkeit der Nachbesserungen (= Konfrontation mit unvorhersehbaren Ereignissen im Team bzw. auf der organisatorischen Ebene) und weiß, dass es immer neue Arbeiten am/im Haus auszuführen gibt.
    Manches kann mit eigenen handwerklichen Fähigkeiten (= erzieherischen Kompetenzen) ausgebessert/wiederhergestellt werden; für manche Arbeiten sind allerdings erneut Handwerker von außen (= Referentinnen/Referenten und Supervisorinnen/-visoren) hilfreich und notwendig.

13. Wohnen die neuen Hausbesitzerinnen und -besitzer in ihrem Domizil, werden sie sicherlich von Zeit zu Zeit den Hausplan (= die Einrichtungskonzeption) des Architekten vornehmen, um zu vergleichen, ob die Absprachen und Entscheidungen eine gute Wahl gewesen sind oder ob zum heutigen Zeitpunkt andere Raumschnitte (= Innenentscheidungen) vorteilhafter gewesen wären (= Bestandsaufnahme zum Ansatz). Vielleicht ärgern sich die Bauherren im Nachhinein über bestimmte Handwerker (= Mitarbeiterinnen und Mitarbeiter), mit denen sie nicht konsequent und klar genug den Arbeitsauftrag besprochen hatten. Gleichzeitig wissen sie aber, dass bei Nachbesserungsarbeiten erneut klare Absprachen getroffen werden können.

Der „Situationsorientierte Ansatz" fängt entsprechend diesem Beispiel nie mit dem Bau eines Daches oder seiner Inneneinrichtung an.
Dasselbe gilt für den Bau des Hauses, bei dem nie ohne eine sorgfältige Bodenuntersuchung oder ein entsprechend festes Fundament Stein auf Stein gesetzt wird. So beginnt der „Situationsorientierte Ansatz" auch nie mit einer isolierten Pro-

jektplanung/-durchführung, weil damit Sinnzusammenhänge außer Acht gelassen würden und ein „Einsturz des Hauses“ (= Zusammenbruch des Ansatzes) vorprogrammiert wäre. In der Übersicht des Bildes „Haus“ könnte es daher so aussehen:

Teil 4:

Projektarbeit:

Planung/
Durchführung
von Projekten

Teil 3:

Vorbereitung:

- kontinuierliche Fortbildung aller Fachkräfte
- Raumgestaltung/Außengestaltung mit Kindern
- aktive Öffentlichkeitsarbeit
- Einbeziehung des Gemeinwesens in die tägliche Arbeit
- qualifizierte Einleitung und Beratung der Praktikantinnen und Praktikanten
- Zusammenarbeit mit dem Träger
- Zusammenarbeit mit den Eltern
- Zusammenarbeit mit anderen sozialen Diensten
- Zusammenarbeit mit anderen Kindertagesstätten
- Zusammenarbeit mit der Ausbildungsschule
- Erörterung/Diskussion zur Aufwertung des „Spiels“
- Erstellung einer individuellen Einrichtungskonzeption
- Thematisierung/Klärung bisheriger „Team“arbeit
- Erörterung/Erwerb notwendiger Handlungskompetenzen
- Erörterung/Festlegung des notwendigen Rollenverständnisses
- Entscheidung für den „Situationsorientierten Ansatz“

Teil 1:

Fundament (Teil 2)

- Besprechung und Aufarbeitung grundsätzlicher Fragen, Probleme, Strukturen
- Terminplanung für das weitere Vorgehen
- Kennenlernen und Vergleich der unterschiedlichen pädagogischen Ansätze in der Elementarpädagogik
- erste Auseinandersetzung mit bestimmten Ansätzen in Fort- und Weiterbildungsseminaren
- grundsätzliche Bestandsaufnahme zur bisherigen Arbeit (Ist-Soll-Differenz)
  Wie strukturiert/unstrukturiert wurde/wird bisher gearbeitet?
  Welcher Ansatz wird praktiziert (Wunsch-/Realbild)?

4.1 Erste Hinweise für die Praxis zur Vorbereitung des „Situationsorientierten Ansatzes"

Die Frage vieler Mitarbeiterinnen und Mitarbeiter in Kindertagesstätten, „wie komme ich zu Projekten?", zeigt einerseits das ernsthafte Bemühen, kindorientierte Arbeit durch ein bestimmtes Vorgehen im Tagesablauf umsetzen zu wollen, andererseits kommt dabei aber auch zum Vorschein, dass – wie häufig in der Pädagogik – „ein Pferd von hinten aufgezäumt" werden soll. Wie schon im vorigen Teil der Ausführungen erwähnt, beginnt der „Situationsorientierte Ansatz" nie mit einer direkten Veränderung der Arbeit mit Kindern.

Stattdessen wird gezielt der Boden für eine erfolgreiche Projektplanung/-durchführung vorbereitet.

Ein guter Anfang zur Vorbereitung des „Situationsorientierten Ansatzes" kann dadurch unternommen werden, dass sich die Mitarbeiterinnen und Mitarbeiter zunächst an eine Bestandsaufnahme ihrer bisherigen Arbeit heranwagen. Dazu bietet es sich an, anhand vieler Beispiele aus der Praxis zu erklären, ob es überhaupt einen bestimmten Ansatz gibt, nach dem in der Kindertagesstätte gearbeitet wird. Dabei kann es passieren, dass schlagwortartige Aussagen fallen, mit denen ein Arbeitsschwerpunkt charakterisiert werden soll. Schlagworte reichen aber nicht aus! Sie sind eher dazu geeignet, dass für einen bestimmten Ansatz typische Inhalte unberücksichtigt bleiben.

Auf der anderen Seite kann es aber auch geschehen, dass Mitarbeiterinnen und Mitarbeiter sich nicht auf einen bestimmten Ansatz festlegen können bzw. möchten. Das kann sehr unterschiedliche Gründe haben:

- Mitarbeiterinnen und Mitarbeiter sehen in einem bestimmten elementarpädagogischen Ansatz eine zu starke Festlegung und wehren diese ab;
- Mitarbeiterinnen und Mitarbeiter sehen sich nicht in der Lage, bestimmte Ansätze genau wiederzugeben, weil ansatztypische Merkmale unbekannt oder nur in ihrer Struktur ansatzweise bekannt sind;
- Mitarbeiterinnen und Mitarbeiter können sich entschieden haben, einen eigenen Ansatz zu kreieren, von dem sie annehmen, dass dieser im Hinblick auf ihre besondere Situation am besten geeignet ist, eigene Ziele zu verwirklichen.

Günstig ist es daher, zunächst die Arbeitsweise Einzelner vorstellen zu lassen, Ziele zu nennen und Beispiele vorzustellen, um Deckungs(un)gleichheiten zu entdecken. Dabei ist es von besonderer Bedeutung, dass alle Mitarbeiterinnen und jeder Mitarbeiter beteiligt sind und jede (!) Mitarbeiterin/jeder (!) Mitarbeiter zur Transparenz der je eigenen Praxis beiträgt. Bei dieser Bestandsaufnahme sollte es gelingen, beim Vergleich einer Ziel- und Praxisdiskussion auch erreichte Ergebnisse zu betrachten, etwa unter folgender Fragestellung:

- Wie genau wurden die Ziele präzisiert und wie zuverlässig konnte beobachtet werden, dass gesetzte Ziele auch tatsächlich in der Veränderung/Stabilisierung der Verhaltensweisen von Kindern vorzufinden waren?

Allein diese Fragestellung lässt eine Ergebnisprüfung zu, die leider in der Praxis zu selten durchgeführt wird. Wenn Mitarbeiterinnen und Mitarbeiter zu vage Ziele formuliert hatten bzw. haben, dann ist eine Überprüfung kaum bis gar nicht möglich.

Folgendes Arbeitsblatt kann dabei hilfreich sein, das Wesentliche auf den Punkt zu bringen:

Kindertagesstättengruppe: ______

Erzieher(innen): ______

Ziele	Zeitspanne	inhaltliche Schwerpunkte	methodische Schwerpunkte	Ziel: erreicht?

Mitarbeiterinnen und Mitarbeiter sollten durchaus den Mut besitzen, bei der Analyse der (nicht) erreichten Ziele deutlich in die Bestandsaufnahme einzutreten: Wurden zum Beispiel Ziele formuliert, dass die Kinder in der Gruppe

- eigenen Bedürfnisse folgen konnten, um mit eigenen Zeit- und Materialvorstellungen ihre Tagesabläufe selbstbestimmt zu gestalten;
- ihre Rechte auf Wertschätzung und Respekt ihrer Person wiederfinden können (konnten);
- bei einer Verletzung ihrer Würde Hilfestellung durch die Erzieherin/den Erzieher bekamen;
- ihre Meinung zu allen Fragen, die sie betrafen, äußern konnten;
- ihre subjektiven Bewegungspotenziale und -bedürfnisse Tag für Tag ausdrücken konnten;

- durch die Projektarbeit „..." in ihrer Selbstständigkeit unterstützt wurden oder
- ungestörte Rückzugsecken nutzen konnten, um individuellen Bedürfnissen nachgehen zu können, dann gibt es in dem Praxisvergleich anhand vieler Beispiele nur zwei Antwortmöglichkeiten: ja bzw. nein.

Jede Form der Kindertagesstättenpädagogik kann nur dann ihr Profil auf- und ausbauen, wenn die Einrichtung sowohl im Innenverhältnis (Mitarbeiterinnen/Mitarbeiter) als auch im Außenverhältnis (Eltern, Träger, andere Einrichtungen, Öffentlichkeit, Ausbildungsschule, Praktikantinnen/Praktikanten) ihren Ansatz sowohl theoretisch als auch praktisch transparent machen kann. Erst wenn Pädagogik griffig, stimmig und nachvollziehbar wird, hat sie ein Recht im Hinblick auf die Forderung, eine eigenständige Qualität zu besitzen. In manchen Kindertagesstätten ist nicht nur ein einheitlicher Ansatz zu vermissen, sondern auch eine widersprüchliche Pädagogik im Vergleich der Gruppenarbeit festzustellen. Wen wundert es da, dass Eltern unzufrieden sind und die Gruppenarbeit untereinander vergleichen. Ein besonderes Merkmal einer widersprüchlichen Arbeit kommt dann zum Vorschein, wenn z. B. Eltern durch Vorinformationen/Vorerfahrungen den Wunsch äußern, ihr Kind möge doch in die Gruppe X bei Frau Y kommen – dort werde noch was gelernt bzw. da fühlten sich die Kinder wohl. Noch dramatischer wäre es, wenn Eltern im Vergleich bestimmter Aussagen von Erzieherinnen/Erziehern aus unterschiedlichen Gruppen auf Widersprüche stoßen würden.

Eine solche Erfahrung ist – gelinde gesagt – für eine kindorientierte Pädagogik voller Schaden und unwürdig, weil sie Eltern und Erzieher/-innen sowie die Fachkräfte untereinander in Gruppen spaltet und auseinanderbringt.

Um bestimmte Anlässe kennenzulernen, ist es günstig, sich mit entsprechender Fachliteratur oder in Fort- und Weiterbildungsseminaren damit auseinanderzusetzen.

Einerseits kann es dabei so aussehen, dass Mitarbeiter/-innen

- in persönlicher Auseinandersetzung jeweils in Einzelarbeit bestimmte Fachbücher lesen und dann in der Mitarbeiter(innen)runde vorstellen oder
- in kleinen Arbeitsgruppen jeweils ein Fachbuch zu einem bestimmten Ansatz erarbeiten und die spezifischen Merkmale anhand eines zu erstellenden Arbeitsblattes anschließend im Gesamtkreis erläutern.

Andererseits können Kolleginnen und Kollegen – stellvertretend für die gesamte Mitarbeiter(innen)runde – Fort- oder Weiterbildungsveranstaltungen besuchen, um vorgestellte bzw. erarbeitete Ergebnisse während einer Dienstbesprechung einzubringen.

Besonders hilfreich ist es, wenn alle Mitarbeiter/-innen einer Einrichtung gemeinsam an einem entsprechenden Seminar teilnehmen, damit von einer gleichen Grundlage in der weiteren Diskussion und Entscheidungsfindung ausgegangen werden kann. Häufig wird die Meinung vertreten, dass abgeordnete Kolleginnen und Kollegen zwar die übrigen Teammitglieder über Inhalte und besondere Schwerpunkte informieren können, doch zeigt sich in der Praxis, dass die Information immer sehr unterschiedlich ist, je nachdem, ob Inhalte aus erster oder zweiter Hand vermittelt/erlebt wurden.

Ist die Gesamtgruppe der Mitarbeiter/-innen nun über alle wesentlichen, zur Zeit viel diskutierten Ansätze informiert, sollte unbedingt im dritten Arbeitsschritt ein Vergleich der unterschiedlichen Ansätze vorgenommen werden. Dabei darf es nicht in erster Linie darum gehen, ob bestimmt Ansätze „richtig" zu sein scheinen, zumal auch „Richtigkeiten" einer subjektiven Beurteilung unterliegen, oder ob Mitarbeiter/-innen bestimmte Ansätze „gut" finden, sondern welcher Ansatz im Hinblick auf die Kinderleben heute (!) für eine Entwicklungsbegleitung besonders stimmig und hilfreich zu sein scheint.

Ein Vergleich bringt dabei Gemeinsamkeiten und Unterschiede, Entsprechungen und Widersprüche auf den Punkt. Er führt dazu, bestimmte Aussagen und Inhalte sehr deutlich zu erfassen und hinterfragen/bestätigen zu können. Zum anderen wird jener Ansatz in seiner Gesamtübersicht (!) erfasst, sodass nicht nur einzelne Aussagen mit bestimmten Ansätzen verbunden sind. Genau darin liegt ansonsten eine Gefahr, dass zu schnell und damit zu oberflächlich eine Entscheidung für/gegen einen Ansatz getroffen wird.

Ein solch vorgeschlagener Vergleich kann zum Beispiel unter folgenden Fragestellungen vorgenommen werden:

Besondere Merkmale:	Ansatz A	Ansatz B	Ansatz C
Welches Menschenbild legt der Ansatz offen?			
Welcher pädagogischen Richtung fühlt sich der Ansatz verpflichtet?			
Stimmen Menschenbild und pädagogische Richtung tatsächlich überein?			
Welches Rollenverständnis liegt dem Ansatz im Hinblick auf Kinder zugrunde?			
Welches Rollenverständnis haben Erzieher/-innen in diesem Ansatz?			
Stimmen Menschenbild, pädagogische Richtung und die Rollenverständnisse überein?			
Welche Kinderrechte werden effektiv berücksichtigt?			
Werden/sind Kinder aktiv oder passiv an der Planung/Durchführung beteiligt?			
Findet eine ganzheitliche Entwicklungsunterstützung der Kinder statt oder sind die Tage/Tagesabläufe in Teilbereiche zergliedert und Entwicklungsschwerpunkte funktionalisiert?			
Welche Handlungskompetenzen werden von den Erzieherinnen und Erziehern erwartet?			
Welche „Bündnispartnerschaft" – mit Kindern oder Eltern – offenbart der Ansatz?			
Sollen Eltern ein Mitsprache-, Mitentscheidungs- oder Mitbestimmungsrecht haben?			
Geht es bei dem Ansatz um die Entwicklung von Fähigkeiten oder die Förderung von Fertigkeiten?			
Hat der Ansatz einen berufspolitisch anspruchsvollen Hintergrund?			

Besondere Merkmale:	Ansatz A	Ansatz B	Ansatz C
Offenbart der Ansatz einen (gesellschafts)politischen Anspruch? Wenn ja, welchen?			
Fordert der Ansatz zu einer ständigen Selbstreflexion/Teamauseinandersetzung auf?			
Welche Bedeutung wird dem Spiel in all seinen Facetten zugedacht?			
Stimmt die zugedachte Bedeutung mit dem Menschenbild, der pädagogischen Richtung, dem Rollenverständnis und den Praxisschwerpunkten überein?			
Welches Maß an Loyalität zum Träger kommt in dem Ansatz zum Vorschein?			
Welche Merkmale der praktischen Arbeit finden sich im Erziehungs-, Bildungs- und Betreuungsauftrag wieder?			
Inwieweit sind die Daten heutiger Kindheiten in dem Ansatz berücksichtigt?			
Welcher Ansatz scheint am stimmigsten zu sein?			
Welcher Ansatz soll – im Interesse der Kinder (!) und unter Berücksichtigung vorhandener Potenziale – noch deutlicher in Angriff genommen werden?			

Nachdem die Eckwerte der unterschiedlichen elementarpädagogischen Ansätze wirklich kennengelernt und miteinander – anhand spezifischer Fragen und entsprechender Antworten aus der Fachliteratur – verglichen wurden, bietet es sich an, eine Terminplanung für das weitere Vorgehen zu beschließen. Dabei können folgende Überlegungen eine Rolle spielen:

1. Was steht als Nächstes für einzelne Mitarbeiter/-innen bzw. für die Gesamtgruppe an? Sollen weitere Beispiele aus der eigenen Praxis für den Stellenwert bestimmter Aussagen gesammelt und ausgewertet werden?
   Welche Schwierigkeiten sind bei den Diskussionen aufgetaucht und welche Lösungsmöglichkeiten sind hilfreich? Gibt es grundsätzliche Unterschiede in der Bewertung bestimmter Inhalte einzelner Ansätze und wodurch bieten sich Möglichkeiten einer Einigung an?
   Ist es hilfreich, sich bei den Unsicherheiten über bestimmte Aussagen direkt an den Vertreter eines bestimmten Ansatzes zu wenden, damit Klärung gegeben werden kann?

2. Wer macht was (evtl. mit wem) bis wann?
   Sind schließlich alle Fragen für einzelne Mitarbeiter/-innen und für die Gesamtgruppe geklärt, kann es zu einer qualitätsorientierten Entscheidung für einen bestimmten elementarpädagogischen Ansatz kommen.
   Wichtig ist in diesem Zusammenhang, dass nie im Sinne einer Mehrheitsentscheidung vorgegangen werden sollte. Beispiele aus der Praxis belegen immer wieder, dass Orientierungen auf einen bestimmten Ansatz hin zu schnell und zu oberflächlich gefällt werden. Damit werden Zweifel oder Irritationen Einzelner nicht ernst genug genommen und übersehen; das wiederum provoziert für die Zukunft neue, meist destruktive Auseinandersetzungen. Vielmehr hat die Mitarbeiter(innen)-gruppe die Aufgabe, mit allen zu einer Gesamtentscheidung zu kommen, sodass jede Fachkraft sehr deutlich und gleichzeitig aktiv an der Entscheidungsfindung und -lösung beteiligt ist und Verantwortung mitträgt – den Kindern, sich selber, den Mitarbeiterinnen und Mitarbeitern, den Eltern, dem Träger und der Öffentlichkeit gegenüber.
   Mit der Besprechung und Aufarbeitung grundsätzlicher Fragen, Probleme und gegebener Strukturen in der Einrichtung wird unter Einbezug der stattgefundenen Diskussionen um elementarpädagogische Ansätze das Fundament für den konstruktiven Aufbau eines bestimmten Ansatzes gesetzt. Nun kann der Aufbau des Hauses beginnen.

4.2 Hinweise zur Phase der Vorbereitung, den „Situationsorientierten Ansatz" in der Einrichtung zu integrieren

Folgende Grundsätze sind eng mit dem „Situationsorientierten Ansatz" verbunden: Dieser Ansatz

- ist ein konsequenter Versuch, Kinderrechte – entsprechend dem KJHG, der Charta der UNO „Rechte der Kinder" und den unterschiedlichen Kindertagesstättengesetzen – in der Praxis zu realisieren;
- ist eine konsequente Aufforderung an alle Mitarbeiter/-innen, sich in der täglichen Praxis zu beobachten, zu hinterfragen und ein hohes Maß an Selbsterfahrung auf sich zu nehmen;
- ist eine konsequente Verpflichtung, die Zusammenarbeit der Mitabreiter/-innen aktiv zu unterstützen und eine Teamarbeit zu entwickeln;
- ist ein konsequenter Weg, strukturiert zu arbeiten und jedweder Form einer Laissez-faire-Pädagogik eine deutliche Absage zu erteilen;
- ist eine konsequente Entscheidung für regelmäßige Fort- und Weiterbildung, um pädagogische Entscheidungen weniger nach irgendwelchen eigenen Meinungen zu treffen, sondern diese auf fundiertes Wissen aufzubauen;
- verlangt eine konsequente Motivation, sich für die Belange von Kindern/mit Kindern einzusetzen;

- erfordert den konsequenten Willen, eigene Bedürfnisse im Interesse der Kinder bei auftauchenden Interessenskollisionen zurückzustellen;
- trägt den konsequenten Wunsch der Mitarbeiter/-innen, Tag für Tag an notwendigen Handlungskompetenzen zu arbeiten, damit die Pädagogik immer deutlicher ein „kindorientiertes Profil" annehmen wird;
- ist mit konsequenten Entscheidungen verbunden, der Öffentlichkeit (Gemeinwesen, Ausbildungsschule, Träger ...) Frage und Antwort zu stehen, wenn es um die Transparenz dieser Pädagogik geht;
- unterstützt in konsequenter Art und Weise den eigenständigen Erziehungs-, Bildungs- und Betreuungsauftrag der Kindertagesstätte;
- ist neben dem Anspruch auf eine konsequente Pädagogik auch mit der Erwartung verbunden, dass Mitarbeiter/-innen sich in (berufs)politischen Fragen konsequent zu Wort melden.

Diese Aufzählung mag sich vielleicht nach einer Utopie oder einem Ideal anhören, der/dem nur schwer nachzukommen ist. Wer so denkt, mag dafür sicherlich berechtigte, allerdings subjektive Gründe besitzen. Diese helfen aber nicht in der Sache weiter und sind auch für eine Weiterentwicklung einer qualitätsorientierten Elementarpädagogik nicht förderlich.
Dazu ein paar Beispiele aus der Praxis: Mitarbeiter/-innen, die

- durch besondere private Bedingungen (häusliche Stresssituationen) nicht in einem angemessenen Umfang die Weiterentwicklung einer Kindertagesstättenpädagogik unterstützen, tragen automatisch zu einer Verschleppung, vielleicht sogar zu einer Auflösung einer profilorientierten Arbeit bei;
- aufgrund persönlicher (privater) Schwerpunktsetzung weder zum Lesen von Fachbüchern noch zum Besuch von Fort-/Weiterbildungsseminaren kommen, entfernen sich Stück für Stück von einer aktuellen Fachlichkeit;
- sich aufgrund persönlicher (persongebundener) Schwierigkeiten nicht an Fachdiskussionen oder Teamauseinandersetzungen beteiligen und sich zurückziehen/zurückhalten, tragen automatisch dazu bei, dass Entwicklungsprozesse unterdrückt oder Innovationen übergangen werden;
- durch private Probleme in starkem Maße belastet sind, besitzen nicht die volle Kraft, wahrnehmungsoffen und motiviert eine kindorientierte Pädagogik zu unterstützen.

Sicherlich hat jedes Problem seine aktuelle Berechtigung. Dennoch muss es in der Pädagogik immer wieder aufs Neue gelingen, Sinnzusammenhänge und Vernetzungen offen auszusprechen und miteinander zu diskutieren, damit Belastungen verändert und Erzieher/-innen ihre volle Arbeitskraft in die Praxis vor Ort eingeben können. Zu verstehen ist alles – zu akzeptieren ist dagegen weitaus weniger! So ist es zu verstehen, dass eine Mitarbeiterin verspätet zum Dienst kommt, weil das eigene Kind krank

ist. Zu akzeptieren ist das Zuspätkommen nicht, weil die Kinder sonst allein sind (kindliche Ebene) und weil es feste Arbeitszeiten gibt (organisatorische, arbeitsrechtliche Ebene). Es ist zu verstehen, dass Mitarbeiter/-innen bei Wind und Wetter wenig Lust verspüren, mit den Kindern nach draußen zu gehen – akzeptiert werden kann dies noch lange nicht, zumal es in der Arbeit pädagogischer Fachkräfte nicht um „eigene Lust oder Unlust" gehen darf. Dann hätten manche Kinder Glück, manche Pech!

Professionalität und Identität im „Situationsorientierten Ansatz" verlangen eine starke Identifikation mit der Arbeit, der mitbestimmten Pädagogik und vor allem mit den elementaren Bedürfnissen der Kinder! Würde dagegen „aktuelle Unlust" oder „spontane Lust" die praktische Arbeit bestimmen, dann würde sich die Kindertagesstätte zu einer „persönlichen Selbstentfaltungseinrichtung für Erwachsene" entwickeln, bei der Kinder im Großen und Ganzen das Nachsehen hätten.

Der „Situationsorientierte Ansatz" – das darf an dieser Stelle noch einmal deutlich hervorgehoben werden – hat wie kaum ein zweiter Ansatz in der Elementarpädagogik die Gemüter vieler Erzieher/-innen, Fachschullehrer/-innen, Wissenschaftler/-innen und Eltern, Träger und Einrichtungsvorstände erhitzt. Die einen fühlen sich bestätigt, die anderen irritiert. Die einen erleben durch die Inhalte Provokationen, andere wiederum nehmen bestimmte Aussagen in ihrer eigentlichen Bedeutung kaum wahr. Obgleich dieser Ansatz seit vielen Jahren im Gespräch ist, herrscht in Praxis und Theorie vereinzelt ein Wirrwarr im Hinblick auf eine feste Zuordnung von Begrifflichkeit und Praxisbedeutung. So soll an dieser Stelle versucht werden, drei wesentliche Begriffe voneinander abzugrenzen, um Missverständnisse auszuräumen:

a) Der „Situationsorientierte Ansatz" hat keinen Bezug zu dem „Situativen Ansatz"/ zum „situativen Arbeiten".
   „Situatives Arbeiten" ist durch die Merkmale von „Spontaneität" und „Zufälligkeit" charakterisiert. Diese Form der Arbeit lässt jede Planung vermissen und birgt zusätzlich die Gefahr in sich, dass Pädagogik zu einer Zufallsarbeit wird.

Hat sich etwa ein Kind gestoßen oder verletzt und wird dies von der Erzieherin beobachtet, könnte die Entscheidung fallen, für einige Tage das Thema „Verletzung und Erste Hilfe" in den Vordergrund zu setzen.
Streiten sich zu bestimmten Zeiten einige Kinder und wird dies von der Erzieherin bemerkt, könnte die Entscheidung fallen, in nächster Zeit das Thema „Sich streiten und vertragen" zu bearbeiten.
Haben Kinder Schwierigkeiten, Rücksicht aufeinander zu nehmen, könnte eine Erzieherin sich veranlasst sehen, das Thema „Jeder Mensch braucht einen Freund" zu wählen.
Mit einer solchen „Spontanpädagogik" hat der „Situationsorientierte Ansatz" nichts zu tun.
Einerseits ist für eine solche Praxisgestaltung keine Ausbildung als staatlich anerkannte Erzieherin notwendig. Geht es doch lediglich darum, besondere Aktualitäten wahrzunehmen und aufzugreifen, andererseits werden bei einem solchen Arbeitsverständnis Zufallsbeobachtungen aufgegriffen und thematisch „verarbeitet".
Da im Laufe eines Kindertagesstättentages ungezählte solcher Ereignisse auftreten, muss die Auswahl automatisch subjektiv sein. Schließlich ist es nicht möglich, einen roten Faden in einer solchen Arbeit zu entdecken.

b) Der „Situationsorientierte Ansatz" hat in seiner heutigen Ausprägung und nach dem aktuellen Wissenschaftsstand auch keinen Bezug zum „Situationsansatz", wurden doch in der Zwischenzeit die Unterschiede immer deutlicher.
Der „Situationsansatz" – so stellt er sich jedenfalls in der breiten Öffentlichkeitsdiskussion immer wieder dar, ebenso in der Praxis – hat den aus seiner Sicht berechtigten Anspruch, Kindern im Kindergartenalter dabei zu helfen, zukünftige Konfrontationen und Lebenssituationen zu meistern und diese in gemeinsamer Solidarität mit anderen zu bestehen. Dabei wählen Erwachsene – also Erzieher/-innen – Situationsfelder aus, von denen sie annehmen, dass Kinder ihnen in der Zukunft (!) begegnen oder sie schon in der Aktualität (Gegenwart) erfahren.
Es wundert daher nicht, dass „didaktische Einheiten" den Kindertagesstättenalltag bestimmen; seien es die Themen:
- gesunde Ernährung;
- Abfallvermeidung und -entsorgung;
- Friedenserziehung in einer friedensfeindlichen Welt;
- der Übergang von der Kindertagesstätte zur Schule;
- Umgang mit Fernsehen, Video und anderen Massenmedien;
- das Zusammenleben von behinderten und nicht behinderten Kindern;
- Kennenlernen des eigenen Körpers oder
- Bewahrung der Natur usw.

Themenschwerpunkte der Sachwelt, Kommunikation, Interaktion sowie der Raum-/Zeitorientierung werden dabei mit Kindern erarbeitet mit der Absicht, dass Kinder neue Sozial-, Selbst- und Sachkompetenzen erfahren und in ihre Persönlichkeitsentwicklung integrieren. Allerdings – und das ist dabei von großer Wichtigkeit – geht es in der Praxis dabei immer um Außenthemen! Das heißt, es sind Themen ausgewählt, die aus der Erwachsenensicht für richtig erachtet und zum Thema für Kinder erklärt werden, ohne die aktuellen Bedürfnisse von Kindern in den Mittelpunkt zu stellen.

c) Der „Situationsorientierte Ansatz" hat sich aus dem „Situationsansatz" entwickelt. Er könnte gewissermaßen als ein Kind (ein Ableger) des zuletzt genannten Ansatzes bezeichnet werden.

Er geht dabei von folgenden Tatsachen aus:

1. Kinder leben zunehmend in Welten, in denen eine Orientierung immer schwieriger wird.
2. Kinder haben immer weniger Möglichkeiten, sich mit der eigenen Person in Ruhe und mit Zeit zu beschäftigen.
3. Kinder erleben eine Kindheit, die in starkem Maße eigene Erfahrungen begrenzt und eigene Entfaltungsmöglichkeiten beschneidet.
4. Kinder wachsen häufig in einem Umfeld auf, in dem sie sich nicht vollkommen fühlen bzw. als überflüssig erleben.
5. Kindern wird ihr Recht auf einen „eigenen Entwicklungszeitraum *Kindheit*" in zunehmendem Maße genommen/vorenthalten.
6. Kinder werden in immer jüngeren Jahren mit pädagogischen Programmen und Trainings überzogen, sodass ihre Welten als „verpädagogisiert" und „vertherapeutisiert" bezeichnet werden müssen.
7. Eine Orientierung auf die Zukunft führt Erwachsene immer stärker dazu, Kinder mit Erwartungen und Anforderungen zu überfordern.
8. Kinder finden kaum noch Bündnispartner/-innen, die ihre Interessen wahrnehmen und deutlich für diese eintreten.

9. Kinder entwickeln notgedrungen erwartungswidrige Verhaltensweisen (= umgangssprachlich: Verhaltensstörungen) als Antwort auf Irritationen und Überforderungen, Ängste und Vereinsamungstendenzen.
10. Kinder brauchen das von ihnen gezeigte „erwartungswidrige Verhalten" so lange, bis ihnen die Möglichkeiten gegeben werden, aus erlebten Zwängen oder Drucksituationen herauszukommen/-zufinden.
11. Die Kindertagesstätte muss ein Ort für Kinder sein, der sich in Abgrenzung zu anderen Bildungseinrichtungen deutlich zu seinem eigenständigen Erziehungs- und Betreuungsauftrag bekennt.
12. Grundsätzliche pädagogische Begriffe haben in den letzten Jahren an Bedeutungsgehalt verloren; umso deutlicher muss ihr Profil in der Praxis messbar sein.
13. Der allgemeine Verlust von Werten innerhalb eines sozialen Umgangs miteinander und im Umgang mit Gegenständen/Materialien bedarf einer besonderen Berücksichtigung in der Elementarpädagogik.
14. Sachbezogene und kommunikative Werte lassen sich nicht durch „didaktische Einheiten" oder „pädagogische Programme" in Form gesonderter Übungen erlernen, sondern bedürfen klarer Modelle in der pädagogischen Praxis.
15. Die Zunahme einer Didaktisierung innerhalb der Kindertagesstättenpädagogik hat dazu beigetragen, dass die Persönlichkeit(sbildung) von pädagogischen Fachkräften immer mehr zurückgedrängt wurde.
16. Die Entwicklungsunterstützung von Kindern ist keine neue Aufgabe der Pädagogik, sondern eine dringliche Forderung im Interesse von Kindern und einer lebenswerten Welt.
17. Keine pädagogische Richtung/kein pädagogischer Ansatz darf deshalb in der Praxis berücksichtigt werden, nur weil er „neu" ist. Entscheidend ist vielmehr seine Berechtigung, ob er der Entwicklung von Kindern tatsächlich dienlich ist!
18. Kinder brauchen keine Methoden, die ihnen helfen sollen, sich zu entwickeln; was sie brauchen, sind Menschen (!), die mit einem hohen Maß an Selbst-, Sach- und Sozialkompetenzen Ausdrucksformen von Kindern verstehen und den Erzählwert begreifen (Frage: „Wozu spielt ein Kind ein bestimmtes Spiel, wozu erzählt es mir diesen Inhalt, wozu malt es dieses Bild, wozu hat es diesen Traum gehabt, wozu wählt der Körper diese Bewegungen und wozu verhält sich das Kind in dieser Art und Weise?").
19. Kinder entwickeln sich in einem Erleben von Sicherheiten. Diese Sicherheiten müssen Kinder in einer Kindertagesstätte (sowie zu Hause und in ihrem gesamten Umfeld) erfahren, um Stabilität und Selbstwert auf- und ausbauen zu können.
20. Elementarpädagogik darf kein Stiefkind der (Sozial-)Politik sein. Träger und alle verantwortlichen Stellen für Kinder(tagesstätten)pädagogik und -politik müssen sich ihrer Verantwortung für Entwicklungschancen von Kindern stellen und entsprechende Mittel sowie Unterstützungen noch deutlicher als bisher mit Prioritäten versehen.

1. Erörterung/Festlegung des notwendigen Rollenverständnisses

Der „Situationsorientierte Ansatz" beginnt schon mit einer differenzierten Betrachtung des Begriffs „Erzieherin/Erzieher". Bedingt durch ein traditionelles Wortverständnis verbinden wir in der Öffentlichkeit mit dem Begriff der „Erziehung/Erzieherin" meist folgende Zusammenhänge, wie sie von Erzieherinnen und Erziehern selbst formuliert und an dieser Stelle genannt werden sollen:

- „Wir haben die Aufgabe, Kinder zu leiten und ihnen Dinge beizubringen, die sie noch nicht gelernt haben oder beherrschen."
- „Kinder im Kindergartenalter sind besonders lernfähig. Unsere Aufgabe ist es daher, Kindern etwas beizubringen, von dem sie in der Zukunft profitieren können."
- „Entsprechend unserer Ausbildung ist es unser Ziel, Kinder lebenstüchtig und sozial zu machen, weil heutige Bedingungen dazu beitragen, dass Egoismus und Aggressivität sich immer mehr ausbreiten."
- „Kinder können noch geformt werden. Später in der Jugend- und Erwachsenenzeit ist es nicht mehr möglich."
- „Wir müssen unseren Vorsprung Kindern gegenüber weitergeben. Nicht als Drill, sondern als eine Heranführung an neue Aufgaben und Herausforderungen."
- „Kinder brauchen Anleitung und Hilfe. Wenn sie diese nicht bekommen, ist die Gefahr einer Verwahrlosung gegeben. Dem können und müssen wir durch Erziehung entgegenwirken."

Einige Erzieher/-innen hatten sich aber auch offensichtlich mit dem Wort „Erziehung" und ihrer Berufsbezeichnung auseinandergesetzt und gaben folgende Antworten:

- „Erziehung hat doch immer etwas mit „ziehen" zu tun. Dabei maßen wir Erwachsenen uns an, immer zu glauben, wir wüssten, was das Beste für Kinder sei. In der Regel fällt es uns doch eher schwer, uns auf die Ebene von Kindern zu begeben. Gerade das ist aber notwendig und sinnvoll, um mit Kindern zusammen zu lernen und sie nicht zu belehren."
- „Das Wort „Erziehung" hat etwas mit Machtnutzung und Besserwisserei zu tun. So denken und planen wir für Kinder, anstatt ihnen dabei zu helfen, eigene Potenziale auszudrücken und diese zum Schwerpunkt unserer Arbeit zu erklären. Kinder und wir Erwachsenen haben in gleichem Umfang besondere Fähigkeiten, sodass es gilt, uns gegenseitig zu begleiten."
- „Erziehung ist für mich ein funktionsbesetzter Begriff. Dabei wollen wir Kinder immer verändern – also anders machen, als sie sind. Das schafft ständig neue „Kampfarenen", wer wohl der Bessere ist. Wir sollten mit der Zeit dahinkommen, von „Entwicklungsbegleitung" zu sprechen, in der die Beziehungspflege im Vorder-

grund steht. Wenn Kinder sich angenommen fühlen, Sicherheit erleben und Vertrauen durch uns Erwachsene erfahren, werden sie sich automatisch auf neue Lernerfahrungen einlassen und selbst dafür sorgen, neue Handlungsschritte auszuprobieren."

Im „Situationsorientierten Ansatz" sehen Erzieher/-innen ihre Aufgabe vor allem darin, dass sie

- mit Kindern die Tagesabläufe gemeinsam besprechen (und diese nicht vorgeben);
- Kinder an Entscheidungen beteiligen (und keine Entscheidungen für sie treffen);
- weitaus stärker reagieren als durch Aktivitäten bestimmte Aktionen vorzugeben;
- auf Angebote verzichten und Impulse setzen (statt angeleitete Beschäftigungen vorzuschlagen und ihre Annahme zu erwarten);
- Kinder in ihrem Ausdrucksverhalten verstehen (statt Verhaltensmerkmale zu bewerten);
- sich selber mit ihrer ganzen Persönlichkeit in die praktische Arbeit eingeben (statt bei Spielen zuzuschauen oder bei handwerklichen Tätigkeiten im Erteilen von Anleitungen Zurückhaltung zu demonstrieren);
- sich von Kindern faszinieren und leiten lassen (statt den Anspruch auf Veränderung zum Hauptmerkmal ihrer Arbeit zu erklären);
- die Themen der Kinder aufgreifen, strukturieren und gemeinsam mit ihnen Projekte entwerfen (statt Themen von Erwachsenen zum Hauptbestandteil ihrer Pädagogik machen wollen);

- sich als Bündnispartner/-innen von Kindern begreifen (statt Eltern- oder Trägererwartungen über die Bedürfnisse von Kindern zu stellen);
- ihre Beziehungsfähigkeit zu Kindern ausbauen (statt über irgendwelche Förderprogramme mit inhaltlichen Schwerpunkten nachzudenken, wie diese „am Kind" umgesetzt werden können).

2. Erörterung und Erwerb notwendiger Handlungskompetenzen

Wenn es im „Situationsorientierten Ansatz" darum geht, Kindern dabei zu helfen, sich aus Verwicklungen bestimmter Irritationen (aus dem häuslichen/sozialen/mediendurchsetzten Umfeld) zu befreien, um Identität aufzubauen und ein Selbstwertgefühl zu entwickeln, dann bedarf es bestimmter Handlungsfähigkeiten, die für Erzieher/-innen unumgänglich sind.

Auf der einen Seite ist es eine umfassende Fach-/Sachkompetenz. Dazu gehört ein abgesichertes Wissen aus dem Feld der Entwicklungspsychologie/-pädagogik, um Ausdrucksformen von Kindern zu verstehen (Erkennen von Ursachen und Auslösern bestimmter Verhaltensmerkmale) und den Erzählwert für Projekte aufzugreifen! Kinder schlagen nicht ohne Grund (sie sind verunsichert, fühlen sich überfordert, sind einsam oder leiden unter einer starken Angst). Kinder zerstören nicht ohne Grund bestimmte Spielhandlungen anderer Kinder. Vielmehr sorgen sie dafür, dass andere Kinder es auch nicht gut/schön haben sollen, wenn es ihnen schlecht gut. Kinder verweigern nicht ohne Grund ihre Teilnahme an irgendwelchen Angeboten; vielmehr spüren sie genau, dass die vorgeschlagenen Aktivitäten keine Bedeutung für sie haben. Kinder lehnen nicht ohne Grund das Malen und Zeichnen ab; vielmehr erleben sie in ihrer Seele solch starke Spannungen, dass sie es nicht wagen, ihre Ausdrucksformen auch noch auf Papier sehen und damit erneut spüren zu müssen.

Also geht es darum, den Zweck bestimmter Ausdrucksformen zu erkennen und Kindern dabei zu helfen, ihre Erlebnisse, Erfahrungen und bestimmte Ereignisse zu bearbeiten. Hilfreich ist es im „Situationsorientierten Ansatz", nicht (!) nach dem „Warum", sondern nach dem „Wozu" zu fragen.

Diese Fach-/Sachkompetenz führt in die Welt der Verschlüsselungen, Symbole und Codierungen der menschlichen Seele. Gerade um diese Wissenserweiterung geht es und nicht um das Kennenlernen möglichst vieler Bastel- und Übungsanleitungen.

Sachkompetenz umfasst aber auch die Fähigkeiten, Sinnzusammenhänge zu entdecken, Vernetzungen zwischen Ursachen und Wirkungen, Hintergründen und Folgen, Impulsen und Handlungsschritten zu sehen (wenn, dann; weil, darum; dadurch, dass ...).

Dies hilft Erzieherinnen und Erziehern und damit Kindern, Verbindungen herzustellen, die häufig übersehen werden. (Beispiel: Wenn es gelingt, ein Kind in seiner Angstbewältigung zu begleiten, dann hat es immer weniger einen Grund dafür, sich selbst zurückzuziehen bzw. mit Aggressivitäten zu reagieren. Also geht es nicht um die Thematisierung von aggressivem Verhalten, irgendwelchen Korrekturvorschlägen oder Diskussionen mit Kindern über die Notwendigkeit sozialer Verhaltensweisen, sondern um die Reduktion subjektiv belastender Angst!).

In gleichem Maße geht es bei der Sachkompetenz auch um fachorientierte Auseinandersetzungen mit thematischen Schwerpunkten. Nicht die Meinungen anderer sind von Interesse, sondern das Faktenwissen zu bestimmten Fragen und Problemen. Was in der Praxis daher notwendiger denn je zu sein scheint, sind profilorientierte Diskussionen und keine meinungsbesetzten Beziehungsklärungen.

Neben einer deutlichen Fach-/Sachkompetenz gehört ein hohes Maß an Selbstkompetenz zur Umsetzung des „Situationsorientierten Ansatzes". Sie fängt bei allen Menschen, die das Wagnis auf sich nehmen, andere in ihrer Entwicklung zu begleiten, mit der Aufarbeitung der eigenen Biografie an. Eigene Kindheitstraumata, Verwirrungen und nicht bearbeitete Erfahrungen wirken in den „Erziehungsstil" auf Kinder ebenso ein wie unbewusste Muster und verselbstständigte (= automatisierte) Handlungsstrategien, die in entscheidendem Maße auf die Atmosphäre einer Kindertagesstättengruppe wirksam sind. So gehören zur Selbstkompetenz die

- Bereitschaft, sich auf neue Dinge/Anforderungen einzulassen;
- Freude, Probleme in Angriff zu nehmen und zu lösen zu versuchen;
- Neugierde, sich mit der eigenen Person auseinanderzusetzen;
- Motivation, sich ständig als Lernende begreifen zu dürfen;
- Bereitschaft, sich als Person mit eigenen zurückliegenden Erfahrungen zu reflektieren;
- Kraft, Risiken zu wagen, um eigene Kreativitätspotenziale auf-/auszubauen;
- Dynamik, Kindertagesstättentage zu wirklichen Erlebnisstunden werden zu lassen;
- Bereitschaft, eigene (In-)Kompetenzen zu erkennen, zu verändern und gegebenenfalls Konsequenzen zur Berufswahl zu ziehen.

Zum Dritten gehört die Sozialkompetenz dazu, die sich u. a. darin zeigt,

- ein aktiver Spielpartner für/mit Kinder(n) zu sein;
- Beziehungen mit Kindern, Eltern und Kolleginnen und Kollegen zu pflegen;
- Entscheidungen für bzw. gegen bestimmte Anforderungen im Interesse von Kindern zu treffen und diese auch öffentlich (!) zu vertreten;
- klare und unmissverständliche Aussagen zu machen;
- eigene Stellungnahmen in Auseinandersetzungen oder bei Problemlösungssuchen abzugeben;

- Machtkämpfe zwischen sich und Kindern, Eltern sowie Kolleginnen und Kollegen zu vermeiden;
- mit anderen zu sprechen (statt über sie zu reden);
- getroffene Entscheidungen bei neuen Informationen gegebenenfalls zu korrigieren und nicht auf Standpunkten – trotz besseren Wissens – zu verharren;
- Beziehungs- und Sachebene in Auseinandersetzungen zu trennen;
- Wahrnehmungen zum Ausgangspunkt für Erörterungen zu erklären, statt Vermutungen und Vorurteile zu nutzen;
- zuzuhören und Widersprüche aufzudecken.

Selbst-, Sach- und Sozialkompetenzen werden in vielen Fällen und in manchen pädagogischen Ansätzen zunächst für Kinder definiert mit entsprechenden Zielsetzungen für die Arbeit „am Kind". Der „Situationsorientierte Ansatz" hat sie aus der Elementarpädagogik von Kindern abgelöst und auf die Fachkräfte übertragen, getreu dem Motto: Was ich von anderen erwarte und verlange, sollte ich zunächst immer erst von mir erwarten.

3. Thematisierung/Klärung bisheriger Teamarbeit

Dadurch, dass bestimmte Projekte im „Situationsorientierten Ansatz" durchaus gruppen-übergreifend durchgeführt werden können und dafür eine möglichst störungsfreie Kommunikation zwischen den Mitarbeiterinnen und Mitarbeitern bestehen muss, wenden sich die Fachkräfte in der Entwicklung des Ansatzes auch gezielt dem eigenen Team zu. Allzu häufig gibt es in Mitarbeiter(innen)gruppen eine Reihe von Missverständnissen, zurückliegenden und nicht bearbeiteten Konflikten, unausgesprochenen Vorurteilen oder seelischen Verletzungen, die ihre besondere Geschichte haben. Teamarbeit ist aber gleichfalls auch die Quelle für ein motiviertes Arbeiten, für den Aufbau neuer Kraft, für das wichtige Gefühl des Angenommenseins und für die Stärkung der eigenen Person, wenn zum Beispiel Angriffe von außen auf einzelne Mitarbeiter/-innen oder die Gesamtgruppe treffen. Jedes Team hat von Zeit zu Zeit einen Klärungsbedarf, indem eine Bestandsaufnahme bisheriger Zusammenarbeit gemacht wird. Gleichzeitig kommen Beziehungen, Strukturen und Muster zur Sprache, um Missverständnisse möglichst frühzeitig aufzudecken. In diesem Fall zeigt sich sehr genau, wie es um die Handlungskompetenzen der einzelnen Mitarbeiter/-innen steht.

Viele Mitarbeiter(innen)gruppen nennen sich „Team", doch ist dieser Begriff mit einem sehr hohen Qualitätsstandard verbunden. Klappt es im Team nicht, werden automatisch Kräfte und Ressourcen, die eigentlich für die Kinder, die praktische Arbeit und die Eltern gedacht sind, in Konflikte gesteckt und binden damit die Kraft, jeden Tag mit Kindern zu erleben. Nicht selten kommt es dann zu folgenden Auswirkungen:

a) Die Krankheitsrate in der Mitarbeiter(innen)gruppe steigt an.
b) Die Atmosphäre in der Kindertagesstätte ist gespannt.
c) Die Arbeitsmotivation sinkt (teilweise gegen einen Nullpunkt).
d) Das Phänomen des „Ausgebrannt-Seins" nimmt zu.
e) Spannungen aus der Erwachsenenwelt übertragen sich auf Kinder.

Hier muss es den Mitarbeiterinnen und Mitarbeitern gelingen, sich unter aktiver Beteiligung aller „zusammenzuraufen" und Problemkerne zu identifizieren, um gewünschte Lösungen zu erreichen.

Es ist nicht möglich, irgendwelche „sozialen Ziele" für Kinder zu formulieren (eigene Bedürfnisse zu bemerken und auszudrücken, dem anderen zuzuhören, eigene Wünsche mit denen anderer abzuwägen, sich auf neue Erfahrungen einzulassen, gemeinsam mit anderen Lösungswege herauszufinden...), wenn diese in der eigenen Gruppe nicht zur Wirklichkeit werden.

In einem Prospekt eines Managementunternehmens stand einmal zu lesen: „Ein Team ohne Entwicklung lebt wie ein Fisch ohne Wasser." Dieser treffende Satz kann modifiziert werden: „Eine Kindertagesstätte ohne Team ist wie ein See ohne Sauerstoff." Jedes Leben, jede Lebendigkeit und jede Bewegung wären zum Scheitern verurteilt, weil ein sauerstoffarmes Wasser alle Organismen erstickt.

4. Erstellung einer Einrichtungskonzeption

Im Unterschied zu einem Konzept, in dem lediglich allgemeine Aussagen zu Zielen und Aufgaben der Kindertagesstättenpädagogik vorgenommen werden, ist eine Konzeption ein deutliches Spiegelbild der Praxis. In ihr wird sehr präzise beschrieben, welches Menschenbild der Pädagogik zugrunde liegt, welcher Ansatz in der Arbeitsgestaltung zum Tragen kommt und auf welche Weise Kinder in ihrer Entwicklung unterstützt werden, wie die Zusammenarbeit der Mitarbeiter/-innen und die Kooperation mit den Eltern, anderen Einrichtungen und beteiligten Fachdiensten gestaltet wird und wie die Transparenz der Arbeit in der Öffentlichkeit aussieht. Jede Kindertagesstätte, die sich dem „Situationsorientierten Ansatz" verpflichtet fühlt, besitzt eine solche Konzeption oder ist dabei, eine Konzeption zu erarbeiten.

Diese umfasst vor allem drei Aspekte: Zum einen werden mit allen Mitarbeiterinnen und Mitarbeitern Grundsatzfragen der täglichen Pädagogik diskutiert, sodass auch bei strittigen oder bisher unbeachteten Fragen eine Einigung erzielt wird. Zum anderen geht es bei der Erstellung einer Konzeption um das fertige Ergebnis, damit sich einerseits die Mitarbeiter/-innen an getroffenen Entscheidungen immer wieder aufs Neue orientieren können, sich andererseits aber auch einer berechtigten Kontrolle durch Kolleginnen und Kollegen, Eltern oder dem Träger stellen. Zum Dritten ist die Konzeption ein Dokument für die Öffentlichkeit: für andere Kindertagesstätten, Fachdienste und andere Interessierte, die nun anhand präziser Aussagen, vieler Beispiele und Fotos nachvollziehen können, was in der täglichen Praxis in der Kindertagesstätte geschieht. Eine Konzeption ist die „Visitenkarte der Kindertagesstätte", mit der sie sich präsentiert und vor allem in ihrer Pädagogik transparent macht (vgl. Krenz, Die Konzeption – Grundlage und Visitenkarte einer Kindertagesstätte, 1996).

5. Erörterung/Aufwertung des Spiels

Das Spiel ist für alle Kinder eine Lebensform, die zur Gestaltung ihres Lebens ebenso dazugehört wie das Essen und Trinken! Unendlich viel ist in den letzten Jahren zur „Bedeutung des Spiels" veröffentlicht worden und dennoch leiten sich aus vielfältigen Praxisbeobachtungen immer wieder neue Fragen ab. So z. B., warum es immer mehr einer zunehmenden Zahl von Kindern schwerfällt, das Spiel in seinen unendlich vielen Facetten zu erleben, warum so viele Missverständnisse zum „freien Spiel" aufseiten vieler Erzieher/-innen bestehen, warum so wenige der vielfältigen Spielformen in der Praxis berücksichtigt werden und warum sich eine zunehmende Zahl pädagogischer Fachkräfte aus aktiven Mitspiel-Prozessen heraushält.

Das Spiel hat im „Situationsorientierten Ansatz" eine zentrale Bedeutung, weil es seinen Sinn und Zweck in sich selbst trägt und Kindern dabei hilft, sich mit der eigenen

Person konzentriert und zeitlos auseinanderzusetzen. Wenn sich im Spielverhalten der Kinder ihre seelischen Empfindungen zeigen, so ist dies nicht nur mit einem hohen Ausdrucks- und Erzählwert versehen, sondern als der Nährboden für den Erwerb persönlicher und sachorientierter Kompetenzen anzuerkennen mit einer entscheidenden Bedeutung im Rahmen der kindlichen Persönlichkeitsentwicklung. Dabei ist es zunächst gleich, ob das Spiel als eine Wiederholung der Stammesentwicklung des Menschen (*Hall* und *Wund*) angesehen wird, seine Erklärung in einer Kraftüberschusstheorie (*Spencer*) zu finden ist, es eine Möglichkeit des Ausgleichs nach partieller Erschöpfung (*Schaller*) ist oder ob das Spiel Kindern dazu dient, Impulse, Instinkte und Gefühle abzureagieren (*Carr*), ob es um das (Ein-)Üben angelegter Fähigkeiten geht (*Groos*) oder magische und symbolische Momente zum Tragen kommen (*Stern*), ob Kinder eine ständige Lust an der Bewältigung von Situationen spüren (*Bühler*) oder ob Spiel einfach um seiner selbst willen ausgeführt wird (*Heckhausen*), ob das Spiel der Versuch der Kinder ist, die Umwelt in ihr eigenes Denken einzubeziehen (*Piaget*) oder negativ verlaufene Situationen durch eine Wiederholung einen befriedigenden und befreienden Verlauf nehmen können (*Hetzer*) bzw. eine Lust an existenzieller Erregung (*Haigis*) darstellen.

Spielen hat Auswirkungen auf den emotionalen, sozialen, motorischen und kognitiven Bereich der Kinder, sodass die fünfzehntausend Stunden, die Kinder in den ersten sechs Jahren spielen (müssen!), ihre Berechtigung besitzen.

Dem kommt der „Situationsorientierte Ansatz" entgegen, indem er Kindern dabei helfen möchte, durch Entdeckungs- und Wahrnehmungsspiele, Gestaltungs- und Geschicklichkeitsspiele, Konstruktions- und Interaktionsspiele, Bewegungs-, Musik-, Finger-, Handpuppen-, Marionetten-, Schattenspiele und szenisches/darstellendes Spiel, Aggressions- und Emotionsspiele, Imitations- und Rollenspiele, Plan- und Regelspiele sowie das Freispiel diese Fülle der Spielformen in Sinnzusammenhängen zu erfahren. Der „Situationsorientierte Ansatz" verzichtet dabei bewusst auf ein „funktionalisiertes Spiel" – auf festgelegte Spielzeiten oder vorgesetzte Spielarten! Spiele finden dort ihren Platz, wo im Rahmen durchgeführter Projekte bestimmte Spiele ihren Sinn erfahren. Dabei wird gleichzeitig auf zwei Dinge geachtet:

- Kinder können selbstverständlich zu allen Zeiten spielen (und müssen selbstverständlich nicht an Projekten teilnehmen);
- Kinder können ihr häusliches Spielzeug jederzeit (nicht nur an irgendwelchen „Spielzeugtagen", die von Erwachsenen festgelegt wurden!) mit in die Kindertagesstätte bringen. Dabei gibt es keine Verbotsregeln für bestimmtes Spielzeug. Allerdings können mit den Kindern bestimmte Regeln demokratisch abgesprochen werden.

Im „Situationsorientierten Ansatz" ist die Erzieherin/der Erzieher Spielpartner der Kinder. Sie/er werkt mit ihnen, besorgt mit Kindern echtes Werkzeug und überlegt mit ihnen an der Werkbank, wie bestimmte Vorhaben umgesetzt werden können; sie/er matscht mit ihnen, lacht und tobt mit Kindern, baut Buden und Aussichtstürme, beteiligt sich an wilden Verfolgungsjagden, kriecht mit Kindern durch angelegte Tunnel, lässt sich in Gespensterhöhlen fangen und erschrecken, mischt mit Kindern Beton für Gartenpodeste, klettert mit Kindern auf Bäume und hockt mit ihnen im Sandkasten, legt Wasserleitungen zu Matschkuhlen und pflegt mit Kindern die angelegten Gärten, nimmt an selbst gebauten Gokartrennen ebenso teil wie Kinder und ist nach einem Kindertagesstättentag genauso ausgelaugt wie die Kinder selbst. Erst wenn Erzieher/-innen – gerade beim Spiel – das „Kind in sich" entdecken, beginnen Kinder, Erwachsene als gleichberechtigt und mitbeteiligt zu erleben. Dadurch fallen Grenzen und Erzieher/-innen sind damit zu einem Teil der Gruppe geworden (vgl. Rollenverständnis, Teil IV, Kapitel 4.2.1: Erörterung/Festlegung des notwendigen Rollenverständnisses).

6. Zusammenarbeit mit der Ausbildungsschule

Allzu lange haben sich Kindertagesstätten in eine Struktur hineinbegeben, in der die Ausbildungsschulen (Fachschulen, -akademien) oftmals fernab jeder Praxisnotwendigkeit an alten, traditionsgebundenen Inhalten und Stoffvermittlungen festgehalten haben. So ergab sich das Bild, dass die Schere zwischen Theorie und Praxis immer größer wurde/werden musste.

Dem „Situationsorientierten Ansatz" liegt folgendes Verständnis zugrunde: Auf der einen Seite haben sich Fachschullehrer/-innen durch ständige Information aus Wissenschaft und Forschung auf einem aktuellen Stand der Elementarpädagogik zu halten, auf der anderen Seite einen regen Kontakt zu Kindertagesstätten zu pflegen, damit ein tatsächlicher Dialog entstehen kann. Hierarchische Strukturen (mit der Existenz eines „oben" – Fachschulen, -akademien – und eines „unten" – Kindertagesstätten und andere sozialpädagogische Einrichtungen) dienen eher einer Machtbewahrung als einem Aufbau lebendiger Auseinandersetzungen. Es kann nicht angehen, dass auch heute noch bestimmte Inhalte in unveränderter Form über viele Jahre hinweg den Schülerinnen und Schülern vermittelt werden, ohne dabei aktuelle Tendenzen der Elementarpädagogik zu berücksichtigen. Gleichzeitig ist die Praxis aufgefordert, noch aktiver als an vielen Orten den Austausch mit den Fachschulen/-akademien zu suchen, um berechtigte Erwartungen und Wünsche zu formulieren. Fachschullehrer/-innen können bei der Analyse und Durchforstung ihrer bisherigen Unterrichtsinhalte im Hinblick auf praktische Notwendigkeiten alten Unterrichtsstoff durch neue Inhalte ersetzen – besonders in den Fächern Pädagogik, Psychologie und Praxis-/Methodenlehre. Erste Veränderungen in Ausbildungsplänen, in denen auch die oben genannten Fächer aufgehoben sind, dürfen dabei nicht nur „optische Korrekturen" sein.

Besonders die folgenden Themenschwerpunkte sollten im Interesse zukünftiger Erzieher/-innen verstärkt Beachtung finden:

- Ausdrucksformen der Kinder und ihr spezifischer Erzählwert;
- Ausdrucksformen und ihr Symbolwert;
- Rhetorik und Gesprächsführung für schwierige Gesprächssituationen;
- Management in der Kindertagesstätte – Zeit-, Struktur- und Organisationsmanagement;
- Leitungsfunktion und Leitungskompetenzen;
- „Von der Gruppe zum Team" – Strategien einer dynamischen Teamentwicklung;
- Problemlösungsstrategien – Merkmale eines konstruktiven Konfliktmanagements;
- Gestaltung einer offensiven Öffentlichkeitsarbeit;
- elementarpädagogische Ansätze – Gemeinsamkeiten und Unterschiede;
- kompetente Gestaltung von Elternabenden;
- neue Formen der Zusammenarbeit mit Eltern;
- Möglichkeiten der Gestaltung von kindorientierten Prozessen im Kindertagesstättenalltag;
- Aufbau und Ansätze zur Planung von kindorientierten Projekten;
- die UNO-Charta „Rechte der Kinder" und ihre praktische Bedeutung für den Kindertagesstättenalltag;
- Werte in der Pädagogik (Umgangs- und Sprachkultur);
- Grundlagen der Geschichte der Reformpädagogik und ihr Stellenwert für die Gestaltung heutiger Prozesse in der Entwicklungsbegleitung von Kindern;
- Persönlichkeitsbildung als lebenslanger Lernprozess;
- Karrierechancen für Erzieher/-innen – von der Zweitkraft zur eigenen, selbstständigen Praxisgründung mit heilkundlicher Arbeitszulassung.

Diese und sicherlich viele andere Schwerpunkte sind dazu geeignet, dass Theorie und Praxis sich ergänzen und voneinander lernen. Situationsorientiert arbeitende Kindertagesstätten sind bemüht, ihre Qualität unter Beweis zu stellen. Beispiele aus der Praxis zeigen, dass Fachschulen auch Erzieher/-innen zum Unterricht einladen und ein bestimmtes Stundenkontingent an Praxiskolleginnen und -kollegen abtreten. Auf der anderen Seite haben sich in letzter Zeit auch Fachschullehrer/-innen vermehrt bereit erklärt, in Kindertagesstätten praktische Erfahrungen zu sammeln, um aus ihrem Elfenbeinturm herauszukommen und nicht nur über Erzieher/-innen und Kindertagesstättenpädagogik zu sprechen, sondern beide(s) praktisch zu erleben.

7. Zusammenarbeit mit anderen Kindertagesstätten

Im Rahmen einer Vernetzung sozialer Einrichtungen sind situationsorientiert arbeitende Kindertagesstätten bemüht, Kontakte zu anderen Kindertagesstätten aufzunehmen, diese auszubauen und weiterzuentwickeln. Leider ist es in der Praxis noch üblich, dass Kindertagesstätten mit unterschiedlichen Trägerschaften zu wenig zusammenarbeiten. Ob es berechtigte oder vermutete „Berührungsängste“ sind, mag dahingestellt sein. Doch wenn auf der einen Seite das Schlagwort „Integration“ in aller Munde ist, dann fängt auch diese im Feld der Zusammenarbeit an. Städtische oder kommunale Einrichtungen, Kindertagesstätten der Arbeiterwohlfahrt, des Diakonischen Werkes oder der Caritas, der Lebenshilfe oder des Deutschen Roten Kreuzes, des Deutschen Paritätischen Wohlfahrtsverbandes oder der unterschiedlichen Initiativen sollten gerade in der Vielfalt die Chance sehen, sich zusammenzusetzen und sich regelmäßig zu treffen, um bei bestimmten Aufgaben oder Problemen brauchbare Lösungen im Interesse von Kindern zu finden.

Abgrenzungen und Machtansprüche widersprechen einer Zielsetzung, die den Kinder hilft/helfen soll, Solidarität aufzubauen. Wo ein solches Ziel nur für Kinder formuliert und nicht im eigenen Haus miteinander vorzufinden ist, verliert es seine Existenzberechtigung.

Mitarbeiter/-innen in situationsorientiert arbeitenden Kindertagesstätten suchen Kontakt, besprechen Formen der Zusammenarbeit und entwickeln für bestehende Fragen Lösungsstrategien, weil der Begriff „Gemeinwesenorientierung“ auch die Welt der Erwachsenen betrifft. Das kann so weit gehen, dass sich Fachberater/-innen unterschiedlicher Träger regelmäßig treffen und Informationen austauschen, Fortbildungsveranstaltungen für interessierte Mitarbeiter/-innen aus Kindertagesstätten anderer Trägerschaften selbstverständlich öffnen und Arbeitsgruppen trägerübergreifend ins Leben gerufen werden, um voneinander und miteinander zu lernen. Dadurch können lang bestehende Vorurteile aufgehoben und neue Erfahrungen gesammelt werden, ohne dabei das eigene Profil aufzugeben.

8. Zusammenarbeit mit sozialen Diensten

Kinder im Kindertagesstättenalter sind oftmals in vielen sozialen Diensten eingeflochten: sei es durch Kontakte zu besonderen Institutionen wie Krankengymnastik,

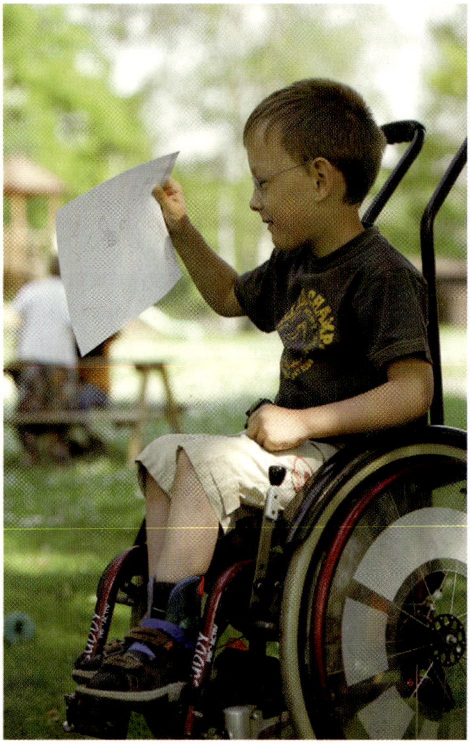

logopädische Praxen, sprachheilpädagogische Ambulatorien oder Motopäden, sei es durch Besuche im Krankenhaus oder beim Kinderarzt. Auch ihre Eltern haben derweil mit Jugend- oder Sozialämtern zu tun, mit Beratungsstellen, psychologischen Diensten oder heilkundlich tätigen Pädagoginnen und Pädagogen. Wenn Kinder besondere Handicaps oder Probleme haben, bleibt es daher nicht aus, dass sich auch die Kindertagesstätte in einer Vernetzung dieser Dienste wiederfindet (wiederfinden muss!). Problematisch wird es im Rahmen der Entwicklungsunterstützung für Kinder dann, wenn unterschiedliche Einrichtungen oder Fachkräfte (sehr) unterschiedliche Vorstellungen von der Form der besonderen Hilfe für ein bestimmtes Kind haben.

Mitarbeiter/-innen in situationsorientiert arbeitenden Kindertagestätten finden sich dabei nicht mit der Tatsache ab, dass verschiedene Fachkräfte oder Institutionen mit Kindern und Eltern arbeiten, sondern sie sind aktiv darum bemüht, dass bestimmte Vorhaben und Maßnahmen aufeinander abgestimmt sind (bzw. werden), sodass ein Kind und seine Eltern nicht durch Widersprüche irritiert wird (werden). Dadurch suchen Erzieher/-innen auf der einen Seite Kontakt zu den entsprechenden Außenstellen, geben – bei Vorliegen einer Schweigepflichtsentbindung (!) – ihre Beobachtungen und Arbeitsvorhaben in die Fachdiskussionen ein und bitten auch die Außenstellen um entsprechende Informationsflüsse.

Dabei wird – z. B. anhand der Konzeption – das eigene pädagogische Konzept erläutert, sodass Ziele, Inhalte und Vorhaben transparent werden.

Kommt es bei der Zusammenarbeit mit bestimmten sozialen Diensten zu deutlichen Widersprüchen, sollte zunächst immer versucht werden, diese aufzudecken und zu klären. Selbstverständlich ist es dabei ein Gebot der Fairness, Eltern davon zu berichten. In den Fällen, in denen Widersprüche nicht lösbar sind, kann in einer besonderen Aussprache mit Eltern gemeinsam überlegt werden, was zu tun ist, damit das Kind nicht unter den Konfrontationen zu leiden hat. Auf jeden Fall bringt sich die Kindertagesstätte mit ihrem spezifischen Ansatz, mit ihren Erwartungen, Hoffnungen und

Befürchtungen, Schwerpunkten und Vorstellungen fachlich ein, um zu unterstützen, sich gegebenenfalls abzugrenzen oder auch bei Bedarf aus einer Zusammenarbeit zu lösen. Das trifft besonders in den Fällen zu, in denen Fachdienste in der Kindertagesstätte tätig sind. Es darf nicht darum gehen, dass eine Kindertagesstätte z. B. mit Stolz auf eine stundenweise beschäftigte Logopädin oder Motopädin hinweist, ohne ihren genauen Ansatz zu kennen. Externe Fachdienste haben sich der Mitarbeiter(innen)-runde vorzustellen und ihre Arbeitsweise zu erläutern, sodass in einer gemeinsamen Beratung über die Mitarbeit entschieden wird. Findet dieser Prozess nicht statt, verhält sich eine Kindertagesstätte gewissermaßen „autoritätsabhängig" und würde blind auf eine neue Fachkompetenz vertrauen. Ein solches Vorgehen ist situationsorientiert arbeitenden Kindertagesstätten fremd, zumal auch externe Fachkräfte sich nach den aktuellen Projektthemen ausrichten sollten. So wird der Anspruch einer „stimmigen, ganzheitlichen Entwicklungsbegleitung" (integrative Zusammenarbeit im Interesse von Kindern) nicht nur als Schlagwort bestehen, sondern zum festen Bestandteil der alltäglichen Praxis.

9. Zusammenarbeit mit Eltern

Der „Situationsorientierte Ansatz" versucht, Eltern als Partner der Kindertagesstätte zu gewinnen. Dafür bietet er viele Möglichkeiten an, die Zusammenarbeit aufzubauen und zu pflegen (Elternfeste, Elterntreffen, Arbeitsgemeinschaften, Elternabende, gemeinsame Aktionen mit Eltern, Elternberatung, Elterngespräche, Elternmitarbeit, Ausflüge und Seminare, gemeinsam organisierte Ausstellungen, Elternbriefe und -zeitungen ...). Allerdings ist die Kindertagesstätte darum bemüht, trotz der vielfältigen Ansprüche und Erwartungen von Eltern und einem großen Maß an Verständnis ihr eigenes Profil der Fachlichkeit nicht aufzugeben.

Elternmitsprache: ja, Elternbeteiligung: ja, Elternentscheidung: nein! Das mag sich in dieser Klarheit sehr hart und ausgrenzend anhören, ist aber nicht so gemeint. Mitarbeiter/-innen treffen in ihrer täglichen Arbeit – unterstützt durch die Aussagen der Konzeption – Entscheidungen, die durch Fachlichkeit, Auseinandersetzung und Reflexion, Abwägung von Interessen und Notwendigkeiten geprägt sind. Sie lassen sich allerdings nicht die Pädagogik von Eltern vorschreiben. Das würde z. B. auch die Überflüssigkeit einer qualifizierten Erzieher(innen)ausbildung unterstützen. An dieser Stelle sei ein Bild zur Verdeutlichung herangezogen: Jeder Handwerker (Schreiner, Schlosser, Ingenieur, Bäcker oder Mechaniker) hat sein Handwerk gelernt – durch eine Ausbildung, durch Fort- und Weiterbildung sowie durch anerkannte Abschlüsse dokumentiert. Ein Pkw-Fahrer vertraut bei einem Motorschaden seines Autos auf den Mechaniker und stellt sich während der Motorreparatur nicht neben ihn, um mit Ratschlägen das Tun des Handwerkers zu korrigieren. Auch die Elementarpädagogik ist ein Handwerk – wie das eines Arztes, eines Psychotherapeuten oder eines Lehrers.

Fordern Eltern z. B. die Mitarbeiter/-innen auf, dass mit den Kindern mehr „gelernt" werden solle, ja vielleicht sogar vorschulische Arbeitsmappen wieder eingeführt werden sollten, dann ist die Aufgabe der Erzieher/-innen,

- die Gefahr solcher kognitiven Förderprogramme anhand empirischer Befunde zu belegen;
- die Sinnverbindung von „Spielen und Lernen" zu verdeutlichen;
- das Lernverhalten von Kindern im Kindertagesstättenalter zu erläutern und
- erfolgte Lernprozesse bei dem entsprechenden Kind anhand genauer Beobachtungen zu dokumentieren.

Situationsorientiert arbeitende Kindertagesstätten sind daher in einem ständigen Austausch mit Eltern, um ihnen die Möglichkeit zu geben, diesen Ansatz der Pädagogik nachvollziehen zu können und ihn mitzutragen. Zeigen Eltern größte Bedenken, so steht es ihnen frei, ihr Kind aus der Kindertagesstätte abzumelden und eine Einrichtung zu suchen, die ihren Vorstellungen deutlich näherkommt.

10. Zusammenarbeit mit dem Träger

Der Träger einer Kindertagesstätte hat ein Recht darauf – ebenso wie Eltern –, in regelmäßigen Abständen über Geschehnisse und Besonderheiten in der Einrichtung informiert zu werden. Sei es durch die Zusendung eines Exemplars der Kindertagesstättenzeitung, sei es durch regelmäßige Treffen oder eine Teilnahme an Dienstbesprechungen, sei es durch die Einladungen zu Veranstaltungen oder durch besonders anberaumte Treffen. Wenn dagegen ein Träger nur dann etwas von „seiner" Einrichtung erfährt, wenn Pressemitteilungen über besondere Vorkommnisse berichten oder Probleme auftauchen, Geldzuwendungen erwartet werden oder andere Forderungen auf ihn zukommen, ist es verständlich, wenn Missverständnisse oder Abgrenzungen entstehen. Situationsorientiert arbeitende Kindertagesstätten pflegen ihren Kontakt mit dem Träger, ist er es doch, der für vorhandene Arbeitsplätze sorgt und gleichzeitig seiner Fürsorgepflicht nachkommen muss. Inhaltliche Differenzen sind ein natürlicher Teil der Arbeitsökonomie (Arbeitnehmer/-innen – Arbeitgeber/-innen). Allerdings sollten Irritationen nicht auf einer Beziehungsebene ausgetragen werden; dies ist ebenso überflüssig wie destruktiv für beide Seiten.

Bei der Frage nach der „Loyalität zum Träger" muss angemerkt werden, dass jeder Träger selbstverständlich eine grundsätzliche Loyalität der Mitarbeiter/-innen erwarten kann. Davon unberührt ist allerdings das Grundrecht aller Mitarbeiter/-innen, ein Recht auf freie Meinungsäußerung, freie Sprache und ein eigenes Denken bzw. überzeugtes Handeln in Anspruch zu nehmen. Mitarbeiter/-innen in Kindertagesstätten sind zwar Angestellte des Trägers, doch ist die Zeit der „Leibeigenschaften" vorbei. Erzieher/-innen setzen sich – entsprechend dem eigenständigen Erziehungs-, Bildungs- und Betreuungsauftrag, den Kindertagesstättengesetzen und anderen bedeutsamen Vorgaben – für eine kindorientierte Elementarpädagogik ein. Dass es dabei zu unterschiedlich stark ausgeprägten Auseinandersetzungen kommen kann, ist das Spiegelbild einer lebendigen Demokratie.

11. Qualifizierte Anleitung und Beratung der Praktikantinnen und Praktikanten

Auf der einen Seite verstehen es die situationsorientiert arbeitenden Kindertagesstätten als eine Verpflichtung, Praktikantinnen und Praktikanten aus Fachschulen/-akademien und den Fachhochschulen/Universitäten in ihrer Arbeit zu berücksichtigen. Auf der anderen Seite geht es ihnen aber auch darum, die Aufnahme und Begleitung dieser zukünftigen Erzieher/-innen auf entscheidungsfähige Orientierungen vorzubereiten.

Jede Kindertagesstätte, die sich daher auf den „Situationsorientierten Ansatz" beruft, überprüft von Anfang an anhand vieler Fragen die Möglichkeit, Praktikantinnen und Praktikanten aufzunehmen.

Das beginnt schon beim ersten Kontakt. Zunächst erhalten interessierte Praktikantinnen und Praktikanten den Hinweis, sich mit der Konzeption der Kindertagesstätte auseinanderzusetzen und die Einrichtung kennenzulernen, um im Vorfeld gravierende Fragen/Unterschiede in der Beurteilung von Erwartungen zu besprechen. Diese Diskussion enthält auch den Hinweis der Vertreterin der Kindertagesstätte, dass eine Aufnahme von unterschiedlichen Kriterien abhängig ist:

- Zum einen nimmt eine situationsorientiert arbeitende Kindertagesstätte nur dann Praktikantinnen und Praktikanten auf, wenn eine bestimmte Wochenzahl mit der Praktikumszeit verbunden ist. Kurzpraktika oder sogenannte „Schnuppertage" sind nicht erwünscht, weil Kinder ein Recht auf Beziehungen haben! Haben sich Kinder etwa kaum an „neue Gesichter" gewöhnt und müssen sie schon nach wenigen Tagen Abschied nehmen, dann ist es für eine beziehungsorientierte Entwicklungsbegleitung für Kinder nicht hilfreich.
- Zum Zweiten werden die Erwartungen der Kindertagesstätte – als Stellvertreter für Kinder – genannt: So geht es um projektorientiertes Arbeiten (und keine Anlasspädagogik bzw. keine Angebotsarbeit), um Engagement und Neugierde, Einsatzbereitschaft und ein hohes Interesse, sowohl persönlichkeitsbezogene als auch inhaltliche Erfahrungen zu sammeln.
- Zum Dritten wird eine Einstellung auch von der Entscheidung der Kinder abhängig gemacht. So stellen sich mögliche Praktikantinnen und Praktikanten z. B. in der Kinderkonferenz den Kindern vor und erzählen von ihrem Anliegen. Im Anschluss daran stimmen die Kinder zusammen mit den Mitarbeiterinnen und Mitarbeitern ab. Dieses Vorgehen entspricht dem KJHG, wenn es in § 8.1 heißt, dass „Kinder ...

entsprechend ihrem Entwicklungsstand an allen sie betreffenden Entscheidungen der öffentlichen Jugendhilfe zu beteiligen sind" und „die wachsende Fähigkeit und das wachsende Bedürfnis des Kindes ... zu selbstständigem, verantwortungsbewusstem Handeln ... zu berücksichtigen sind" (§ 9.3). Niemand würde in Kindertagesstätten, die nach dem „Situationsorientierten Ansatz" arbeiten, Kindern diese Rechte und Fähigkeiten absprechen.

- Zum Vierten sprechen Anleiterin und Praktikantin, wenn es zu einer Aufnahme kommt, den Praktikantenplan durch: Welche individuellen Voraussetzungen und Schwerpunkte berücksichtigt werden, welche Fachliteratur zu lesen ist, wie die zeitliche und organisatorische Struktur aussehen wird bzw. wo Abgrenzungen auch von schulischen Erwartungen vorgenommen werden.

12. Einbeziehung des Gemeinwesens in die tägliche Arbeit

Da Kinder in immer stärker eingeengten Lebensräumen, zerteilten Zeiten und zerrissenen Lebenswelten aufwachsen, versucht die Kindertagesstätte, Kinder vielfältige Erfahrungen machen zu lassen. Sie ist damit kein Ort des Rückzugs oder einer eigenen Welt, sondern ein Lebensraum, der mit vielen anderen Einrichtungen und Personen verbunden ist: den Läden und Geschäften, dem Markt und den Verkehrsmöglichkeiten, dem Schwimmbad und anderen Kindertagesstätten, dem ökologischen Umfeld (Wald/Wiesen/Parks), den Behinderten- und Alteneinrichtungen, den Handwerkern, Arbeitsstellen der Mütter und Väter, dem Gemeindehaus und der Pfarrei, der Bücherei, den Buchhandlungen und dem Theater ... Alle Vorhaben werden mit den Kindern geplant und durchgeführt, sodass Kinder an Realitäten beteiligt sind und damit ihr Umfeld durch die Aktivitäten selbst kennenlernen. So wird z. B. ein „kindertagesstättenspezifisches Verkehrstraining" dadurch überflüssig, dass Kinder sich im Verkehr bewegen. Bilderbücher über Menschen aus anderen Kulturen werden überflüssig, indem Kontakte zu Menschen aus anderen Ländern hergestellt und gepflegt werden (z. B. durch Kontakte zu asylsuchenden Menschen). Das Anliefern von Pflanzen für den eigenen Garten wird überflüssig durch die Besuche von Eltern, die bereit sind, Pflanzen

aus ihrem Garten abzugeben. Es wird überlegt, ob und wie mit Kindern eingekauft und gekocht werden kann, sodass „Fertiggerichte" überflüssig werden. Anstatt in einer Regeleinrichtung ein Thema über „behinderte Menschen" zu behandeln, werden Kontakte zu Einrichtungen gesucht, in denen Menschen mit einer Behinderung leben. Es werden Patenschaften mit älteren Mitbürgerinnen und Mitbürgern aus Alten-/Pflegeeinrichtungen aufgebaut, sodass Bilderbücher zum Thema nicht im Vordergrund stehen und zu „didaktischen Einheiten" verarbeitet werden würden. Kinder können auf diese Weise ihr Umfeld kennenlernen, Fragen stellen, Erfahrungen machen und vor Ort erleben, was es heißt, ein Teil der Welt zu sein: praktisch, lebensnah, realistisch und sinnverbunden.

13. Aktive Öffentlichkeitsarbeit

Kindertagesstätten, die sich entschieden haben, nach dem „Situationsorientierten Ansatz" zu arbeiten, suchen vielfältige Möglichkeiten, ihr besonderes Tätigkeitsverständnis nach außen zu bringen. So wie es z. B. durch die Konzeption oder die Kindertagesstättenzeitung geschieht, die in einer begrenzten Menge auch öffentlich (z. B. über die Buchhandlung) zu beziehen sein könnte, so werden zu Themenelternabenden Pressevertreter eingeladen bzw. auch „Nichtkindertagesstätteneltern" willkommen geheißen. Sei es, dass Erzieher/-innen an öffentlichen Podiumsveranstaltungen oder kommunalen Diskussionen teilnehmen bzw. diese initiieren, Ausstellungen mit Kindern arrangieren oder kontinuierlich für Fachbeiträge in der Tagespresse sorgen – immer wird versucht, die Öffentlichkeit an der Pädagogik der Kindertagesstätte zu beteiligen. Auch wenn es vielleicht zunächst nur mit der Gestaltung des Gemeindeschaukastens beginnt – die Kindertagesstätte gibt eine inhaltliche Zurückhaltung auf und sorgt für ein deutliches Profil.

Es kann durchaus angenommen werden, dass nur durch eine aktive Öffentlichkeitsarbeit das Bewusstsein vieler Menschen auf die große Bedeutung der Elementarpädagogik gelenkt wird. Ein Blick in die vielen Talkrunden auf den unterschiedlichen Fernsehkanälen lässt Themen der Kindertagesstättenpädagogik weitestgehend vermissen. Dasselbe gilt für Radiosendungen.

Insoweit ist es besonders erfreulich, wenn erste Versuche einer aktiven Öffentlichkeitsarbeit erfolgreich sind: So haben Erzieher/-innen in Schleswig Holstein in einem Lokalsender hervorragende Fachbeiträge zur Elementarpädagogik gebracht, in Niedersachsen kam es ebenso wie in Thüringen zu viel beachteten Podiumsdiskussionen und in Bayern wurden Eltern durch kompetente Informationen der Erzieher/-innen zur Bildung von Arbeitskreisen motiviert, wobei es immer um die Frage ging, „was Kinder für eine gute Entwicklung brauchen und was Erwachsene dafür unternehmen können/müssen".

Presseartikel zum „Laternenlaufen", zur „Aufführung von Theaterstücken" oder zur „Entgegennahme von Spenden" drücken keine Fachlichkeit und keine Eigenständigkeit aus. Im Gegenteil: Das Bild einer „Basteltante" wird verstärkt und schadet dem elementarpädagogischen Profil.

14. Raumgestaltung/Außengestaltung mit Kindern

„Räume sind die zweite Erzieherin" – diese Grundlage weist auf den hohen Wert der Wirkung von Räumen hin, denn Materialien und Temperatur, Gerüche und Lichtquellen, Farben und Wände, Möbel und die Beschaffenheit der Böden, Bilder und Pflanzen, Flächen und Spielmaterialien, Raumformen und -höhen, Platz und Materialzuordnungen haben ständig ihren Einfluss auf die Vielfalt kindlichen Wohl- und Unwohlfühlens.

Räume lassen Kinder toben oder zur Ruhe finden, fordern zum Ausprobieren und Experimentieren auf, provozieren Aktivität oder Passivität, motivieren zum Spielen oder zum Beobachten, wirken erregend, langweilig oder lusttötend.

Räume in situationsorientiert arbeitenden Kindertagesstätten möchten Lebensräume für Kinder sein! Sie sind daher weder nach „streng pädagogischen Gesichtspunkten" konzipiert noch „von der Stange" eingerichtet; sie sind individuell und nicht austauschbar! Lebendig wirkende Räume ergeben sich häufig aus einer Kombination von gut erhaltenen, gebrauchten Möbeln, individuellen Einzelanfertigungen, selbst gewerkten Gegenständen und ansprechenden, industriell gefertigten Produkten, die im Sinne des „Situationsorientierten Ansatzes" mit den Bedürfnissen von Kindern übereinstimmen. Folgende Merkmale können – zunächst für den Innenbereich – gelten:

- Volldekorierten Räumen wird eine Absage erteilt. Wenn Kinder zu jedem Augenblick mit irgendwelchen Reizen konfrontiert werden, können sie nicht zur Ruhe kommen, sodass sich kein Wechsel von Spannung und Entspannung ergeben kann.
- Kindertagesstättenräume sind in vielen Fällen mit Tischen und Stühlen „zugestellt", sodass für Kinder wenig Platz besteht, sich zu bewegen. Also gilt es, platzeinnehmendes Mobiliar zu entfernen.
- Bodenflächen sind zum Spielen da. Insofern ist es hilfreich, wenn auch die Bodenbeschaffenheit zum Aufenthalt einlädt, was durch Teppichböden oder Teppiche unterstützt werden kann.
  Die Wärme eines solchen Bodens ist für viele Kinder angenehmer als etwa die Kühle eines Lineoleumbodens.
- Selbst hergestellte Wandtafeln (glatte Flächen, mit Tafelfarbe bestrichen) laden zum Malen und Zeichnen ein.
- Fensterbänke können oftmals durch Verbreiterungen als Spiel- oder Werkflächen genutzt werden.

- Mobile Podeste (erhöhte Bodenflächen) können von Kindern für unterschiedliche Aktivitäten genutzt werden.
- Zweite Ebenen entzerren die Gruppengröße und laden Kinder ein, sich mit ihren Freundinnen und Freunden zurückzuziehen.
- Raumteiler oder Stoffe, die an Schienen an der Zimmerdecke befestigt werden, können je nach Bedarf vor- oder zurückgezogen werden.
- Eingangshallen/-bereiche, Flure oder Garderoben sind beliebte Spielplätze von Kindern. Gemeinsam mit ihnen kann überlegt werden, wie diese Räume mitgenutzt werden können. Und sei es „nur" dass in einem kleinen Eingangsbereich das Kindercafé eingerichtet wird, wo Kinder zu jeder Zeit ihr Frühstück einnehmen können.
  Höhlen oder Zelte bieten Kindern die Möglichkeit, sich für kürzere oder längere Zeiten zurückzuziehen, um sich so den allzeit anwesenden Blicken von Erwachsenen zu entziehen.
- Wandklappen (bis zum Boden reichende Markisen) können je nach Bedarf von der Wand heruntergeklappt werden, sodass Kinder zusätzlich Rückzugsecken finden.
- Wandregale aus sorgfältig zusammengeleimten, massiven Gemüse- oder Obstkisten, die an der Wand festgedübelt und -geschraubt sind, geben Kindern einen offenen Einblick in ihr Innenleben (statt geschlossener Schränke).
- Litfaßsäulen im Eingangsbereich der Kindertagesstätte oder halbe Litfaßsäulen in den Gruppenräumen schenken zusätzlichen Platz für Wandflächen.
- Lange Flure können durch zusammengebundene Vorhänge wohnlicher gestaltet werden.
- Große Spiegel (sogenannte Ganzkörperspiegel) laden Kinder dazu ein, sich neugierig zu betrachten. Wenn diese zusätzlich in einer Schminkecke angebracht sind, in der sogar ein Kleiderständer (aus dem Kaufhaus) steht, der reichlich mit attraktiven Kleidungsstücken, Hüten und Schals bestückt ist, finden Kinder häufig Interesse daran, sich zu verkleiden und Rollenspiele zu beginnen.
- Eine Werkecke im Kindertagesstättenraum oder – bei fehlendem Platz – im Flurbereich, die mit einer Werkbank bestückt ist und vielerlei Materialien zur Verfügung stellt, kann dann von Kindern genutzt werden, wenn sie für ihre Vorhaben oder bestimmte Projekte etwas „zimmern" möchten.

Das Außengelände besitzt für Kinder dann Attraktivität, wenn es in gleichem Maße zu einem Erlebnisraum wird wie der Innenbereich. Das Wichtigste scheint zu sein, dass Kinder „unter sich" spielen können. Gleichzeitig wirken solche Strauch-/Heckenbüsche als ein kleiner Lärmschutz.

Kinder wollen sich auf dem Außengelände bewegen und sich zurückziehen können. Diesen unterschiedlichen Bedürfnissen kommt eine „Situationsorientierte Kindertagesstätte" entgegen. So gibt es Matschflächen, Sand und Wasser, Bäume zum Klettern

und große Rohre zum Verstecken, Podesthöhlen für Rollenspiele und Hängematten zum Träumen, Steine und liegende Bäume zum Balancieren, Netze in Bäumen und aufgeschüttete Hügel zum Verstecken, Erdlöcher zum Feuermachen und Kartoffelbacken, selbst angelegte Beete zum Pflanzen und Ernten, Zelte und Höhlen zum Rückzug, Haustiere (Ziegen, Hühner) zum Pflegen und Nutzen, Weidentunnel und -hütten, Gruben und Gräben, Holz zum Bearbeiten, verschiedene ebenerdige Rundsitzflächen, die an ein Amphitheater erinnern, überdachte Terrassen, sodass auch bei nassem Wetter gut draußen gespielt werden kann und selbst gebaute Blockhütten, die Kindern weitere Rückzugsmöglichkeiten bieten. Einige Kindertagesstätten haben sich alte Bauwagen oder selbst Schiffe besorgt und diese mit Kindern liebevoll restauriert und bewohnbar gestaltet. Der Fantasie ist dabei keine Grenze gesetzt.

15. Kontinuierliche Fort- und Weiterbildung

Da der „Situationsorientierte Ansatz" von einer hohen Selbst-, Sach- und Sozialkompetenz der Erzieher/-innen lebt, gehören Fort-, Weiter- und Zusatzausbildungen zur Berufspraxis. Allerdings ist dieser Begriff weitgefasst. Einerseits geht es um das regelmäßige (!) Lesen von Fachbüchern und Fachzeitschriften, andererseits um den Besuch von Seminaren, Supervisionssitzungen und Arbeitsgemeinschaften. Es gibt eine alte Aussage, die lautet: „Wer aufhört, besser werden zu wollen als er ist, hört auf, gut zu sein."

Dabei werden immer wieder eigene Handlungskompetenzen überprüft, Gutes – für Kinder dienliche Strukturen – bewahrt und Ungünstiges verändert.

Fort-, Weiter- und Zusatzausbildungen prägen das Profil von Erzieherinnen und Erziehern, wenn inhaltliche und personenbezogene Erfahrungen bzw. (Er-)Kenntnisse ausgewertet und neu gestaltet werden.

Veranstaltungen zum Basteln haben ausgedient, weil es darum geht, Kinder in ihrer Kompetenzerweiterung, ihren Fähigkeiten (nicht: Fertigkeiten) und Bedürfnissen helfend zur Seite zu stehen, um mit ihnen die Tage in der Kindertagesstätte zu gestalten. Seminarangebote werden in einem Vergleich unterschiedlicher Veranstalter miteinander in Beziehung gesetzt, um eine Entscheidung für das beste Angebot zu treffen. Dabei kann es auch vorkommen, dass finanzielle Eigenanteile geleistet werden müssen, wenn der Etat der Kindertagesstätte nicht ausreicht. Als besonders effektiv hat es sich erwiesen, wenn ganze Mitarbeiter(innen)gruppen gemeinsam eine Fortbildung besuchen und sich eine entsprechende Referentin/einen entsprechenden Referenten in die Einrichtungen holen oder gemeinsam in einem Tagungshaus einen thematischen Schwerpunkt bearbeiten. Es ist immer von größerer Effektivität, wenn alle das „Neue" aus einer Hand erfahren.

Fort- und Weiterbildung hat nichts mit dem Alter der Erzieher/-innen zu tun, sodass dieser Bereich eine berufsbegleitende Verpflichtung und Chance darstellt. Fort-, Weiter- und Zusatzausbildungen helfen immer wieder, eigene „blinde Flecken" zu entdecken, eingefahrene Muster und Strukturen zu bemerken und neue Impulse für sich und die Arbeit aufzugreifen – ganz im Interesse der Kinder, die ein Recht darauf haben, dass sie in ihrer Entwicklung begleitet und nicht gehindert werden.

5. Projekte als Ausdrucks- und Verarbeitungshilfen für Erlebnisse, Erfahrungen und Geschehnisse im Leben der Kinder

Der „Situationsorientierte Ansatz" geht davon aus, dass Kinder in einer Vielzahl von Eindrücken leben, die eine unmittelbare Auswirkung auf die Lebenseinstellung und Gestaltung ihres Kinderlebens haben.

So beschäftigen sich die Kinder z. B. mit

- den Inhalten gesehener Fernsehsendungen;
- der Frage, ob ihre Freundin/ihr Freund noch zu ihnen hält;
- der Erfahrung, dass Mama und Papa sehr häufig streiten;
- der Frage, ob Mama und Papa sie noch lieb haben;
- der Traurigkeit, dass sie bestimmte Dinge noch nicht können;
- der Erfahrung, dass andere Kinder etwas besser können als sie;
- der Frage, ob Mama/Papa sie – wie versprochen – pünktlich von der Kindertagesstätte wieder abholt;
- der Hoffnung, dass ihnen jemand auch wirklich zuhört, wenn sie etwas Wichtiges erzählen möchten;
- der Wut darüber, dass sie sich ungerecht behandelt fühlen;
- der Freude, nach dem Kindertagesstättenbesuch wieder mit den eigenen Spielsachen zu Hause spielen zu können;

- dem Ärger darüber, dass sie sich in ihrem Bewegungsbedürfnis eingeschränkt fühl(t)en;
- der Angst, dass ein Gespenst unter ihrem Bett liegt;
- der Angst, dass sie wegen bestimmter Dinge ausgelacht werden könnten;
- der Not, dass Erwachsene ihnen körperlich oder seelisch wehtun;
- der Sorge, ob ihr Haustier auch in ihrer Abwesenheit nicht einsam ist;
- der Hoffnung, dass der vergangene Streit mit den Eltern vergessen ist;
- der Freude auf ein Wochenende, das die ganze Familie zusammen verbringen will;
- der Wut darüber, dass ein bestimmtes Versprechen nicht eingehalten wurde;
- dem Ärger über das „Verpetzen" durch ein anderes Kind;
- der Angst vor den Wutausbrüchen bestimmter Kinder aus der Gruppe;
- der Unsicherheit, ob sie ihr Vorhaben heute auch umsetzen können;
- ihrer Einsamkeit, weil sie sich häufig verlassen fühlen;
- der Wut über die Einschränkungen/Eingrenzungen ihrer Neugierde;
- der Scheu davor, etwas machen zu sollen, was sie nicht möchten oder nicht können;
- der Furcht, bestimmte Erwartungen nicht erfüllen zu können;
- dem erlebten Glück, eine feste Freundschaft zu haben;
- der Verwirrung, dass Dinge von ihnen verlangt werden, für die sie kein Interesse aufbringen.

Diese und viele andere Erlebnisse innerhalb und außerhalb der Kindertagesstätte machen die individuellen Kinderleben aus, sodass gesagt werden kann, dass Kinder eine große Bündelung von Erfahrungen in sich tragen und – bildlich ausgedrückt – „mitschleppen". Tagein und tagaus strömen vielfältige, aufeinander aufbauende oder widersprüchliche Reize auf Kinder ein und bewirken bestimmte Erlebnisqualitäten.

Aus der Entwicklungspädagogik ist bekannt, dass Kinder diese unterschiedlichen Eindrücke „ordnen" müssen und wollen, um sich mit einer Wahrnehmungsoffenheit auf jeweils aktuelle Ereignisse einlassen zu können. Erwachsenen geht es dabei ebenso.

(Beispiel aus der Kinderwelt: Wenn etwa ein Kind die Streitigkeiten seiner Eltern oder die finanziellen Sorgen – z. B. ausgelöst durch Arbeitslosigkeit – mitbekommt, so hat sein Einsamkeitsgefühl oder die Traurigkeit seiner Eltern eine Auswirkung auf sein aktuelles Leben. Was interessiert das Kind dann die Beschäftigung mit „gesunder Ernährung" oder „dem Erwachen des Frühlings"? Sein Thema dreht sich um sein Alleinsein/seine Trauer. Beispiel aus der Erwachsenenwelt: Wenn etwa ein Erwachsener an seiner Arbeitsstelle ein hohes Maß an Konzentration aufbringen muss, gleichzeitig sein(e) Partner(in) oder das eigene Kind schwer krank im Bett liegt, dann ist es verständlich, dass durch die Gedanken an diese Krankheit die arbeitsnotwendige Konzentration eingeschränkt sein wird.

Kinder setzen sich mit ihren (!) Themen auseinander, um mit einer erneuten/immer wiederkehrenden Beschäftigung bestimmte Lösungen zu suchen. Wer kennt es in diesem Zusammenhang nicht, dass Kinder mit bestimmten Fragen z. B. immer wieder ein bestimmtes Rollenspiel durchführen oder ein bestimmtes Märchen hören wollen. Tag für Tag, Woche für Woche.

Der „Situationsorientierte Ansatz" hat also in seiner Projektplanung und Durchführung das Ziel, Kindern dabei zu helfen, sich mit ihren individuellen Themen beschäftigen zu können.

Kinderthemen sind damit Projektthemen!

Im Unterschied zu anderen elementarpädagogischen Ansätzen versucht der „Situationsorientierte Ansatz" – um in einem Bildvergleich zu sprechen –, Kinder ihre Erfahrungen, Erlebnisse und Eindrücke, die sie im Laufe ihres Lebens aufgrund mangelnder Zeit in einen Rucksack gepackt haben/packen mussten, Stück für Stück auspacken zu lassen. Kindfremde Themen (aus der Erwachsenenwelt) brächten hingegen neue Steine in den Rucksack, der immer schwerer auf dem Rücken der Kinder lasten würde. Es wären Steine aus dem Grunde, dass Kinder keine Sinnverbindung zu ihren Themen herstellen könnten bzw. diese aufgrund gestellter Erwartungen herstellen müssten. Eine weitere Verwirrung wäre die Folge.

Das Ganze kann grafisch dargestellt werden:

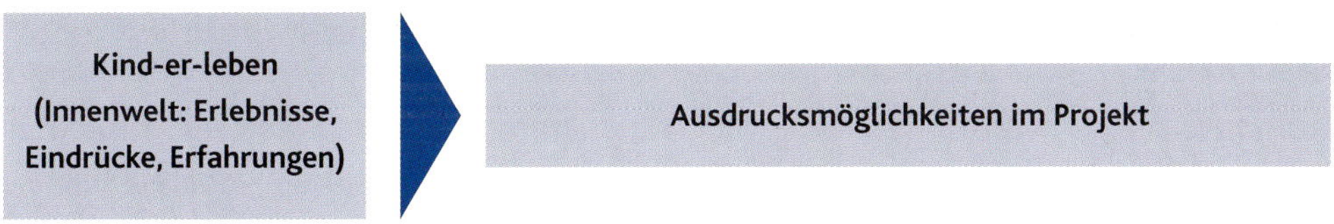

Erwachsenenthemen – wie immer sie auch heißen – gehen einen umgekehrten Weg:

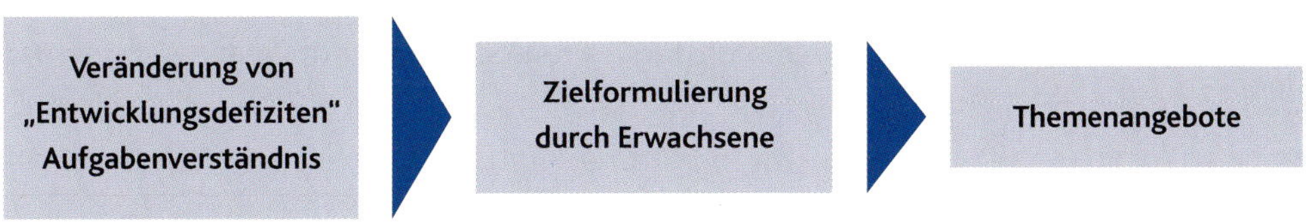

Wenn Kinder sich in den Tagen, Wochen und Monaten ihrer Kindertagesstättenzeit nicht verstanden fühlen oder keine Möglichkeit bzw. eingeschränkte Chancen erhalten, sich mit sich selbst auseinanderzusetzen – mit ihren Schwerpunkten und ihren kindeigenen Ausdrucksformen –, wundert es nicht, dass sie

- keine Lust zum Kindertagesstättenbesuch haben;
- bestimmte Angebote verweigern;
- das Abholen von den Eltern kaum abwarten können;
- eine sogenannte „Kindertagesstättenmüdigkeit“ entwickeln.

Oder würden Sie eine Veranstaltung tagtäglich besuchen wollen, die langweilig ist bzw. bei der es um Angebote/Schwerpunkte geht, die nicht auf Ihr Interesse stoßen?

Alles, was Kinder tun, hat einen Grund!

Menschen (Kinder wie Erwachsene) unternehmen nichts, ohne einen Impuls für eine bestimmte Tätigkeit zu spüren.

Ein Kind, das „wie aus heiterem Himmel plötzlich aufsteht und eine bestimmte Spieltätigkeit bestimmter Kinder zerstört“, wird einen Grund dafür spüren und einen bestimmten Zweck mit seiner Tätigkeit verfolgen.

Ein Kind, das „über eine lange Zeit mit seinem Frühstück beschäftigt ist und andere Kinder/Spieltätigkeiten“ beobachtet, wird dies nicht „einfach nur so“ machen, sondern einen Grund besitzen und einen bestimmten Zweck erreichen wollen. Ein Kind, das bei einem leichten Hinfallen „wie am Spieß brüllt“, wird auch dafür einen bestimmten Grund haben und einen Zweck zum Ausdruck bringen. Selbstverständlich – auch das ist aus der Entwicklungspädagogik bekannt – stehen dabei nur selten bewusste Gedankenprozesse im Vordergrund: Es kann eher davon ausgegangen werden, dass es unbewusste Impulse sind, die ein Kind zu seinem spezifischen Handeln führen. Nicht die Absicht steht an erster Stelle, sondern ein Handlungsimpuls, der sich in der Folge in einer Absicht praktisch zeigt. (Beispiel: Wenn etwa ein Kind die Erfahrung gemacht hat, dass es für eine bestimmte Tätigkeit getadelt wurde, dann kann es Angst davor entwickeln, ein erneutes Mal getadelt zu werden. Um dem aus dem Wege zu gehen, verzichtet es auf einen erneuten Aktivitätsversuch und bleibt aus Angst lieber inaktiv, um so einen möglichen Tadel zu vermeiden.)

Zusammenfassend lässt sich daher der Begriff „Projekt" wie folgt definieren:

Ein Projekt ist eine Handlungs- und Erfahrungsaktivität, die den Kindern die Möglichkeit gibt, sich mit sich selbst, anderen Menschen und Gegenständen auseinanderzusetzen. Dabei berücksichtigt ein Projekt die inneren Lebensthemen der Kinder und macht diese zum Ausgangspunkt der Arbeit. Projekte dienen damit als „Verarbeitungshilfen", sodass Kinder sich aus Irritationen und Verwicklungen entwickeln können.

Wenn das Leben vieler Kinder einer Autofahrt auf einer Autobahn gleicht, bei der zwar viel gesehen wird, die wahrgenommenen Bilder aber nur kurzfristig aufgenommen werden können, weil ständig neue Bildeindrücke zu sehen sind, dann kann kein Bild mit Zeit und Ruhe betrachtet werden. Kaum wurde ein Bild erfasst, rückt schon das nächste in die Aufmerksamkeit und überlagert den vorherigen Eindruck.

Die Kindertagesstätte mit dem Schwerpunkt des „Situationsorientierten Ansatzes" will – um in dem oben genannten Bildvergleich zu bleiben – einen Rastplatz anbieten, um gemachte Erfahrungen noch einmal „nachzuarbeiten". Es gibt in der humanistischen Pädagogik eine wesentliche Aussage, die an dieser Stelle wiedergegeben werden soll:

Eine Freiheit im Fühlen
bewirkt
eine Freiheit im Denken
mit der Folge
zur Freiheit im Handeln.

Gefühlsirritierte, emotional belastete Kinder sehen sich – aus hirnphysiologischer Sicht – gezwungen, sich durch die Fülle ihrer Emotionen nur mit bestimmten Gedanken auseinanderzusetzen. So z. B.: „Wie finde ich um alles in der Welt einen Freund?", „Wie kann ich es schaffen, besser als andere zu sein?", „Wie kriege ich Papa/Mama dazu, mir dieses bestimmte Spielzeug zu kaufen?"... Diese besonderen Gedanken führen Kinder wiederum nur zu bestimmten Handlungsmustern.

Würden nun Erwachsene diese Handlungsmuster (z. B. immer der Stärkere sein zu müssen, der „King" der Gruppe zu sein, nicht aufzufallen, für sein Recht zu kämpfen, immer als Erster bei einer Tätigkeit mitmachen zu müssen ...) verändern wollen, ohne den Kindern dabei zu helfen, aus Gefühlsstrukturen herauskommen zu können, würde – umgangssprachlich ausgedrückt – „ein Pferd von hinten aufgezäumt werden." Das heißt, Veränderungsschritte zum Verhalten der Kinder sind zum Scheitern verurteilt, weil Folgen (Folgeverhaltensweisen) zum Ausgangspunkt der Arbeit erklärt wurden und nicht Ausgangspunkte selbst.

Ein Kind, das immer Erster sein möchte, hat erlebt, dass es in seinem bisherigen Leben häufig zu kurz kam. Sein Verhalten ist daher logisch und richtig.

Ein Kind, das glaubt, seine Stärke beweisen zu müssen, hat in der Vergangenheit sicherlich des Öfteren erlebt, dass es der Schwächere war/sein musste.

Ein Kind, das voller Elan auf einen Baum klettert und von oben herab wie Tarzan brüllt, hat sicherlich recht häufig erleben müssen, dass es zu selten auf sich/sein Handeln wirklich stolz sein konnte/durfte.

Ein Kind, das sich bei Anforderungen zurückzieht und aus dem Blickfeld der Erwachsenen fliehen möchte, hat sicherlich in seinem Leben häufig Situationen erfahren müssen, dass es als „dumm" abgestempelt wurde oder „Fehler" gemacht hat, die ihm vorgehalten wurden.

Ein Kind, das vehement um „sein Recht kämpfen muss", war sicherlich in vielen Situationen auf der „Verliererseite", sodass es sich jetzt sagt, „auch ich muss endlich zu meinem Recht kommen", um nicht erneut den Kürzeren zu ziehen.

Wenn Kinder auch in der Kindertagesstätte die Erfahrung machen müssen, dass dieser Ort nicht ihren Grundbedürfnissen entgegenkommt, indem ihnen

- Sicherheit gegeben
  (durch Verstehen und Gefühlsakzeptanzen),
- Neugierde zugestanden
  (durch eine reizreduzierte attraktive Welt),
- Handlungsaktivitäten eingeräumt
  (durch ein hohes Maß an Erfahrungsmöglichkeiten)

werden, dann sind sie immer stärker gezwungen, sich entweder andere Rückzugsnischen/Erfahrungsfelder zu suchen oder Probleme mit der eigenen Psychodynamik auszuleben.

Projekte werden mit Kindern gefunden und haben – das zeigen viele Beispiele aus der Praxis – sehr unterschiedliche Zeitspannen.

Es gibt Projekte, die über sechs bis acht Wochen dauern, und es gibt Projekte, die laufen über sechs Monate und selbst noch darüber hinaus. In keinem Fall sind Projekte kurzfris-tige Themenangebote durch Erwachsene. In diesem Vorgehen würden lediglich die Wörter „Angebote oder didaktische Einheiten" durch das Wort „Projekt" ausgetauscht. Allerdings ist mit einer anderen Wortnutzung noch lange kein „Projekt" in seiner ursprünglichen Bedeutung gemeint.

6. Lebenspläne als Ausdrucksformen der Kinder und als Ausgangswerte für Projekte

Kinder haben sechs Ausdrucksformen, um einerseits mit ihrem Umfeld in Kontakt zu kommen, andererseits ihrer Umgebung zu offenbaren, wie es ihnen geht, womit sie sich zur Zeit in ihrer Seele auseinandersetzen und was sie suchen/brauchen, um sich wohlzufühlen und identisch mit sich und ihrer Umgebung zu leben:

- Ausdrucksform: Verhalten(sweisen)
- Ausdrucksform: Spiel
- Ausdrucksform: Bewegung(sverhalten)
- Ausdrucksform: Sprache/Sprechen
- Ausdrucksform: Malen und Zeichnen
- Ausdrucksform: Träume

Diese sechs Äußerungsmöglichkeiten sind ein unendlich vielfältiges, facettenreiches und ausdrucksstarkes Feld, mit dem Kinder uns Tag für Tag erzählen, wie ihr Seelen(er)leben gestaltet ist.

Wenn seelische Grundbedürfnisse und bedeutsame Gefühle der Kinder zum Ausdruck kommen, dann

- tanzen sie vor Freude (Bewegung);
- erzählen sie wie ein Wasserfall von bestimmten Erlebnissen (Sprechen);
- versuchen sie – trotz ihrer Sprechbehinderung –, von etwas Bedeutsamen zu berichten, auch wenn sie kaum zu verstehen sind (Sprache);
- hauen sie zu, wenn sie nicht zurückstehen wollen (Verhalten);
- klagen sie über Bauchschmerzen, die sie jeden Morgen quälen (Verhalten/Sprache);

- trauern sie über den Verlust ihrer bisherigen Freundschaft (Verhalten/Sprache);
- lehnen sie die Aufnahme von Nahrung ab (Verhalten);
- essen sie voller Unruhe und Gier (Verhalten);
- ziehen sie sich zurück und malen ein Bild/immer dieselben Bilder (Malen/Zeichnen);
- reagieren sie mit Durchfall auf belastende Situationen oder Überforderungen (Verhalten);
- berichten sie über bestimmte Fernsehsendungen (Sprechen);
- spielen bestimmte TV-Szenen nach (Spiel);
- ziehen sich in die Bauecke zurück und stapeln mit Holzbausteinen riesige Türme oder Wolkenkratzer (Spiel);
- rennen sie den Flur hoch und runter (Bewegung);
- nässen sie tagsüber oder des Nachts ein (Verhalten);
- spüren sie starke Verspannungen im Körper und zeigen es anhand visuell-motorischer Koordinationsschwierigkeiten (Verhalten);
- zeigen sie beim Erzählen bestimmte Artikulationsschwierigkeiten (Sprache);
- kuscheln sie sich an einen Erwachsenen bei ihrem Gefühl von Traurigkeit oder Alleinsein (Verhalten);
- erzählen sie von ihren Sorgen (Sprechen);
- wachen sie schweißgebadet aus ihrem Schlaf auf wegen eines beängstigenden Traumes;
- haben sie vor Aufregung starke Herzschmerzen und setzen sich langsam auf einen Stuhl (Verhalten/Bewegung);
- ziehen sie sich mit anderen Kindern unter einen Tisch zurück, klappen die Decken herunter und unternehmen Doktorspiele (Verhalten/Sprechen);
- reißen sie sich vor Wut an den Haaren (Verhalten) und schreien sich an (Sprechen), benutzen dabei „harte Worte" (Sprache) und laufen anschließend auseinander (Bewegung);
- üben sie gerne ein Theaterstück (Spiel);
- lutschen sie am Daumen (Verhalten);
- knabbern sie an den Fingernägeln (Verhalten);
- können sie nicht einschlafen (Verhalten) und rufen nach ihren Eltern (Sprechen);
- verstecken sie sich aus Angst hinter einem Stapel Kartons (Verhalten);
- ordnen sie immer wieder ihre Spielsachen in einer ganz bestimmten Anordnungsfolge (Verhalten);
- hämmern sie an ihrer Bauhütte (Bewegung) und passen neue Bretter zum Anbau an (Verhalten);
- ziehen sie sich bei seelischen Verletzungen traurig zurück (Verhalten):
- erzählen sie fantastische Geschichten (Sprechen) oder
- ärgern sie ein anderes Kind (Verhalten).

Der Tagesablauf der Kinder ist durch vielfältigste Ausdrucksformen gekennzeichnet, durch die die Kinder ihr inneres Erleben nach außen tragen!

Mit ihrem unbändigen Toben in der Gruppe, bei dem sie „über Tische und Bänke" laufen, mit hochrotem Kopf gar nicht andere Kinder und deren Bedürfnisse wahrnehmen können, bei dem Spiele von den Tischen gerissen werden und „nur" Bewegung und Schreien im Vordergrund stehen, drücken Kinder z. B. aus: „Ich bin in so einem Zustand von Stress, dass ich weder hören noch wahrnehmen kann und mich daher ‚frei bewege'. Schenk mir Platz und Zeit für mein Ausbewegen."

Ein Kind, das in der Ecke sitzt und scheu den anderen Kindern zuschaut, was sie machen, beim Blickkontakt aber seine Augen senkt und mit den Fingern an seiner Kleidung zupft, drückt damit aus: „Ich trau mich nicht, mit euch Kontakt aufzunehmen. Vielleicht würde ich schon so gerne, deswegen schaue ich zu, aber ich bin noch nicht so weit, dass ich es schaffe. Lasst mir noch Zeit."

Ein Kind, das davon erzählt, dass es einen „schlimmen Traum" hatte, bei dem es von wilden Tieren verfolgt wurde, die es fressen wollten und in welchem keiner in der Nähe war, der ihm helfen konnte, bringt zum Ausdruck: „Da gibt es etwas, wovor ich Angst habe. Ich fühle mich von einer Gefahr verfolgt. Bei diesem Problem bin ich alleine. Hilf mir, dass die Gefahr aufhört und nicht noch größeren Schaden anrichtet."

Ein Kind, das immer und immer wieder in der Bauecke mit großer Sorgfalt an einem Haus baut, in dem allerdings keine Fenster und keine Türen eingebaut sind, es gleichzeitig ängstlich drauf achtet, dass niemand das Haus zerstören kann, drückt – aus dem Sprachverständnis eines Erwachsenen formuliert – aus: „Ich bin dabei, an meiner Persönlichkeit zu arbeiten. Noch darf/soll niemand in mich hineinschauen und keiner soll/darf in mich eindringen. Was ich brauche, ist Ruhe und Zeit, damit ich mich mit mir selbst auseinandersetzen kann."

Ein Kind, das davon berichtet, dass das letzte Wochenende ganz schön gewesen sei, weil es mit Mama und Papa einen großen Ausflug unternommen habe, drückt damit aus: „Wenn meine Eltern für mich Zeit haben, dann geht es mir richtig gut. Das ist aber eher selten. Ich würde mich freuen, wenn beide noch weitaus öfter solche Ausflüge mit mir unternehmen würden. Dann sind wir drei zusammen."

Ein Kind, das immer wieder mit einem Filzstift oder einem anderen Schreiber auf ein weißes Blatt einschlägt und sich mit seinem „Hiebkritzeln" von Spannungen befreien will, drückt aus: „Ich bin voller Anspannung. Richtige Zeichnungen kann ich zur Zeit nicht schaffen, dafür sind meine Gefühle zu stark. Ich muss aus meinem Druck raus! Dabei hilft mir der Stift und das Papier. Lass mich zunächst bei meiner Druckentlastung bleiben."

Ein Kind, das von einer Fernsehserie berichtet, bei der ein „Megafuzzi" alle anderen besiegt hat und in einen Sumpf warf, dessen Schlamm alle Feinde erstickte, während er selbst durch seine zwei Leben unverletzt blieb, drückt damit aus: „Auch ich werde häufig verletzt (seelisch und/oder körperlich). Die einzige Möglichkeit zum Überleben liegt darin, besser zu sein als die anderen. Darum muss ich wie der „Megafuzzi" kämpfen. Weil ich der Schwächere bin, muss ich stark sein. Hilf mir, Stärke aufzubauen und zu finden!"

Jeder Ausdruckswert hat damit einen Erzählwert! Die Hauptaufgabe zur Planung von Projekten besteht darin, diesen Erzählwert zu verstehen.

Aus diesem Grunde müssen Erzieher/-innen sich – oftmals verstärkt – mit der Psychologie des Ausdrucksverhaltens auseinandersetzen, um den Erzählwert zu verstehen.

Für die Praxis bedeutet dies, die
- Symbolsprache des Verhaltens,
- Symbolsprache des Spiels,
- Symbolsprache der Bewegung/des Bewegungsverhaltens,
- Symbolik der Sprache/des Sprechens,
- Symbolsprache des Malens und Zeichnens,
- Symbolsprache des Träumens

zu begreifen, um „eine Pädagogik vom Kinde aus" zu realisieren. Alle Ausdrucksformen von Kindern (und Erwachsenen) sind symbolische Äußerungen der Seele, so wie viele Kinder ...

- die im Ausdruck ihrer Aggressivität stark gehindert werden, wieder einkoten oder sich mit Kot beschmieren;
- die sehr traurig sind, wieder tagsüber oder nachts einnässen (nicht umsonst wird beim Einnässen vom „Weinen der Seele" gesprochen);
- die das Malen oder Zeichnen verweigern, so sehr unter starken Belastungen stehen, dass sie Angst davor haben, sich auf dem Bild – und damit in ihrer Lebenssituation – wie in einem Spiegel wiederzuerkennen;
- andere Kinder beim Spielen stören, weil es ihnen selber schlecht geht und sie es nicht aushalten, sehen zu müssen, dass andere Kinder fröhlich sind/es ihnen besser geht;
- aus einer seelischen Irritation in ein klonisches/tonisches Stottern verfallen (= Sprechblockaden am Anfang eines Wortes/Satzes bzw. Buchstabenwiederholungen), um damit ihre Zerrissenheit nach außen zu zeigen;
- über Magendruck oder Völlegefühl klagen, weil es Situationen gibt, durch die sie sich überfordert fühlen;
- mit Waffenimitaten in die Kindertagesstätte kommen, weil sie sich in bestimmten Situationen wehrlos fühlen und im Mitbringen von Waffen Stützen finden, sich zur Wehr setzen zu können;
- in bestimmten Anforderungssituationen weinen, weil sie aufgrund fehlender Sicherheit Angst vor erneuten Überforderungen haben;
- keinen Körperkontakt zu bestimmten Erwachsenen suchen, weil sie schon zu häufig von Erwachsenen enttäuscht wurden;
- als Erstes bei massiven Konflikten zuschlagen, um selber nicht auf der Verliererstraße zu landen – eine Erinnerung an Situationen in der Vergangenheit, die sie kennen.

Die Bündelung bestimmter Verhaltensweisen, Spielformen, Bewegungsarten, Sprachäußerungen und Sprechweisen, Mal- und Zeichenschwerpunkten sowie Traumbildern ergibt den Lebensplan einzelner Kinder mit dem Zweck, sich zu finden, Identität auf- und auszubauen, Sicherheit und Zufriedenheit zu spüren, Handlungsaktivitäten zu zeigen und sich wertzuschätzen/wertgeschätzt zu werden. Dabei zeigen Vergleiche zwischen den Lebensplänen unterschiedlicher Kinder, dass es sehr häufig um gleiche Lebenspläne geht, wie etwa:

- Befreiung aus einer Angst;
- Erlebenwollen von Stolz;
- Befreiung aus Wut und Ärger;
- Erlebenwollen von Ruhe und Entspannung;
- Finden von Sicherheiten;

- Erleben von eigener Stärke;
- Finden von Wertschätzung;
- Erleben von Zuverlässigkeiten;
- Finden von Glück und Zufriedenheit;
- Befreiung aus Drucksituationen;
- Erleben von Macht und „Bewirkermentalität";
- Spürenwollen von „Ich-Kompetenzen".

Lebenspläne gleichen einem Handlungsmuster mit dem Ziel, das zu finden, was gesucht wird. Projektthemen im „Situationsorientierten Ansatz" sind daher immer Verhaltensmerkmale (seelische Vorgänge) und nie didaktische Einheitsbegriffe wie etwa „behinderte und nicht behinderte Kinder", „Streiten und sich Vertragen", „Wir sind alle Kinder in einer Welt", „Schutz der Natur" ...

Wer an dieser Stelle fragt, wo denn diese wichtigen Themen bleiben, erhält umgehend eine Antwort:

- „Verkehrserziehung" wird dann berücksichtigt, wenn es im Projekt beim Besorgen von Materialien um das sinnverbundene Überqueren von Straßen geht.
- „Behinderte und nicht behinderte Kinder" erleben sich dadurch, dass sie im gemeinsamen Leben und Lernen sinnverbunden miteinander umgehen.
- „Schutz der Natur" wird dort erlebt, wo beim Anbau eines eigenen Gemüsegartens oder bei Erkundungen in der Natur sinnverbundene Bezüge hergestellt werden.
- „Gesunde Ernährung" wird dann berücksichtigt, wenn es beim Frühstück, beim gemeinsamen Einkauf von Lebensmitteln oder bei anderen Essensgelegenheiten sinnverbundene Bezüge gibt.

Die in Kindertagesstätten üblichen Themen werden also nicht ausgeschlossen oder vernachlässigt, sondern dann nebenbei aufgegriffen, wenn es aktuelle Anlässe/Gründe dafür gibt. So können „isolierte Themenblocks", die von Erwachsenen den Kindern aufgesetzt werden, verhindert werden, weil es primär um Themen der Kinder und nicht der Erwachsenenwelt geht.

6.1 Der Lebensplan und seine Entschlüsselung auf den Punkt gebracht

Galt es zunächst, Kinder in ihren sechs Ausdrucksformen wahrzunehmen, diese wahrgenommenen Ereignisse in Beobachtungslisten schriftlich zu protokollieren und anschließend jedes Ausdruckverhalten in seinem Erzählwert zu verstehen (zu deuten), so hat die Praxis gezeigt, dass es besonders aussagekräftig ist, wenn zu jeder Ausdrucksform möglichst mehrere (drei bis sechs) Beispiele aufgeführt sind! Je höher die Anzahl der beobachteten Beispiele ausfällt, desto aussagekräftiger kann der Erzählwert beschrieben und zusammengefasst werden!

Nehmen wir einmal an, dass die Beobachtung eines Kindes je vier „typische" Beispiele einer jeden Ausdrucksform ergeben hat, so hat die elementarpädagogische Fachkraft insgesamt 24 Ausdrucksbelege zur Verfügung, um dann aus ihrem Fachwissen heraus diese spezifischen Ausdruckswerte mit ihren Erzählwerten zu versehen. Viele Erzieher/-innen haben sich mit der Zeit und durch die intensive Beschäftigung mit der Symbolik des Verhaltens, der Symbolsprache der Spielformen und des spezifischen Spielens der Kinder, der Symbolik der Bewegung/des Bewegungsverhaltens, der Symbolik des Erzählens und der Sprache, der Symbolik des Malens und Zeichnens und der Symbolsprache der Träume ein eigenes „Symbolbedeutungsbuch" angelegt, das nach entsprechend besuchten Fachseminaren oder nach einer erfolgten Fachbuchbearbeitung immer wieder ergänzt wird.

Nun könnte man annehmen, dass bei entsprechenden Ausdrucks- und Erzählwerten sehr viele, ganz unterschiedliche Decodierungsergebnisse bei einem Kind herauskommen. Nun, das ist falsch. Immer gibt es zwischen den Ausdrucks- bzw. Erzählwerten einen roten Faden, eine Sinnverbindung, einen Leitwert, der sich durch alle (zumindest die meisten) Aussagen zieht. Anders ausgedrückt: Durch einen Vergleich und eine vernetzte Betrachtung der Ausdrucks- und Erzählwerte offenbart sich ein Verhaltensmuster, das sich offensichtlich im Laufe der Zeit und des Kind(er)lebens herausgebildet hat. Eine Auswertung ungezählter Ausdrucksformen und ihrer Erzählwerte hat ergeben, dass außergewöhnlich viele Kinder z. B. ein Verhaltensmuster zeigen, welches deutlich macht, dass sie

- unter Druck stehen,
- unglücklich sind,
- sich schwach und minderwertig fühlen,

- Angstsituationen ausgesetzt sind,
- Einsamkeit erleben,
- unter Anspannungen leben,
- mutlos sind,
- Anforderungen mit Resignation begegnen,
- Angst vor Versagenserlebnissen haben,
- in Überforderungen stecken,
- unterfordert sind ,
- Enttäuschungen mit sich herumtragen.

Natürlich (!) gibt es daneben auch Kinder, die sogenannte positive Verhaltensmuster zum Ausdruck bringen, doch sind sie im Verhältnis zur Gesamtzahl der beobachteten Kinder deutlich in der Minderheit. Wichtig ist folgende Anmerkung: Es geht dem „Situationsorientierten Ansatz" nicht um eine negativ geprägte Projektarbeit. Wer das behaupten würde, hätte sich von einer fachlichen Diskussion weit entfernt. Vielmehr richtet sich der Ansatz – und damit auch die Projektorientierung – nach den Daten heutiger Kindheiten aus. Das bei den Kindern entzifferte Verhaltensmuster wird im „Situationsorientierten Ansatz" als Lebensplan bezeichnet. Seine genaue Definition lautet wie folgt:

Ein Lebensplan ist der rote Faden im Leben von Menschen. Er ist ein personell individuelles Verhaltensmuster, das sich in der Vielzahl der Ausdrucksformen zeigt und einen jeweiligen Bedeutungswert besitzt. Der Lebensplan setzt sich aus der individuellen Bewertung bisheriger Lebenserfahrungen, -eindrücke und Erlebnisse zusammen und verfolgt den Zweck, lebensnotwendige Grundbedürfnisse zu befriedigen, um zu einer seelischen Stabilität zu finden.

Dazu ein paar einfache Beispiele, um den Zusammenhang von Lebensplan und Grundbedürfnisbefriedigung zu verdeutlichen:

- Kinder, die unter Spannung stehen, suchen häufig intensive Bewegung, um letztlich entspannter sein zu können.
- Einsame Kinder suchen häufig den Kontakt zu anderen Menschen, um Geborgenheit zu spüren.
- Kinder mit vielen Unsicherheiten suchen Situationen/Personen/Umstände, die ihnen Sicherheiten geben.
- Kinder mit einem stark eingeschränkten Selbstwertgefühl bzw. Minderwertigkeitsgefühlen suchen häufig Situationen/Personen auf, durch die sie auffallen und durch die sie (endlich einmal) in den Mittelpunkt von Betrachtungen/Beachtungen kommen.
- Kinder, die sich seelisch ohnmächtig fühlen, haben häufig den Wunsch, Macht über andere zu besitzen.

Diese Aufzählung könnte endlos fortgesetzt werden. Wenn – und darauf weisen ungezählte Beobachtungen hin – kindeigene Ausdrucksformen beispielsweise dem Zweck dienen, sich aus eigener Angst zu befreien, Stolz erleben zu wollen, sich aus Wut und Ärger frei machen zu wollen, Ruhe und Entspannung zu suchen, Sicherheiten finden zu wollen, eigene Stärke spüren zu wollen, Wertschätzung und Zuverlässigkeiten erleben zu wollen, sich aus Drucksituationen befreien zu wollen (...), dann hat eine Kindertagesstätte, die sich dem situationsorientierten Ansatz verpflichtet fühlt, dafür zu sorgen, dass die Kinder in der Kindertagesstätte (und in der Zusammenarbeit mit Eltern auch wenn möglich im Elternhaus) das finden, was sie brauchen. Vielleicht kann auch so eine Erklärung dafür gefunden werden, dass Kinder, die keine Lust haben zur Kindertagesstätte zu gehen, bestimmte „Angebote" immer wieder verweigern, das Abholen von den Eltern kaum abwarten können, eine sogenannte „Kindertagesstättenmüdigkeit" entwickeln, mit Langeweile einen Großteil ihrer Tage in der Kindertagesstätte verbringen, aus der Kindertagesstätte abhauen, durch vielfältigste Verhaltensirritationen auffallen, einfach nicht das erleben, wonach ihre Seele ruft!

7. Der Aufbau von Projekten

Situationsorientierte Projekte können am besten in einer Schrittfolge von sieben Punkten aufgebaut und durchgeführt werden.

Der erste Schritt besteht darin, dass sich Erzieher/-innen mit dem Umfeld der Kinder, ihrer Biografie und ihren Lebensbereichen vertraut machen, um Hintergründe des Kind(er)lebens in Erfahrung zu bringen und sogenannte harte Daten zu kennen. Es ist teilweise erschreckend, in der Praxis zu erfahren, wie wenig den Erzieherinnen und Erziehern über das wirkliche Leben der Kinder bekannt ist. Dabei geht es um die Geschwisterzahl, die Geschwisterfolge, das Wohnumfeld der Kinder ebenso wie um bedeutsame Erlebnisse des Kindes, mögliche Umzüge, sein Kinderzimmer und Spielmaterial, seine Freundschaften, besuchte „Förderkurse" oder besondere Schwierigkeiten, die Eltern mit dem Kind in der Vergangenheit zu bestehen hatten, um die Existenz/Bedeutung der Großeltern, überstandene Krankheiten oder bestimmte Merkmale des Erziehungsverhaltens der Eltern(teile).

Im zweiten Schritt wird für jedes Kind eine Liste angelegt, in die beobachtete Situationen zum Kind eingetragen werden. Das Führen dieser Listen muss nicht jeden Tag vorgenommen werden. Allerdings ist es hilfreich, wenn eine gewisse Regelmäßigkeit eingehalten werden kann.

In manchen Kindertagesstätten hat es sich eingebürgert, dass jede Liste in sechs Felder unterteilt wird, in denen mit Datumsnennung – je nach Ausdrucksform – bestimmte Situationen zu Verhalten (1), Spiel (2), Bewegung (3), Erzählen (4), Malen und Zeichnen (5) sowie Träumen (6) festgehalten werden können. Das Aufschreiben von Beobachtungen gibt Erzieherinnen und Erziehern einerseits die Möglichkeit, anhand dieser Beschreibungen sich noch einmal ganz präzise mit der Beobachtung auseinanderzusetzen, andererseits ist es das Ausgangsmaterial für den Aufbau von Projekten. Und schließlich ist einer großen Gefahr des Vergessens vorgebeugt, weil im Laufe von Tagesabläufen nicht alles behalten werden kann bzw. in der Wahrnehmung verändert wird.

Der dritte Schritt besteht darin, erste Zusammenhänge zwischen den beobachteten Situationen und möglichen Hintergründen zu fantasieren. Dabei geht es nicht um „wissenschaftlich richtige" Verknüpfungen, sondern um die Suche nach Vernetzungen zwischen den Ausdrucksformen der Kinder und möglichen biografischen Daten.

Im vierten Schritt – und das ist häufig der schwerste – suchen sich die Erzieher/-innen anhand der Beobachtungslisten zwischen drei und sechs Situationen heraus, die typisch für das Verhalten, Erzählen, Bewegen, Träumen, Spielen sowie das Malen und Zeichnen der einzelnen Kinder sind, um dem Lebensplan jedes Kindes nahezukommen.

Dabei sollte es nicht um Vermutungen gehen, sondern mit fachlicher Kompetenz der Zweck der Ausdrucksform verstanden werden. In der Praxis hat sich dabei folgendes Arbeitsblatt besonders gut bewährt:

Beobachtungen der Ausdrucksform	Beispiele:	Was ist dabei der Erzählwert?	Was sucht/ braucht das Kind?
Was tut das Kind genau? (I)			
Was und wie malt es? (II)			
Wie ist sein Bewegungsverhalten/ -bedürfnis? (III)			
Was sind seine Erzählthemen? (IV)			
Was träumt es? (V)			
Was/wie/womit spielt es? (VI)			
I. Verhalten – der rote Faden			
II. Malen – der rote Faden			
III. Motorik – der rote Faden			
IV. Sprache – der rote Faden			
V. Träume – der rote Faden			
VI. Spiel – der rote Faden			
Lebensthema (Schwerpunkt seiner Ausdrucksformen):			

Der fünfte Schritt besteht nun aus einzelnen Teilschritten:

a) Zunächst werden die Lebensthemen der unterschiedlichen Kinder angeschaut und es wird versucht, eine Häufung von Lebensthemen möglichst vieler Kinder festzustellen. Vielleicht ist es das Thema „Wunsch, auf sich stolz zu sein", „Angst haben", „Überforderung", „Einsamkeit", „Trauer", „Spannungen aushalten müssen" oder „Suche nach dem Glücklichsein", „Ruhe haben wollen" oder „Wut rauslassen". Diese und viele andere Themen kennzeichnen das Leben vieler Kinder.

b) Wurde eine Häufung von bestimmten Begriffen (Lebensthemen der Kinder) gefunden, ist das mögliche Projektthema identifiziert.
Dabei geht es nicht darum, dass alle Kinder sich in dem Projektthema wiederfinden müssen/können – das wäre eine Utopie angesichts einer Gruppe von 22 oder mehr Individuen. Allerdings zeigen sich in der Praxis Erfahrungen, dass meist über die Hälfte oder sogar zwei Drittel aller Kinder ähnliche Lebensthemen haben.
In jedem Fall ist es ein deutliches, kindorientiertes Vorgehen, wenn möglichst viele Kinder die Möglichkeit erhalten, sich in ihren Lebensthemen angesprochen zu fühlen.

c) Ist das mögliche Projektthema gefunden, werden die Kinder gebeten, sich zusammen mit dem Erwachsenen in einen Kreis zu setzen, in dem jeder jeden sehen kann. Weigern sich einzelne Kinder, so werden sie weder mit Überredungen oder heimlicher Gewalt zum Kommen aufgefordert – es wird akzeptiert!

d) Sitzen Kinder und Erzieher/-innen im Kreis, beginnt eine Erzieherin/ein Erzieher, jedem Kind ein Beispiel (kurz) zu berichten, das zum Projektthema passt. Angenommen, das Projektthema hieße „Stolz", dann hätte sich die Erzieherin/der Erzieher im Vorwege darüber Gedanken gemacht, wo jedes Kind – und sie/er selbst – in den letzten Tagen/Wochen stolz gewesen ist. Diese Beispiele werden wiedergegeben:
„Maren, als du letztens die schwere Teekanne auf den Tisch getragen hast und nichts danebenging, hast du die Kanne hingestellt und ein lautes „pffff" von dir gegeben. Dass du es geschafft hast, darauf warst du mächtig stolz."
„Kevin, vielleicht kannst du dich daran erinnern, dass du letztens den Baum im Garten hochgeklettert bist. Plötzlich ging es für dich nicht mehr vor und nicht zurück. Da hast du alle Kraft und allen Mut zusammengenommen und kamst schließlich ohne fremde Hilfe wieder alleine den Baum herunter. Darauf kannst du stolz sein."
Um die Aufmerksamkeit der Kinder zu erhöhen, bietet es sich an, jedes Kind zunächst mit seinem Namen anzusprechen, dann folgt kurz das Beispiel und endet mit dem Projektbegriff!

Selbstverständlich berichtet auch die Erzieherin/der Erzieher von einem eigenen Beispiel.

Es versteht sich von selbst, dass kein Beispiel
- ein Kind bloßstellen darf;
- ein Kind verletzen darf;
- ein Geheimnis preisgibt;
- oder von einem Kind als Verrat angesehen werden muss.

e) Ist die Erzieherin/der Erzieher mit der Runde durch, bei der Kinder selbstverständlich Nachfragen stellen können oder Anmerkungen machen dürfen, stellt sie oder er zum Projektthema die entscheidende Frage. In diesem Fall: „Könnt ihr euch an etwas erinnern, auf das ihr schon einmal ganz stolz gewesen seid?"
(Bei dem Thema Angst: „Könnt ihr euch an etwas erinnern, vor dem ihr schon einmal ganz große Angst gehabt habt?" Entsprechende Projektwörter wie „traurig" usw. werden analog dazu eingesetzt.)

Nun können zwei Dinge geschehen:
- Entweder werden Erzieher/-innen von Kindern mit großen Augen angeschaut und es passiert nichts. Das ist ein fast sicherer Beweis dafür, dass das gefundene „Projektthema" offensichtlich falsch war (d. h., dass das Thema die Lebensthemen der Kinder nicht getroffen hat).
- Oder Kinder sprudeln mit ihren Erlebnissen und Erfahrungen nur so heraus. Sie berichten von Geschehnissen aus der Vergangenheit (!), in denen sie so etwas schon einmal erlebt haben.

f) Diese Erfahrungen schreibt sich die Erzieherin/der Erzieher auf, weil sie gleichfalls das Basismaterial für das Projekt sind.
(Anmerkung: Sind in der Kindergruppe eher kleine Kinder, die eine solche Frage nicht verstehen, oder fremdsprachige Kinder, die der deutschen Sprache noch nicht mächtig sind, und stehen zweisprachige Kinder auch nicht für eine Übersetzung zur Verfügung, dann versucht die Erzieherin/der Erzieher, Inhalte zu finden, die aus ihrer/seiner Sicht den Lebensplänen der Kinder entsprechen könn(t)en.

g) In dem anschließenden Arbeitsgang ordnet die Erzieherin die Kinderbeispiele:
- Welche Situationen/Vorhaben sind dafür geeignet, dass sie außerhalb der Kindertagesstätte gemacht/umgesetzt werden können?
- Welche Situationen/Vorhaben beziehen sich auf Aktivitäten innerhalb der Kindertagesstätte?
- Welche Lieder, Werktätigkeiten, Spiele können dazu in der Gruppe – sinnverbunden – durchgeführt werden?

- Welche Impulse ergeben sich für die Zusammenarbeit mit den Eltern?
- Mit welchen Einrichtungen außerhalb der Kindertagesstätte kann bei bestimmten Situationen/Vorhaben kooperiert werden?

h) Aus dieser Ordnung ergibt sich nun die Projektdurchführung, wobei die Vorbereitungen immer mit Kindern in Angriff genommen werden.

Im sechsten Schritt folgt die Durchführung der einzelnen Vorhaben, die sich aus den Kinderberichten ergeben haben.

In einigen Kindertagesstätten sind dazu neben der Türe zum Gruppenraum die Projektinhalte aufgemalt, wobei an dem aktuellen Inhalt jeweils eine große Klammer/ein großer Pfeil angebracht ist.

Dabei ist allerdings jeder Inhaltsbereich insoweit nicht starr, als aktuelle Themen selbstverständlich ihre Berücksichtigung finden.

Aus diesem Grunde wird im „Situationsorientierten Ansatz" auch von „offener Planung" gesprochen.

Während der Durchführung des Projekts wird auf zwei Dinge Wert gelegt:

- Zum einen schreiben Mitarbeiter/-innen jede Woche auf das Projektplakat, das an der Gruppentüre hängt und für Eltern sichtbar ist, ein Beispiel des gemeinsamen Erlebens und Lernens auf, um ihre Arbeit transparent zu machen. So erfahren Eltern, was ihre Kinder im emotionalen, kognitiven, motorischen und sozialen Bereich lernen (erfahren) konnten. Es gibt damit nicht mehr den Wochenplan, sondern einen strukturierten Rückblick!
- Zum anderen führen Erzieher/-innen während der Projekte ein „pädagogisches Tagebuch" (= Projekttagebuch), in dem täglich besondere Erlebnisse/Ereignisse/Erfahrungen schriftlich festgehalten werden, wichtige Dinge eingeklebt werden können oder Kinder ihre Erlebnisse auch einmalen.

Schließlich folgt **im siebenten Schritt** – nach Beendigung des Projekts – die Auswertung. Dazu werden die Fotos, die während des Projekts gemacht wurden, angeschaut, Tonbandaufnahmen angehört, Videoaufnahmen betrachtet und andere Projekte bewundert.

Ist ein Projekt beendet, kann die Erzieherin/der Erzieher natürlich nicht den Kindern mitteilen, dass sie nun wieder drei bis vier Wochen Zeit brauchen, um Kinder zu beobachten und ein neues Projekt zu finden. Daher bietet es sich an, während der Projektdurchführung (sechster Schritt) den zweiten Schritt (Sammlung von Situationen) gleichzeitig im Auge zu behalten.

Projekte sind lebendige, aktive, lustvolle und spannende Erlebnisinhalte, die Kinder und Erzieher/-innen gleichsam faszinieren.

8. Praktische Hinweise zur Durchführung von Projekten

Aus den bisherigen Inhalten könnte nun der Schluss gezogen werden, man müsse „nur" humane, kindorientierte Verhaltensweisen zeigen, die von Kindern als hilfreich und freundlich erlebt werden, und ansonsten die Kinder spielen oder sich bewegen lassen. Weit gefehlt. Auf der einen Seite können sich neue Verhaltensmuster nur dann entwickeln, wenn sie mit bisherigen Lebensplänen direkt in Beziehung gesetzt werden und alte Strukturen verarbeitet werden können. Auf der anderen Seite haben destruktive Lebenspläne (leider) immer die Tendenz, sich selbst zu stabilisieren, auch wenn sie ungünstige Auswirkungen auf das Erleben eines Menschen haben. Ein paar Beispiele dazu: Menschen, die sich ohnmächtig fühlen, werden entweder ihre Ohnmacht mit Machtstrukturen überdecken (wollen/müssen) oder es wird weiterhin ihr Wunsch sein, unauffällig zu bleiben. Menschen, die unter Angst leiden, werden beispielsweise auch weiterhin angstauslösenden Situationen aus dem Wege gehen und dadurch ihre Angst – wenn auch ungewollt – verstärken.

Insofern versuchen Projekte im „Situationsorientierten Ansatz" stets die zwei Elemente von Lebensplänen zu verbinden: bekannte, für die Lebenspläne auslösende Erfahrungen und die gesuchten Grundbedürfnisse, die ein Kind befriedigen möchte. Auch hier sollen kurze Beispiele die Aussage erläutern:

Angst kann nur verarbeitet werden, wenn auf der einen Seite angstauslösende Situationen hergestellt/aufgesucht werden und gleichzeitig Sicherheit/Vertrauen erlebt wird, diese Angstsituation zu meistern.

Einsamkeit kann nur überwunden werden, wenn auf der einen Seite Situationen der Einsamkeit hergestellt/erlebt werden und gleichzeitig Strategien (in Zusammenarbeit mit anderen) aufgebaut werden können, um Einsamkeit als eine zu überwindende Größe erfahren zu können. Der „Situationsorientierte Ansatz" hat hier den Begriff der „Doppelung/Duplizität" aus der Lernpsychologie übernommen. Nur wenn beide Elemente gleichzeitig erfahren werden, ist eine Veränderung alter Lebensplanstrukturen möglich und wahrscheinlich, wobei die Grundbedürfnisbefriedigung von Kindern ganz deutlich in diesen Situationen erlebt werden muss!

Nachdem nun die Lebenspläne aller Kinder aus der Gruppe gefunden und nochmals sorgfältig überprüft wurden, wird versucht, eine Häufung von Lebensplänen möglichst vieler Kinder festzustellen. Vielleicht ist es der Schwerpunkt „Trauer", vielleicht der Schwerpunkt „unglücklich sein", vielleicht zeichnet sich der Schwerpunkt „Angst haben" oder „sich schwach fühlen" ab. Auch wenn es nicht zu einer identischen Häufung kommt, können selbstverständlich ähnliche Lebenspläne unter einen basalen Oberbegriff subsummiert (= untergeordnet) werden. Wurde eine Häufung gefunden, ist das mögliche Projekt identifiziert, entsprechend dem Motto, „das Kind dort abzuholen, wo es ist". Projektarbeit bedeutet demnach, möglichst das mit Kindern zu erleben, wodurch sie sich in ihren Lebensplänen angesprochen/berührt fühlen.

Ist der mögliche Projektschwerpunkt gefunden, werden die Kinder gebeten, sich zusammen mit dem Erwachsenen in einen Kreis zu setzen, in dem jeder jeden gut sehen kann. Nun beginnt die Erzieherin/der Erzieher, jedem Kind ein Beispiel (kurz) zu berichten, das möglichst aus der eigenen (Kindertagesstätten-)Erfahrungswelt des Kindes stammt und zum angedachten Projektschwerpunkt passt. Angenommen, das Projekt ist unter dem Stichwort „Angst" angedacht, dann hat sich die Erzieherin/der Erzieher im Vorwege darüber Gedanken gemacht, wo jedes Kind – und sie/er selbst – in den letzten Tagen/Wochen eine Ausdrucksform gezeigt hat, die mit Angst besetzt war. Diese Beispiele werden dann kurz skizziert mit direkter Ansprache an die betreffenden Kinder.

Sprachbeispiele:

„Jennifer, als du letztens einmal mit der großen Säge die Bretter zersägt hast, kam Max und wollte dir die Säge wegnehmen. Du hast dich vor ihn hingestellt und die Säge hinter deinem Rücken versteckt. Du hast auch ganz laut gesagt, du wüsstest gar nicht, wo die Säge ist. Bestimmt hast du Angst gehabt, dass Max dir die Säge einfach fortholen wollte."

„Max, du warst vor ein paar Tagen auf dem hohen Baum. Dabei bist du ganz hoch geklettert. Plötzlich hast du laut gerufen, du wüsstest gar nicht, wie du wieder runterkommen kannst. Und ganz fest hast du dich an dem dicken Ast festgehalten. Ich glaube, du hast Angst gehabt, runterzufallen oder für immer auf dem Baum bleiben zu müssen."

„Katrin, du warst in der Küche und hast mit uns den großen Kuchen backen wollen. Dabei ist dir der Krug mit der Milch auf den Boden gefallen und der ging kaputt. Du hast dann ganz doll geweint und gesagt, du konntest nichts dafür. Bestimmt hast du Angst gehabt, dass einer von uns Erwachsenen mit dir schimpft."

So erhält jedes Kind ein Beispiel aus seiner Lebenswelt. Um die Aufmerksamkeit der Kinder zu erhöhen, bietet es sich an, zunächst immer zuerst den Namen zu sagen, dann zwei bis drei Sätze möglichst präzise und beschreibend wiederzugeben, um dann im letzten Satz mit dem Projektwort (!) das Beispiel zu beenden. Es versteht sich dabei von selbst, dass einerseits keine Beispiele genannt werden, die ein Kind in seiner Würde verletzen oder ein Kind der Lächerlichkeit aussetzen würden, andererseits keine Situationen öffentlich gemacht würden, die beispielsweise ein Geheimnis darstellen. Spätestens zum Schluss der Runde berichtet die Erzieherin/der Erzieher auch von einem eigenen (echten!) Beispiel.

Ist man mit der Runde durch, bei der Kinder selbstverständlich Nachfragen stellen/ Ergänzungen/Korrekturen vornehmen können, stellt die Erzieherin/der Erzieher die zum Projekt entscheidende Frage. In diesem Fall:

„Sagt Kinder, kennt ihr noch andere Beispiele, wo ihr schon mal mächtig Angst gehabt habt?" (In diesem Satz findet sich das jeweilige Projektwort wieder). Nun – und das zeigt die Praxis – können zwei Dinge geschehen:

Entweder werden Erzieher/-innen von den Kindern mit großen Augen angeschaut und es passiert so gut wie nichts, entsprechend den unausgesprochenen Fragen der Kinder: „Was will die denn von uns?"

Das wäre ein fast sicherer Beweis dafür, dass das anvisierte Projekt(thema) offensichtlich falsch war und die Lebenspläne der Kinder nicht getroffen hat.

Oder die Kinder sprudeln mit ihren Erlebnissen und Erfahrungen nur so aus sich heraus. Sie berichten von Beobachtungen und Geschehnissen aus der Vergangenheit (!), in denen sie so etwas schon einmal erlebt haben und was immer noch in ihrer Seele einen Bedeutungswert besitzt.

Diese Erfahrungen schreibt sich die Erzieherin/der Erzieher in Stichworten auf, weil diese gleichsam das Basismaterial für ein Projekt bilden. Hier liefern die Kinder (!) die Schwerpunkte, nicht die Erzieher/-innen. (Anmerkung: Sind in der Kindergruppe eher kleinere Kinder, die eine solche Frage noch nicht verstehen können, oder fremdsprachige Kinder, die der deutschen Sprache noch nicht mächtig sind, und stehen zweisprachige Kinder auch nicht für eine Übersetzung zur Verfügung, dann versucht die Erzieherin/der Erzieher Inhalte zu finden, die aus ihrer Sicht den Lebensplänen der Kinder entsprechen könnten.) Hier nun wieder ein Beispiel aus der Praxis einer situationsorientierten Kindertagesstätte – folgende Beispiele nannten die Kinder:

„Ich hab immer vor Gespenstern Angst; die können einen nachts erschrecken."/ „Fledermäuse können einem an den Hals fliegen und ganz viel Blut saugen."/„Wenn sich meine Schwester ganz doll schminkt, krieg ich immer Angst."/„Ich hab mal Hexen auf fliegenden Besen gesehen. Die können einen fangen und aufessen."/„Ich war mal mit meinem Papa in einer dunklen Höhle, da konnte man gar nichts sehen, und wir wussten nicht, ob wir da jemals wieder rausfinden."/„Wenn man so komische Masken aufhat, dann kann man schon Angst kriegen."/„Löwen und Bären sind riesengroß und immer hungrig. Wenn man da nicht schnell weglaufen kann, fressen die einen auf."/„Ich muss immer aus dem dunklen Keller Gemüse holen – da hab ich Angst."/„Spinnen haben so klebrige Fäden. Wenn man da reinkommt, ist man gefangen."/„Gewitter macht mir Angst"/„Ich hab so große Angst, wenn mir immer andere Kinder auflauern und mich verkloppen."/„Im Wasser kann man richtig ertrinken, und davor hab ich Angst." (...)

Nachdem die wichtigsten Inhalte/Begriffe der Kinder aufgeschrieben wurden, wird die Kinderrunde aufgelöst und die Erzieher/-innen ordnen nun ihre Notizen nach folgender möglicher Klassifizierung:

- Welche Situationen/Vorhaben beziehen sich auf Aktionen, die innerhalb der Kindertagesstätte umgesetzt werden können?
- Welche Situationen/Vorhaben sind besonders gut dafür geeignet, außerhalb der Kindertagesstätte umgesetzt werden zu können?
- Welche Lieder, Werktätigkeiten, Spiele, Märchen, Musikstücke, Kunstaspekte können sinnverbunden in der Gruppe mitberücksichtigt werden?
- Welche Impulse/Vorhaben ergeben sich zwangsläufig und notwendigerweise für die Zusammenarbeit mit den Eltern?
- Mit welchen Einrichtungen kann bei bestimmten Vorhaben/Situationen kooperiert werden?
- Gibt es Hinweise aus anderen Gruppen, hier vielleicht ein gruppenübergreifendes Projekt durchzuführen?

Nachdem nun eine Ordnung hergestellt wurde, folgt die Durchführung des Projekts. In einigen Kindertagesstätten sind dazu neben der Gruppenraumtüre die einzelnen Projektschwerpunkte in entsprechender Reihenfolge aufgemalt (und aufgeschrieben), wobei an dem aktuellen Schwerpunkt jeweils ein großer, nicht übersehbarer Pfeil angebracht ist. Dabei ist aber jeder Inhaltsbereich nicht so starr, als dass aktuelle Besonderheiten nicht eingebaut werden könnten. Während der Durchführung des Projekts wird zusätzlich auf zwei begleitende Arbeitsmerkmale Wert gelegt. Zum einen schreiben die elementarpädagogischen Fachkräfte jede Woche auf das große Projektplakat, das meistens an der Außenfront der Gruppentüre hängt und für Eltern gut sichtbar ist, einen besonderen Schwerpunkt des erfolgten Projektteils auf, um ihre Arbeit transparent zu machen. So erfahren Eltern, was ihre Kinder im emotionalen, sozialen, motorischen und kognitiven Bereich lernen konnten bzw. welche Entwicklungsbereiche der Kinder bei welcher Tätigkeit besonders unterstützt wurden (es gibt neun Entwicklungsbereiche: Emotionalität, Soziabilität, Fantasie, Denkfertigkeit, Kreativität, Intelligenz, Sprache/Sprechen, Motivation/Interessen, Motorik). Damit gibt es im „Situationsorientierten Ansatz" keinen Wochenplan mehr, sondern einen strukturierten Rückblick.

Zum anderen führen die elementarpädagogischen Fachkräfte während der Projektdurchführung ein Projekttagebuch, in dem täglich besondere Ereignisse/Erfahrungen schriftlich festgehalten werden, wichtige Dinge eingeklebt werden können, Kinder ihre Erlebnisse einmalen können oder Fotos befestigt werden.

Nach Beendigung eines Projekts, das im Schnitt sechs Wochen bis zu sechs Monaten dauert/dauern kann, folgt zusammen mit Kindern die große Auswertung. Dazu werden die Fotos, die während des Projekts gemacht wurden, angeschaut, Kassettenaufnahmen angehört, Videoaufnahmen betrachtet, Werkarbeiten „nach"bestaunt und das Projekttagebuch noch einmal durchgeblättert und kommentiert.

Da die elementarpädagogischen Fachkräfte schon während der Projektdurchführung begleitende Beobachtungen zu den Ausdrucksformen und Erzählwerten festgehalten haben, wird nach einem zeitlich angemessenen Ausklang mit dem neuen Projekt begonnen.

Ungezählte Beispiele situationsorientiert arbeitender Kindertagesstätten belegen, dass Projekte lebendige, aktive, lustvolle und spannende Erlebnisaktionen sind, die Kinder und Erzieher/-innen gleichermaßen faszinieren. Langeweile und Frust haben keine Chance, sich hier breitzumachen.

Obgleich jeder Tag seine Besonderheiten besitzt, hat der Tagesablauf im „Situationsorientierten Ansatz" eine klare Grundstruktur:

Sind alle Kinder an dem jeweiligen Tag anwesend, wird zu einer kurzen Einstiegsrunde eingeladen. Dabei haben die Kinder die Möglichkeit, von der vergangenen Nacht, von ihren Träumen und ihrem Aufwachen, vom Weg zur Kindertagesstätte bis zu den Erwartungen für den heutigen Tag zu berichten. Danach folgt der Hauptteil des Tages: die Fortführung des Projekts, bei dem am Ende des Vortages angeknüpft wird. Und bevor nun die Kinder auseinandergehen und von ihren Eltern abgeholt werden, wird eine Abschlussrunde einberufen. In ihr haben die Kinder wiederum die Möglichkeit, sich gegenseitig zu erzählen, was an dem Tag besonders gut gewesen ist, worüber sich einzelne Kinder geärgert haben, was sie vielleicht traurig gemacht oder geängstigt hat, was ihnen vielleicht besonders gut gelungen ist und was für den kommenden Tag beachtet werden müsste, was mitzubringen ist oder besonders bedacht sein will.

8.1 Anmerkungen zur Durchführung und Auswertung des Projekts

Nachdem die strukturellen Planungen eines Projekts abgeschlossen, die Vorstellungen der Kinder berücksichtigt und selbstverständlich alle Vorfragen zu den Vorbereitungen so weit wie möglich gemeinsam angedacht wurden (unter Berücksichtigung der Fragen: Welche zeitlichen Möglichkeiten sind gesetzt?/Welche Innen- und Außenräume stehen zur Verfügung?/Welche Außenaktivitäten stehen fest?/Welche Materialien wurden besorgt?/Welche Kompetenzen sind aufseiten der Erzieher/-innen gefordert?/Welche Bilder-/Sachbücher sind besorgt?/Welche Inhalte bauen sich aufeinander auf?/Welche Selbstständigkeit lässt jeder Projektteil zu? ...), geht die Durchführung los.

Dabei werden alle Projektteile mit den Kindern möglichst so offen und flexibel gehalten, dass zumindest im Bereich der Kindertagesstätte die Kinder ihre Schwerpunkte selber wählen können. Natürlich werden Erzieher/-innen ihre Projekte dabei so weit fächern und mit unterschiedlichen Aspekten versehen, dass die Chance für möglichst alle bzw. viele Kinder besteht, dabei zu sein. Da Kinder in ihren Lernerfahrungen und Lebensbiografien sehr unterschiedlich sind, kann jeder Projektteil in gleichem Maße für alle Kinder attraktiv sein. Schon durch die Altersmischung müssen die Projekte unterschiedliche Aktivitäten zulassen. Die Praxis zeigt, dass besonders Kinder mit ähnlichen oder gleichen Bedürfnissen kleinere Gruppen bilden und dann ihren Vorhaben nachgehen. Es wird aber auch so sein, dass einzelne Kinder durch aktuelle, gestrige oder heutige Erlebnisse lieber etwas anderes machen möchten, sich lieber zurückhalten wollen, sich zurückziehen möchten oder mit ihrer Freundin/ihrem Freund etwas anderes spielen werden. Der „Situationsorientierte Ansatz" lässt dies selbstverständlich zu, erhebt er doch den berechtigten Anspruch, ein individueller Ansatz zu sein.

„So ist es auch keine Störung der Arbeit, wenn manche Kinder im Laufe gezielter pädagogischer Unternehmungen ‚abspringen' oder andere dazukommen, die sich dafür zu interessieren beginnen." (Colberg-Schrader u. a., 1979, S. 38) Hier gilt es also, nicht seitens der Mitarbeiter/-innen den Anspruch zu erheben, dass sich „soziale Beziehungen und Lernereignisse" immer in der Gesamtgruppe abspielen. Gezwungene Soziabilität oder erzwungenes, durch Überredungen erreichtes „soziales Lernen" wird immer ein verkürzter Prozess bleiben, weil aktuelle Lebenseinflüsse dadurch überlagert und nicht verarbeitet wurden.

Die Durchführung von „situationsorientierten Projekten" geschieht daher immer nach dem Grundsatz, dass zuerst die Möglichkeit der Individualentwicklung gegeben ist und dann, in der Folge, Sozialentwicklung möglich und für alle Beteiligten hilfreich ist.

Die Durchführung des Projekts ergibt demnach das folgende Bild:

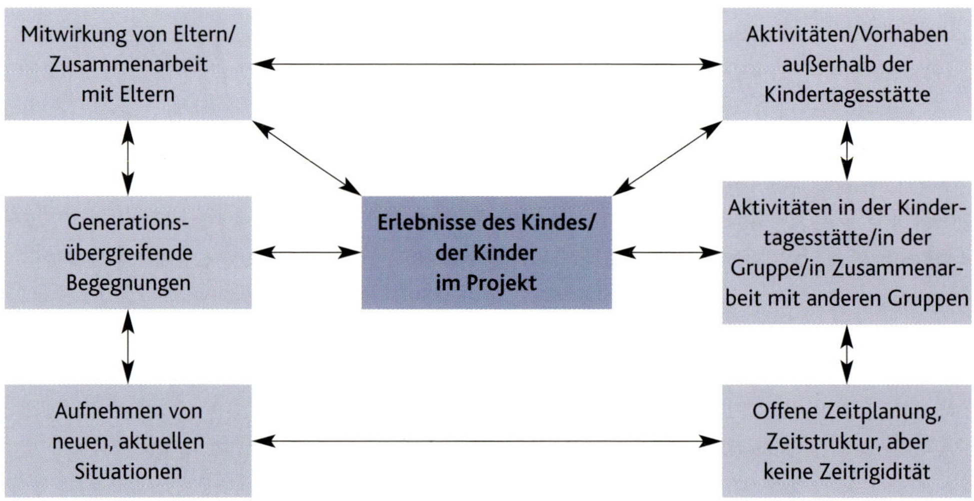

Erfahrungen haben gezeigt, dass Projekte, von denen sich Kinder in hohem Maße angesprochen fühlen –, weil sie direkt mit ihnen zu tun hatten –, häufig eine Eigendynamik entwickeln und viele neue Aspekte von Kindern selbst hineingebracht werden. Situationsorientierte Projekte werden dann zu wirklichen Kinderprojekten, in denen immer neue Kompetenzen entdeckt und aufgebaut werden.

Die Durchführung eines Projekts hängt – wie im vorigen Absatz deutlich gemacht – von der Lebensplanorientierung ab, sodass die Durchführung selbst nur das Ergebnis als Folge der Vorbereitungen darstellt. Gerade bei der direkten Einbeziehung von Außensituationen und Außenkontakten sollten sich die Erzieher/-innen und Kinder mit allen Beteiligten vorher genau absprechen.

Dabei spielt es keine Rolle, ob es die Teestube, die Einrichtung für alte oder behinderte Menschen, der Markt oder das Einkaufsgeschäft, der Müllplatz oder die Recyclinganlage, das Krankenhaus oder die Arztpraxis, die Buchhandlung oder der Secondhandladen, die Kirche, Pfarrei oder die Begegnungsstätte, der Bauernhof oder die Polizei, der Friedhof oder die Markthalle, die Arbeitsstätte der Eltern oder das Autohaus, das Bürgermeisteramt oder der Bauhof, die Straßenmeisterei oder das Wasserwerk, das Theater oder die Bank, das Wohnheim für asylsuchende Menschen oder die Schule, die logopädische Praxis oder die Baustelle, der Busbahnhof oder der Flugplatz, die Druckerei oder die Galerie, das Museum oder der Schuhmachermeister, die Gärtnerei oder die städtische Kompostieranlage ... ist.

Öffnung nach außen schafft neben neuen Erfahrungsräumen auch neue Kontakte, die vielleicht weitere Impulse zur Ausgestaltung der Arbeit und der Begegnung mit sich bringen.

Auswertung des Projekts

Die Auswertung des Projekts ist nicht nur ein „notwendiges Übel" oder ein „überflüssiges Anhängsel" im Anschluss an die Projektdurchführung, sondern ein fester Bestandteil des Gesamtprojekts selbst. Hier werden einerseits die gemeinsam gemachten Erfahrungen reflektiert, andererseits wird der Versuch unternommen, besonders gut gelungene Projektteile daraufhin zu untersuchen, was offenbar den Erfolg der Arbeit ausmachte. Gleichzeitig kommen aber auch bei entstandener Unzufriedenheit über einen bestimmten Projektteil die Umstände zum Vorschein, die wenig oder gar nicht geeignet waren, dass sie so ins Projekt aufgenommen wurden. Dies kann/wird eine besondere Bedeutung für zukünftige Projekte haben.

Folgende Fragen zur Reflexion und Auswertung bieten sich an, um möglichst genau die Höhepunkte und Schwachstellen in Erfahrung zu bringen:

- Waren die ausgewählten Vorhaben und Situationen wirklich geeignet, die aktuellen Lebenspläne der meisten Kinder zu treffen?
- Haben die ausgewählten Vorhaben und Situationen tatsächlich die aktuellen Lebensdaten der Kinder berücksichtigt?
- Welche der ausgewählten Vorhaben und Situationen stießen bei den Kindern auf lebhaftes Interesse und haben sie fasziniert?
- Welche der ausgewählten Vorhaben und Situationen wurden von den Kindern kaum oder gar nicht angenommen? (Welche Gründe und Hintergründe könnten dafür verantwortlich sein?)
- Welches Material bzw. welcher Umgang mit welchem Material hat den Kindern Freude gemacht?
- Welches Material bzw. welcher Umgang mit welchem Material wurde von den Kindern wenig beachtet bzw. abgelehnt?
- Wurden die Vorhaben und Situationen so geplant, dass den Kindern genügend Zeit blieb, diese zu erleben und zu verstehen?

- Hatten die Kinder während der Vorhaben und Situationen die Möglichkeit, genügend eigene Erfahrungen aktiv einzubringen?
- Wurden die formulierten Lernbereiche auch tatsächlich erreicht (auf allen vier Ebenen – motorisch, kognitiv, emotional, sozial)?
- Waren selbstbewusstes, kompetentes und solidarisches Verhalten bei den Vorhaben und Situationen gefragt und konnten die Kinder dieses Verhalten zeigen?
- Wurden die Vorhaben und Situationen tatsächlich vernetzt erlebt?
- Ist auf künstlich hergestellte, idealtypische Situationen und Vorhaben verzichtet worden?
- Gab es Kinder, die durch das Projekt nicht erreicht wurden? (Wie hat sich das geäußert und wie kann das beim nächsten Projekt minimiert werden?)
- Welche Beobachtungen und Kontakte könnten bei der nächsten Auswahl von Themen sowie bei der nächsten Projektplanung noch einmal aufgegriffen und besonders berücksichtigt werden?
- Welche Beobachtungen während der Planung und Durchführung des Projekts sind von so hoher Bedeutung, dass sie mit den Kolleginnen und Kollegen, Eltern, der Leiterin oder dem Leiter unbedingt besprochen werden müssen?
- Welche Vorhaben und Projekte haben mir als Mitarbeiter/-in am meisten/wenigsten Freude gemacht und welche Auswirkungen hatte das auf das eigene Verhalten und die Beziehung zu den Kindern?
- Inwieweit kann durch Gespräche mit Kolleginnen und Kollegen aus anderen Einrichtungen das Ziel verfolgt werden, den Erfahrungsaustausch zum „Situationsorientierten Ansatz" zu fördern und die Idee des Ansatzes weiterzuverbreiten?
- ...

Diese und ähnliche Fragen lassen noch einmal das ganze Projekt mit all seiner Arbeit lebendig werden und gestatten ein „Nachbesinnen, Verabschieden vom Projekt und einen Perspektivenwandel" im Hinblick auf neue Aufgaben. Natürlich ist es auch hier am besten, wenn die Auswertung mit Eltern und Kindern, wenn möglich sogar mit den Ansprechpartnerinnen und -partnern von draußen geschieht.

Da können auf einem gemeinsamen Projektabschlussfest die Eltern und Kinder, Kolleginnen und Kollegen sowie von außen beteiligte Personen eingeladen werden, um gemeinsam zu feiern.

Da kann während eines Elternabends/einer Elternversammlung noch einmal der gedrehte Film angeschaut und besprochen werden.

Da können mit Kindern die gemachten Fotografien geordnet und aufgeklebt werden, um eine Bilderfolge zum Projekt zu erstellen.

Da können die während des Projekts besuchten alten Menschen noch einmal besucht werden, um mit ihnen einen Spaziergang im Park mit anschließendem Picknick zu machen.

Da können die Firmen eingeladen werden, um zu bestaunen, was aus ihren gespendeten Materialien geworden ist.

Der Fantasie der Kinder und Mitarbeiter/-innen sollten dabei keine Grenzen gesetzt werden, sind es doch wieder neue Situationen und Vorhaben, in denen Kinder ihre Handlungskompetenzen neu erleben und ausprobieren können.

Und genau damit ist die Kindertagesstätte zu einem Ort in der sozialpädagogischen Praxis geworden, weil sie sich geöffnet hat und die Öffnung nach außen beibehält.

9. Der besondere Stellenwert von Kinderkonferenzen

Im „Situationsorientierten Ansatz" werden Kinder nicht nur im alltäglichen Geschehen aktiv einbezogen, in ihren Bedürfnissen ernst genommen und verstanden oder bei der Planung und Durchführung von Projekten von Anfang an beteiligt, sondern auch in besonderen „Gesprächsrunden" beachtet.

Solche Gesprächsrunden – sogenannte Kinderkonferenzen – geben den Kindern und Erwachsenen die Möglichkeit, unterschiedlichen Bedürfnissen und Erfordernissen, die sich aus dem Miteinander ergeben, nachzukommen.

Kinder erhalten dabei die Chance,

- von vergangenen Erlebnissen, Erfahrungen und Geschehnissen zu berichten;
- aktuelle Vorkommnisse, Wünsche oder Erlebnisse zu erzählen;
- Hoffnungen und Erwartungen für die nähere Zukunft auszusprechen.

Erzieher/-innen können die Kinderkonferenz dafür nutzen,

- eigene Beobachtungen mitzuteilen;
- persönliche Befindlichkeiten – ausgelöst durch Beobachtungen – auszudrücken oder
- Bestandsaufnahmen zurückliegender Ereignisse vorzunehmen.

Kinder und Erwachsene finden dabei in Kinderkonferenzen aber auch den Platz,

- gemeinsam abgesprochene Regeln zu überprüfen;
- einmal aufgestellte Regeln zu verändern und
- neue Absprachen zu treffen.

So kann eine Kinderkonferenz gleichsam als ein „Kinderforum" angesehen und verstanden werden, bei dem alle Beteiligten ihre Möglichkeiten nutzen können, von allen gehört und verstanden zu werden.

Kinderkonferenzen haben für Kinder und Erwachsene dann einen besonderen Wert, wenn sie regelmäßig durchgeführt werden. In der Praxis hat sich gezeigt, dass einmal pro Woche ein solches Plenum stattfinden sollte. Manche Kindertagesstätten rufen die Kinderkonferenz zu Anfang der Woche, manche in der Mitte und andere wiederum am Ende einer Woche ein. Für eine Kinderkonferenz am Ende der Woche sprechen vor allem folgende Argumente:

- Während der Woche haben sich immer bestimmte Grundsatzfragen (zu Regeln, Absprachen, Vorhaben, Kommunikationsabläufen) ergeben, die vor einem Wochenende von Kindern noch besser nachvollziehbar sind, als wenn ein Wochenende dazwischenliegt, bei dem viele Kinder durch die besonderen Wochenenderfahrungen mit anderen Gefühlen und Gedanken am Montag ihren Kindertagesstättenbesuch wiederaufnehmen;
- Kinderkonferenzen am Wochenende geben Kindern eine besondere Möglichkeit, sich noch einmal gedanklich/sprachlich/emotional zu entlasten und „innerlich aufgeräumt" ins Wochenende zu gehen;

- Kinderkonferenzen zum Ende der Woche schaffen für Kinder eine Basis, neue Absprachen mit Zeit und Ruhe ins Wochenende zu nehmen und sich emotional/gedanklich auf das Neue langsam einzustellen.

Kinderkonferenzen können dreißig oder fünfundvierzig Minuten dauern – eine längere Zeitspanne kann und sollte Kindern nicht zugemutet werden, zumal das Sitzen (auf dem Boden/in der Sitzmulde/im Garten ...) für Kinder (und Erwachsene) recht anstrengend sein kann.

Jede Kinderkonferenz hat eine Tagesordnung, die sich aus den Punkten ergibt, die die Kinder und die Erzieherin oder der Erzieher im Laufe der Woche unbedingt ansprechen wollte(n), weil sie die ganze Gruppe betreffen. Dabei konnten die Tagesordnungspunkte von den Kindern gemalt und an einem entsprechenden Brett aufgehängt werden, oder die Erzieherin/der Erzieher hat diese auf ein „Konferenzblatt" aufgeschrieben. Bei den Konferenzen selbst erhält jedes Kind, das einen Ordnungspunkt ansprechen wollte, die Möglichkeit, dies zu tun, wobei die Rolle der Erzieherin/des Erziehers der einer „Moderatorin"/eines „Moderators" gleichkommt. Wie in einem Parlament gibt es Rede und Gegenrede, Abwägungen, neue Gedankenimpulse und offene Überlegungen mit dem Ziel, zu einer Abstimmung zu kommen. Anschließend wird die gültige Absprache auf ein Blatt mit „Konferenzbeschlüssen" aufgeschrieben/aufgemalt und im Gruppenraum aufgehängt. Es kann in der Praxis immer wieder beobachtet werden, dass Regeln, die mit Kindern gefunden und abgesprochen wurden, eine weitaus größere Bedeutung für Kinder besitzen als irgendwelche Regeln, „die von oben nach unten" vorgegeben/diktiert wurden. Selbst Kinder machen sich auf Regelüberschreitungen/Nichtbeachtungen gegenseitig (!) aufmerksam.

In manchen Kindertagesstätten wurde mit Kindern ein kleines Sprachpodest gebaut, auf dem sich die Rednerin/der Redner jeweils aufhält – mit der Absprache, dass für die anderen Anwesenden ein „Gebot zum Zuhören" besteht nach dem Motto, nur „der-/diejenige hat ein Rederecht, der/die auf dem Rednerpodest steht".

Ebenso können Redezeiten begrenzt werden – etwa durch selbst gebaute Sanduhren, die unterschiedliche Sprechlängen (entsprechend dem Durchrieseln des Sandes) zulassen.

Kinderkonferenzen sind – ebenso wie der gesamte „Situationsorientierte Ansatz" – ein Abbild einer lebendigen Demokratie, in der es Entfaltungsmöglichkeiten und Regeln, Mitsprache und Mitbestimmung, Beteiligungen und Mitbestimmung gibt.

Dabei sollte darauf geachtet werden, dass in Kinderkonferenzen vonseiten der Erzieherin/des Erziehers nicht „vorgefilterte" Tagesordnungspunkte eingegeben werden, die nur eine „Randbedeutung" haben. Kinderkonferenzen sind keine „Spielwiesen einer Pseudo-Demokratie", sondern ein Abbild eines wertschätzenden, offenen und ehrlichen demokratischen Umgangs miteinander. Dabei kann es passieren, dass auch Erzieher/-innen mit ihren Bedürfnissen überstimmt werden. Das ist ein normaler Vorgang, in dem sich zeigt, wie Erwachsene Kinder tatsächlich mit ihren Meinungen akzeptieren.

Können bestimmte Tagesordnungspunkte nicht geklärt werden, weil es zu keiner Mehrheit kommt, so wird dieser Punkt auf die nächste Kinderkonferenz verschoben oder in einer weiteren Zeitausdehnung beratschlagt.

Für viele Kinder sind solche Kinderkonferenzen etwas Ungewohntes und Neues, sodass sie immer eine gewisse Anlaufzeit benötigen, sich fest in einer situationsorientiert arbeitenden Kindertagesstätte zu etablieren. Da jede Gruppe ihre besonderen Fragen hat, werden Kinderkonferenzen auch gruppenintern durchgeführt. Wünschen Kinder ein Gesamtplenum, so können selbstverständlich gruppenübergreifende Plena einberufen werden.

10. Arbeitsblätter zur Vorbereitung, Durchführung und Auswertung eines Projekts

10.1 Arbeitsblatt zur Sammlung des kindspezifischen Ausdrucksverhaltens	
Name des Kindes:	
Datum:	Bedeutsame Beobachtung/bedeutsames Ereignis im Ausdrucksverhalten des Kindes:

10.2 Arbeitsblatt zur Erfassung des Ausdrucksverhaltens, des Ausdrucks- und Bedeutungswertes

Name des Kindes: ....

(ungeordnete Situationsbeobachtungen)

Situation	Ausdrucks-verhalten	Ausdruckswert	Bedeutungswert

10.3 Beobachtungs- und Auswertungsblatt

Name des Kindes: ....

	Beispiele	Bedeutungswerte
Malen/Zeichnen	1.	
	2.	
	3.	
Spiel(en)	1.	
	2.	
	3.	
Sprache/Sprechen	1.	
	2.	
	3.	
Motorik	1.	
	2.	
	3.	
Verhalten	1.	
	2.	
	3.	
Tag-/Nachtträume	1.	
	2.	
	3.	
Lebensplan		

10.4 Brainstormingliste – Sammlung von Beispielen
Mögliches Projektthema: ....
Beispiele, die den Kindern und mir zum Projektthema einfallen:

10.5 Arbeitsblatt „Planung eines Projekts" – Zuordnung der Beispiele

Projektthema: ....

I. Situationen/ Vorhaben außerhalb der Kita	II. Situationen/ Vorhaben in der Kita	III. Aktivitäten in der Gruppe (Spiele, Werkarbeiten, Theater, Lieder, Märchen ...)	IV. Elternarbeit (Hinweise aus Kinderberichten/ eigenen Beobachtungen)
a)	a)	a)	a)
b)	b)	b)	b)
c)	c)	c)	c)
d)	d)	d)	d)
e)	e)	e)	e)
f)	f)	f)	f)
g)	g)	g)	g)
h)	h)	h)	h)
i)	i)	i)	i)
j)	j)	j)	j)

10.6 Arbeitsblatt „Planung eines Projekts" – Strukturplanung			
Projektthema:			
Vorläufige Planung des zeitlichen Vorgehens			
I. Situationen/ Vorhaben außerhalb der Kita: wo? was?	II. Situationen/ Vorhaben auf dem Kita-Gelände	III. Aktivitäten in der Gruppe (Spiele, Werkarbeiten, Theater, Lieder, Märchen ...)	IV. Elternarbeit (Gespräche/ Themen/ Elternabend/ Beratung)
1.	1.	1.	1.
2.	2.	2.	2.
3.	3.	3.	3.
4.	4.	4.	4.
5.	5.	5.	5.
6.	6.	6.	6.
7.	7.	7.	7.
8.	8.	8.	8.
9.	9.	9.	9.

10.7 Arbeitsblatt „Planung eines Projekts" – Vorbereitung, Zeitplanung

Projektthema: ....

Notwendige Vorbereitungen zum Schwerpunkt: ....

....

I. Situation/Vorhaben	II. *Wer* muss dafür *was* bis *wann machen?*	III. Für das Vorhaben einzuplanende Zeit (= Tage)
1.		
2.		
3.		
4.		
5.		
6.		
7.		
8.		
9.		

10.8 Arbeitsblatt „Auswertung des Projekts"

Projektthema: ....

Lernbereiche in der Situation/dem Vorhaben: ....

spezifische Einzel-situation:	Was konnten die Kinder lernen im emotionalen Bereich?	sozialen Bereich?	motorischen Bereich?	kognitiven Bereich?
1.	a)	a)	a)	a)
	b)	b)	b)	b)
	c)	c)	c)	c)
	d)	d)	d)	d)
2.	a)	a)	a)	a)
	b)	b)	b)	b)
	c)	c)	c)	c)
	d)	d)	d)	d)
3.	a)	a)	a)	a)
	b)	b)	b)	b)
	c)	c)	c)	c)
	d)	d)	d)	d)
4.	a)	a)	a)	a)
	b)	b)	b)	b)
	c)	c)	c)	c)
	d)	d)	d)	d)
...	...	...	...	...

Teil V

Schwerpunktorientierte Literaturhinweise

1. Auftrag der Kindertagesstätte

Fried, L./Roux, S. (Hrsg.) (2006): Pädagogik der frühen Kindheit. Handbuch und Nachschlagewerk. Weinheim/Basel: Beltz

Fees, K. (2000): Werte und Bildung. Wertorientierung im Pluralismus als Problem für Erziehung und Unterricht. Opladen: Verlag Leske + Budrich

Gauger, J.-D. (Hrsg.) (1991): Bildung und Erziehung. Grundlage humaner Zukunftsgestaltung. Bonn/Berlin: Bouvier Verlag

Hammes-Di Bernado, E./Hebenstreit-Müller, S. (Hrsg.) (2005): Innovationsprojekt Frühpädagogik. Professionalität im Verbund von Praxis, Forschung, Aus- und Weiterbildung. Baltmannsweiler: Schneider Verlag Hohengehren

Laewen, H.-J./Andres, B. (Hrsg.) (2002): Bildung und Erziehung in früher Kindheit. Bausteine zum Bildungsauftrag von Kindertageseinrichtungen. Weinheim/Berlin/Basel: Beltz

Matzen, J. (Hrsg.) (2003): Bildung beginnt mit der Geburt. Weinheim: Beltz

Schellhorn, W. (Hrsg.) (2000): SGB VIII/KJHG – Sozialgesetzbuch Achtes Buch Kinder und Jugendliche. Neuwied/Kriftel: Luchterhand Verlag

Wehrmann, I. (Hrsg.) (2004): Kindergärten und ihre Zukunft. Weinheim: Beltz

2. Zur Bedeutung der Erzieher/-innen für den Entwicklungsprozess bei Kindern

Berry, C. R. (1990): Die Erlöser-Falle. Lust und Frust der Helfer-Typen. München: Kösel-Verlag

Bundesverband Evangelischer Erzieherinnen und Sozialpädagoginnen e. V. (Hrsg.) (1994): Berufsbild Erzieherin. Kassel

de Roeck, Bruno-Paul (1982): Gras unter meinen Füßen. Gestaltungstherapie für jedermann. Gelnhausen: Burckhardthaus

Fengler, J. (1998): Helfen macht müde. Zur Analyse und Bewältigung von Burnout und beruflicher Deformation (5. Aufl.). Stuttgart: Klett-Cotta

Gerlach, S. (2003): Nachdenklichkeit lernen. München: kopaed

Hartmann, M. et al. (2005): Kompetent und erfolgreich im Beruf. Wichtige Schlüsselqualifikationen, die jeder braucht. Weinheim: Beltz

Krenz, A. (2005): Elementarpädagogik und Professionalität. Lebens- und Konfliktraum Kindergarten. Offenbach: Gabal

Krenz, A. (2005): Erhebung zur Berufs(un)zufriedenheit bei Erzieherinnen in der Kindergarten- und Hortarbeit. Kiel: unveröffentlichte Studie

Netz, T. (1997): Erzieherinnen auf dem Weg zur Professionalität. Frankfurt: Peter Lang

Langemmayr, M. (2004): Erzieherinnen bilden – Zum Berufsbild der Erzieherin im Kontext des bayerischen Bildungs- und Erziehungsplans. In: KiTa aktuell, Bayern Nr. 6, S. 131 ff.

Missildine, W. H. (1999): In dir lebt das Kind, das du warst (13. Aufl.). Stuttgart: Klett-Cotta

Nuber, U. (1993): Die Egoismus-Falle. Warum Selbstverwirklichung so oft einsam macht. Stuttgart: Kreuz

Saint-Exupéry, A. de (1993): Man sieht nur mit dem Herzen gut. Freiburg: Verlag Herder

Schmidbauer, W. (1992): Helfen als Beruf. Die Ware Nächstenliebe. Reinbek: Rowohlt

Schmidbauer, W. (1997): Wenn Helfer Fehler machen. Liebe, Missbrauch, Narzissmus. Reinbek: Rowohlt

Schmidbauer, W. (2000): Hilflose Helfer. Über die seelische Problematik der helfenden Berufe. Reinbek: Rowohlt

Schoenaker, Th./Seitzer, J./Wichtmann, G. (1995): So macht mir mein Beruf wieder Spaß. Ein Selbsthilfebuch für Erzieherinnen. München: Kösel-Verlag

Seitz, R. (1998): Erzieherin zwischen Lust und Frust. München: Don Bosco

Stavemann, H. H. (2001): Im Gefühlsdschungel. Weinheim: Psychologie Verlags Union

Weiss, A. (1982): Ketzerische Gedanken zum weiblichsten aller Berufe. In: TPS – Theorie und Praxis der Sozialpädagogik, Heft 1, S. 17–21

3. Zur Bedeutung der Erzieher(innen)persönlichkeit in einer kindorientierten Pädagogik

Ainsworth, M. D. S. (1979): Attachment as related to mother-infant interaction. In: Rosenblatt, J. et al. (Hrsg.). Advances in the study of behaviour, Bd. 9, San Diego, CA: Academic Press, S. 1–51

Ainsworth, M. D. S. (2003): Feinfühligkeit vs. Unfeinfühligkeit gegenüber den Mitteilungen von Babys. In: Grossmann, K. E./Grossmann, K. (Hrsg.): Bindung und menschliche Entwicklung ... Stuttgart: Klett-Cotta, S. 414–421

Asendorpf, J. B. (2000): Psychologie der Persönlichkeit (2. Aufl.). Berlin: Springer

Babcock, D. E./Keepers, T. D. (1980): Miteinander wachsen: Transaktionsanalyse für Eltern und Erzieher. München: Kaiser

Baum, H. (1998): Das Kind in mir. Was mich und meinen Erziehungsstil prägt. Freiburg: Verlag Herder

Baumann-Bay, L. u. A. (2003): Mach deinen Beruf zur Berufung. Eine Anleitung zur Selbst- und Sinnfindung. Stuttgart: Kreuz

Corsini, R. J. (Hrsg.) (1987): Handbuch der Psychotherapie, Band 2. Weinheim: Psychologie Verlags Union

Berry, C. R. (1993): Die Erlöser-Falle. Lust und Frust der Helfer-Typen. München: Econ

Bowlby, J. (2001): Frühe Bindung und kindliche Entwicklung. (4. Aufl.) München: Ernst Reinhardt Verlag

Callahan, C. (2005): Spielraum. In: managerSeminare, Heft 83, Februar 2005, S. 31–36

Cattel, R. B. (1973): Personality Pinned down. In: Psychology Today, 7, S. 40–46

Cattel, R. B. (1978): Die empirische Erforschung der Persönlichkeit (2. Aufl.). Weinheim: Beltz

Damasio, A. R. (1997): Decartes' Irrtum. Fühlen, Denken und das menschliche Gehirn. (3. Aufl.) München: List

Damasio, A. R. (2001): Ich fühle, also bin ich. Die Entschlüsselung des Bewusstseins. (3. Aufl.) München: List

Damasio, A. R. (2003): Der Spinoza-Effekt. Wie Gefühle unser Leben bestimmen. München: List

De Roeck, B.-P. (1984): Jeder ist seines Unglücks Schmied. Gelnhausen: Burckhardthaus-Laetare

Ernst, H. (2006): Wie bin ich? Selbsterkenntnis – die schwierigste aller Künste. In: Psychologie Heute, April 2006, S. 20–29

Fees, K. (2000): Werte und Bildung. Werteorientierung im Pluralismus als Problem für Erziehung und Unterricht. Opladen: Leske + Budrich

Geue, B. (1992): Wie ich mir das Leben zur Hölle mache und andere erfolgreiche Strategien, sich selbst zu schaden. Zürich: Kreuz

Graf. J. (2006): Liebevoll erziehen. Erst Wurzeln, dann Flügel. In: Psychologie heute, Februar 2006, S. 46–51

Grossmann, K./Grossmann, K.E. (2004): Bindungen – das Gefüge psychischer Sicherheit. Stuttgart: Klett-Cotta

Großmann, U. (1998): Kleiner Ratgeber für Erzieherinnen – Hilfe für die Vielfalt des Berufsalltags. Neuwied/Kriftel/Berlin: Luchterhand

Gruntz-Stoll, J. (1994): Probleme mit Problemen. Dortmund: borgmann publishing

Gruschka, A. (1998): Kinder stärken, Dinge klären. Die Erziehung der Erzieher. In: Welt des Kindes, Heft 4/98, S. 6–12

Hobmair, H. (Hrsg.) (2005): Pädagogik/Psychologie, Band 2. Troisdorf: Bildungsverlag EINS

Holmes, J. (2002): John Bowlby und die Bindungstheorie. München: Ernst Reinhardt Verlag

Howes, C. (1998): Continuity of care: The importance of infant, toddler, caregiver relationships. In: Zero to Three, 18, Nr. 6, S. 7–11

Huhn, G./Backerra, H. (2005): Zur Selbstmotivation führen. In: QZ-Qualität und Zuverlässigkeit. Jahrgang 50, Heft 4/2005, S. 170–171

Kellers, R. (2006): Was wir über uns wissen, wissen wir durch Vergleiche. In Psychologie heute, Heft 4/2006, S. 27–29

Kellner, H. (2004): Jetzt mach ich mein eigenes Ding! Raus mit dem Frust, rein in den Traumberuf. Krummwisch: Königsfurt

Keupp, H. (1997): Diskursarena Identität: Lernprozesse in der Identitätsforschung. In: Keupp, H./Höfer, R.: Identitätsarbeit heute. Frankfurt a. M.: Suhrkamp Verlag

Krenz, A. (1999): Kompetenz und Karriere. Für ein neues Selbstverständnis der Erzieherin (3. Aufl.). Freiburg: Verlag Herder

Krenz, A. (2001): Qualitätssicherung in Kindertagesstätten. (Kapitel D: Professionelles Selbstverständnis als Fachkraft; Kapitel J: Fort- und Weiterbildung). München: Ernst Reinhardt Verlag

Langfeld, H. P. (Hrsg.) (1996): Psychologie, Grundlagen und Perspektiven. (2. Aufl.) Neuwied: Luchterhand

LeDoux, J. E. (2001): Das Netz der Gefühle. Wie Emotionen entstehen. München: dtv

LeDoux, J. E. (2003): Das Netz der Persönlichkeit. Wie unser Selbst entsteht. Zürich/Düsseldorf: Walter

Leman, K./Carlson, R. (1994): Kindheitserinnerungen. Der Schlüssel zur Persönlichkeit. München: mvg

Missildine, W.H. (1990): In dir lebt das Kind, das du warst. (9. Aufl.) Stuttgart: Klett-Cotta

Morgenroth, H. (1995): Den roten Faden finden. München: Kösel-Verlag

Netz, T. (1998): ErzieherInnen auf dem Weg zur Professionalisierung. Studien zur Genese der beruflichen Identität. Frankfurt: Peter Lang

Ochmann, F. (2003): Die Macht der Gefühle. In: Stern, Nr. 35, S. 96–107

Rau, J. (2004): Den ganzen Menschen bilden – wider den Nützlichkeitszwang. Weinheim: Beltz

Roth, G. (2001): Fühlen, Denken, Handeln. Wie das Gehirn unser Verhalten steuert. Frankfurt a. M.: Suhrkamp Verlag

Schmid, H. (2003): Philosophie der Lebenskunst – eine Grundlegung. (9. Aufl.) Frankfurt a. M.: Suhrkamp Verlag

Schmid, W. (2003): „Ich hab mich selbst so lieb ... " – Über die Lebenskunst der Kinder. In: Psychologie heute, Heft 10/2003, S. 40–45

Schmid, W. (2002): Schönes Leben? Einführung in die Lebenskunst. (5. Aufl.) Frankfurt a. M.: Suhrkamp Verlag

Suess, G. J./Pfeifer, K.-W. (Hrsg.) (2000): Frühe Hilfen. Die Anwendung von Bindungs- und Kleinkinderforschung in Erziehung, Beratung und Therapie. (2. Aufl.) Gießen: Psychosozial

Suess, G. J./Burat-Hiemer, E. (2009): Grundbedürfnisse von Kindern im Krippen- und Kindergartenalter. Stuttgart: Klett-Cotta

Suess, G. J. (2006): Neue Erkenntnisse aus der Bindungsforschung. In: Manuskripte im Rahmen der didacta in Hannover, S. 1–2, www.kiga-seminare.de

Schwarz, A. A./Schweppe, R. P. (2004): Der Träumer, der Weise, das innere Kind. München: Kösel-Verlag

Terhart, E. (1992): Lehrerberuf und Professionalität. In: Dewe, B. et al. (Hrsg.): Erziehen als Profession: zur Logik professionellen Handelns in pädagogischen Feldern. Opladen: Leske + Budrich

Thiersch, R. (Hrsg.) (1999): Die Ausbildung der Erzieherinnen – Entwicklungstendenzen und Reformansätze. Weinheim: Juventa

Tschöpe-Scheffler, S. (1998): Lebenskompetenzen unterstützen. In: Praxis Spiel & Gruppe, Heft 2/1998, S. 86–89

Tugendhat, E. (1979): Selbstbewusstsein und Selbstbestimmung. Sprachanalytische Interpretationen. Frankfurt a. M.: Suhrkamp Verlag

Watzlawick, P. (1983): Anleitung zum Ungücklichsein. (6 Aufl.) München/Zürich: Piper

4. Pädagogische Ansätze in Kindertagesstätten

Allgemein

Büttner, Chr./Dittmann, M. (Hrsg.) (1999): Kindergartenprofile. Praxisberichte für die Ausbildung. Weinheim/Basel: Beltz

Deutscher Bildungsrat: Empfehlungen für die Arbeit in Tageseinrichtungen für Kinder, 1973, S. 102, zitiert aus: Blank-Mathieu, M. (1999): Der eigenständige Bildungsauftrag. In: Kinderzeit, Februar 1999, S. 7

Fthenakis, W. E./Textor, M. R. (Hrsg.) (2000): Pädagogische Ansätze im Kindergarten. Weinheim/Basel: Beltz

Knauf, T./Düx, G./Schlüter, D. (2007): Handbuch pädagogische Ansätze. Praxisorientierte Konzeptions- und Qualitätsentwicklung in Kindertageseinrichtungen. Mannheim: Cornelsen Verlag Scriptor

Der „Situationsansatz"

Colberg-Schrader, H./Krug, M./Pelzer, S. (1991): Soziales Lernen im Kindergarten. Ein Praxisbuch des DJI. München: Kösel-Verlag

Dittmann, M. (Hrsg.) (2000): Werkstatt Situationsansatz in der Kindergartenpraxis. Ein Arbeitsbuch. Weinheim: Beltz

Laewen, H.-J./Neumann, K./Zimmer, J. (Hrsg.) (1997): Der Situationsansatz – Vergangenheit und Zukunft. Seelze-Velber: Kallmeyer'sche Verlagsbuchhandlung

Naumann, S. (1998): Hier spielt sich das Leben ab. Wie Kinder im Spiel die Welt begreifen. Praxisreihe Situationsansatz. Ravensburg: Ravensburger Verlag

Zimmer, J./Preissing, C./Thiel, T./Heck, A./Krappmann, L. (1997): Kindergärten auf dem Prüfstand. Dem Situationsansatz auf der Spur. Seelze-Velber: Kallmayer'sche Verlagsbuchhandlung

Zimmer, J. (1998): Das kleine Handbuch zum Situationsansatz. Praxisreihe Situationsansatz. Ravensburg: Ravensburger Verlag

Der „Situationsorientierte Ansatz in der sozialpädagogischen Praxis"

Krenz, A. (2004): Der Situationsorientierte Ansatz auf einen Blick. Freiburg: Verlag Herder

Krenz, A. (2004): Der Situationsorientierte Ansatz im Kindergarten. (17. Aufl.) Freiburg: Verlag Herder

Simon, H./Hungs, F.-J./Singer, U. (1998): Unser Kindergarten ist keine Insel. Situations- und Werteorientierung im Netzwerk Kindergarten. München: Don Bosco Verlag

Stoll, S. (1997): Der Situationsansatz im Kindergarten. Möglichkeiten seiner Verwirklichung. Neuwied/Kriftel: Luchterhand Verlag

Der „Waldkindergarten" als pädagogischer Ansatz

Miklitz, I. (2007): Der Waldkindergarten. Dimensionen eines pädagogischen Ansatzes. (3. aktualisierte und erweiterte Aufl.) Berlin/Mannheim: Cornelsen Verlag Scriptor

Schede, H. G. (2000): Der Waldkindergarten auf einen Blick. Freiburg: Verlag Herder

„Waldorf-Pädagogik"

Internationale Vereinigung der Waldorfkindergärten (Hrsg.) (o. J.): Reihe: Arbeitsmaterialien aus den Waldorfkindergärten. Stuttgart: Verlag Freies Geistesleben

Jaffke, F. (1991): Spielen und Arbeiten im Waldorfkindergarten. Stuttgart: Verlag Freies Geistesleben

Jaffke, F. (1996): Waldorf-Pädagogik, in: kindergarten heute Spezial, Freiburg: Verlag Herder

Kirsch, J. (1997): Die Waldorfpädagogik, Stuttgart: Verlag Freies Geistesleben

Leber, S. (1995): Die Menschenkunde der Waldorfpädagogik. Stuttgart: Verlag Freies Geistesleben

Saßmannshausen, W. (2003): Waldorf-Pädagogik im Kindergarten. Freiburg: Verlag Herder

Schad, W. (1997): Erziehung ist Kunst. Pädagogik aus Anthroposophie. Stuttgart: Verlag freies Geistesleben

Seitz, M./Hallwachs, U. (1996): Montessori oder Waldorf? München: Kösel-Verlag

Der „lebensbezogene Ansatz"

Huppert, N. (2002): Erleben und Bilden im Kindergarten. Der lebensbezogene Ansatz im Kindergarten als Modell für die Planung der Arbeit. (2. Aufl.) Freiburg: Verlag Herder

„Kindzentrierte Kindergartenarbeit"

Hebenstreit, S. (1994): Kindzentrierte Kindergartenarbeit, Grundlagen und Perspektiven in Konzeption und Planung. Freiburg: Verlag Herder

„Montessori-Pädagogik"

Böhm, W. (Hrsg.) (1990): Maria Montessori – Texte und Gegenwartsdiskussion. Bad Heilbrunn: Klinkhardt Verlag

Hebenstreit, S. (1999): Maria Montessori – Eine Einführung in ihr Leben und Werk. Freiburg: Verlag Herder

Holtstiege, H. (1997): Freigabe zum Freiwerden. Interpretationen zur Montessori-Pädagogik. Freiburg: Verlag Herder

Holtstiege, H. (1994): Montessori-Pädagogik und soziale Humanität. Perspektiven für das 21. Jahrhundert. Freiburg: Verlag Herder

Holtstiege, H. (1999): Das Menschenbild bei Maria Montessori. Grundzüge ihrer Anthropologie im Kontext der aktuellen Diskussion. Freiburg: Verlag Herder

Ludwig, H. (Hrsg.) (1999): Montessori-Pädagogik in der Diskussion. Aktuelle Forschungen und internationale Entwicklungen. Freiburg: Verlag Herder

Ludwig, H. (Hrsg.) (1997): Erziehen mit Maria Montessori. Ein reformpädagogisches Konzept in der Praxis. Freiburg: Verlag Herder

Montessori, M. (1993): Grundgedanken der Montessori-Pädagogik. Freiburg: Verlag Herder

Steenberg, U. (2006): Montessori-Pädagogik im Kindergarten. (2. Aufl.) Freiburg: Verlag Herder

„Pestalozzi-Pädagogik"

Hebenstreit, S. (1996): Johann Heinrich Pestalozzi. Leben und Schriften. Freiburg: Verlag Herder

„Fröbel-Pädagogik"

Schmutzler, H.-J. (1991): Fröbel und Montessori. Zwei geniale Erzieher. Was sie unterscheidet, was sie verbindet. Freiburg: Verlag Herder

„Freinet-Pädagogik"

Dietrich, I. (Hrsg.) (1995): Handbuch der Freinet-Pädagogik. Eine praxisbezogene Einführung. Weinheim/Basel: Beltz

Hellmich A./Teigeler, P. (Hrsg.) (1995): Montessori-, Freinet-, Walldorf-Pädagogik Konzeption und aktuelle Praxis. (3. Aufl.) Weinheim/Basel: Beltz

Klein, L. (2002): Freinet-Pädagogik im Kindergarten. Freiburg: Verlag Herder

Klein, L./Vogt, H. (1998): Freinet-Pädagogik in Kindertageseinrichtungen. Entdeckendes Lernen und vom „Hunger nach Leben". Freiburg: Verlag Herder

„Reggio-Pädagogik"

Brockschnieder, F. J./Ullrich, W. (2001): Reggio-Pädagogik im Kindergarten. Freiburg: Verlag Herder

Dreier, A. (2006): Was tut der Wind, wenn er nicht weht? Begegnungen mit der Kleinkindpädagogik in Reggio Emilia. (5. Aufl.) Weinheim: Beltz

Krieg, E. (Hrsg.) (1993): Hundert Welten entdecken – Die Pädagogik der Kindertagesstätten in Reggio Emilia. Essen: NDS Verlagsgesellschaft

Malaguzzi, L. (1992): Wenn das Auge über die Mauer springt. In: Senatsverwaltung für Jugend und Familie: Hundert Sprachen hat das Kind. Berlin

Reggio Children (Hrsg.) (2002): Hundert Sprachen hat das Kind. Berlin/Mannheim: Cornelsen Verlag Scriptor

Sommer, B. (1999): Kinder mit erhobenem Kopf – Kindergärten und Krippen in Reggio Emilia. Berlin: Luchterhand Verlag

Der „offene Kindergarten"

Becker-Textor, I./Textor, M. R. (1997): Der offene Kindergarten – Vielfalt der Formen. Freiburg: Verlag Herder

Kühne, Th./Regel, G. (1996): Erlebnisorientiertes Lernen im offenen Kindergarten. Hamburg/Rissen: ebv

Regel, G./Wieland, A. J. (Hrsg.) (1993): Offener Kindergarten konkret. Hamburg/Rissen: ebv

Regel, G./Kühne, Th. (2001): Arbeit im offenen Kindergarten. Freiburg: Verlag Herder

Regel, G.,/Wieland, A. J. (2001): Offener Kindergarten konkret. Hamburg/ Rissen: ebv

TPS – Offener Kindergarten (2000): kindzentriert, partizipatorisch, kooperativ. TPS – Theorie und Praxis der Sozialpädagogik, Heft 2/2000, Seelze: Kallmeyer'sche Verlagsbuchhandlung

Die „Korczak-Pädagogik"

Klein, F. (1996): Janusz Korczak. Sein Leben für Kinder – sein Beitrag für die Heilpädagogik. Bad Heilbrunn: Verlag Julius Klinkhardt

Korczak, J. (2000): Das Kind neben dir. Gedanken eines polnischen Pädagogen. Berlin: Volk und Wissen Verlag GmbH

Korczak, J. (1998): Das Recht des Kindes auf Achtung. (6. Aufl.) Göttingen: Vandenhoeck + Ruprecht

Kunz, L. (Hrsg.) (1994): Einführung in die Korczak-Pädagogik. Konzeption, Rezeption und vergleichende Analysen. Weinheim: Beltz

Langhanky, M. (1991): Die Pädagogik von Janusz Korczak. (4. Aufl.) Stuttgart: Verlag Klett-Cotta

„Der Waldkindergarten"

Miklitz, I. (2007): Der Waldkindergarten. Dimensionen eines pädagogischen Ansatzes. (3. Aufl.) Weinheim: Beltz

Schede, H.-G. (2000): Der Waldkindergarten auf einen Blick. Freiburg: Verlag Herder

„Krippenpädagogik"

Baacke, D. (1999): Die 0–5-Jährigen. Einführung in die Probleme der frühen Kindheit. Weinheim: Beltz

Beek, A. v. d. (2006): Bildungsräume für Kinder von null bis drei. Berlin/Kiliansroda: Verlag das Netz

Kammerer, D. (2004): Die ersten drei Lebensjahre. Deutscher Taschenbuch Verlag. München: dtv

Kasten, H. (2005): 0–3 Jahre. Entwicklungspsychologische Grundlagen. Weinheim: Beltz

Kercher, A./Höhn, K. (2005): Kindergarten 2 Plus. Arbeitshilfe für Teams und Träger zur Betreuung, Bildung und Erziehung von zweijährigen Kindern im Kindergarten. Stuttgart: KVJS Baden-Württemberg

Largo, R. (2004): Babyjahre. München/Zürich: Piper Verlag

Reuys, E./Viehoff, H. (2006): Wir erforschen unsere Welt. Ideen und Spiele für die 1–3jährigen. München: Don Bosco Verlag

Vogel, Th. (2003): Familienbegleitung. Anregungen zur Gestaltung von Eltern-Kind-Kursen im ersten Lebensjahr. GfG – Gesellschaft für Geburtsvorbereitung, Düsseldorf: Bundesverband e.V.

Wahlgren, A. (2006): Kleine Kinder brauchen uns. Weinheim/Basel: Beltz

Weber, C. (Hrsg.) (2004): Spielen und Lernen mit 0–3-Jährigen. Der entwicklungszentrierte Ansatz in der Krippe. (2. Aufl.) Mannheim: Cornelsen Verlag Scriptor

5. Konzeptionserstellung und -überarbeitung

Becker-Textor, I. (1994): Stichworte Pädagogische Konzepte – Entscheidungskriterien – gesetzliche Grundlagen. In: KiTa aktuell (Ausgabe Baden-Württemberg), Heft 11/1994

Bergst, A. (1994): Konzeptionserstellung – gemeinsam haben wir es geschafft. In: KiTa aktuell (Ausgabe Niedersachsen, Schleswig-Holstein, Hamburg, Bremen). Heft 12/1994

Beuchert, H. (1996): So arbeiten wir. Methodische Hilfen zur Konzeptionserstellung. In: Wehrfritz Wissenschaftlicher Dienst (WWD), Heft 62/63/1996

Bostelmann, A./Fink, M. (2007): Pädagogische Prozesse im Kindergarten – Planung, Umsetzung, Evaluation. (2. Aufl.) Mannheim: Cornelsen Verlag Scriptor

Caritasverband München – Referat Kindertagesstätten – Team der Fachberater (Hrsg.) (1988): Konzeption für Kindertagesstätten – Jahresthema 1988/89 III. München: Unveröffentlichte Broschüre

Colberg-Schrader, H./Krug, M. (1979): Arbeitsfeld Kindergarten. Planung, Praxisgestaltung, Teamarbeit. München: Kösel-Verlag

Colberg-Schrader, H./Krug, M. (1999): Arbeitsfeld Kindergarten. Pädagogische Wege, Zukunftsentwürfe und berufliche Perspektiven. München/Weinheim: Juventa Verlag

Erath, P./Amberger, C. (2000): Das KiTaManagementKonzept. Kindertagesstätten auf dem Weg zur optimalen Qualität. Freiburg/Basel/Wien: Verlag Herder

Evangelischer Landesverband – Tageseinrichtungen für Kinder – in Württemberg e. V. Stuttgart in Zusammenarbeit mit dem Verein Evangelischer Ausbildungsstätten für Sozialpädagogik e.V. Stuttgart (Hrsg.) (1994): Konzeptionelle Überlegungen für die Arbeit in Tageseinrichtungen für Kinder. Stuttgart: Selbstverlag

Fichtner, H.-L. (1994): Bausteine für eine Konzeption. Zweiter Baustein: Aufbau und Gliederung (2). In: KiTa aktuell (Ausgabe Niedersachsen, Schleswig-Holstein, Hamburg, Bremen), Heft 1/1994

Fichtner, H.-L. (1994): Bausteine für eine Konzeption. Dritter Baustein: Aufbau und Gliederung (3). In: KiTa aktuell (Ausgabe Niedersachsen, Schleswig-Holstein, Hamburg, Bremen), Heft 5/1994

Fichtner, H.-L. (1994): Bausteine für eine Konzeption. Vierter Baustein: Methodisches Arbeiten in der KiTa. In: KiTa aktuell (Ausgabe Niedersachsen, Schleswig-Hostein, Hamburg, Bremen), Heft 9/1994

Füg, R. (1996): Konzeptionen mit Respekt. In: Entdeckungskiste – Fachliteratur für Vorschulpädagogik, Heft 1/1996

Gerstner, M. (1996): Von der „Bewahranstalt" zum „Ort des Miteinanders". Wie Konzepte den Kindergarten verändern. In: Entdeckungskiste – Fachliteratur für Vorschulpädagogik, Heft 1/1996

Gerstner, M. (1996): „Man nehme ..." – Konzept und Planung in der Kindergartenarbeit. In: Entdeckungskiste – Fachliteratur für Vorschulpädagogik, Heft 1/1996

Gilibert, A. A. (1996): „A never ending story" – Konzeptionserarbeitung im Team. Wichtige Stationen auf dem Weg durch eine unendliche Geschichte. In Entdeckungskiste – Fachliteratur für Vorschulpädagogik, Heft 1/1996

Graebig, K. (2005): Wer sind „wir"? Häufig ungeklärt: Die Identität der Organisation. In: QZ – Qualität und Zuverlässigkeit, Heft 3/2005

Graf, P. (1996): Konzeptionsentwicklung. (2. Aufl.) Alling: Sandmann Verlag

Grah, A./Horn, H. A./Zimmer, J./Weiss-Zimmer, E./Trescher, S. (1985): Unterschiedliche Konzeptionen der Kindergartenpädagogik. In: TPS – Theorie und Praxis der Sozialpädagogik, Heft 5/1985

Herrmann, M./Weber, K. (2001): Basiswissen kita – Das eigene Profil finden. Konzeptionsentwicklung. In: Sonderheft kindergarten heute, Freiburg: Verlag Herder

Hollmann, E./Benstetter, S. (2000): In sieben Schritten zur Konzeption. Wie Kindertageseinrichtungen ihr Profil entwickeln. Ein Arbeitsbuch. Seelze-Velber: Kallmeyer'sche Verlagsbuchhandlung

Huppertz, N. (1998): Wir erstellen eine Konzeption. Anleitungen und Beispiele aus der Kindergartenpraxis. (2. Aufl.) München: Don Bosco Verlag

Huppertz, N. (1995): Schwarz auf weiß. Praktische Hilfen zur Erstellung einer Konzeptionsschrift. In: kindergarten heute, Heft 9/1995

Irskens, B./Preissing, Chr. (1987): Damit wir wissen, was wir tun. Methoden zur Erstellung eines pädagogischen Konzepts im Team. Materialien für die sozialpädagogische Praxis (MSP) 15. Frankfurt a. M.: Deutscher Verein für öffentliche und private Fürsorge

Keller, A. (1996): Grenzen – Rahmenarbeit in der Konzeptionserstellung. In: Entdeckungskiste – Fachliteratur für Vorschulpädagogik, Heft 1/1996

Kokigei, M. (1999): An einem Strang ziehen. Konzeption – wozu denn eigentlich? In: TPS – Theorie und Praxis der Sozialpädagogik, Heft 3/1999

Kokigei, M./Teigeler, U. (1991): Wie entsteht eine Konzeption. Handreichung für die Erarbeitung einer Kindertagesstätten-Konzeption. Arbeitsmaterialien. Berlin: Haus am Rupenhorn

Krenz, A. (1993): Erarbeitung einer Einrichtungskonzeption. Eine Entscheidung, die sich immer lohnt. In: kindergarten heute, Heft 3/1993

Krenz, A. (1987): Erarbeitung einer Konzeption für Kindergärten und Tagesstätten – ein

mühevoller Weg, der sich immer lohnt. In: Handbuch für Erzieher/innen in Krippe, Kindergarten, Vorschule und Hort. (14. Nachlieferung) München: Moderne Verlagsgesellschaft mbH

Krenz. A. (1998): Die Konzeption – Grundlage und Visitenkarte einer Kindertagesstätte. (3. Aufl.) Freiburg: Verlag Herder

Krenz, A. (2001): Qualitätssicherung in Kindertagesstätten. Kieler Instrumentarium für Elementarpädagogik und Leitungsqualität, K.I.E.L. München: Ernst Reinhardt Verlag

Krenz, A. (2006): Tagesablaufstrukturen in Kindertagesstätten. Eine empirische Untersuchung zum Strukturaufbau zeitlicher Dimensionen, Institut für angewandte Psychologie und Pädagogik, Kiel: Unveröffentlichte Studie

Menges-Weber, I. (1999): Bilanz ziehen. Was bei einem Konzeptions-Entwicklungsprozess herauskommen kann. In: TPS – Theorie und Praxis der Sozialpädagogik, Heft 3/1999

Meyer, B./Jung, M. (1996): Tipps zur Organisation einer Konzeptionsentwicklung. In: Entdeckungskiste – Fachliteratur für Vorschulpädagogik, Heft 1/1996

Müller-Schöll, A. (1993): Das Konzept „Sozialmanagement" als Grundlage der Befähigung für Organisationsentwicklung. In: Schönig, W./Brunner, E. J. (Hrsg.): Organisationen beraten. Freiburg: Lambertus

Scheile, H. (1996): Den Wandel gestalten. Konzeptionsentwicklung in Kindertagesstätten als Organisations- und Personalentwicklung. In: kindergarten heute, Heft 4/1996

Schlummer, B. (2001): Leitbilder schaffen Orientierung/Mit Konzeptionen Positionen beziehen/Ein Fragenkatalog zur Konzeptionsentwicklung. In: Watermann, R./Hugoth, M. (Hrsg.): Unternehmen Kindergarten & Co. Management und Führungsaufgaben erfolgreich umsetzen. Landsberg/Lech: mvg

Schlummer, B./Schlummer, W. (2003): Erfolgreiche Konzeptionsentwicklung in Kindertagesstätten. München: Ernst Reinhardt Verlag

Schlummer, B./Schlummer, W. (2003): Professionalisierung im Kontext von Konzeptionsentwicklung in Tageseinrichtungen für Kinder. Ergebnisse einer quantitativen und qualitativen Untersuchung. In: Unsere Jugend, Heft 3/2003

Seyer-Sauke, K. (1996): Persönliche Gedanken zur Konzeptionserstellung. In: Entdeckungskiste – Fachliteratur für Vorschulpädagogik, Heft 1/1996

6. Integrierte Schwerpunkte im Alltag einer situationsorientiert arbeitenden Kindertagesstätte

Kunst und Werken

Braun, D. (1998): Handbuch Kunst und Gestalten. Theorie und Praxis für die Arbeit mit Kindergruppen. Freiburg: Verlag Herder

Hietkamp, E. (1998): Kunst erleben – Kunst begreifen. Berlin: Cornelsen Verlag

Kathke, P. (2001): Sinn und Eigensinn des Materials. Projekte, Anregungen, Aktionen. Band 1 und 2. Neuwied/Berlin: Luchterhand Verlag

Ostelmann, A./Mattschull, H. (1999): Bananenblau und Himmelgrün. Geschichten aus dem Kinderatelier. Neuwied/Kriftel/Berlin: Luchterhand Verlag

Seitz, M. (2006): Kinderatelier. Experimentieren, Malen, Zeichnen, Drucken und dreidimensionales Gestalten. Selze-Velber: Kallmeyer Verlag in Verbindung mit Klett

van de Loo, O. (2005): Kinder-Kunst-Werk. Künstlerisches Arbeiten mit Kindern und Jugendlichen. Ein Handbuch. München: Kösel-Verlag

Wierz, J. (2004): Vom Kritzelkratzel zur Farbexplosion. Kindliche Mal- und Gestaltungsfreude verstehen und fördern – mit zahlreichen praktischen Anregungen von 2–10 Jahren. Münster: Ökotopia Verlag

Wierz, J. (2000): Große Kunst in Kinderhand. Farben und Formen großer Meister spielerisch mit allen Sinnen erleben. Münster: Ökotopia Verlag

Außenraumgestaltung und Naturerleben

Grüger, C./Weye, S. (2007): Kinder in Bewegung mit Naturmotorik. Naturprozesse durch Bewegung erleben und verstehen – für Aktionen drinnen und draußen in Kiga, Hort und Grundschule. Münster: Ökotopia Verlag

Kraus, J. R. (2003): Der Abenteuerspielplatz. Planung, Gründung und pädagogische Arbeit. München: Ernst Reinhardt Verlag

Lange, U./Stadelmann, Th. (2001): Spiel-Platz ist überall. Lebendige Erfahrungswelten mit Kindern planen und gestalten. Neuwied/Kriftel/Berlin: Luchterhand Verlag

Lutz, E./Netscher, M. (1996): Handbuch ökologischer Kindergarten. Kindliche Erfahrungsräume neu gestalten. Freiburg: Verlag Herder

Pappler, M./Witt, R. (2001): NaturErlebnisRäume. Neue Wege für Schulhöfe, Kindergärten und Spielplätze. Seelze: Kallmeyer'sche Verlagsbuchhandlung

Seeger, Chr. u. R. (2001): Naturnahe Spiel- und Bewegungsräume. Handbuch für Planung und Gestaltung. Münster: Ökotopia Verlag

Wagner, R. (1994): Naturspielräume gestalten und erleben. Münster: Ökotopia Verlag

Musik

Große-Jäger, H. (1999): Freude an Musik gewinnen. Musikerziehung im Kindergarten. Freiburg: Verlag Herder

Gruhn, W. (2003): Kinder brauchen Musik. Weinheim: Beltz

Hering, W. (1996): Kinderleichte Kanons. Zum Singen, Spielen, Sprechen und Bewegen. Münster: Ökotopia Verlag

Hirler, S. (2005): Rhythmik. Spielen und Lernen im Kindergarten. Weinheim: Beltz

Kreusch-Jacob, D. (2006): Jedes Kind braucht Musik. Ein Praxis- und Ideenbuch zur ganzheitlichen Förderung in Kindergarten und Familie. München: Kösel-Verlag

Kreusch-Jacob, D. (1999): Musik macht klug. Kinder entdecken die Welt der Musik. München: Kösel-Verlag

Widmer, M. (1997): Alles, was klingt. Elementares Musizieren im Kindergarten. Freiburg: Verlag Herder

Märchen

Betz, F. (2001): Märchen als Schlüssel zur Welt. Eine Anleitung zum Erzählen und zum Gespräch mit Kindern. (9. Aufl.) Lahr: Kaufmann Verlag

Europäische Märchengesellschaft (Hrsg.) (2006): Märchen, an denen mein Herz hängt. Krummwisch: Verlag Königsfurt

Hetmann, F. (1999): Märchen und Märchendeutung – erleben und verstehen. Kleinkönigsförde: Verlag Königsfurt

Kaminski, W. (2001): Spiele mit Märchen. Gruppen- und Brettspiele für Kinder. Mainz: Matthias-Grünewald-Verlag

Kast, V. (1998): Vom gelingenden Leben. Märcheninterpretationen. Düsseldorf: Walter Verlag

Münch, W. (2001): Märchenbilder und ihre Geheimnisse. Analytisches Verstehen und Selbstspiegelung im Märchen. Frankfurt: Verlag Brandes & Apsel

Religionspädagogik

Betz, F. (1989): Die Seele atmen lassen. Mit Kindern Religion entdecken. München: Kösel-Verlag

Both, D./Bingel, B. (2000): Was glaubst du denn? Eine spielerische Erlebnisreise für Kinder durch die Welt der Religionen. Münster: Ökotopia Verlag

Cavaletti, S. (1994): Das religiöse Potential des Kindes. Religiöse Erziehung im Rahmen der Montessori-Pädagogik. Wien: Herder Verlag & Co.

Goecke-Seischab, M. L./Harz, F. (2002): Komm, wir entdecken eine Kirche. Räume erspüren, Bilder verstehen, Symbole erleben. Tipps für Kindergarten, Grundschule, Familie. (2. Aufl.) München: Kösel-Verlag

Harz, F. (1996): Kinder und Religion. Was Erwachsene wissen sollten. Seelze: Kallmeyer'sche Verlagsbuchhandlung, 1996

Lorenz, G. (1997): Mit Kindern Jesus kennenlernen. Ein Buch, von dem auch Erwachsene profitieren. Freiburg: Verlag Herder

Niehl, F. W. et al. (2000): Damit es wieder ein Fest wird ... Praxishilfen zur religiösen Erziehung im Kindergarten. München: Kösel-Verlag

Scheilke, Ch. Th./Schweitzer, F. (Hrsg.) (1999): Kinder brauchen Hoffnung. Religion im Alltag des Kindergartens. Gütersloh: Gütersloher Verlagshaus/Verlag Ernst Kaufmann

Schweitzer, F. (2000): Das Recht des Kindes auf Religion. Ermutigungen für Eltern und Erzieher. Gütersloh: Güterloher Verlagshaus/Verlag Ernst Kaufmann

Zink, H./Zink, J. (2003): Kriegt ein Hund im Himmel Flügel? Religiöse Erziehung in den ersten sechs Lebensjahren. Stuttgart: Kreuz Verlag

7. Grundlagenliteratur zum Bildungs- und Erziehungsverständnis im „Situationsorientierten Ansatz"

Ahnert, L. (2003): Frühe Kindheit: Bindungs- und Bildungsgrundlagen. In: Frühe Kindheit – die ersten sechs Jahre, Heft 05, S. 8 ff.

Astington, J. W. (2000): Wie Kinder das Denken entdecken. München: Ernst Reinhardt Verlag

Baaden, A. (2003): Bildung für morgen. In: Forum Caritas München (Hrsg.): Nachhaltigkeit als Prinzip für die Zukunft. S. 105 ff., München: Don Bosco

Baumert, J./Artelt, C./Klieme, E./Neubrand, M./Prenzel, M./Schiefele, U./Tillmann, K.-J./Weiß, M. (Hrsg.) (2001): PISA 2000. Basiskompetenzen von Schülerinnen und Schülern im internationalen Vergleich. Opladen: Leske + Budrich

Baumert, J./Artelt, C./Klieme, E./Neubrand, M./Prenzel, M./Schiefele, U./Tillmann, K.-J./Weiß, M. (Hrsg.) (2002): PISA 2000. Ein differenzierter Blick auf die Länder der Bundesrepublik Deutschland. Opladen: Leske + Budrich

Berger, M. u. L. (o. J.): Der Baum der Erkenntnis für Kinder und Jugendliche im Alter von 1–16 Jahren. Bremen: Selbstverlag (Bestelladresse E-Mail: bergerLM@web.de)

Böhm, D. (2004): Lernfeld Kindergarten. Wie findet Bildung statt? In: mobile, Heft 5–6, S. 40 ff.

Bowlby, J. (2001): Frühe Bindung und kindliche Entwicklung. München: Ernst Reinhardt Verlag

Bundeskuratorium (2001): Zukunftsfähigkeit sichern! Für ein neues Verständnis von Bildung und Jugendhilfe. In: Münchmeier, R./Otto, H.U./Rabe-Kleberg, U. (Hrsg.) (2002): Bildung und Lebenskompetenz. Kinder- und Jugendhilfe vor neuen Aufgaben. Opladen: Leske + Budrich

Bredow, R. (2005): Bildung „Wie weinen Krokodile?". In: Der Spiegel, Heft 15, S. 142 ff.

Bründel, H./Hurrelmann, K. (2003): Chancen des Kindergartens nach PISA. In: Frühe Kindheit – die ersten sechs Lebensjahre, Heft 05, S. 13 ff.

Burtscher, I. M. (2000): Mehr Spielraum für Bildung. Kindertagesstätten als Bildungseinrichtungen der Zukunft. München: Don Bosco

Crowther, I. (2005): Im Kindergarten kreativ und effektiv lernen – auf die Umgebung kommt es an. Weinheim: Beltz

Deutsches PISA-Konsortium (Hrsg.) (2001): PISA 2000. Basiskompetenzen von Schülerinnen und Schülern im internationalen Vergleich. Opladen: Leske + Budrich

Deutsche UNESCO-Kommission (Hrsg.) (1997): Lernfähigkeit – unser verborgener Reichtum. UNESCO-Bericht zur Bildung für das 21. Jahrhundert. Neuwied/Kriftel/Berlin: Luchterhand („Delors-Bericht")

Dieken, C. van (Hrsg.) (2004): Lernwerkstätten und Forscherräume in KiTa und Kindergarten. Freiburg: Verlag Herder

Elschenbroich, D. (2001): Verwandelt Kindergärten in Labors, Alteliers, Wälder. Kinder können und wollen mehr lernen, als wir ihnen zutrauen. Ein Plädoyer gegen Langeweile und Monotonie in deutschen Kindergärten. In: Die ZEIT, 25.10.2001, Nr. 36

Fees, K. (2000): Werte und Bildung. Werteorientierung im Pluralismus als Problem für Erziehung und Unterricht. Opladen: Leske + Budrich

Firlei, K. (2004): Bildung jenseits der Qualifikationsmaschine. Ein Imperativ für den Fortbestand der menschlichen Zivilisation. Landesverband der Volkshochschule Schleswig-Holstein e.V., Kiel. LV Rundschreiben Nr. 3, S. 5 ff.

Gauger, J. D. (Hrsg.) (1991): Bildung und Erziehung. Grundlage humaner Zukunftsgestaltung. Bonn/Berlin: Bouvier

Gruschka, A. (1998): Kinder stärken, Dinge klären. Die Erziehung der Kinder. In: Welt des Kindes, Heft 4, S. 6–11

GEW-Hauptvorstand (Hrsg.) (2005): Bildung fängt vor der Schule an! Stellungnahme des Bundeskuratoriums zur „Förderung von Kindern unter sechs Jahren". Frankfurt a. M.: Selbstverlag

Gerlach, S. (2003): Nachdenklichkeit lernen. München: kopaed Verlag

Gisbert, K. (2004): Lernen lernen. Lermethodische Kompetenzen von Kindern in Tageseinrichtungen fördern. Weinheim: Beltz

Greenspan, St. I. (2003): Das geborgene Kind. Zuversicht geben in einer unsicheren Welt. Weinheim: Beltz

Gruber, E. (1997): Lass Schaf und Wolf zusammen in dir wohnen. (3. Aufl.) München: Don Bosco Verlag

Hartmann, W. u. a. (2000): Bildungsqualität im Kindergarten. Transaktionale Prozesse, Methoden, Modelle. Wien: öbv & hpt

Hobmair, H. (Hrsg.) (2005): Pädagogik/Psychologie. Band 2. Troisdorf: Bildungsverlag EINS

Hühter, G. (2005): Die Macht der inneren Bilder. Wie Visionen das Gehirn, den Menschen und die Welt verändern. Göttingen: Vandenhoeck & Ruprecht

Holt, J. (2003): Wie kleine Kinder schlau werden. Selbstständiges Lernen im Alltag. Weinheim: Beltz

Kagan, Jerome (2001): Die Natur des Kindes. Weinheim: Beltz

Kesber, E. (2002): Bildungsauftrag der Kindertageseinrichtungen. In: KiTa aktuell NRW, Ausgabe Nr. 3, S. 56 ff.

Klein, L. (1996): „Meine Knochen sind aus Plastik, und drumherum ist Rindfleisch." In: TPS – Theorie und Praxis der Sozialpädagogik, Heft 5, S. 283 ff.

Krenz, A. (2001): Seht doch, was ich alles kann. Kinder und ihre Welt verstehen. München: Kösel-Verlag

Krenz, A. (2007): Werteentwicklung in der frühkindlichen Bildung und Erziehung. Berlin: Cornelsen Verlag Scriptor

Krenz, A. (2003): Elementarpädagogik aktuell. Die Entwicklung des Kindes professionell begleiten. Offenbach: Gabal

Krenz, A. (2007): Ist mein Kind schulfähig? (4. Aufl.). München: Kösel-Verlag

Krenz, A. (2007): Was Kinder brauchen. Aktive Entwicklungsbegleitung im Kindergarten (5. Aufl.). Berlin/Mannheim: Cornelsen Scriptor Verlag

Krenz, A. (2001): Qualitätssicherung in Kindertagesstätten. Das „Kieler Instrumentarium für Elementarpädagogik und Leistungsqualität, K.I.E.L. (Kapitel: Selbstverständnis der Erzieherin). München: Ernst Reinhardt Verlag

Laewen, H.-J./Andres, B. (Hrsg.) (2002): Forscher, Künstler, Konstrukteure. Werkstattbuch zum Bildungsauftrag von Kindertageseinrichtungen. Neuwied: Luchterhand

Laewen, H.-J./Andres, B. (Hrsg.) (2002): Bildung und Erziehung in der frühen Kindheit. Bausteine zum Bildungsauftrag von Kindertageseinrichtungen. Weinheim: Beltz

Laewen, H.-J. (2005): Ein Wechselspiel. In: Welt des Kindes, Heft 1, S. 8 ff.

Largo, R. H. (1999): Kinderjahre. Die Individualität des Kindes als erzieherische Herausforderung. München: Piper

Leo, S. (1992): Die zehn Bildungsthesen von Prof. Dr. Gerd E. Schäfer. Frühkindliche Bildung, Teil 1. In: KiTa aktuell MO, Nr. 12, S. 254 ff.

Leu, H. R. (2002): Bildungs- und Lerngeschichten von Kindern. In: DJI Bulletin, Nr. 60/61, S. 8 ff.

Lewis, R. (1998): Leben heißt staunen. Von der imaginativen Kraft der Kindheit. Weinheim: Beltz

Liegle, L. (2003): Bildungskulturen im Kindergarten. In: Frühe Kindheit – die ersten sechs Lebensjahre, Heft 05, S. 16 ff.

Lindgren, A. (2000): Steine auf dem Küchenbord. Hamburg: Oetinger

Lukas, S. (2005): Bildung unter 6 zwischen Anspruch und Wirklichkeit. Ein Forschungsbericht zu subjektiven Bildungstheorien von Erzieherinnen in den Neuen Bundesländern. In: Sozialextra, Heft 1, S. 24 ff.

Meise, S. (2003): Bildung schon im Kindergarten. In: Psychologie heute, November 2003, S. 48 ff.

Mutius, B. v. (2004): Die andere Intelligenz. Wie wir morgen denken werden. Stuttgart: Klett-Cotta

Otto, J./Spiewak, M. (2004): Spielend ein Genie. In: Die Zeit, Nr. 49, 37 + 39

Petry, Chr./Pistor, H.-H. (2004): Der lange Weg der Bildungsreform. Weinheim: Beltz

Rau, J. (2004): Den ganzen Menschen bilden – wider den Nützlichkeitszwang. Weinheim: Beltz

Reisch, L. (2004): „Sorgfältig darauf achten, welche Fragen ein Kind stellt." Gespräch mit Prof. Wolf Singer. In: GEW (Hrsg.): Erziehung und Wissenschaft. Heft 2, S. 6 f.

Saint-Exupéry, A. de (1993): Man sieht nur mit dem Herzen gut. Freiburg: Verlag Herder

Schäfer, G. E. (1995): Bildungsprozesse im Kindesalter. Selbstbildung, Erfahrung und Lernen in der frühen Kindheit, Weinheim/Basel: Beltz

Schäfer, G. E. (2005): Bildungsprozesse in der frühen Kindheit. Bildung ist keine Ware. In: Sozialextra, Heft 1, S. 6 ff.

Schäfer, G. E. (Hrsg.) (2003): Bildung beginnt mit der Geburt. Förderung von Bildungsprozessen in den ersten sechs Lebensjahren. Weinheim: Beltz

Schäfer, G. E. (2004): Bildung: Ein Begriff – viele Bedeutungen. In: Welt des Kindes, Heft 2, S. 22 ff.

Schäfer, G. E. (2004): „Bildung" – zur Aktualität eines „veralteten" Begriffs. In: Unsere Jugend, Heft 12, S. 504 ff.

Singerhoff, L. (2001): Kinder brauchen Sinnlichkeit. Die Bedeutung und Förderung kindlicher Sinneswahrnehmung. Weinheim: Beltz

Stahlmann, M. (2202): Immer auf die Kleinen ...? PISA und die Folgen – eine neue Chance für die Kindertagesstätten. Unsere Jugend. Heft 6, S. 259 ff.

Stratz, R. (2003): Einige Konsequenzen aus PISA für die Tageseinrichtungen für Kinder. In: Dokumentation Kindergartenmesse, Heft 4, S. 94 f.

ver.di (Hrsg.) (o. J.): Bildung in Kindertagesstätten. Berlin: Selbstverlag

ver.di (Hrsg.) (o. J.): Macht Knäckebrot schwedische Kinder klüger? Der Baum der Erkenntnis: Umsetzung des schwedischen Bildungsplanes für Kindertagesstätten und Schulen. Dokumentation von Fachtagungen mit Göran Frisk. Berlin: Selbstverlag

Zimmer, R. (1997): Sinneswerkstatt. Projekte zum ganzheitlichen Leben und Lernen. Freiburg: Verlag Herder

8. Wertehaltungen und Werteorientierung im „Situationsorientierten Ansatz"

Beil, B. (1998): „Gutes Kind, böses Kind – Warum brauchen Kinder Werte?". München: Deutscher Taschenbuch Verlag

Ferro, M./Jeammet, Ph. (2001): Kinder und Werte. Erziehung in einer schwierigen Welt. Weinheim: Beltz

Hahne, P. (2006): „Schluss mit lustig". Auf der Suche nach alten Werten. In: klein & groß, 01, S. 7–9

Hentig, H.v. (2001): Ach, die Werte. Über eine Erziehung für das 21. Jahrhundert. Weinheim: Beltz

Hoffmann-Zulek, E. (2005): Gut oder schlecht, richtig oder falsch? Wie Kinder Moralvorstellungen entwickeln, In: spielen und lernen. 12, S. 18–21

Krenz, A. (2007): Werteentwicklung in der frühkindlichen Bildung und Erziehung (5. Aufl.). Berlin/Mannheim: Cornelsen Verlag Scriptor

Leger, E. (2003): Wie Kinder Werte lernen. Ein Buch für Eltern. Freiburg: Verlag Herder

Leger, E. (2006): Werte – Orientierung für das Leben. Was ist gut und was ist böse? In: klein & groß, 01, S. 10–12

Pighin, G. (2005): Kindern Werte geben – aber wie? München/Basel: Ernst Reinhardt Verlag

Scheuerl-Defersdorf, M. R. (2006): Dem Werden und den Werten einen Raum geben. Von klein auf Werte entwickeln. In: klein & groß, 01, S. 38–40

Standop, J. (2005): Werte – Erziehung. Einführung in die wichtigsten Konzepte der Werteerziehung. Weinheim: Beltz

Stanjek, K. (2006): Werte und Normen. In: Pousset, R. (Hrsg.): Beltz Handwörterbuch für Erzieherinnen und Erzieher (S. 473–476). Weinheim: Beltz

Stöcklin-Meier, S. (2003): Was im Leben wirklich zählt. Mit Kindern Werte entdecken. München: Kösel-Verlag

Waller, K. (2002): Von Achtung bis Zivilcourage. Lexikon der Werte und Tugenden. Stuttgart/Zürich: Kreuz

9. Grundlagen der Arbeit: Beobachtung

Ettrich, K. U. (1985): Kinderbeobachtungsbogen. Berlin: Psychodiagnostisches Zentrum

Kazemi-Veisari, E. (2004): Kinder verstehen lernen. Wie Beobachten zu Achtung führt. Seelze-Velber: Kallmeyer

Kazemi-Veisari, E. (2005): Von der Beobachtung zur Achtung. 10 Thesen. In: KiTa aktuell ND, Nr. 6, S. 124–125

Köck, P. (2004): Praxis der Beobachtung in Kindergarten, Hort, Heim, Schule, Ausbildungsstätten, Fortbildungseinrichtungen (4. Aufl.). Donauwörth: Auer

Ledl, V. (2003): Kinder beobachten und fördern. Wien: Jugend & Volk

Lueger, D. (2007): Beobachtung leicht gemacht. Beobachtungsbögen zur Erfassung kindlichen Verhaltens und kindlicher Entwicklungen. Berlin: Cornelsen Verlag Scriptor

Mayr, T. (1998): Beobachtungsbogen zur Erfassung von Entwicklungsrückständen und Verhaltensauffälligkeiten bei Kindergartenkindern (BEK). München: Staatsinstitut für Frühpädagogik

Rohrmann, T. (1996): Beobachtungsverfahren und Befragungsmöglichkeiten von Kindern im Kleinkindalter. München: Deutsches Jugendinstitut (DJI)

Strätz, R./Demandewitz, H. (2005): Beobachten und Dokumentieren in Tageseinrichtungen für Kinder (5. Aufl.). Weinheim: Beltz

Strätz, R. (2005): Beobachtung und Dokumentation: Pflichtaufgaben der Erzieherin. In: Bertelsmann Stiftung (Hrsg.), Guck mal! Bildungsprozesse des Kindes beobachten und dokumentieren. Gütersloh: Bertelsmann Stiftung, S. 19–31

Thiesen, P. (2003): Beobachten und beurteilen in Kindergarten, Hort und Heim. Weinheim: Beltz

TPS – Theorie und Praxis der Sozialpädagogik (Hrsg.) (1997): Beobachten und dokumentieren. Heft 4/97. Bielefeld: Luther Verlag

Verbeek, V. (2006): Trierer Beobachtungs- und Förderbogen. Ein praktischer Leitfaden für die Kindertagesstätten. München: Ernst Reinhardt Verlag

10. Kindheiten – damals und heute

Arbeitsgruppe Zwölfter Kinder- und Jugendbericht (2005): 12. Kinder- und Jugendbericht. Bericht über die Lebenssituation junger Menschen und die Leistungen der Kinder- und Jugendhilfe in Deutschland, Deutsches Jugendinstitut e. V. (Hrsg.), München

Baacke, D. (1999): Die 0–5-Jährigen. Einführung in die Probleme der frühen Kindheit. (2. Aufl.) Weinheim: Beltz

Becker-Textor, I. (1988). Schwierige Kinder gibt es nicht! In: kindergarten heute, Heft 3, S. 115–119

Becker-Textor, I. (1997): Schwierige Kinder gibt es nicht – oder doch? Problemkinder im Kindergarten. (5. Aufl.) Freiburg: Verlag Herder

Behnken, I./Zinnecker, J. (Hrsg.) (1991): Kinder – Kindheit – Lebensgeschichte. Seelze-Velber: Kallmeyer

Berentzen, D. (1992): Die Zukunft der Kindheit. Ratschläge von gestern für die Kindheit morgen. In: Psychologie heute, März 1992, S. 52–57

Bremer, P. (2000): Ausgrenzungsprozesse und die Spaltung der Städte. Zur Lebenssituation von Migranten. Stadt, Raum, Gesellschaft, Band 11. Opladen: Leske + Budrich

Büchner, P. (2002): Kindheit und Familie. In: Krüger, H.-H./Grunert, C. (Hrsg.): Handbuch Kindheits- und Jugendforschung. Opladen: Leske + Budrich, S. 475–498

Büchner, P./Fuhs, B. (1996): Der Lebensort Familie. In: Büchner, P./Fuhs, B./Krüger, H.-H. (Hrsg.): Vom Teddybär zum ersten Kuss. Wege aus der Kindheit in Ost- und Westdeutschland. Opladen: Leske + Budrich, S. 159–200

Bundesministerium für Arbeit und Sozialordnung (Hrsg.) (2001): Lebenslagen in Deutschland. Der erste Armuts- und Reichtumsbericht der Bundesregierung. Berlin: Bundesministerium für Arbeit und Sozialordnung

Bundesministerium für Gesundheit und Soziale Sicherung, BMGS (Hrsg.) (2005): Lebenslagen in Deutschland. Der 2. Armuts- und Reichtumsbericht der Bundesregierung. www.bmas.de/coremedia/generator/10070/lebenslagen_in_deutschland_der_2_armuts_und_reichtumsbericht_der_bundes regierung.html, 15.05.2008

Davidson, G. C./Neale, J. M. (2002): Klinische Psychologie. (6. Aufl.) Weinheim: Beltz/PVU

DeGrandpre, R. (2002): Die Ritalin-Gesellschaft. ADS: Eine Generation wird krankgeschrieben. Weinheim: Beltz

deMause, L. (1977): Gequält, missbraucht, ermordet. In: Psychologie heute, Juli 1977, S. 48–55

deMause, L. (1989): Grundlagen der Psychohistorie. Frankfurt a. M.: Suhrkamp Verlag

Deutsches Jugendinstitut (Hrsg.) (1993): Was für Kinder. Aufwachsen in Deutschland. München: Kösel-Verlag

Deutsches Kinderhilfswerk e.V. (Hrsg.) (2002): Kinderreport Deutschland. Daten, Fakten, Hintergründe. München: kopaed

Dilling, H. u.a. (Hrsg.) (2000): Internationale Klassifikation psychischer Störungen: ICD 10, Kapitel V. Bern: Huber

Dudek, P. (2002): Geschichte der Jugend. In: Krüger, H.-H./Grunert, C. (Hrsg.): Handbuch Kindheits- und Jugendforschung. Opladen: Leske + Budrich, S. 333–349

Ellneby, Y. (2001): Kinder unter Stress. München: Beust

Europäische Kommission und EUROSTAT (2004). Living conditions in Europe. Statistical pocketbook. Data 1998–2002. Luxemburg: Office for Official Publications of the European Communities

Feil, Ch. (2003): Kinder, Geld und Konsum. Die Kommerzialisierung der Kindheit. Weinheim/München: Beltz

Finger, G./Simon-Wundt, T. (2003): Was auffällige Kinder uns sagen wollen. Verhaltensstörungen neu deuten. Stuttgart: Klett-Cotta

Fitting, K./Saßenrath-Döpke, E.-M. (Hrsg.) (1993): Pädagogik und Auffälligkeit. Impulse für Lehren und Lernen bei erwartungswidrigem Verhalten. Weinheim: Deutscher Studien Verlag

Fritzsche, Y. (2000): Modernes Leben: Gewandelt, vernetzt und verkabelt. In: Deutsche Shell (Hrsg.): Jugend 2000. 13. Shell Jugendstudie, Band 1. Opladen: Leske + Budrich, S. 181–219

Gaschke, S. (2000): Ende der Kindheit. In: Die Zeit, 17, 19.04.2000

Geo Wissen (1993): Kindheit und Jugend. In: Geo Wissen, 2/September 1993. Hamburg: Gruner und Jahr

Geulen, D. (Hrsg.) (1989): Kindheit. Neue Realitäten und Aspekte. Weinheim: Deutscher Studien Verlag

Grüninger, Ch./Lindemann, F. (2000): Vorschulkinder und Medien. Eine Untersuchung zum Medienkonsum von drei- bis sechsjährigen Kindern unter besonderer Berücksichtigung des Fernsehens. Opladen: Leske + Budrich

Hamann, G. (2004): Habe alles, bekomme mehr. In: Die Zeit, 19.05.2004, Nr. 22

Hanesch, W./Krause, P./Bäcker, G. (2000): Armut und Ungleichheit in Deutschland. Reinbek: Rowohlt

Hauch, G. (2004). „Der Doktor hat gesagt, es ist psychosomatisch ... " Kinderpsychosomatik für Eltern, Therapeuten und alle, die neugierig sind. Dortmund: vml

Haug-Schnabel, G. (2005): „Die Super Nanny". Schnelle und simple Methoden im Sinne einer „Fastfoodpädagogik". In: Forschung & Lehre, Hochschulpolitik aktuell. Heft 4, 1–2, Köln

Hebenstreit, S. (1996): Über das Kind, die Welt und die Zukunft. In: TPS – Theorie und Praxis der Sozialpädagogik, 5/96, S. 254–258

Hobmair, H. (2005) (Hrsg.): Pädagogik/Psychologie Band 2. Troisdorf: Bildungsverlag EINS

Huhs, B. (2002): Kindheit, Freizeit, Medien. In: Krüger, H.-H./Grunert, C. (Hrsg.): Handbuch Kindheits- und Jugendforschung. Opladen: Leske + Budrich, S. 637–652

Hüther, G. (2005): Die Macht der inneren Bilder. Wie Visionen das Gehirn, den Menschen und die Welt verändern. Göttingen: Vandenhoeck & Ruprecht

Hurrelmann, K. (2004): Lebensphase Jugend. Eine Einführung in die sozialwissenschaftliche Jugendforschung. (7. Aufl.) Weinheim/München: Juventa

Hurrelmann, K. (1999): Sind unsere Kinder Gewinner oder Verlierer? Kindheit heute. In: kindergarten heute, Heft 4, S. 6–11

Jaide, W. (1998): Generationen eines Jahrhunderts. Wechsel der Jugendgenerationen im Jahrhunderttrend. Opladen: Leske + Budrich

Jampert, K. (1998): Unverdrossen die Welt annehmen. Kinderleben – gestern und heute. In: Schüler 1998, Dezemberheft, S. 20–23

Kerner, Ch. (1993): Missbrauchte Kinder – Erste Hilfe an Leib und Seele. In: Geo Wissen – Kindheit und Jugend, Nr. 2, September 1993, S. 113–119

Kösters, W. (1999): Werden unsere Kinder immer kränker? In: Psychologie heute, Mai, S. 51–57

Korczak, J. (1984): Das Kind lieben. (Hrsg.): Dauzenroth, E./Hampel, A. Frankfurt a. M.: Suhrkamp Verlag

Korczak, J. (1988): Das Recht des Kindes auf Achtung. In: Heimpel, E./Roos, H. (Hrsg.): (4. Aufl.) Göttingen: Vandenhoeck & Ruprecht

Korczak, J. (1987): Wie man ein Kind lieben soll. (9. Aufl.) Göttingen: Vandenhoeck & Ruprecht

Korczak, J. (1987): Verteidigt die Kinder. (3. Aufl.) Göttingen: Vandenhoeck & Ruprecht

Kötters, C. (2000): Wege aus der Kindheit in die Jugendphase. Biographische Schritte der Verselbstständigung im Ost-West-Vergleich. Opladen: Leske + Budrich

Krappmann, L. (1989): Soziale Kinderwelt und kindliche Entwicklung. Ein Beitrag zur Soziologie der Kindheit. In: DJI Jahresbericht, München. S. 193–199

Lattschar, B. (2006): Verhaltensstörung. In: Pousset, R. (Hrsg.): Beltz Handwörterbuch für Erzieherinnen und Erzieher. S. 252–254, Weinheim: Beltz

März, F. (1993): Macht oder Ohnmacht des Erziehers? Von pädagogischen Optimisten, Pessimisten, Realisten. Bad Heilbrunn: Klinkhardt

Mansel, J. (Hrsg.) (1996): Glückliche Kindheit – Schwierige Zeit? Über die veränderten Bedingungen des Aufwachsens. Opladen: Leske + Budrich

Medienpädagogischer Forschungsverbund Südwest (2003): KIM-Studie 2003. Kinder und Medien. Computer und Internet. Basisuntersuchung zum Medienumgang 6- bis 13jähriger. Baden-Baden. www.mpfs.de/fileadmin/Studien/KIM03.pdf, 15.05.2008

Metzinger, A. (2005): Verhaltensprobleme erkennen, verstehen, behandeln. Weinheim: Beltz

Miller, C. (1946): Der Prozess der Überzeugung

Nauck, B./Bertram, H. (Hrsg.) (1995): Kinder in Deutschland. Opladen: Leske + Budrich

Neumann, K. (1981): Kindsein. Zur Lebenssituation von Kindern in modernen Gesellschaften. Göttingen: Vandenhoeck und Ruprecht

Nissen, G. (2005): Kulturgeschichte seelischer Störungen bei Kindern und Jugendlichen. Stuttgart: Klett-Cotta

Projektgruppe Kinderpanel (2004): Lebenswelten von Kindern – mit ihren Augen gesehen. Erste Ergebnisse aus dem DJI-Kinderpanel. In: DJI Bulletin, 67, S. 4–7

Rolff, H.-G./Zimmermann, P. (1997): Kindheit im Wandel. Eine Einführung in die Sozialisation im Kindesalter. (5. Aufl.) Weinheim: Beltz

Romberg-Asboth, I. (1999): Wenn die Kinderseele weint. Seelische Nöte erkennen und verstehen. München: Kösel-Verlag

Rost, D. H. (2006): Handwörterbuch Pädagogische Psychologie. (3. Aufl.) Weinheim/Basel/Berlin: Beltz

Rotthaus, W./Trapmann, H. (2004): Auffälliges Verhalten im Jugendalter. Dortmund: vml

Rousseau, Jean-Jacques: Emil oder über die Erziehung", vollständige Ausgabe in neuer deutscher Fassung von Ludwig Schmidts, UTB 115, Verlag Schöningh, Paderborn, 13., unveränderte Auflage 1998

Ryffel, Chr. (2006): Abweichendes Verhalten. In: Pousset, R. (Hrsg.): Beltz Handwörterbuch für Erzieherinnen und Erzieher (S. 12–15). Weinheim: Beltz

Sagi, A. (1982): Verhaltensauffällige Kinder im Kindergarten. Freiburg: Verlag Herder

Seitz, W. (2006): Verhaltensstörungen. In: Rost, D. H. (Hrsg.): Handwörterbuch Pädagogische Psychologie (S. 840–847). Weinheim: Beltz/PVU

Steinbrügge, L. (1987): Das moralische Geschlecht. Weinheim/Basel: Beltz

Steinhausen, H.-Chr. (2000): Seelische Störungen im Kindes- und Jugendalter. Erkennen und Verstehen. (2. Aufl.). Stuttgart: Klett-Cotta

Strobel, B.U.M. (2005): Heilpädagogik für Erzieherinnen. München: Ernst Reinhardt Verlag

Süssmuth, R. (1988/89): Kinderleben, Kinderzeiten, Kinderwelten. In: Kinderzeit 1988/89, S. 7–9

Textor, M. R. (Hrsg.) (1996): Problemkinder? Auffällige Kinder in Kindergarten und Hort. Weinheim: Beltz

Textor, M. R. (Hrsg.) (2004): Verhaltensauffällige Kinder fördern. Praktische Hilfen für Kindergarten und Hort. (3. Aufl.). Weinheim: Beltz

Trapmann, H./Rotthaus, W. (2003): Auffälliges Verhalten im Kindesalter. (10. Aufl.). Dortmund: vml

Unverzagt, G./Hurrelmann, K. (2002): Konsum-Kinder. Was fehlt, wenn es an gar nichts fehlt? Freiburg: Verlag Herder

Winkels, I. (1987): Kindheit im Wandel. Überlegungen zum Kindsein heute. In: WWD – Wehrfritz Wissenschaftlicher Dienst, 35/36, S. 1–7

Wygotski, L.S. (1985): Ausgewählte Schriften. Köln: Pahl-Rugenstein

Wunsch, A. (1998): Droge Verwöhnung. Plädoyer für eine andere Erziehung. In: Die Zeit, Nr. 41, S. 89

Zeiher, H. (1990): Kindheit: Organisiert und isoliert. In: Psychologie heute, Februar 1990, S. 20–25

Zinnecker, J./Silbereisen, R. K. (1996): Kindheit in Deutschland. Aktueller Survey über Kinder und ihre Eltern. Weinheim: Juventa Verlag

Alt, Chr. (2001): Kindheit in Ost und West. Wandel der familialen Lebenssituation aus Sicht der Kinder. Opladen: Leske + Budrich

Zinnecker, J./Behnken, I./Maschke, S./Stecher, L. (2002): null zoff & voll busy. Die erste Jugendgeneration des neuen Jahrhunderts. Opladen: Leske + Budrich

11. Entwicklungspsychologische Grundlagen

Brazelton, T. B./Greenspan, St. I. (2002): Die sieben Grundbedürfnisse von Kindern. Was jedes Kind braucht, um gesund aufzuwachsen, gut zu lernen und glücklich zu sein. Weinheim: Beltz

Greenspan, St. I. (2003): Das geborgene Kind. Zuversicht geben in einer unsicheren Welt. Weinheim: Beltz

Haug-Schnabel, G./Bensel, J. (2005): Grundlagen der Entwicklungspsychologie. Die ersten 10 Lebensjahre. Freiburg: Verlag Herder

Haug-Schnabel, G./Schmid-Steinbrunner, B. (2002): Wie man Kinder von Anfang stark macht. So können Sie Ihr Kind erfolgreich schützen – vor der Flucht in die Angst, Gewalt und Sucht. Ratingen: Oberstebrink

Kagan, J. (2001): Die Natur des Kindes. Weinheim: Beltz

Kasten, H. (2005): 0–3 Jahre. Entwicklungspsychologische Grundlagen. Weinheim: Beltz

Keller, H. ((Hrsg.) (1997): Handbuch der Kleinkindforschung. (2. Aufl.) Bern/Göttingen: Hans Huber

Krenz, A. (2007): Was Kinder brauchen. Aktive Entwicklungsbegleitung im Kindergarten. Berlin/Mannheim: Cornelsen Verlag Scriptor

Kuhl, J./Völkers, S. (1998): Entwicklung und Persönlichkeit. In: Keller, H. (Hrsg.) (1998): Lehrbuch Entwicklungspsychologie. Bern/Göttingen: Hans Huber

Largo, R. H. (1999): Kinderjahre. Die Individualität des Kindes als erzieherische Herausforderung. München/Zürich: Piper

Largo, R. H. (2001): Babyjahre. Die frühkindliche Entwicklung aus biologischer Sicht. München: Piper

Mogel, H. (1995): Geborgenheit. Psychologie eines Lebensgefühls. Heidelberg: Springer

Neumann, U. (2004): Lass mich Wurzeln schlagen in der Welt. Von den seelischen Bedürfnissen unserer Kleinsten. München: Kösel-Verlag

Neumann, U. (2003): Wenn die Kinder klein sind, gib ihnen Wurzeln, wenn sie groß sind, gib ihnen Flügel. (19. Aufl.) München: Kösel-Verlag

Rossmann, P. (2001): Einführung in die Entwicklungspsychologie des Kindes- und Jugendalters. (3. Aufl.) Bern/Göttingen: Hans Huber

Steinebach, C. (2000): Entwicklungspsychologie. Stuttgart: Klett-Cotta

Tschöpe-Scheffler, S. (1999). Kinder brauchen Wurzeln und Flügel. Erziehung zwischen Bindung und Autonomie. Mainz: Grünewald

Tschöpe-Scheffler, S. (2003): Fünf Säulen der Erziehung. Wege zu einem entwicklungsfördernden Miteinander von Erwachsenen und Kindern. Mainz: Grünewald

Wustmann, C. (2004): Resilienz. Widerstandsfähigkeit von Kindern in Tageseinrichtungen fördern. Weinheim: Beltz

12. Die Bedeutung des Spiels im „Situationsorientierten Ansatz"

Auerbach, St. (2001): Spielerische Intelligenz. München: Beust

Baer, Ulrich (1981): Wörterbuch der Spielpädagogik. Basel: Lenos

Beins, H. J./Cox, S. (2001): „Die spielen ja nur!?". Psychomotorik in der Kindergartenpraxis. Dortmund: Borgmann

Caillois, R. (1958): Die Spiele und die Menschen. Maske und Rausch. Stuttgart: Kohlhammer

Chateau, G. (1969): Das Spiel des Kindes. Natur und Disziplin des Spielens nach dem dritten Lebensjahr. Paderborn: Schöningh

Einsiedler, W. (1991): Das Spiel der Kinder. Zur Pädagogik und Psychologie des Kinderspiels. Bad Heilbrunn: Klinkhardt

Flitner, A. (1977): Spielen- Lernen. Praxis und Deutung des Kinderspiels. München: Piper

Flor, D./Petillon, H. (1997): Abschlussbericht Spiel- und Lernschule. Saarburg: Staatliches Institut für Lehrerfort- und Weiterbildung

Fritz, J. (1991): Theorie und Pädagogik des Spiels. Eine praxisorientierte Einführung. Weinheim/München: Juventa

Hanifl, L./Hartmann, W./Rollet, B. (1994): Die Auswirkungen des Wiener Spielprojekts in der Volksschule auf die Schullaufbahn und Persönlichkeitsentwicklung des Schülers der 9. Schulstufe unter besonderer Berücksichtigung der sprachlichen Kreativität. In: Olechowski, R./Rollett, B. (Hrsg.): Theorie und Praxis. Aspekte empirisch-pädagogischer Forschung – quantitative und qualitative Methoden. Frankfurt/Main: Peter Lang

Huizinga, J. (1956): Homo ludens. (2. Aufl.) Reinbek: Rowohlt

Kathke, P. (2001): Sinn und Eigensinn des Materials. Band 1 und 2. Neuwied/Berlin: Luchterhand

Keller, M. (1973): Spiel und kognitives Lernen, ein Widerspruch? In: Daublebsky, B.: Spielen in der Schule. Stuttgart: Klett

Keller, M. (1976): Kognitive Entwicklung und soziale Kompetenz. Stuttgart: Klett

Kohl, M.F. (2004): Matschen. Kreatives Arbeiten mit verschiedenen Modelliermassen. Seelze-Velber: Kallmeyer

Lange, U./Stadelmann, T. (2002): Sand-Wasser-Steine. Spiel-Platz ist überall. Weinheim: Beltz

Liebertz, Ch. (2000). Das Schatzbuch ganzheitlichen Lernens. Grundlagen, Methoden und Spiele für eine zukunftsweisende Erziehung (2.Aufl.). München: Don Bosco

Loo, O. van de (Hrsg.) (2005): Kinder-Kunst-Werk. Künstlerisches Arbeiten mit Kindern und Jugendlichen. München: Kösel-Verlag

Mogel, H. (1994): Psychologie des Kinderspiels (2. Aufl.). Heidelberg: Springer

Oerter, R. (1999): Psychologie des Spiels. Weinheim: Beltz

Partecke, E. (2002): Kommt, wir wollen schön spielen. Praxishandbuch zur Spielpädagogik im Kindergarten. Weinheim/München: Juventa

Partecke, E. (2004): Lernen in Spielprojekten. Praxishandbuch für die Bildung im Kindergarten. Weinheim: Beltz

Portmann, A. (1976): Das Spiel als gestaltete Zeit. In: Bayer. Akademie der Schönen Künste (Hrsg.): Der Mensch und das Spiel in der verplanten Welt. München: Akademieverlag

Retter, H. (1991): Kinderspiel und Kindheit in Ost und West. Spielförderung, Spielforschung und Spielorganisation in einzelnen Praxisfeldern – unter Berücksichtigung des Kindergartens. Bad Heilbrunn: Klinkhardt

Rossetti-Gsell, V. (1998): Spielen – Sprache der kindlichen Seele. Freiburg: Verlag Herder

Samuelsson, I. P. (1990): Learning to learn. A study of swedish Preschool children. New York: Springer

Scheuerl, H. (1985): Zum Stand der Spieleforschung. In: Einsiedler, W. (Hrsg.) (1985): Aspekte des Kinderspiels. Pädagogisch-Psychologische Spielforschung. Weinheim: Beltz

Seitz, R. (1998): Phantasie & Kreativität. Ein Spiel-, Nachdenk- und Anregungsbuch. München: Don Bosco

Steininger, R. (2005): Kinder lernen mit allen Sinnen. Wahrnehmung im Alltag fördern. Stuttgart: Klett-Cotta

Treeck, M.-J. G. van (1990): Spielend fördern. Integriertes Lernen durch Spiel. Dortmund: Borgmann

Weber, C. (2004): Spielen und Lernen mit 0 bis 3-Jährigen. Weinheim: Beltz

Wege, B. vom/Wessel, M. (2004): Spielen im Beruf. Spieltheoretische Grundlagen für pädagogische Berufe. Troisdorf: Bildungsverlag EINS

Weinberger, S. (2001): Kindern spielend helfen. Eine personzentrierte Lern- und Praxisanleitung. Weinheim: Beltz

13. Zur Bedeutung des Spiels im Hinblick auf die Schulfähigkeit

Bellenberg, G. (1999): Individuelle Schullaufbahnen. Eine empirische Untersuchung über Bildungsverläufe von der Einschulung bis zum Abschluss. Weinheim: Beltz

Bock, U. (1995): Das störungsfreie Kind? In: Welt des Kindes, Heft 4, S. 22–23

Bowlby, J. (2001): Frühe Bindung und kindliche Entwicklung. (4. Aufl.). München: Ernst Reinhardt Verlag

Breuer, H./Weuffen, M. (1993): Lernschwierigkeiten am Schulanfang. Schuleingangsdiagnostik zur Früherkennung und Frühförderung. Weinheim: Beltz

Bronfenbrenner, U. (1988): Wie wirksam ist kompensatorische Erziehung? Stuttgart: Klett-Cotta

Elschenbroich, D. (2002): Weltwissen der Siebenjährigen. Wie Kinder die Welt entdecken können. München: Goldmann

Faust-Siehl, G. u. a. (2002): Die Zukunft beginnt in der Grundschule. Empirische Empfehlungen zur Neugestaltung der Primarstufe. Reinbek: Rowohlt

Gerbert, F. (1997): Versuchskaninchen Kind. In: Focus, Nr. 27, S. 151–153

Flor, D./Petillon, H. (1997): Abschlussbericht Spiel- und Lernschule. Saarburg: Staatliches Institut für Lehrerfort- und Weiterbildung

Goleman, D. (1996): EQ Emotionale Intelligenz. München: Hanser

Gottman, J. (1997): Kinder brauchen emotionale Intelligenz. Ein Praxisbuch für Eltern. München: Diana

Griebel, W./Niesel, R. (2002): Abschied vom Kindergarten – Start in die Schule. München: Don Bosco

Griebel, W./Niesel, R. (1999): Vom Kindergarten in die Schule: Ein Übergang für die ganze Familie. In: Bildung, Erziehung, Betreuung, Nr. 2, S. 8–12

Hacker, H (1998): Vom Kindergarten zur Grundschule. Theorie und Praxis eines kindgerechten Übergangs. Bad Heilbrunn: Klinkhardt

Helmke, A. (1992): Selbstvertrauen und schulische Leistungen. Göttingen: Hogrefe

Hetzer, H. (1936): Die seelischen Veränderungen des Kindes bei dem ersten Gestaltswandel. Leipzig. In: Berger, M.: Schulreife – Anfrage an einen merkwürdigen Begriff. In: WWD, 32/33, S. 10, Rodach, Februar 1986

Hössl, A. (1995): Misslungener Start in die Schule. Zur Situation des Übergangs. In: Welt des Kindes, Heft 4, S. 6–11

Hopf, A./Zill-Sahm, I./Franken, B. (2004): Vom Kindergarten in die Grundschule. Weinheim/Basel: Beltz

Kammermeyer, G. (2001): Schulfähigkeit. Kriterien und diagnostische/prognostische Kompetenzen von Lehrerinnen, Lehrern und Erzieherinnen. Bad Heilbrunn: Klinkhardt

Kammermeyer, G. (2001): Schuleingangsdiagnostik. In: Faust-Siehl, G./Speck-Hamdan, A. (Hrsg.): Schulanfang ohne Umwege. Frankfurt: Grundschulverband, S. 96–118

Klein, G. (1999): Kinder schulfähig machen? Zur Diskussion um einen erfolgreichen Schulanfang. In: kindergarten heute, Heft 1, S. 6–13

Krenz, A. (2006): Ist mein Kind schulfähig? Ein Orientierungsbuch. (4. Aufl.) München: Kösel-Verlag

Krenz, A. (1989): Spielen und Lernen. Zusammenhänge zwischen Spiel- und Schulfähigkeit bei Kindern im Kindergartenalter. In: kindergarten heute, Heft 1, S. 44–47

Krenz, A. (2001): Kinder spielen sich ins Leben. Der Zusammenhang von Spiel- und Schulfähigkeit. In: Wehrfritz Wissenschaftlicher Dienst (WWD), 75, S. 8–9

Meise, S. (2004): Spielend lernen. In: Psychologie heute, Heft 5, S. 28–31

Müller-Mees, E. (2003): Kinderspiele für alle Sinne. 150 verblüffende Ideen. Stuttgart: Urania

Olechowski, B./Rollett, B. (Hrsg.) (1994): Theorie und Praxis. Aspekte empirisch-pädagogischer Forschung – quantitative und qualitative Methoden. Frankfurt a. M.: Peter Lang

Pee, L. (1991): Was noch vor dem Spielzeug kommt. In: Kinder, 6, 16–17, 41–42

Pee, L. (1996): Wie viel Spiel-Raum hat Ihr Kind? In: Kinder, 7, 16, 20, 22, 31

Portmann, R. (1991): Schulreifetests: Warum sie nicht halten, was sie versprechen. In: TPS – Theorie und Praxis der Sozialpädagogik, Heft 1, S. 16–18

Pramling Samuelsson, I. (1990): Learning to learn. A study of swedish preschool children. New York: Springer

Scheuerl, H. (1985): Spiel ist keine Spielerei! Grundsätzliche Bemerkungen über ein zeitloses Thema der Pädagogik. In: Welt des Kindes, Heft 9, S. 383–388

Singer, K. (2000): Wenn Schule krank macht ... Wie macht sie gesund und lernbereit? Weinheim: Beltz

Speichert, H. (1991): Angst als Ursache von Schulversagen. In: TPS – Theorie und Praxis der Sozialpädagogik, Heft 1, S. 11–14

Thüringer Sozialakademie (Hrsg.): Was heißt hier schulfähig? Der Übergang vom Kindergarten zu Grundschule und Hort. Tagungsbericht. Jena: Eigendruck

Weitzenbürger, G. (2006): Erzieher auf dem Prüfstand. In: Die Welt, 24.04.2006, Nr. 89

Witzlack, G. (1968): Zur Diagnostik und Entwicklung der Schulfähigkeit. Berlin: Volk u. Wissen

Witzlack, G. (1995): Das Brandenburger Einschulungsmodell. In: Ministerium für Bildung, Jugend und Sport des Landes Brandenburg (Hrsg.): Der Übergang von der Kindertagesstätte in die Grundschule – Dokumentation der Referate und der Diskussion der Fachkonferenz am 27. und 28.11. 1995 in Potsdam. Potsdam

Zeller, W. (1952): Konstitution und Entwicklung. Göttingen: Hogrefe. In: Berger, M.: Schulreife – Anfrage an einen fragwürdigen Begriff. In: WWD, 32/33, S. 10, Rodach, Februar 1986

14. Zur Bedeutung der Teamarbeit

Akademie Remscheid für musische Bildung und Medienerziehung (Hrsg.) (o. J.): Lehrbrief 1. Gruppendynamik. Remscheid

Antoni, C. H. (2000): Teamarbeit gestalten. Grundlagen, Analysen, Lösungen. Weinheim: Beltz

Antoni, C. H. (Hrsg.) (1994): Gruppenarbeit in Unternehmen. Konzepte, Erfahrungen, Perspektiven. Weinheim: Beltz

Blanz, M. (1999): Wahrnehmung von Personen als Gruppenmitglieder. Untersuchungen zur Salienz sozialer Kategorien. Münster: Waxmann

Bennis, W./Biedermann, P.W. (1998): Geniale Teams. Das Geheimnis kreativer Zusammenarbeit. Frankfurt: Campus

Block, C. H. (2000): Von der Gruppe zum Team. München: C.H. Beck'sche Verlagsbuchhandlung

Brocher, T. (1980): Gruppendynamik und Erwachsenenbildung. Braunschweig: Westermann

Dorlöchter, H./Maciejewski, G./Stiller, E. (1996): Phoenix. Der etwas andere Weg zur Pädagogik. Ein Arbeitsbuch, Band 1. Paderborn: Schöningh

Fengler, J. (1996): Konkurrenz und Kooperation in Gruppe, Team und Partnerschaft. München: Pfeiffer

Forgas, J.P. (1987): Sozialpsychologie. Eine Einführung in die Psychologie der sozialen Interaktion. Weinheim: Psychologie Verlags Union

Francis, D./Young, D. (1989): Mehr Erfolg im Team. Reinbek: Rowohlt

Jay, R. (1998): Erfolgsgeheimnis Teambildung. Ein Team bilden, die Motivation steigern, Arbeitserfolge sichern. Niedernhausen: Falken

Kirsten, R. E./Müller-Schwarz, J. (1973): Gruppen-Training. Stuttgart: Deutsche Verlagsanstalt

Krenz, A. (2006): Teamarbeit und Teamentwicklung. Grundlagen und praxisnahe Lösungen für eine effiziente Zusammenarbeit. Wehrheim: Gruppenpädagogische Literatur

Langmaack, G./Braune-Krickau, M. (1998): Wie die Gruppe laufen lernt. Weinheim: Psychologie Verlags Union

Lück, H. E. (1985): Psychologie sozialer Prozesse. Opladen: Leske + Budrich

Maaß, E./Ritschl, K. (1997): Teamgeist. Spiele und Übungen für die Teamentwicklung. Paderborn: Junfermann

Maddux, R. B. (1999): Team Bildung. Wien: Carl Ueberreuter

Philipp, E. (1996): Teamentwicklung in der Schule. Konzepte und Methoden. Weinheim: Beltz

Pohl, M./Witt, J. (2000): Innovative Teamarbeit zwischen Konflikt und Kooperation. Heidelberg: Sauer

Rosenkranz, H. (1990): Von der Familie zur Gruppe zum Team. Paderborn: Junfermann

Sader, M. (2000): Psychologie der Gruppe. (7. Aufl.) Weinheim: Juventa

Schutz-Gambard, J. (Hrsg.) (1987): Angewandte Sozialpsychologie. Konzepte, Ergebnisse, Perspektiven. Weinheim: Psychologie Verlags Union

Stangor, Ch. (2004): Social groups in action and interaction. New York: Psychology Press

Stöger, G. (1996): Besser in Team. Weinheim/Basel: Beltz

Thomas, A. (1991): Grundriss der Sozialpsychologie. Band 1. Grundlegende Begriffe und Prozesse. Göttingen: Hogrefe

Will, F. (2002): Was bremst mein Team? 20 Situationen und ihre Lösungen. Weinheim: Beltz

Witte, E. H. (1989): Sozialpsychologie – Ein Lehrbuch. München: Psychologie Verlags Union

Yzerbyt, V. (2004): The psychology of group perception – perceived variability, entitavity and essentialism. New York: Psychology Press

15. Zusammenarbeit mit Eltern

Bernitzke, F./Schlegel, P. (2004): Das Handbuch der Elternarbeit. Troisdorf: Bildungsverlag EINS

Blank, B./Eder, E. (2000): Zusammenarbeit mit Eltern in Kindertageseinrichtungen. Arbeitshilfen für die Praxis. (2. Aufl.) Kronach: Carl Link Verlag + Deutscher Kommunal-Verlag

Bort-Gsella, W. (1994): Lebendige Elternarbeit. Münster: Ökotopia Verlag

Duslot, H. (2001): Elternarbeit. Ein Leitfaden für den Vor- und Grundschulbereich. Weinheim: Beltz

Eppel, H. et al. (1996): Mit Eltern partnerschaftlich arbeiten. Elternarbeit neu betrachtet. Freiburg: Verlag Herder

Hense, M. (2001): Eltern engagieren sich. Zusammenarbeit mit Elternbeiräten, Elternräten und Elternvertretungen. München: Don Bosco Verlag

Huth, A. (2006): Gesprächskultur mit Eltern. Weinheim: Beltz

Jansen, F./Wenzel, P. (2000): Von der Elternarbeit zur Kundenpflege. Kindertageseinrichtungen auf dem Weg zu Dienstleistungsunternehmen. München: Don Bosco Verlag

Jeske, K. (1997): Mit den Eltern und nicht für die Eltern. Zusammenarbeit für die Eltern und Erzieherinnen in Kindertageseinrichtungen. Grafschaft-Birresdorf: Vektor Verlag

Knisel-Scheuring, G. (2002): Interkulturelle Elterngespräche. Gesprächshilfen für Erzieherinnen in Kindergarten und Hort. Lahr: Kaufmann Verlag

Krenzer, R. (2001): Der Elternabend im Kindergarten. Anregungen und Vorschläge für Erzieherinnen. Lahr: Verlag Ernst Kaufmann

Lühning, E./Ringeisen-Tannhof, P. (2003): Erziehungskurse für Eltern. Das Kursleiter-Programm Fit for Kids. Weinheim: Beltz

Laewen, H.-J./Andres, B./Hedervari, E. (2006): Ohne Eltern geht es nicht. Die Eingewöhnung von Kindern in Krippen und Tagespflegestellen. (4. unveränderte Aufl.) Mannheim: Cornelsen Verlag Scriptor

Ministerium für Bildung, Jugend & Sport des Landes Brandenburg (MBJS) (Hrsg.) (1998): Elternentwicklung in Tageseinrichtungen für Kinder. Potsdam: MBJS

Penthin, R. (2001): ... Eltern sein dagegen sehr. Konzepte und Arbeitsmaterialien zur pädagogischen Elternschulung. Weinheim/München: Juventa Verlag

Schlösser, E. (2004): Zusammenarbeit mit Eltern – interkulturell. Informationen und Methoden zur Kooperation mit deutschen und zugewanderten Eltern in Kindergarten, Grundschule und Familienbildung. Münster: Ökotopia Verlag

Schopp, J. (2006): Eltern stärken – Dialogische Elternseminare. Ein Leitfaden für die Praxis. Opladen: Verlag Barbara Budrich

Stürmer, G. (2003): Neue Elternarbeit. Mitbestimmen und mitgestalten. Sonderheft der Zeitschrift „kindergarten heute". Freiburg: Verlag Herder

Textor, M. R. (1998): Elternarbeit mit neuen Akzenten. Reflexion und Praxis. (4. Aufl.) Freiburg: Verlag Herder

Textor, M. R. (2000): Kooperation mit den Eltern. Erziehungspartnerschaft von Familie und Kindertagesstätte. München: Don Bosco Verlag

Textor, M. R. (o. J.): Elternarbeit im Kindergarten. Ziele, Formen, Methoden. Norderstedt: Books on Demand GmbH

Tschöpe-Scheffler, S. (Hrsg.) (2005): Konzepte der Elternbildung – eine kritische Übersicht. Opladen: Verlag Barbara Budrich

Verlinden, M./Külbel, A. (2005): Väter im Kindergarten. Anregungen für die Zusammenarbeit mit Vätern in Kindertageseinrichtungen für Kinder. Mannheim: Cornelsen Verlag Scriptor

Weber-Röger, R. (1999): Eltern fordern uns heraus. (3. Aufl.) Freiburg: Verlag Herder

Weber, K./Herrmann, M. (2003): Erfolgreiche Methoden für die Team- und Elternarbeit. Sonderheft „kindergarten heute", Freiburg: Verlag Herder

Wiedenmann, M. (1997): Neue Wege zur Erziehungspartnerschaft. Zusammenarbeit von Kindergarten, Grundschule & Elternhaus. Dortmund: Borgmann publishing

Wünsche, M./Reinecker, H. (2006): Selbstmanagement in der Erziehung. Ein Training mit Eltern. Göttingen: Hogrefe Verlag

Wolf, B. (2002): Elternhaus und Kindergarten. Einschätzungen aus zwei Perspektiven (Eltern und Erzieherinnen). Aachen: Shaker Verlag

16. Öffentlichkeitsarbeit

Arlt, H. J. (2001): Kommunikation, Öffentlichkeit, Öffentlichkeitsarbeit. PR von gestern, PR für morgen. Das Beispiel Gewerkschaft. Wiesbaden: Westdeutscher Verlag

Brauer, G. (1993): Econ Öffentlichkeitsarbeit. München: Econ Verlag

Bürger, J. H. (1998): Arbeitshandbuch Presse und PR. Tipps und Tricks eines PR-Profis. Essen: Stam Verlag

Deutscher Bundesjugendring (Hrsg.) (2001): Reden ist Silber – Schweigen ist Schrott. Handbuch der Öffentlichkeitsarbeit. Münster: Votum Verlag

Fesenfeld, B. (1997): Presse und Öffentlichkeitsarbeit für Kinderrechte. Ein Praxisbuch. Mühlheim: Verlag an der Ruhr

Koschnick, W. J. (1996): Standard-Lexikon Werbung, Verkaufsförderung, Öffentlichkeitsarbeit. 2 Bände. Stuttgart: Schäffer-Poeschel Verlag

Krenz, A. (2002): Handbuch Öffentlichkeitsarbeit. Professionelle Selbstdarstellung für Kindergarten, Kindertagesstätte und Hort. (4. Aufl.) Freiburg: Verlag Herder

Luthe, D. (1994): Öffentlichkeitsarbeit für Non-Profit-Organisationen. Augsburg: Maro Verlag

Pfannendörfer, G. (1995): Kommunikationsmanagement. Das ABC der Öffentlichkeitsarbeit für soziale Organisationen. Baden-Baden: Nomos Verlagsgesellschaft

Reichhardt, I. (2002): Erfolgreiche Öffentlichkeitsarbeit. Niedernhausen: Falken Verlag

Reineke, W./Eisele, H. (1999): Taschenbuch der Öffentlichkeitsarbeit. (3. Aufl.) Heidelberg: Sauer Verlag

Rossmann, E. (2000): Öffentlichkeitsarbeit und Kampagnenplanung. Über den richtigen Umgang mit Medien. Wien: ÖGB-Verlag

17. Anleitung und Beratung von Praktikantinnen und Praktikanten

Ellermann, W. (2007): Das sozialpädagogische Praktikum. Mannheim: Cornelsen Verlag Scriptor

Jochmann, H./Schulz, S. (2003): In die Praxis starten. Praxisleitfaden für Erzieher/innen in Heim und Jugendarbeit. Berlin: Cornelsen Verlag

Marona-Glock, K./Höhl, U. (2007): Praxisanleitung Anleiter/innen – Qualifikation in sozialpädagogischen Berufen. Mannheim: Cornelsen Verlag Scriptor

Weitere Quellenangaben

S. 21: Beiner, F. (1988): Vom Recht des Kindes, so zu sein, wie es ist. In: Welt des Kindes, Heft 4/1988, S. 16

S. 25: Hilgers, M. (1996): in: Krenz, Armin: Mit Kindern jeden Tag erleben. (3. Aufl.) Modautal: Verlag Peter Höll, S. 76

S. 62: Jean-Jacques Rousseau: „Emil oder über die Erziehung" vollständige Ausgabe in neuer deutscher Fassung von Ludwig Schmidts UTB 115, Verlag Schöningh, Paderborn, 13., unveränderte Auflage 1998

S. 81: Satir, V. (2007): Mein Weg zu dir: Kontakt finden und Vertrauen gewinnen. (3. Aufl.) München: Kösel-Verlag

S. 121: Jean Paul (Johann Paul Friedrich Richter) (1996): Sämtliche Werke, Band 5. Levana oder Erziehlehre. Frankfurt a. M.: Zweitausendeins

S. 123: Lewin, K. (1963): Feldtheorie in den Sozialwissenschaften. Bern: Huber, S. 104

S. 124: Saint-Exupéry, A. de (1993): Man sieht nur mit dem Herzen gut. Freiburg: Verlag Herder

S. 125: Deutsche UNESCO-Kommission (Hrsg.) (1997): Lernfähigkeit – unser verborgener Reichtum. UNESCO-Bericht zur Bildung für das 21. Jahrhundert. Neuwied/Kriftel/Berlin: Luchterhand („Delors-Bericht"), S. 14

S. 126: Bibliographisches Institut und F. A. Brockhaus (Hrsg.): Der Brockhaus in einem Band, 10. vollständig überarbeitete und aktualisierte Auflage, Mannheim, 2005

S. 133: Frisch, M. (1985): Tagebuch 1946–1949. (11. Aufl.) Frankfurt a. M.: Suhrkamp Verlag, S. 29

S. 137: Schaffner, K. (2007): Das Kind und der Wind – Gedichte für Kinder und Erwachsene. Celle: Pohl-Verlag Celle

S. 138: Konfuzius: Übersetzer: Ralf Moritz, Ditzingen: Reclam

S. 139: Andersen, Hans Christian: Sämtliche Märchen und Geschichten (aus dem Dänischen von Eva-Maria Blühm), Band 1/2
© Aufbau Verlagsgruppe GmbH, Berlin 1953
(diese Ausgabe erschien erstmals 1953 als Band 132/133 der Sammlung Dietrich, Leipzig; Sammlung Dietrich ist eine Marke der Aufbau Verlagsgruppe GmbH)

S. 143: Maffay, P. (2003): Nessaja. In: Tabaluga oder die Reise zur Vernunft. (Audio-CD) München: Ariola (Sony BMG)

S. 151: Jean-Jacques Rousseau: „Emil oder über die Erziehung" vollständige Ausgabe in neuer deutscher Fassung von Ludwig Schmidts UTB 115, Verlag Schöningh, Paderborn, 13., unveränderte Auflage 1998

Teil VI

Kommentierte Publikationen mit besonderem Lese- und Bedeutungswert für den „Situationsorientierten Ansatz"

Es ist nicht leicht, sich heutzutage auf dem unübersichtlichen Büchermarkt der Elementar- und Primarpädagogik zurechtzufinden. Aus diesem Grunde soll an dieser Stelle auf einige ganz besonders lesenswerte Publikationen hingewiesen werden, die durchaus auch als Grundliteratur für den situationsorientierten Ansatz angesehen werden können:

Becker-Stoll, Fabienne & Textor, Martin R. (Hrsg.): Die Erzieherin-Kind Beziehung. Zentrum von Bildung und Erziehung. Cornelsen Verlag Scriptor, 176 Seiten, Berlin/Düsseldorf/Mannheim 2007

Es ist in hohem Maß zu begrüßen, dass es dieses Buch gibt, zumal sich die ganze Welt der deutschen Elementarpädagogik zurzeit mehr um kognitive Bildungsangebote für Kinder zu interessieren scheint als für fachlich notwendige Schwerpunkte. Und die finden sich in gebündelter Kompetenz in dieser Publikation. Einfach unschlagbar interessant, informativ und bedeutungsvoll sind vor allem die Beiträge von Becker-Textor, Dr. Textor und Dr. Strätz, die Leser/-innen geradezu in Atem halten und dafür sorgen, immer wieder das Wesentliche in einer Interaktion mit Kindern im Auge zu behalten. Eine wundervolle Ergänzung dazu ist die Publikation von Hedi Friedrich: „Beziehungen zu Kindern gestalten".

---

von der Beek, Angelika; Buck, Matthias; Rufenach, Annelie: Kinderräume bilden. Ein Ideenbuch für Raumgestaltung in KiTas. Ein Werkstattbuch. 180 Seiten, Beltz Verlag, Weinheim und Basel 2. erw. Aufl. 2006

Das Buch gefällt aus vielerlei Gründen. Zum einen werden die inhaltlichen Ausführungen durch ungezählte Fotos untermauert, sodass es den Lesern und Leserinnen leichtfällt, sich eine möglichst genaue Vorstellung von den vorgestellten Raumideen machen zu können. Zum anderen enthält das Buch im Anschluss an jedes Teilkapitel entsprechende Planungshilfen, in denen jeweils elf Aspekte näher beschrieben werden: Räumliches, Ausstattung, Akustik, Beleuchtung, Farbe, Ästhetik, Inhaltliches, Organisatorisches, Regeln, Einbezug der Eltern und Absprachen zwischen dem hauswirtschaftlichen Personal und den Pädagogen. Letztendlich drücken aber sowohl die Inhalte selbst als auch die Fotos an allen Stellen eine sinnlich geprägte Raumästhetik aus – und das ist gar nicht hoch genug einzuschätzen. Leider zeigt sich häufig in der Praxis der Raumgestaltung vieler Kindertagesstätten eine wenig ansprechende Raumkultur. Sei es durch die Einrichtungsgegenstände selbst, die Anordnung der Möbel, die Raumaufteilung oder Raumgestaltung. Ja, es kann gesagt werden, dass in vielen Einrichtungen keine Wohnkultur existiert. Und genau an dieser Stelle setzt das Buch an. Es sensibilisiert für Wesentliches und Bedeutsames in Kinderräumen. Es vernetzt Praktisches mit ästhetischen Eindrücken und berührt die Ebene des Erlebens, um auch selbst zu begreifen, dass Räume auch einen eindrücklichen „Bildungswert" besitzen. Ohne Umschweife kann gesagt werden, dass es sich ohne Einschränkung lohnt, diese wundervolle Publikation anzuschaffen, um einerseits auf neue Ideen zu kommen und andererseits zu bemerken, dass vielleicht die eigenen Räume einer Veränderung bedürfen.

Bergmann, Wolfgang: Das Drama des modernen Kindes. Hyperaktivität, Magersucht, Selbstverletzung. 204 Seiten, Beltz Verlag, Weinheim 2006

Wolfgang Bergmann legt nach seinen beiden ebenfalls gelungenen Publikationen „Die Kunst der Elternliebe" und „Gute Autorität – Grundsätze einer zeitgemäßen Pädagogik" (ebenfalls beide Beltz Verlag) erneut ein außergewöhnlich gutes Buch vor! Er beschreibt anhand vieler Beispiele aus seiner psychologischen Praxis und durch einige Forschungsergebnisse belegte Fakten, wie viele Kinder heute aufwachsen, was sie erleben, welche Einflüsse zu seelischen Irritationen führen können und welchen Seelenproviant heutzutage immer mehr Kinder vermissen. Er führt Leserinnen und Lesern vor Augen, warum Kinder in dieser immer unruhiger und unübersichtlicher werdenden Welt in seelische Nöte geraten, und gibt gleichzeitig deutliche Hinweise, wie Erwachsene der Entwicklung von Kindern hilfreich zur Seite stehen können. Das Buch ist leicht zu lesen, interessant geschrieben und macht betroffen.

Brazelton, T. Berry & Greenspan, Stanley I.: Die sieben Grundbedürfnisse von Kindern. Was jedes Kind braucht, um gesund aufzuwachsen, gut zu lernen und glücklich zu sein. 360 Seiten, Beltz Verlag, Weinheim und Basel 2002

Die beiden Autoren schaffen es außergewöhnlich gut, wesentliche Grundlagen einer positiv verlaufenden Entwicklung „auf den Punkt" zu bringen. Ihrer Meinung nach betreffen die beschriebenen Grundbedürfnisse sowohl Erfahrungen als auch bestimmte Formen der Fürsorge und Betreuung, auf die jedes Kind ein Recht hat. In einer Wohlstandsgesellschaft wie der unsrigen hat jeder die Pflicht, dafür Sorge zu tragen, dass diese Grundbedürfnisse der Kinder ernst genommen und nicht ignoriert werden. Sobald wir sie jedoch genauer, wie in diesem Buch geschehen, klar beschreiben und daraus praktische Konsequenzen ziehen, desto deutlicher wird sogleich, dass viele Kinder ohne eine sättigende Befriedigung dieser Grundbedürfnisse aufwachsen (müssen?). Greenspan und Brazelton sagen dazu: „Als Ärzte, denen das Wohlergehen der Kinder zutiefst am Herzen liegt, können wir die Selbstgefälligkeit, mit der diese Situation stillschweigend geduldet wird, nicht länger tolerieren. Erreichen können wir unser Ziel langfristig nur, wenn wir den Grundbedürfnissen der Kinder, von denen in diesem Buch die Rede ist, neben den Menschenrechten die höchste internationale Priorität als „Recht" eines jeden Individuums einräumen." So engagiert, klar, deutlich, ohne Umschweife, couragiert und perspektivisch ausgerichtet diese Aussage formuliert ist, so treffsicher, praktisch und sinnverbunden sind ihre Buchausführungen. Gerade wenn die Diskussion in Deutschland über Bildungsvereinbarungen und neue Grund-lagen einer Bildungsoffensive geführt wird, bei der es nur selten um diesen von Brazelton und Greenspan gesetzten Schwerpunkt geht, ist es mehr als notwendig, sich diesem hier behandelten Schwerpunkt zu widmen. Dieses Buch rüttelt auf und richtet den Blick auf das Wesentliche.

DeGrandpre, Richard: Die Ritalin-Gesellschaft. ADS: Eine Generation wird krankgeschrieben. 253 Seiten, Beltz Verlag, Weinheim und Basel 2005

Diese Publikation unternimmt den gelungenen Versuch, jene Veränderungen zu verstehen und zu erklären, wieso bei so vielen Kindern und Heranwachsenden auf einmal ADS oder, wie es fachspezifischer genannt wird, ein „Aufmerksamkeitsdefizit-Hyperaktivitätssyndrom bzw. ADHS diagnostiziert und mit Psychostimulanzien wie beispielsweise Ritalin behandelt wird. Studien haben zum Beispiel gezeigt, dass die meisten hyperaktiven, an Aufmerksamkeitsdefizit leidenden Kinder sich unter reizgesättigten Bedingungen in „normale, alltägliche" Kinder verwandeln. Sie haben gezeigt, dass Kinder erst dann mit Verhaltensirritationen reagieren, wenn der Strom an Reizen nachlässt. Das Problem hat also weniger mit einer angeborenen Funktionsstörung im Hirn zu tun (für die bis heute jeder wissenschaftliche Beweis aussteht), sondern vielmehr damit, wie die Ausbreitung einer heutigen „Schnellfeuer-Kultur" das menschliche Bewusstsein verwandelt hat. Längsschnittuntersuchungen haben gezeigt, dass „ADS bzw. ADHS-Probleme" sowie eine große Anzahl anderer kindlicher Schwierigkeiten ihren Ursprung in der psychischen Entwicklung haben und darüber hinaus in der Gesellschaft auffallend vermehrt auftreten. Der Autor (Psychologe und Pharmakologe), der als Gastprofessor Psychologie am St. Michaels College in Vermont tätig ist, versteht es außergewöhnlich gut, die Verbindung zwischen dieser Beschleunigungskultur, dem eigenen Bewusstsein und der wachsenden Abhängigkeit von stimulierenden Medikamenten aufzuzeigen. Er klärt über Mythen und Missverständnisse auf, die sich um ADS und seine „Lösung durch Ritalin" ranken, und zeigt Alternativen auf, die allerdings das ganze System Familie und auch gesellschaftliche Korrekturen einschließen. Es müsste für professionelle Fachkräfte eine Selbstverständlichkeit sein, dieses informative Buch zu lesen, um einerseits selbst Klarheit zu diesem Themenkomplex zu bekommen und andererseits mit Kolleginnen und Eltern in dieser Frage „auf den Punkt zu kommen". Diese Publikation ist eine hervorragende Ergänzung des Buches von Thomas Armstrong „Das Märchen vom ADHS-Kind" (Junfermann Verlag, Paderborn 2002)

Delfos, Martine F.: „Sag mir mal ..." – Gesprächsführung mit Kindern. 204 Seiten, Beltz Verlag, Weinheim und Basel 2004

Grundlage dieses Buches sind gründliche wissenschaftliche Forschungsarbeiten, die die Gesprächsführung mit Kindern in einen umfassenden theoretischen und praktischen Rahmen stellen. Darüber hinaus basiert diese Publikation auf den vielfältigen Erfahrungen der Autorin in ihrer Funktion als Therapeutin und vielen Gesprächen mit Kindern und Fachkollegen. Das zweite, sehr interessante Kapitel bezieht sich zum erheblichen Teil auf das Buch „Entwicklung aus der Vogelperspektive. Die Entwicklung von Kindern und Heranwachsenden", das die Autorin 1999 publizierte. Das Kapitel vier stützt sich zu einem großen Teil auf die Zusammenfassung von Van Beek (1997), die unter anderem aus dem Werk von Yarrow (1960), Rich (1968) und Emans (1990) schöpfte. Es ist mehr als erfreulich, dass endlich ein Buch zur Gesprächsführung mit Kindern zwischen vier und zwölf Jahren erschienen ist – eine praktische, theoretisch fundierte und humanistisch geprägte Publikation, in der echtes Gesprächsinteresse und eine professionelle Gesprächsführung miteinander verbunden sind. Auf eine solche Veröffentlichung haben sicherlich schon viele elementarpädagogische Fachkräfte seit Langem gewartet.

Doherty-Sneddon, Gwyneth: Was will das Kind mir sagen? Die Körpersprache des Kindes verstehen lernen. 263 Seiten, Verlag Hans Huber, Bern 2005

Dieses Buch erläutert in einer klaren, einfachen Sprache und anhand vieler Beispiele, was sich häufig hinter den unterschiedlichen Gebärden eines Kindes, seinem Gesichtsausdruck und seinem Blick verbirgt. Die Autorin geht dabei sehr systematisch vor, sodass es nicht schwerfällt, die „wortlose" Kommunikation von Kindern bewusster und fachkompetenter wahrzunehmen und den jeweiligen Ausdruckswert besser zu verstehen. Dabei dokumentiert sie immer wieder ihre Aussagen mit Forschungsergebnissen oder empirisch gesammelten Erkenntnissen. Wer also in der Pädagogik den Anspruch hat, „Kinder da abzuholen, wo sie stehen", sollte sich mit Sicherheit dieses Buch besorgen, um das körperliche Ausdrucksverhalten von Kindern noch besser deuten zu können.

Esser, Wolfgang G. und Kothen, Susanne: Die Seele befreien. Kinder spirituell erziehen. Kösel-Verlag. 232 Seiten, München 2005

Hildegard von Bingen brachte es einmal so auf den Punkt: „Drei Pfade hat der Mensch in sich, in denen sich sein Leben verwirklicht: die Seele, den Leib und die Sinne. Die Seele belebt den Leib und leitet auch in die Sinne den Lebenshauch. Der Leib zieht die Seele an und öffnet die Sinne (nach außen). Die Sinne schließlich berühren die Seele und vermitteln dem Körper die Reize (der Außenwelt)." Es ist aus zweierlei Gründen mehr als erfreulich, dass sich die beiden Autoren diesem „sinnlichen" Thema widmen. Zum einen haben Kinder ein wundervolles Gespür dafür, dass ihr Leben mehr ist als nur atmen, essen, den Tag verbringen und schlafen. Kinder nehmen die Welt und ihre unsagbar vielen Facetten um sich herum mit staunenden Augen und neugierigen Fragen wahr. Sie lassen sich bereitwillig und gerne – gerade durch sich selbst – in die Geheimnisse des Lebens entführen, tauchen in die Tiefe der Entdeckungsvielfalt ein und sehen vieles wie ein Wunder an. Dieser Blick ist einer Reihe von Erwachsenen inzwischen verloren gegangen. Zum anderen hat die „Bildungsdiskussion" sowohl im elementarpädagogischen Bereich selbst als auch im (sozial)politischen Feld eine „allumspannende, überdimensionale kognitive Dimension" erreicht, die kaum noch Platz für eine Sinnlichkeit und Spiritualität zu lassen scheint. Und genau aus diesen zwei Blickwinkeln trifft das Buch das Wesentliche in einer humanistischen Pädagogik zu einer sehr passenden Zeit. Schon 1970 schrieb der bekannte englische Psychiater Ronald D. Laing in seinem Buch „Phänomenologie der Erfahrung" den Satz, dass der schon früh um die Erfahrungen der inneren Welt betrogene Mensch verstümmelt ist, auch in seiner innerpersonellen Erfahrung und seiner Wahrnehmungsfähigkeit. Das Buch lädt ein zum Riechen, Tasten, Schmecken, Horchen und Schauen, zum meditativen Tanz und zum Philosophieren, zum bildnerischen Gestalten und zum Malen, zu Musik, zum Sinnesausdruck und zur Imagination, zum Spüren von Sinneseindrücken und zum Märchenlauschen, zu Bildbetrachtungen und eigenen Collagen, zum Festefeiern und zum Singen. Welch ein Reichtum persönlichkeitsbildender Momente.

Frick, Jürg: Die Droge Verwöhnung. Beispiele, Folgen, Alternativen. 176 Seiten, Verlag Hans Huber, Bern 3. überarb. und erg. Auflage 2005

Der Autor zeigt anhand zahlreicher Beispiele, wie sich Verwöhnung beschreiben lässt, welche Formen sie annehmen kann, warum Erwachsene Kinder (un)bewusst verwöhnen, welche Folgen sie für alle Beteiligten hat und vor allem welche Alternativen es gibt, Kinder zu lieben und wertzuschätzen, ohne eine Verwöhnung zu installieren. Das Buch ist sehr übersichtlich gestaltet, leicht zu lesen und mit fachkundigen Inhalten gefüllt. Es dient einerseits einer kritischen Selbstbestimmung der eigenen Pädagogik. Andererseits ist es die zurzeit wohl beste Veröffentlichung zum Thema, sodass die qualitätsgeprägten Inhalte die Grundlagen für eine spannende Themenelternabendreihe bilden.

Friedrich, Hedi: Beziehungen zu Kindern gestalten. 196 Seiten, Beltz Verlag, Weinheim/Basel 3. erw. Aufl. 2003

Diese Veröffentlichung befasst sich mit einem außerordentlich wichtigen Thema, das bei aller „Bildungsverplanung von Kindern in den Jahren nach PISA" leider in der Praxis stark vernachlässigt wird. Friedrich rückt dabei zentrale Fragen in den Mittelpunkt, etwa welche Bedeutung eine tragfähige Beziehung für die Entwicklung von Kindern hat, wie sich Beziehungen zu Kindern aufbauen und gestalten lassen, wie sie gelingen und woran sie scheitern (können/müssen), wie sich Beziehungen und Freundschaften zwischen Kindern entwickeln, worin sich diese von den Kontakten zu Erwachsenen unterscheiden, wie sich die Beziehungen zu den wichtigsten Bezugspersonen in der Beziehung zu Gegenständen widerspiegelt, wie sich das unterschiedliche Zeiterleben von Kindern und Erwachsenen auf die Beziehungen im Alltag auswirkt, wie Konflikte daraus entstehen und wie gemeinsame Zeit wirklich tief erlebt werden kann, wie sich Räumlichkeiten auf die Gestaltung von Beziehungen auswirken können und dass zum Leben in Beziehungen auch Abschiede gehören, die sorgsam und tiefsinnig erlebt werden wollen. Alle diese Punkte sind für elementarpädagogische Fachkräfte eine Aufforderung zur Reflexion ihrer Beziehungsgestaltung zu Kindern. Die Inhalte provozieren auf eine wundervolle Art und Weise diese konstruktive Auseinandersetzung mit sich selbst, mit dem eigenen Berufsverständnis, der Berufsrolle und persönlichen Merkmalen, die sich in einer besonderen Form der Umgangskultur niederschlagen. Beispiele und Informationen sind außergewöhnlich gut miteinander verzahnt und es macht Freude, das Buch von Hedi Friedrich zu lesen – von der ersten Zeile bis zum Schluss.

Grossmann, Karin & Grossmann, Klaus E.: Bindungen – das Gefüge psychischer Sicherheit. 672 Seiten, Verlag Klett-Cotta, Stuttgart 2004

Seit über 30 Jahren betreiben die Wissenschaftler Karin und Klaus Grossmann ihre weltweit beachteten Langzeituntersuchungen über menschliche Bindungen. Jetzt haben die bekanntesten Bildungsforscher Deutschlands in einer großen Monografie ihr Lebenswerk vorgelegt. Die Erkenntnisse führen offensichtlich weit über das bisherige Wissen hinaus. So haben die beiden Forscher über mehr als 20 Jahre fast 100 Kinder von der Geburt an wissenschaftlich begleitet und beobachtet. Dabei werden der Bindungsprozess und die Entstehung psychischer Sicherheit von ihren frühen Anfängen ebenso dargestellt wie die unterschiedlichen Rollen von Müttern und Vätern, außerdem der Einfluss von Bindungen bei Erwachsenen bis ins hohe Lebensalter, in dem der Wunsch nach verlässlichen Bindungen wieder zunimmt. Von der Qualität der Erfahrungen mit Mutter und Vater hängt ab, welche Erfahrungen das Kind und später der junge Mensch darüber entwickelt, wie andere Menschen auf ihn reagieren werden, wenn er Zuwendung und Unterstützung braucht. Im positiven Fall entwickelt der Mensch ein gesundes Selbstvertrauen. Wie die Forschungsergebnisse weiter zeigen, führen positive Erfahrungen mit Mutter und Vater zur Bereitschaft, verlässliche und vertrauensvolle Beziehungen einzugehen, die auf Gegenseitigkeit beruhen, negative dagegen leisten das nicht. Bereits in den ersten Lebensjahren wird das Fundament gelegt für die Qualität von Freundschaften, Partnerschaften und den rücksichtsvollen sozialen Umgang mit anderen. Selbstverständlich haben diese Forschungsergebnisse auch eine entscheidende Bedeutung für die Gestaltung der Elementarpädagogik, die Beziehungsstrukturen und Beziehungsqualität zwischen Erwachsenen und Kindern im weiteren Sinne. Die Ergebnisse dokumentieren in deutlicher Art und Weise, dass die gesamte elementarpädagogische Qualität stets nur in Verbindung mit der Bindungsforschung betrachtet werden kann/muss. Dieser Hinweis ist für elementarpädagogische Fachkräfte ebenso bedeutsam wie für politische Mandatsträger und institutionell verantwortliche Funktionäre. Das Buch ist ein Meilenstein in der Beantwortung der Frage, wie Bindungen zu psychischer Sicherheit führen!

Hauch, Gitta: „Der Doktor hat gesagt, es ist psychosomatisch ..." – Kinderpsychosomatik für Eltern, Therapeuten und alle, die neugierig sind. 134 Seiten, Verlag Modernes Lernen, Dortmund 2004

Die Autorin, Diplom-Sozialpädagogin und Kinder-/Jugendlichenpsychotherapeutin, arbeitet als Lehrerin des Bereichs Kinder- und Jugendlichenpsychosomatik am St.-Vincenz-Hospital in Coesfeld. Sie will in ihrem Buch unter rigorosem Verzicht auf die oft abschreckende Sprache der sogenannten Experten das Entstehen und den Sinn von psychosomatischen Symptomen und Erkrankungen beleuchten. Ihr Anspruch ist es, das diagnostische Vorgehen durchsichtig und die eingeleiteten Maßnahmen der Therapie für Leser/-innen nachvollziehbar zu machen. Relativ gesicherte Ergebnisse aus dem Feld der Entwicklungspsychologie, -biologie und der Hirnforschung stützen dabei die Aussagen des Buches. Bei der Frage, ob die Autorin ihre selbst gesetzten Ziele erreicht, kann ohne große Überlegung eine völlig uneingeschränkte Zustimmung gegeben werden. Gitta Hauch schafft es mit jeder Zeile ihres Buches, interessierte Leser/-innen zu fesseln. Dabei spielen ganz unterschiedliche Aspekte eine Rolle. Auf der einen Seite sind es die vielen, vielen Beispiele, die die Inhalte so lebendig und nachvollziehbar machen (die Autorin legt Wert darauf zu erwähnen, dass alle Personen in diesem Buch nicht erfunden sind), auf der anderen Seite ist die praxisverknüpfte Theorie außerordentlich gut und leicht lesbar dargestellt. Und schließlich ist die personorientierte Art, in der die Autorin ihre Aussagen – fachkompetent und gleichzeitig selbstkritisch – zu Papier bringt, überzeugend.

Dieses Buch sollte eine Pflichtlektüre für alle (sozial)pädagogischen, therapeutischen und medizinischen Fachkräfte – ebenso wie für interessierte Eltern – sein. Es ist wegweisend in der zurzeit immer noch nahezu völlig funktionalisierten Betrachtung psychosomatischer Irritationen bei Kindern und Jugendlichen.

Juul, Jesper & Jensen, Helle: Vom Gehorsam zur Verantwortung. Für eine neue Erziehungskultur. 358 Seiten, Beltz Verlag, Weinheim 2005

Das Buch thematisiert die vielfältigen Beziehungen und ihre Prozesse, die Erzieher/-innen ind Lehrer/-innen mit Kindern und Jugendlichen in der gemeinsamen Arbeitszeit tagtäglich durchlaufen. Dabei spielt der Begriff „Beziehungskompetenz" (als „missing link" zwischen Betreuung, Aufmerksamkeit und Respekt) eine ganz zentrale Rolle in diesem Buch! So gehen beispielsweise die beiden Autoren davon aus, dass gerade die „soziale Kompetenz" der Kinder nur dann von ihnen selbst internalisiert werden kann, wenn die Erwachsenen untereinander eine gute Beziehungskompetenz besitzen. So ist das Buch vor allem ein Plädoyer gegen eine funktionalisierte Pädagogik, die ihr Selbstverständnis aus der isolierten Lernzielformulierung für Kinder zieht. Nach Meinung der Autoren geht es in der Pädagogik durchweg nicht mehr um eine sogenannte „Gehorsamskultur", sondern um die Entwicklung von Menschen mit einem hoch entwickelten Selbstbewusstsein und einer persönlichen Integrität. Die Publikation selbst ist keine theoretisierte Abhandlung irgendwelcher Hypothesen, sondern ein hilfreiches Praxisbuch – aus der Praxis für die Praxis. Es ist außerordentlich gut lesbar und motiviert, an sehr, sehr vielen Stellen über sich selbst und die Frage nachzudenken, wie schließlich die eigene Pädagogik gestaltet wird und wo auch dort ein möglicher Paradigmenwechsel in der Einschätzung von Situationen angezeigt ist. Das Buch gibt insofern Impulse am laufenden Band und ist sicherlich für alle Personen richtungsweisend, die entweder durch die Alltagsroutine neue Blickrichtungen entdecken wollen/müssen oder auf der Suche sind, ihr Selbstverständnis als Fachkraft neu zu ordnen.

Kazemi-Veisari, Erika: Kinder verstehen lernen. Wie Beobachten zu Achtung führt. Kallmeyer'sche Verlagsbuchhandlung. 127 Seiten, Seelze-Velber 2004

Diese Veröffentlichung zum Schwerpunkt „Beobachtung" ist in keiner Weise vergleichbar mit anderen Publikationen desselben Schwerpunkts. Dr. Kazemi-Veisari bringt – wie auch schon in ihren früheren Veröffentlichungen – ihr haltungsorientiertes Selbstverständnis dadurch zum Ausdruck, dass sie in allem das Kind als Subjekt innerhalb der Pädagogik sieht. So auch bei dem Schwerpunkt „Beobachtung"! Und das nicht nur als eine inhaltsleere Worthülse – wie viele andere Autoren –, sondern als eine Aussage mit praktischer Konsequenz für beobachtende elementarpädagogische Fachkräfte. Sie versteht die Aufgabe der Beobachtung als einen wertschätzenden Schritt auf das Kind zu, um sich mit seiner Persönlichkeit, seinem Leben und seinen individuellen Besonderheiten vertraut zu machen. So besteht diese Publikation nicht aus einer Zusammenstellung unterschiedlicher Beobachtungslisten oder einem Eigenschaftsinventarium, einem Entwicklungsraster oder gar aus vorgegebenen Einschätzskalen. Dr. Kazemi-Veisari versteht die Form und Aufgabe einer Beobachtung als einen Dialog mit dem Kind, um es richtig zu verstehen, die Dinge aus seinen Augen zu betrachten und somit die Einmaligkeit eines jeden Kindes zu begreifen. So ungewohnt die Tatsache für viele elementarpädagogische Fachkräfte auch sein wird, dass die Autorin konsequent auf jegliches „Beobachtungsmaterial" verzichtet, so nachvollziehbar ist die Absicht, die dahintersteckt, entsprechend ihrer Überzeugung: „Wir sehen die Dinge nicht so, wie sie sind, sondern wie wir sind." Dr. Kazemi-Veisari richtet sich deshalb mit ihrem Buch an empathische, wirklich suchende und nachdenkliche Fachkräfte, die sich mit ihrer eigenen subjektiven Betrachtung aktiv auseinandersetzen wollen und jede Form einer Verurteilung von Kindern aus tiefster Überzeugung ablehnen. Sie will, dass durch Beobachtungen tiefere Beziehungen entstehen und Erzieher/-innen es ablehnen, über Kinder ein Urteil zu fällen, weil es eine Einstellungsaussage über die beobachtende Person selbst ist. Damit elementarpädagogische Fachkräfte aber auch praktische Impulse erhalten und Vorstellungen darüber entwickeln können, wie solche Beobachtungen vorgenommen und entsprechende Dokumentationen verfasst werden können, liefert die Autorin 33 praktische Beispiele in ihrer Publikation. Nun liegt es an jeder Fachkraft selbst, welche Vorgehensweise von ihr zur Grundlage der Beobachtung gemacht wird.

Lee, Jeffrey: Abenteuer für eine echte Kindheit. Die Anleitung. 281 Seiten, Piper Verlag, München 2005

In einer Zeit des „Verpädagogisierens und Vertherapeutisierens" von Kindheiten – ausgelöst (aber nicht verursacht!) durch die bisher vorgelegten PISA-Studien und die Bildungsdynamik der Politik und vieler „Bildungswissenschaftler" – gibt es im deutschsprachigen Raum immer weniger Fachliteratur, die sich kompetent und konsequent für eine fröhliche, möglichst unbeschwerte Kindheit der Kinder einsetzt. Umso erfreulicher ist es, dass diese Publikation im Piper Verlag erschienen ist. Hier beschreibt ein Amerikaner, welche Mühe es ihn selbst als Vater zunächst gekostet hat, die ursprünglichen Bedürfnisse seiner Kinder zu spüren und sich dafür einzusetzen, gemeinsam mit den Kindern die Vielfalt des Lebens zu entdecken. So erinnert das ganze Buch an den großen Wert der vielen kleinen Dinge, die offensichtlich zu einer wertvoll erlebten Kindheit gehören. Dabei geht es um die Wiederentdeckung alltäglicher Abenteuer, die sowohl im Haus als auch im (un)mittelbaren Umfeld darauf warten, entdeckt zu werden. Allerdings – und vor allem – gehören Erwachsene dazu, die einerseits eine Sensibilität für diese kleinen, aber wesentlichen Dinge des Lebens besitzen und andererseits mit Freude an die Aufgabe gehen, diese wundervollen und teilweise wundersamen Überraschungen und Herausforderungen des Lebens gemeinsam mit Kindern erfahren zu wollen. Mit Sicherheit kann gesagt werden, dass dieses Buch nicht nur eine Pflichtlektüre für Erwachsene sein sollte, sondern dass es auch eine Fundgrube für wiederzuentdeckende Lebensgeheimnisse darstellt – für Eltern ebenso wie für professionelle elementarpädagogische Fachkräfte, die vielleicht gar nicht mehr den Blick für das Wesentliche einer glücklichen Kindheit besitzen. Solange lediglich ungezählte Lernziele die Pädagogik bestimmen und der „Förderaspekt" von Kindern im Vordergrund steht, so lange werden die wesentlichen Dinge des Lebens eher unbeachtet bleiben und ungenutzt „in der Schublade des Lebens" verstauben. Vielleicht kann dieses wundervolle Buch auch dazu anregen, einen Perspektivwechsel in der elterlichen und professionellen Pädagogik vorzunehmen. Das wäre allen Kindern und auch den Erwachsenen selbst zu wünschen.

Lill, Gerlinde: Begriffe versenken. Sinn und Unsinn pädagogischer Gewohnheitswörter. 88 Seiten, „Verlag das Netz", Weimar/Berlin 2007

Über drei Jahre lang erschienen in der Zeitschrift „Betrifft Kinder" sowie in einem Extraheft Betrachtungen über den Sinn und Unsinn ganz bestimmter Gewohnheitswörter, die sich „heimlich, still und leise" immer stärker in den Wortschatz pädagogischer Fachkräfte etabliert haben und mit der Zeit kaum noch von ihnen hinterfragt wurden. Gerlinde Lill wollte bzw. konnte aus ihrem fachlichen Verständnis heraus diesen Um- und Zustand nicht länger akzeptieren (erdulden) und hat nun den sehr gelungenen Versuch unternommen, ihr „Leid" zu ändern. Mutig, pfiffig, deutlich, gradlinig, teilweise witzig und dennoch immer wieder fachkompetent sowie sachlich ausgerichtet geht sie der Bedeutung und der Sinnhaftigkeit viel und gern genutzter auf den Grund. Dabei nutzt sie ihre spezifische Betrachtung teilweise wie ein scharfes Schwert, das punktgenau ins Schwarze trifft. Es macht nicht nur Freude, ihren Gedanken zu folgen, sondern sie rüttelt an Wortfundamenten, die größtenteils nie welche waren. Es lohnt sich allemal, den klaren Betrachtungen der Autorin zu folgen, um einerseits in seiner eigenen Sprache „aufzuräumen" und andererseits insgesamt sorgsamer mit Begriffen umzugehen. Darüber hinaus hat eine solche Standortbestimmung von Worten auch Auswirkungen auf die Formulierung in Konzeptionen oder in pädagogisch orientierten Diskussionen. Dieses äußerst lesenswerte Buch gehört ebenso unbestritten in jede Kindertagesstätte wie in die Ausbildung sozialpädagogischer Fachkräfte, um einer ständig zunehmenden und damit beklagenswerten Begriffsleere sogenannter „Unworte" fachkompetent und engagiert entgegenzutreten.

Mannhard, Anja, und Scheib, Kristin: Was Erzieherinnen über Sprachstörungen wissen müssen. Mit Spielen und Tipps für den Kindergarten. 136 Seiten, Ernst Reinhardt Verlag, München 2005

Die beiden Lehrlogopädinnen Anja Mannhard und Kristin Scheib weisen in ihrer Publikation auf die hohe Bedeutung der Sprache und die damit verbundene Sprachförderung bei Kindern mit sprachlichen Auffälligkeiten hin, weil sprachliche Kompetenzen die Grundlage für eine erfolgreiche Kommunikation und soziale Interaktionsmöglichkeiten mit anderen Menschen sind. Bekannt ist auch, dass sprachauffällige Kinder als Risikokinder für emotionale und psychosoziale Probleme gelten. Vielen Erzieherinnen und Erziehern stellt sich daher in der Praxis die Frage, ab wann von Sprach(entwicklungs)schwierigkeiten bei Kindern gesprochen werden kann, worin deren Ursachen liegen und wie elementarpädagogische Fachkräfte eine Unterstützung der Sprach- und Sprechentwicklung von Kindern initiieren bzw. erreichen können. Was an dem Buch gut gefällt ist die verständliche und professionelle Darstellung der unterschiedlichen Sprach- und Sprechauffälligkeiten. Was außerdem die Leser/-innen ansprechen wird, sind die Tipps und Ideen zur Unterstützung der Sprachentwicklung der betroffenen Kinder. Wer kurze, grundlegende Sachinformationen über bestimmte Sprach- und Sprechauffälligkeiten bei Kindern braucht, ist mit dem vorliegenden Buch aus der Reihe „Frühpädagogik" gut bedient.

Pappler, Manfred, und Witt, Reinhard: NaturErlebnisRäume. Neue Wege für Schulhöfe, Kindergärten und Spielplätze. 289 Seiten + CD-Rom, Kallmeyer'sche Verlagsbuchhandlung, Seelze-Velber 2001

Die beiden Autoren, Berater für Grünplanung und ökologische Landschaftsgestaltung, legen mit diesem sehr reich bebilderten Buch eine Publikation vor, die anschaulich und praktisch zeigt, wie Schulhöfe, Spielplätze und Außenanlagen von Kindergärten neu, sinnvoll und optisch ansprechend, praktisch und pädagogisch wertvoll, ökologisch verantwortungsvoll und attraktiv angelegt und gestaltet werden können. Dabei beachten die Autoren auch gleichzeitig immer wieder alternative und kostensparende Möglichkeiten, um gewonnene Erkenntnisse oder lieb gewonnene Ideen auch in die Realität umsetzen zu können. Das Buch enthält zudem Planungsvorschläge und -hilfen, Materialbedarfslisten, Materialienbeispiele und -alternativen sowie Organisationshilfen. Die dem Buch beiliegende CD-ROM hält die wichtigsten Informations- und Planungsunterlagen parat. Es kann insgesamt gesagt werden, dass dieses Buch neben den hervorragenden Veröffentlichungen von Christina und Roland Seeger (Naturnahe Spiel- und Begegnungsräume, Ökotopia Verlag), Richard Wagner (Naturspielräume gestalten und erleben, Ökotopia Verlag) und Udo Lange/Thomas Stadelmann (Spiel-Platz ist überall, Luchterhand/Beltz Verlag) sowie Reinhard Witt (Der Naturgarten, BLV Verlag) mit zu den besten Ideengebern zählt. Wer also noch auf der Suche nach Möglichkeiten zur Neugestaltung des Außengeländes ist, sollte sich ohne Umschweife auf den Weg machen, dieses Buch zu besorgen.

Partecke, Erdmute: Lernen in Spielprojekten. Praxishandbuch für die Bildung im Kindergarten. 229 Seiten, Beltz Verlag, Weinheim und Basel 2004

Ausgangspunkt des Buches ist die Einschätzung der Autorin, dass Kinder in der Kindertagesstätte viel zu viel auf dem Schoß gehalten und in Kuschel- und Wohlfühlecken, in liebevoll dekorierten Nischen und mit betulicher Gemütlichkeit an handelnder Neugier gehindert bzw. zum Toben in die Wallachei geschickt werden. Sie bezeichnet diese Realitäten als ungewollt verheerende Praktiken, die es in Zukunft zu vermeiden gilt. Ihre Herausforderung lautet daher: „Richte dein pädagogisches Handeln so aus, dass an die Stelle von geistigseelischer und körperlicher Unterforderung der Kinder kraftvolle Auseinandersetzungen treten." Ihre Antwort auf diese Bildungsmisere heißt daher: Lernen in Spielprojekten. Dazu stellt die Autorin einen Bildungskanon vor, der eine große Spannbreite von Bildungsgütern umfasst und im Rahmen von gezielten Themenerlebnissen verwirklicht werden kann. Der rote Faden zeigt sich in den Aktivitäten immer wieder in der kindeigenen Freude am selbst beteiligten Tun, in verlässlich erlebten Bindungen, in immer wieder neuen Herausforderungen und in selbstständigen Wiederholungen, damit Kinder neue Erfahrungen festigen können. Dadurch eröffnen sich die Kinder aktiv gestaltete Wege, Bildungsprozesse zu erfahren und immer autonomer in die eigenen Hände zu nehmen. Partecke spricht sich eindeutig gegen Belehrungen von Kindern aus – und ebenso eindeutig für ein interessantes Lernfeld Kindergarten! Sie spricht sich deutlich gegen kindliche Unterweisungen aus – aber eindeutig für engagierte, motivierte Erzieherinnen, die Kinder mit ihrem eigenen Lerneifer anstecken, faszinieren und motivieren, sich selbst und die Welt um sich herum neugierig und spielend zu entdecken. Ohne Zweifel sollte dieses interessante Buch in keiner Kindertagesstätte fehlen. Und erst wenn diese und weitere Themenerlebnisse zum festen Bestandteil der Praxis geworden sind, wird das Buch überflüssig sein. Doch bis dahin führt kein Weg an diesem Grundlagenwerk vorbei.

Pommerenke, Ulrich: Ich kann's – ich mach's. Persönlichkeitsentwicklung im Erzieher-Innenberuf. 111 Seiten, Cornelsen Verlag, Berlin/Düsseldorf/Mannheim 2007

Die „Luft wird für Erzieher/-innen immer enger" – so könnte die berufliche Situation vieler elementarpädagogischer Fachkräfte beschrieben werden, wenn man sich die ständig steigenden Anforderungen und die zunehmende Erwartungsvielfalt an diesen Beruf verdeutlicht. Der Besuch von Fort- und Weiterbildungsseminaren wird durch zeitliche Engpässe ebenso erschwert wie durch knappere, finanzielle Haushaltsmittel, verbunden mit der logischen Konsequenz, dass Erzieher/-innen immer stärker auf sich selbst gestellt sind, um den beruflichen Alltag kompetent und professionell zu gestalten. Und genau hier setzt das Buch an: Gefragt ist eine souverän agierende und mit einem hohen Selbstbewusstsein ausgestattete Erzieherin, die sich selbst an die Hand nimmt und selbst dafür sorgt, Wesentliches von Unwesentlichem unterscheiden zu können und richtige Entscheidungen zu treffen, die effektive bzw. effiziente Arbeitsschritte in Gang setzt, um notwendige Ziele auch tatsächlich zu erreichen. Und dazu gibt Ulrich Pommerenke eine Fülle an praktischen Hinweisen, wie dies am besten gelingen kann. Besonders die Übungen, in denen es sowohl um eine Standortbestimmung und um Veränderungsmöglichkeiten geht, fordern Leser/-innen dazu auf, konkrete Stellungnahmen und entsprechende Bewertungen zu unterschiedlichen Situationen und Ereignissen, Abläufen und Erfahrungen vorzunehmen, um dann konkrete Maßnahmen mit sich selbst einzuleiten. Der Autor schreibt motivierend und lebendig – man glaubt als Leser/-in, die Begeisterung des Ulrich Pommerenke selbst spüren zu können. Da in Zukunft sowohl die Selbstmotivation als auch selbst gesteuerten Handlungsstrategien immer mehr an Gewicht gewinnen werden, ist dieses interessante und lesenswerte Buch für alle engagierten elementarpädagogischen Fachkräfte eine Pflichtlektüre. Und wer sie liest, wird es spätestens nach den ersten Seiten nicht als Pflicht erleben, sondern als Genuss, sich konkret und perspektivisch mit sich selbst auseinanderzusetzen, um bei Bedarf eigene Entwicklungsstrategien zu sehen, neue Erkenntnisse zu gewinnen und Handlungsschritte umzusetzen.

Seitz, Marielle: Kinderatelier, Experimentieren, Malen, Zeichnen, Drucken und dreidimensionales Gestalten. 147 Seiten, Kallmeyer Verlag in Verbindung mit Klett 2006

Wer mit Kindern Kunst und Handwerk – Kunsthandwerk und Handwerkskunst – erleben will, wer mit vielfältigen Facetten einer reichhaltigen, fantasievollen, künstlerischen Erfahrung entdecken und genießen möchte, wird an diesem wundervollen Buch nicht vorbeikommen. Die lebendig geschriebenen Inhalte und ungezählten Fotos – von höchster Ästhetik und Impulssetzung geprägt – stimulieren und aktivieren Kinder und Erzieher/-innen gleichermaßen, bildnerische Techniken und unterschiedlichste Materialien neuartig zu entdecken, zu erproben und sich immer wieder aufs Neue faszinieren zu lassen. Die kurzen und dennoch ausreichenden Einführungen in die Arbeitstechniken, die vielfältigen Beispiele und praktischen Tipps sind ebenso ansprechend wie der klare Aufbau des Buches und die überaus gelungene Strukturierung der Beiträge. Es ist sicherlich nicht übertrieben, wenn in diesem Zusammenhang von einem neuen, aktuellen „Standardwerk" gesprochen werden kann. Marielle Seitz gehört nicht erst seit dieser Publikation und durch ihr reichhaltiges Produktdesign, durch ihre Ausstellungen und ihr Kinderatelier zur ersten Garde der führenden Kunsttherapeutinnen und Werkerzieherinnen in Deutschland. Es ist mehr als erfreulich, dass sie uns Jahr für Jahr mit ihren Veröffentlichungen und ihren anderen Tätigkeiten an ihrem reichhaltigen Erfahrungsschatz und Wissen teilhaben lässt.

Schlusswort

Inzwischen sind über 15 Jahre ins Land gezogen, seit die erste Auflage des Buches „Der Situationsorientierte Ansatz im Kindergarten" erschienen ist. Bisher wurden 17 Auflagen gedruckt und es ist erfreulich, dass sich dieser elementarpädagogische Ansatz in einer Reihe von Kindertagesstätten im In- und Ausland bewährt hat. Ungezählte Fortbildungsveranstaltungen, viele Symposien, Fachdiskussionen und Veröffentlichungen haben dazu beigetragen, dass der „Situationsorientierte Ansatz" von elementarpädagogischen Fachkräften, Ausbildungsschulen und einer Reihe von Wissenschaftlerinnen und Wissenschaftlern beachtet und wertgeschätzt wird.

Doch wie es bei jeder pädagogischen Grundlegung einer bestimmten Richtung üblich und auch notwendig ist, gibt es nicht nur Befürworter, sondern auch Menschen, die dem „Situationsorientierten Ansatz" mit größter Skepsis bzw. massiver Ablehnung entgegentreten. Die vielfältigen Auseinandersetzungen, die darüber geführt wurden, sind dabei sowohl in öffentlichen Veranstaltungen als auch über Beiträge in Zeitschriften zum Ausdruck gebracht worden. Drei Aspekte sind an dieser Stelle hervorzuheben:

1. Der „Situationsorientierte Ansatz" kann – wie jeder andere elementarpädagogische Ansatz auch – nur dann auf einer sachlichen Ebene diskutiert werden, wenn inhaltliche Schwerpunkte die Diskussion beherrschen.

2. Der „Situationsorientierte Ansatz" wird – wie jeder andere elementarpädagogische Ansatz auch – nur dann verstanden werden können, wenn er von den Diskussionspartnern und interessierten Leser/-innen verstanden werden will.

3. Der „Situationsorientierte Ansatz" darf – wie jeder andere elementarpädagogische Ansatz auch – keinen Anspruch auf „Alleinexistenz" besitzen. Er ist ein elementarpädagogischer Ansatz neben anderen Ansätzen und die Vielfalt von Arbeitsweisen ist auch ein Merkmal einer demokratischen Pädagogik in einem demokratischen Land. Allerdings – und das ist ein Kernpunkt der Betrachtung – hat sich die Elementarpädagogik mit einem gewählten Ansatz danach auszurichten, wie die soziokulturellen und psychologisch bedeutsamen Lebensbedingungen der Kinder und ihrer Eltern(teile) vor Ort sind! Aus dieser Betrachtung heraus kann es durchaus sein, dass in einer Stadt/Gegend A der „Situationsorientierte Ansatz" für Kinder besonders entwicklungsunterstützend wird, wohingegen in einer anderen Stadt/Gegend B vielleicht ein anderer Ansatz für Kinder und ihre Entwicklung von größerem Vorteil wäre. Das nun an dieser Stelle vorgelegte Buch ist einerseits eine Einführung in den „Situationsorientierten Ansatz" und will denjenigen elementarpädagogischen Fachkräften einen Einblick geben, die sich vielleicht zum ersten Mal

mit ihm intensiver beschäftigen. Ebenso möchte das Buch auch diejenigen Erzieher/-innen ansprechen, die sich schon längere/lange Zeit mit dem Ansatz auseinandergesetzt haben und ihn (vielleicht sogar) zur Arbeitsgrundlage ihrer Tätigkeit erklärt haben. Zum Dritten soll das Buch aber auch für diejenigen Leser/-innen von Interesse sein, die in einer pädagogischen Ausbildung stecken, damit sie – gerade im Hinblick auf einen Vergleich mit anderen pädagogischen Ansätzen – die besonderen Schwerpunkte und Merkmale des „Situationsorientierten Ansatzes" kennenlernen können. Und schließlich gibt es auch die Möglichkeit, dieses Buch allen interessierten Eltern und Trägervertretern zur Verfügung zu stellen, um mehr über den „Ansatz ihrer Kindertagesstätte" zu erfahren. Es wurde in dieser Publikation Wert darauf gelegt, stets das Wesentliche auf den Punkt zu bringen. Dabei bleibt es nicht aus, dass durch bestimmte Inhalte Fragen entstehen oder bestimmte Inhalte aus Sicht von Leserinnen und Lesern ausführlicher hätten behandelt werden sollen. In diesem Fall hofft der Autor, dass die Literaturhinweise zum Schluss des Buches hilfreiche Ergänzungen bieten. Darüber hinaus können sich Leser/-innen aber auch gerne direkt an den Autor des Buches wenden, um offene Fragen zu klären.

Krenz@ifap-kiel.de
www.ifap-kiel.de/krenz

Bildquellenverzeichnis

Bildungsverlag EINS, Troisdorf: Umschlagfoto, S. 16, 31, 33, 35, 42, 51, 65, 68, 73, 74, 78, 81, 85, 88, 95, 101, 105, 113, 117, 120, 123, 128, 130, 134, 142, 145, 149, 151, 160, 177, 179, 182, 188, 192, 200, 204, 207, 224, 230

mauritius images/Photononstop: S. 21

Süddeutsche Zeitung Photo/Scherl: S. 23

mauritius images/John Curtis: S. 46

mauritius images/Torsten Krüger: S. 48

mauritius images/(re)view: S. 55

mauritius images/Andrea Leiber: S. 63

Heidi Velten, Kunterbunt: S. 72

mauritius images/Workbookstock: S. 75, 93, 108

mauritius images/imagebroker: S. 131, 228

mauritius images/Hill Creek: S. 138

MEV Verlag GmbH, Augsburg/Eckart Seidl: S. 156

picture alliance/ZB: S. 164

mauritius images/Hans-Peter Merten: S. 172

Project Photos, Augsburg: S. 186

mauritius images/André Pöhlmann: S. 196, 212

mauritius images/Westend61: S. 209